W0051714

Wilfried Nippel
Virtuosen der Macht

Virtuosen der Macht

Herrschaft und Charisma
von Perikles bis Mao

*Herausgegeben
von Wilfried Nippel*

Verlag C. H. Beck München

Die Deutsche Bibliothek – CIP Einheitsaufnahme

Virtuosen der Macht : Herrschaft und Charisma
von Perikles bis Mao / hrsg. von Wilfried Nippel. –
München : Beck, 2000
ISBN 3 406 46045 3

ISBN 3 406 46045 3

© C. H. Beck'sche Verlagsbuchhandlung (Oscar Beck), München 2000
Satz: Otto Gutfreund GmbH, Darmstadt
Druck und Bindung: Ebner, Ulm
Gedruckt auf säurefreiem, alterungsbeständigem Papier
(hergestellt aus chlorfrei gebleichtem Zellstoff)
Printed in Germany

Inhalt

Wilfried Nippel · Charisma und Herrschaft 7

Peter Spahn · Perikles – Charisma und Demokratie 23

Wolfgang Schuller · Alexander der Große – die Inszenierung eines
Welteroberers 39

Hinnerk Bruhns · Caesar, «der wahre Gebieter» 55

Stefan Weinfurter · Friedrich II., staufischer Weltkaiser 72

Ferdinand Seibt · Karl IV. – das Charisma der Auserwählung 89

Hans-Christoph Schröder · Oliver Cromwell – das Werkzeug Gottes 101

Hans-Ulrich Thamer · Napoleon – der Retter der revolutionären
Nation 121

Jörg Nagler · Abraham Lincoln und die «Nation unter Gott» 137

Jens Petersen · Mussolini – der Mythos des allgegenwärtigen
Diktators 155

Ludolf Herbst · Der Fall Hitler – Inszenierungskunst und Charismapolitik 171

Dietmar Rothermund · Mahatma Gandhi – Charisma als Erfahrung
und Eigenschaft 192

Ernst Weisenfeld · Charles de Gaulle – der Umgang mit der eigenen
Legende 207

Friedemann Büttner · Gamal Abdel Nasser – Charisma bis zum
bitteren Ende 223

Gisela Cramer · Perón und der Peronismus 244

Helwig Schmidt-Glintzer · Mao Zedong – die «Inkarnation Chinas» . 260

ANHANG

Abkürzungen 280

Anmerkungen und Literatur 281

Die Autoren 320

Wilfried Nippel

Charisma und Herrschaft

Charisma ist heute eine in der Alltagssprache (sowohl im Deutschen wie im Englischen) gern verwendete Kategorie. Ob von Politikern, Sportlern, Künstlern, Wissenschaftlern, Lehrern, Funktionären von Organisationen oder Managern die Rede ist, vom Besitz (oder auch vom Mangel) an Charisma wird gesprochen, wenn es um «Ausstrahlung» oder «Führungsqualitäten» geht, womit offensichtlich persönliche Eigenschaften gemeint sind. Nähme man ernst, für welche Vielzahl von Positionen Menschen mit Charisma gewünscht werden, müßte eine Gesellschaft über Zehntausende solcher Führungspersönlichkeiten verfügen. Mit dem in der Wissenschaftssprache gebräuchlichen Verständnis von Charisma hat dies allenfalls noch gemein, daß sich in der Forderung nach charismatischen Qualitäten allenthalben ein Unbehagen an einer durchgehenden Versachlichung sozialer Beziehungen und zugleich die Erosion der Bindungskraft gesellschaftlicher Organisationen auf allen Ebenen widerspiegeln könnte.

Die sozialwissenschaftliche Verwendung des Begriffs Charisma zielt jedoch nicht primär auf spezifische Persönlichkeitsmerkmale, sondern auf einen Typus sozialer Beziehungen, der aus außergewöhnlichen Konstellationen erwächst. Sie geht auf Max Weber (1864–1920) zurück, in dessen späteren, etwa seit 1911 entstandenen Schriften mit universalhistorischer Ausrichtung Charisma eine Schlüsselfunktion für die Verknüpfung von Religions- und Herrschaftssoziologie zukommt. Diese Verbindung von religiösen und politischen Aspekten wird in den Definitionen von Charisma bzw. charismatischer Autorität und Herrschaft deutlich, die Weber an verschiedenen Stellen gibt. «‹Charisma› soll eine als außeralltäglich [...] geltende Qualität einer Persönlichkeit heißen, um derentwillen sie als mit übernatürlichen oder übermenschlichen oder mindestens spezifisch außeralltäglichen, nicht jedem anderen zugänglichen Kräften oder Eigenschaften [begabt] oder als gottgesandt oder als vorbildlich und deshalb als ‹Führer› gewertet wird.»[1] – «Unter ‹charismatischer Autorität› [soll] also eine [...] Herrschaft über Menschen [verstanden werden], welcher sich die Beherrschten kraft des Glaubens an diese Qualität dieser bestimmten Person fügen. Der magische Zauberer, der Prophet, der Führer auf Jagd- und Beutezügen, der Kriegshäuptling, der sog[enannte] ‹cäsaristische› Herrscher, unter Umständen das persönliche Parteihaupt, sind gegenüber seinen Jüngern, seiner Gefolgschaft, der von ihm geworbenen Truppe, der Partei usw. solche Herrschertypen.»[2] Oder an anderer

Stelle: «Charismatische Herrschaft [entsteht] kraft affektueller Hingabe an die Person des Herrn und ihre Gnadengaben (Charisma), insbesondere: magische Fähigkeiten, Offenbarungen oder Heldentum, Macht des Geistes und der Rede [...]. Reinste Typen sind die Herrschaft des Propheten, des Kriegshelden, des großen Demagogen. Der Herrschaftsverband ist die Vergemeinschaftung in der Gemeinde oder Gefolgschaft. Der Typus des Befehlenden ist der Führer. Der Typus des Gehorchenden ist der ‹Jünger›.»[3]

Die Formulierungen verweisen auf zwei grundlegende Quellen für Webers Charisma-Theorie: zum einen auf die neutestamentliche Rede von den Gnadengaben (Charismen) und ihre Deutung in der zeitgenössischen Diskussion über die Organisation der urchristlichen Gemeinde, zum anderen auf die seit Mitte des 19. Jahrhunderts in der politischen Publizistik häufig benutzte Kategorie des Caesarismus einschließlich ihrer Bezüge zur Figur des Demagogen.

Die Charismen in der christlichen Gemeinde

Max Weber hat selbst verschiedentlich auf die Anregung aufmerksam gemacht, die er Rudolph Sohm verdankte.[4] Sohm hat in seinem *Kirchenrecht* (1892) und in anderen Schriften die urchristliche Kirche als «nicht rechtliche, sondern charismatische Organisation» charakterisiert[5] und dabei betont, daß ein «Kirchenrecht» grundsätzlich im Widerspruch zum Wesen der Kirche stehe.[6] Er wendet sich gegen gängige Thesen in der Forschung seiner Zeit, die unterstellten, die Kirche sei ursprünglich in Form von Ortsgemeinden organisiert gewesen, die (in Anlehnung an das Muster hellenistischer Kultverbände) in der Mitgliederversammlung eine demokratische Selbstverwaltung ausübten, kein Lehramt kannten, sondern Ämter nur für bestimmte administrative Aufgaben einrichteten.[7] Sohm lehnt die Gleichsetzung mit säkularen Strukturen vehement ab. Es gibt nur eine Kirche, die von Gott durch die von ihm verliehenen Gnadengaben geleitet wird: «Die Christenheit ist organisiert durch die Verteilung der Gnadengaben (Charismen), welche die einzelnen Christen zu verschiedener Thätigkeit in der Christenheit zugleich befähigt und beruft. Das Charisma ist von Gott. [...] Vermöge der Verteilung der Charismen hat die Kirche eine von Gott gegebene Organisation. Da gilt nicht abstrakte Gleichheit aller Angehörigen der Christengemeinde. [...] Da gilt Überordnung und Unterordnung, und zwar eine von Gott gewollte Überordnung und Unterordnung [...]. Das Charisma fordert Anerkennung und, soweit es zu leitender, führender, verwaltender Thätigkeit beruft, Gehorsam seitens der übrigen. Auch die Regierung in der Christenheit ist Regierung kraft Charisma, kraft eines von Gott gegebenen Berufs zum Regiment. Aber: der Gehorsam, welchen das Charisma fordert, vermag kein Gehorsam kraft formalen Rechtsgesetzes, sondern nur freier Gehorsam zu sein, ein Gehorsam, welcher aus der Überzeugung geboren wird, daß wirklich Gottes Wille durch das Mittel dieses Begabten Gehorsam fordert. Die charismatische Organisation hat für ihr Thätigwerden die freie Anerkennung des Charismas (in dem Handelnden) von seiten der übrigen Gemeindeglieder zur Voraussetzung [...].»[8] Eine «Wahl» durch die Gemeinde ist ein solcher Akt der Anerkennung, der auf die Erwählung durch Gott folgt.[9] Alles in allem gilt: «Die Führung der Christenheit ruht nicht in einer Gewalt, welche der Gemeinde, sondern umgekehrt in einer Gewalt, welche dem Lehrbegabten verliehen ist. Die Leitung der Ekklesia kommt von oben her, durch das Mittel der von Gott begabten Einzelpersönlichkeit. Die Regierung der Christenheit ist von vornherein autoritärer, monarchischer Natur [...].»[10]

Sohm bezieht sich vor allem auf Aussagen des Apostels Paulus im 1. Korinther- und im Römerbrief,[11] in denen von den verschiedenen von Gott verliehenen Gaben (*charismata*) die Rede ist: Verkündigung, Diakonie, Wunder, Krankenheilung, Exorzismen, Zungensprechen, Leitung und Verwaltung. Nach dem Verständnis des Paulus umfassen diese Gnadengaben demnach nicht nur außergewöhnliche, ekstatische Phänomene (auf die man gerade in der Gemeinde in Korinth großen Wert legte), sondern beziehen sich auch auf alltägliche Funktionen. Eindeutig ist, daß nach seiner Vorstellung die unterschiedlichen Geistesgaben auf sämtliche Gemeindemitglieder verteilt sind.[12] Sohm erkennt dies zwar grundsätzlich an, stellt aber – damit deutlich über Paulus hinausgehend – ganz besonders die Führungsrolle der mit dem spezifischen Charisma der Lehrgabe ausgestatteten Männer heraus, die «autoritär das Herrenwort und die aus demselben sich ergebenden Folgesätze» verkünden[13] und damit «die Führung der Gemeinde, das Regiment der Kirche in Christi Namen» ausüben.[14] Durch die von Sohm ausgelöste Debatte – in der zumal Harnack eine abweichende Interpretation über das Verhältnis von Ämterstruktur und charismatischer Führung entwickelte[15] – war der Begriff des Charismas als Kategorie für ein spezifisches, nicht auf Rechtsverhältnisse zu reduzierendes Autoritätsverhältnis für das Beispiel der (Ur-)Kirche etabliert worden. Weber nahm ihn auf und entwickelte daraus ein Modell, das auf eine Vielzahl höchst unterschiedlicher sozialer Beziehungen Anwendung finden sollte.

Webers Idealtyp der charismatischen Herrschaft

Entscheidend für Webers Anschluß an Sohm ist die Betonung des unbedingten Gehorsams, der demjenigen gegenüber erbracht wird, dessen Charisma anerkannt wird, und die Hervorhebung, daß es sich um eine Beziehung handelt, die sich nicht mit rechtlichen Kategorien erfassen läßt. Damit hat Sohm laut Weber die «soziologische Eigenart dieser Kategorie von Gewaltstruktur» erkannt, die – obwohl im religiösen Kontext

besonders ausgeprägt – ein universales Phänomen sei.[16] Webers Anklän-
ge an Sohm zeigen sich in Formulierungen wie: «Über die Geltung des
Charisma entscheidet die durch Bewährung [...] gesicherte, freie [...]
Anerkennung durch die Beherrschten. Aber diese ist (bei genuinem Charisma) nicht der Legitimitätsgrund, sondern sie ist Pflicht der [...] zur
Anerkennung dieser Qualität Aufgerufenen.»[17] Die charismatisch organisierte Gemeinde kennt keine formalisierte Ämterstruktur. «Es gibt kein
Reglement, keine abstrakten Rechtssätze, keine an ihnen orientierte ratio-
nale Rechtsfindung [...].»[18]

Weber löst die Charisma-Kategorie aus dem Kontext der Debatte um
das Urchristentum heraus. Charisma ist eine wertfrei zu verwendende
Kategorie, die auf Kleon, den Prototyp des Demagogen im pejorativen
Sinne,[19] genauso angewendet werden könne wie auf Perikles, Napoleon
oder Jesus.[20] Charismatische Herrschaft stellt – neben traditionaler und
rationaler – einen der drei Typen legitimer Herrschaft dar, die universalhistorisch zu verwenden, in der Realität jedoch nie «rein» anzutreffen
sind.[21] Charismatische Führer, an deren übernatürliche, außeralltägliche,
anderen nicht zugängliche Qualitäten ihre Anhänger glauben (dies ist
entscheidend, unabhängig davon, ob es objektiv zutrifft[22]), treten vor
allem in Konstellationen «psychischer, physischer, ökonomischer, ethi-
scher, religiöser, politischer Not» auf,[23] also in Krisensituationen, die eine
Suche nach dem Retter mit sich bringen und in denen dann eine Person
auftritt, die selbst an ihre Berufung glaubt.[24] Aus einer latenten wird so
eine manifeste charismatische Situation.[25]

Die charismatische Autorität ist ihrem Wesen nach labil, ihr Träger muß
sich bewähren, wenn er nicht sein Charisma einbüßen soll.[26] Seine Herrschaft ist an keine formalen Rechtsprinzipien gebunden, sondern bricht
ostentativ mit allen überkommenen Normen nach dem Prinzip: «Es steht
geschrieben, – ich aber sage euch».[27] Er verfügt nicht über eine «Organisation», sondern «persönliche Organe und einen der Mission des Charismaträgers angepaßten Apparat von Leistungen und Sachgütern».[28] Seine
Hilfskräfte werden nach dem «Prinzip des Jüngertums und der Gefolg-
schaftstreue» rekrutiert,[29] die wechselseitig zu erbringenden materiellen
Leistungen richten sich nach dem jeweiligen Bedarf in einem System des
«Liebes- bzw. Kameradschaftskommunismus».[30]

Charismatische Herrschaft ist somit das Gegenmodell zu rationaler
und traditionaler Herrschaft als typischen «Alltags-Formen».[31] «Das Charisma ist die große revolutionäre Macht in traditional gebundenen Epochen.»[32] Ebendeshalb ist sie «in reiner Form nur in der Phase ihrer Entstehung» anzutreffen.[33] Soll sich zwischen dem Charismaträger und
seiner Gemeinde eine dauerhafte Beziehung einstellen, woran beide Seiten ein Interesse haben, muß die Herrschaft ihren Charakter ändern und
Elemente entweder des traditionalen oder des rationalen Typs in sich aufnehmen. Entsprechend fallen Webers Ausführungen zu dieser «Verall-

täglichung des Charisma» jeweils um ein Mehrfaches länger aus als diejenigen zur charismatischen Herrschaft in reiner Form.[34]

Die Veralltäglichung erfolgt im Hinblick auf Recht und Verwaltung,
indem an die Stelle von an keinerlei Normen gebundenen Einzelent-
scheidungen der Rekurs auf Präzedenzien stattfindet, so daß es zu einer
«Traditionalisierung der Ordnungen» kommt.[35] Ferner ergibt sie sich aus
dem Bedürfnis des Verwaltungsstabs, sich eine dauerhafte materielle Versorgung durch die Einrichtung fester Positionen mit fixierten Einkünften
zu verschaffen, was wiederum die Anpassung der Wirtschaftsordnung
im Sinne fiskalischer Berechenbarkeit erfordert.[36]

Diese Tendenzen ergeben sich besonders im Zusammenhang mit der
Nachfolgeregelung, die ihrerseits zu einer Umbildung des Charismas
führt. Da man auf das Auftauchen eines neuen charismatisch begabten
Herrschers nicht warten kann, liegt die Lösung entweder in der Anwendung religiöser Verfahren («Auffinden»,[37] Orakel, Los, Gottesurteil) oder
in einer Designation durch den bisherigen Charisma-Träger oder in einer
Auswahl durch die Jünger bzw. die Gemeinde. Damit wird die Legitimität des Nachfolgers nicht mehr in erster Linie durch den Glauben an
seine außerordentlichen Qualitäten bestimmt, sondern liegt im Verfahren
seiner Auswahl begründet.[38] Im Sonderfall der Bestimmung des Nachfolgers durch Jünger bzw. Gemeinde liegt keine echte Wahl vor, sondern
die «richtige Auslese» des Charismaträgers, die nicht nach dem Prinzip
der Mehrheit entschieden werden kann, so daß Einstimmigkeit gefordert
wird bzw. es zu Doppelwahlen kommen kann.[39] Wird der Herrscher aber
tatsächlich gewählt, liegt eine antiautoritäre, herrschaftsfremde Umdeutung des Charismas vor, da der Herrscher nun ein «frei gewählter Führer» ist, dessen Legitimation aus dem «freien Vertrauen der Beherrschten»
hergeleitet wird.[40]

Eine Alternative zur Designation eines Nachfolgers liegt in der Annahme eines Erbcharismas, das innerhalb einer Sippe weitergegeben wird; da
dem so bestimmten Herrscher jedes persönliche Charisma fehlen kann,
verfügt er über eine traditional begründete Legitimität.[41] Möglich ist auch
die Versachlichung des Charismas durch Konstruktion eines Amtscharismas, indem der Position innerhalb einer institutionellen Ordnung charismatische Wirkungen unabhängig von den persönlichen Qualitäten des
Amtsträgers zugeschrieben werden.[42]

Webers Versuch in *Wirtschaft und Gesellschaft*, universalhistorisch verwendbare Typologien zu schaffen, bedingt, daß er zur Illustration seiner
Kategorien zwar eine Fülle von Beispielen aus allen Epochen und Kulturen anführt, aber eben keine Fallstudien zu historischen Personen und
Konstellationen vorlegt. (Angesichts der fundamentalen Differenz zwischen Idealtypen und empirischen Phänomenen können Idealtypen
grundsätzlich nur der Hervorhebung spezifischer Aspekte eines komplexen Sachverhaltes dienen.) Sieht man von einer Passage in *Wirtschaft und*

Gesellschaft zur Entwicklung des Amtscharismas der Bischöfe in der frühen Kirche ab,[43] so finden sich Anwendungen auf historische Materialien noch am ehesten in Webers religionssoziologischen Schriften, namentlich zu den Richtern des Alten Testaments als charismatische Kriegshelden,[44] zur Rolle der jüdischen Propheten vor dem Exil, die als «persönliche Charismatiker» (im Gegensatz zu den über Amtscharisma verfügenden Priestern) die Rolle «politischer Demagogen» ausüben,[45] sowie zur Bedeutung erbcharismatischer Prinzipien in China und Indien.[46]

Hinsichtlich der politischen Führerfiguren interessieren Weber augenscheinlich besonders die beiden Typen des sogenannten caesaristischen Herrschers und des Demagogen.[47] Zwar kommt «Caesarismus» in *Wirtschaft und Gesellschaft* nur vereinzelt vor;[48] wahrscheinlich, weil es sich als ein auf spezifische Konstellationen des 19. Jahrhunderts gemünztes Schlagwort nur bedingt für eine universal verwendbare Typologie eignete.[49] Der Zusammenhang mit Webers Vorstellung von bestimmten Formen charismatischer Autorität wird jedoch deutlich, wenn man diverse Ausführungen in seiner politischen Publizistik heranzieht, in der sich ungeachtet ihrer aktuellen Intentionen eine Vielzahl von Übereinstimmungen mit den für rein analytische Zwecke entwickelten Kategorien in seinem wissenschaftlichen Werk findet. Bezeichnend für die Verwandtschaft von charismatischer und caesaristischer Herrschaft ist angesichts der von Weber betonten Problematik der Veralltäglichung schon der Satz: «Das Nachfolgerproblem ist überall die Achillesferse aller rein cäsaristischen Herrschaft gewesen.»[50] Die Reflexionen über den Caesarismus überschneiden sich unter dem Gesichtspunkt der plebiszitären Legitimation mit Überlegungen zur Stellung von Demagogen, die kraft ihrer rhetorischen Fähigkeiten über eine Autorität verfügen, die nicht oder nicht überwiegend davon abhängt, ob sie über die mit einem Amt verbundenen formalen Kompetenzen verfügen. In beiden Diskussionszusammenhängen, die im folgenden kurz skizziert werden, zeigt sich zugleich ein tief im europäischen Geschichtsbewußtsein verankertes Denkmuster, große politische Herrschergestalten über die Epochen hinweg in Vergleich zu setzen, sei es, um Unterschiede, sei es, um Gemeinsamkeiten zu betonen.

Caesarismus

Caesarismus als Bezeichnung für eine durch Usurpation errungene Alleinherrschaft, die nachträglich durch Plebiszit legitimiert wird, ist Mitte des 19. Jahrhunderts im Zusammenhang mit dem Staatsstreich von Louis Bonaparte (Napoleon III.) aufgekommen und wurde dann auch in der Rückschau auf das Modell der Herrschaft Napoleons I. übertragen. Die Begriffsbildung implizierte zugleich den Vergleich mit dem antiken

Vorbild Caesars, mit dem wiederum sehr unterschiedliche Assoziationen verbunden waren.

Diese Gegenüberstellung war von Napoleon I. selbst zunächst nicht unbedingt goutiert worden.[51] Bei seinem Staatsstreich 1799 protestierten Abgeordnete mit dem Ruf «Caesar, Cromwell, Tyrann».[52] Auf eine im folgenden Jahr unter den Auspicien seines Bruders Lucien Bonaparte veröffentlichte Schrift über Caesar, Cromwell, Monk und Bonaparte, die Napoleon die Begründung einer Erbmonarchie nahelegen sollte, reagierte dieser so verärgert, daß er seinen Bruder aus dem Innenministerium entfernte.[53] Spätere Äußerungen Napoleons zeigen eine eher positive Bewertung Caesars. So hat er Goethe bei ihrer Begegnung in Erfurt im Oktober 1808 aufgefordert, ein Theaterstück über Caesars Tod zu schreiben: «Man müßte der Welt zeigen, wie Cäsar sie beglückt haben würde, wie alles ganz anders geworden wäre, wenn man ihm Zeit gelassen hätte, seine hochsinnigen Pläne auszuführen.»[54] Napoleon bewunderte vor allem den großen Feldherrn Caesar, während er gelegentlich an dessen politischem Verhalten kritisierte, daß er zu sehr dem Volk habe gefallen wollen,[55] während Alexander der Große, indem er für sich eine göttliche Abstammung reklamierte, sich richtigerweise vom Volk abgehoben habe.[56] Im Exil auf St. Helena diktierte Napoleon eine Geschichte der Feldzüge Caesars, die 1836 posthum veröffentlicht wurde. Es handelt sich um eine strikt militärgeschichtliche Darstellung, die nur im Zusammenhang mit der Ermordung Caesars eine politische Bewertung bietet. Caesar habe nicht die Monarchie angestrebt, dies sei eine Verleumdung seiner Gegner gewesen. «Die Machtstellung Caesars [war] legitim [...], weil sie alle Interessen Roms wahrte und weil sie das Ergebnis der öffentlichen Meinung und des Volkswillens war.»[57]

Die Identifizierung von Caesar und Napoleon ist dann vor allem im Zuge der Entfaltung des, von der Selbstinszenierung des Kaisers im Exil geförderten, späteren Napoleon-Mythos entstanden. So heißt es zum Beispiel am Anfang von Stendhals Roman *Die Kartause von Parma* (1839): «Die Welt sollte erfahren, daß nach so vielen Jahrhunderten Caesar und Alexander einen Nachfolger hatten» oder in Stendhals Reflexionen über Napoleon: «Ich empfinde eine Art religiösen Gefühls, indem ich den ersten Satz der Geschichte Napoleons niederschreibe. Denn es handelt sich um den größten Menschen, den die Welt seit Cäsar sah [...], das Leben des erstaunlichsten Mannes [...], der seit Alexander gelebt hat.»[58] Sein Neffe Louis Bonaparte hat Napoleon 1840 mit welthistorischen Gründergestalten wie Moses, Mohammed, Caesar und Karl dem Großen verglichen.[59] Seinen eigenen Staatsstreich von 1851 bezeichnete er als «l'opération Rubicon», verglich ihn also mit der Eröffnung des Bürgerkriegs durch Caesar.[60]

Die Kategorie des Caesarismus lag Mitte des 19. Jahrhunderts gewissermaßen in der Luft. Geprägt oder jedenfalls verbreitet wurde sie durch

Auguste Romieu, einen Anhänger von Louis Bonaparte, der 1850 (also noch vor dem Staatsstreich vom Dezember 1851) eine Konzentration der Staatsgewalt als notwendiges Mittel zur Vermeidung des Bürgerkrieges und zur Bannung der «roten Gefahr» propagierte.[61] Zusammen mit den zumeist synonym verwendeten Begriffen des Napoleonismus oder Bonapartismus machte «Caesarismus» schnell Karriere in der politischen Publizistik Europas, wobei je nach Standpunkt der Verfasser zum System Napoleons III. – als Liquidator oder Beförderer der sozialen Revolution, als Militärdiktator oder als wahrer Repräsentant des Volkswillens – damit eine entweder affirmative oder polemische Stoßrichtung verbunden sein konnte und der im Begriff angelegte universalhistorische Vergleich teils aufgenommen, teils abgelehnt wurde.[62]

Auch wenn der Caesarismusbegriff zunächst als Bezeichnung für das napoleonische System geprägt wurde, so konnte doch nicht ausbleiben, daß der Vergleich mit dem historischen Caesar aktuell wurde. Theodor Mommsen hatte die ersten drei Bände seiner *Römischen Geschichte* mit einer Glorifizierung Caesars enden lassen, den er als vollkommenen demokratischen Monarchen darstellte, der die welthistorisch notwendige Umgestaltung des Imperium Romanum in Angriff genommen hatte.[63] Er stand damit in einer Kontinuität zu Hegels Vorstellung von «großen Menschen in der Geschichte», «welthistorischen Individuen, welche den Beruf hatten, die Geschäftsführer des Weltgeistes zu sein», wozu namentlich Alexander der Große, Caesar und Napoleon zählten.[64] Auch Jacob Burckhardt (ansonsten gewiß kein Verehrer der Macht) hat in seinen Vorlesungen Caesar als Vollstrecker historischer Notwendigkeiten dargestellt und ihn als den «größten Sterblichen» gepriesen,[65] der wie einst Alexander im Osten die Sicherung der Zivilisation im Westen vollbracht[66] und wie Perikles als Führer über der Nation gestanden habe.[67]

Als der dritte Band von Mommsens *Römischer Geschichte* 1856 erschien, wurden seine Lobeshymnen auf Caesar in Teilen des Publikums zugleich als Plädoyer zugunsten des zeitgenössischen Bonapartismus ausgelegt.[68] Mommsen sah sich deshalb in der Auflage von 1857 veranlaßt, energisch dagegen zu protestieren, «das Urteil über Caesar in ein Urteil über den sogenannten Caesarismus umzudeuten»; vielmehr sei die «Geschichte Caesars und des römischen Caesarentums [...] wahrscheinlich eine schärfere Kritik der modernen Autokratie, als eines Menschen Hand sie zu schreiben vermag».[69] Für Mommsen ist Caesar trotz seines militärischen Genies vor allem der vollendete Staatsmann; von Alexander dem Großen, Hannibal und Napoleon unterscheide ihn, daß er seine Karriere nicht als Militär, sondern als Demagoge begonnen habe, der wie ein Perikles oder Gaius Gracchus seine Ziele ohne Waffengewalt zu erreichen suchte. Als ihm keine andere Wahl gelassen wurde, als zu den Waffen zu greifen, blieb er «auch späterhin immer noch mehr Staatsmann [...] als General – ähnlich wie Cromwell, der auch aus dem Oppo-

sitionsführer zum Militärchef und Demokratenkönig sich umschuf und
der überhaupt [...] in seiner Entwicklung wie in seinen Zielen und Erfolgen vielleicht unter allen Staatsmännern Caesar am nächsten verwandt
ist».[70] An anderer Stelle schreibt Mommsen: «Der geheimnißvolle
Zusammenhang zwischen Nation und Regent, wie er zwischen Caesar
und den Römern, zwischen Cromwell und der englischen Nation
bestand, hat zwischen Napoleon und den Franzosen niemals stattgefun-
den.» In den Vergleich zwischen Caesar und Cromwell als «Führer politischer Parteien» bezieht er hier Washington mit ein; Napoleon lasse sich
dagegen am ehesten mit griechischen oder italienischen Stadttyrannen
parallelisieren.[71] Ähnlich wie Mommsen hat später der Historiker
Treitschke Caesars «Adel einer königlichen Natur» gegen den «Cäsarenwahnsinn» Napoleons, «dem der Genuß der Macht das Hirn bethört»,
ausgespielt. «Den Schatten Cäsar's zu beschwören ist ein gewagtes Spiel,
gefährlich für den Ruhm des ersten Bonaparte, gefährlicher für seine
Epigonen.»[72]

Napoleon III. trug sich seit ca. 1860 mit dem Gedanken, eine Geschichte Caesars zu verfassen, und wollte Mommsen für eine Zuarbeit gewinnen, der sich diesem Ansinnen jedoch entzog.[73] Mit Unterstützung nam-
hafter französischer Altertumswissenschaftler und Militärfachleute legte
der Kaiser schließlich 1865/66 eine zweibändige *Histoire de Jules César* vor,
die rasch in zahlreiche europäische Sprachen übersetzt wurde.[74] Sieht
man von der Bemerkung im Vorwort ab, daß Männer wie Caesar, Karl der
Große und Napoleon von der Vorsehung dazu bestimmt gewesen seien,
den Völkern ihren Weg zu weisen, so handelt es sich bei dieser bis zum
Beginn des Bürgerkriegs zwischen Caesar und Pompeius reichenden
Geschichte (die vielleicht bewußt das Ende Caesars aussparte, da seine
Ermordung unliebsame Assoziationen wecken konnte) um eine höchst
konventionelle Darstellung. Sie diente offenbar primär dem Ehrgeiz des
Herrschers, in der Öffentlichkeit als Wissenschaftler anerkannt zu wer-
den.[75] In privaten Briefen spottete Mommsen über das «erbärmliche
Scriptum», das «ganz den Eindruck eines kurzen Abrisses der römischen
Geschichte für Sekunda» machte, und stellte fest, in der Erwartung, «den
Caesarismus von einem Praktiker theoretisch und exemplifikatorisch
verteidigt zu sehen», enttäuscht worden zu sein.[76]

Aus den vielfältigen Stellungnahmen zum Thema Caesarismus und
Bonapartismus im späteren 19. Jahrhundert sei noch die Kritik von Marx
an der «jetzt [1869] namentlich in Deutschland landläufigen Schulphrase
vom sogenannten *Cäsarismus*» erwähnt, mit der «die gänzliche Verschie-
denheit zwischen den materiellen, ökonomischen Bedingungen des antiken und des modernen Klassenkampfs» verkannt werde.[77] Mit Marx,
Engels und anderen sozialistischen Autoren beginnt dann die Anwendung des Bonapartismus-, aber auch (ungeachtet des Verdiktes von
Marx) des Caesarismusbegriffs auf das Regime Bismarcks, das als eine

Quasi-Diktatur angesehen wurde, die das allgemeine gleiche Wahlrecht als Instrument zur Manipulation des Volkes einsetze.[78]

Einen (wenig überzeugenden) Versuch, Caesarismus zu einer wissenschaftlichen Kategorie zu machen, die universalhistorisch angewendet werden könne, unternahm 1888 der Nationalökonom Wilhelm Roscher. Er griff auf die antike Verfassungstheorie, namentlich die Lehre vom Kreislauf der Verfassungen bei dem hellenistischen Historiker Polybios (Mitte des 2. Jh. v. Chr.), zurück. Aus der Entartung der Demokratie gehe der Caesarismus als eine militärisch fundierte Tyrannis hervor. Als Beispiele nennt er neben Caesar (ferner dem Volkstribun Gaius Gracchus als seinem Vorläufer sowie den späteren Kaisern seit Augustus) und Napoleon I. («größter Cäsar der neueren Völker»)[79] die Dynastie der Barkiden in Karthago (aus der Hannibal stammte), Dynastien italienischer Stadtfürsten – die Visconti in Mailand, die Medici in Florenz – sowie schließlich Cromwell. Eine annähernd identische Liste (allerdings ohne Caesar und die Kaiser) gibt Weber zum Stichwort «plebiszitäre Demokratie».[80]

Alles in allem war im späteren 19. Jahrhundert Caesarismus zu einem geläufigen Begriff geworden, dessen Anwendung zwischen politischer Polemik und historischer Komparatistik schwankte, wobei die einen «das extrem monarchische», die anderen «das extrem demokratische Antlitz» des Caesarismus[81] hervorhoben. Wie unterschiedlich man die Vergleichbarkeit über die Epochen und die Legitimität der jeweiligen Regimes im einzelnen auch einschätzte, so gehörten doch zumindest Caesar, Cromwell und Napoleon zu einem festen Kanon von Herrschern, deren Gemeinsamkeit darin gesehen wurde, daß sie ihre mit militärischer Gewalt errungene Alleinherrschaft mit der Unterstützung durch das Volk zu legitimieren suchten;[82] in bezug auf die militärische Leistung trat noch der Vergleich mit Alexander hinzu. An diesen – insgesamt ziemlich diffusen – Diskussionsstand[83] schloß Weber an.

Plebiszitäre Herrschaft und Demagogie

In *Wirtschaft und Gesellschaft* spricht Weber verschiedentlich von «plebiszitärer Herrschaft», «plebiszitärer Demokratie» und «Führerdemokratie», ohne daß das Verhältnis der Begriffe untereinander eindeutig geklärt würde.[84] Die Bezeichnungen werden im Kontext seiner Überlegungen zur «anti-autoritären Umdeutung des Charisma» verwendet. Als klassische Fälle plebiszitärer Herrschaft werden die Beispiele von Napoleon I. und Napoleon III. genannt, die sich jeweils nach ihren Staatsstreichen sowie für weitere Verfassungsänderungen durch Volksabstimmungen eine Legitimation als «Vertrauensmann der Massen» verschafft hatten.[85] Das Plebiszit bedeutet im «französischen Cäsarismus» die «erstmalige oder [...] erneute Anerkennung eines Prätendenten als persönlich qualifizierten, charismatischen Herrschers».[86] Die Unterschiede solcher Volks-

abstimmungen zu Wahlen in demokratischen Systemen sind (in inhalt-
licher, nicht formaler Hinsicht) nur graduell, wenn Wahlen dazu führen,
einzelne Personen mit einem Vertrauen des Volkes auszustatten, das sie
von Institutionen und (Partei-)Organisationen, aber auch vom konkreten
Willen der Wähler weitgehend unabhängig macht.[87] Weber verweist in
diversen Zusammenhängen auf die Stellung des Perikles in der athenischen Demokratie,[88] auf die Rolle des englischen Parteiführers und Pre-
miers Gladstone, der Parlamentswahlen zu einer Vertrauensabstimmung
über seine Person machte,[89] sowie auf die – potentiell – starke Position
der (faktisch) aus Volkswahl hervorgehenden amerikanischen Präsidenten.[90] Als Caesarismus «im weiteren Sinne» könne jede Volkswahl von
Stadt- oder Staatsoberhäuptern gelten.[91] Für den ersten Fall zieht er die
Bürgermeister in amerikanischen Großstädten heran, deren Stärke aus
der Kombination von Volkswahl und freier Auswahl ihres Verwaltungs-
stabes folge, so daß sie «plebiszitäre Munizipaldiktatoren» darstellten.[92]
Erstaunlicherweise schließt er gerade an dieses Beispiel eine Definition
des Caesarismus an: «Die Leistungsfähigkeit des oft aus der Demokratie
herauswachsenden ‹Cäsarismus› als Herrschaftsorganisation beruht
überhaupt, technisch betrachtet, auf der Stellung des ‹Cäsar› als freien,
traditionsentbundenen Vertrauensmannes der Massen (des Heeres oder
der Bürgerschaft) und ebendeshalb uneingeschränkten Herrn eines von
ihm persönlich frei und ohne Hinblick auf Tradition und andere Rück-
sichten ausgelesenen Stammes von höchstqualifizierten Offizieren und
Beamten.»[93]

Die Unterschiede zwischen der «cäsaristischen Säbelherrschaft militärischer Parvenus»[94] und der Stellung charismatisch begabter Volksführer sowohl in der antiken Demokratie wie im modernen Parlamentarismus[95] werden bei Weber weitgehend eingeebnet. Das folgt einerseits aus
Webers Verständnis, daß bei der Existenz eines charismatischen Führers
in seiner Beziehung zum Volk auch dann eine stark herrschaftliche Komponente vorliegt, wenn seine Stellung durch freie Wahlen legitimiert ist –
nicht die Masse bringt den Führer hervor, sondern dieser gewinnt durch
Demagogie die Masse.[96] Zum anderen hängt dies mit Webers politischer
Grundüberzeugung zusammen, daß auch in Demokratien große Entscheidungen nur von einzelnen getroffen werden können; «dieser unvermeidliche Umstand bedingt es, daß die Massendemokratie ihre positiven
Erfolge seit den Zeiten des Perikles stets erkauft durch starke Konzessionen an das cäsaristische Prinzip der Führerauslese».[97] Den Caesarismus
Bismarcks, der sich zumal in der Einführung des allgemeinen gleichen
Wahlrechts für den Reichstag manifestiert habe,[98] hat er kritisiert, weil er
sich mit der Legitimität des Monarchen camouflierte und damit ein
System organisierter Unverantwortlichkeit begründete.[99] Für ein genuin
parlamentarisches System schien ihm aber ein «‹cäsaristischer› Einschlag» unerläßlich, weil nur so Verantwortlichkeit gegenüber der Öffent-

lichkeit herzustellen sei.[100] Wenn der Aufstieg in die Führungsrolle über eine parlamentarische Karriere erfolgte, war zugleich garantiert, daß «diese cäsaristischen Vertrauensleute der Massen sich den festen Rechtsformen des Staatslebens einfügen und daß sie nicht rein emotional, also lediglich nach den im üblen Sinne des Wortes ‹demagogischen› Qualitäten ausgelesen werden».[101] Das Parlament garantiert Kontrolle der Macht, bürgerliche Rechtssicherheit und die friedliche «Ausschaltung des cäsaristischen Diktators [!]», wenn er das Vertrauen der Massen verloren hat.[102]

Charisma und Führertum

Webers Befürwortung eines plebiszitär-charismatischen Elements innerhalb eines parlamentarischen Systems folgte auch aus seiner Sorge vor einer Verkrustung als Ergebnis einer unausweichlichen Tendenz zur Bürokratisierung. In den Beratungen über die Weimarer Reichsverfassung hat sich Max Weber mit Erfolg für eine starke Rolle des unmittelbar vom Volk zu wählenden Reichspräsidenten eingesetzt.[103] Die aus späterer Sicht so befremdliche Rede von einem Führer macht ihn noch nicht zu einem Vorläufer faschistischer Ideologie, da er grundsätzlich ein parlamentarisches System befürwortete. Seine rein pragmatische, auf jeden Wertbezug verzichtende Bevorzugung der parlamentarischen Demokratie als des bestmöglichen Systems der Elitenauswahl und seine einseitige Konstruktion des Prozesses der politischen Willensbildung von oben nach unten zogen allerdings keine ausreichenden Schranken gegenüber einer auf Aufhebung des Parlamentarismus zielenden Umdeutung des Führergedankens.[104]

Der Antiparlamentarismus und die Krisenstimmung in der Weimarer Republik gaben Raum für vielfältige Artikulationen der Hoffnung auf eine mit messianischen Zügen ausgestattete Führergestalt, wie sie sich in den Geistes- und Sozialwissenschaften, in der Belletristik, aber auch in sozialen Strömungen wie der Jugendbewegung niederschlugen.[105] Für Oswald Spengler, dessen *Untergang des Abendlandes* eine ungeheure Wirkung auf eine breite Öffentlichkeit ausübte, sollte der Caesarismus in einer zur Zivilisation degenerierten Kultur einen quasi-endzeitlichen Kampf gegen die «Politik von Geist und Geld» durchführen.[106] Typisch für das Klima dieser Zeit sind auch – zwischen wissenschaftlicher Untersuchung und historischer Belletristik changierende – Publikationen aus dem, den Heroenkult pflegenden, «George-Kreis» wie die Biographien Kaiser Friedrichs II. von Ernst Kantorowicz (1927), in der das Selbstverständnis des Staufers als neuer Caesar herausgestellt wird, sowie diejenige Napoleons von Berthold Vallentin (1923). Dazu gehören weiter Friedrich Gundolfs Darstellungen des Nachlebens Caesars in der europäischen Geistesgeschichte (1924; 1926), in denen Napoleon I. als eine Reinkarnation

Caesars erscheint.[107] Gundolf will eine Vergegenwärtigung wahrer Größe in einer Zeit leisten, in der sich zwar das dringende «Bedürfnis nach dem starken Mann» zeige, überall aber nur mediokres Personal zu erkennen sei, Karikaturen jenes «Herrn und Heilands», auf den man warten müsse.[108]
  Im italienischen Faschismus ist zeitweise von Mussolini selbst bzw. von offiziöser Seite der Vergleich zwischen Caesar und dem «Duce» gezogen worden;[109] mit der Proklamation eines neuen «Imperium» nach dem Abessinien-Feldzug 1936 trat dann stärker der Rückbezug auf Augustus als den Gründer des Weltreiches in den Vordergrund.[110] Der nationalsozialistischen Ideologie (wenn man davon überhaupt sprechen kann) lagen Anleihen in der Antike naturgemäß eher fern; in Darstellungen von Altertumswissenschaftlern zeigte sich jedoch umgekehrt die Tendenz, Caesar im Lichte der zeitgenössischen Führerverherrlichung darzustellen.[111] In der nationalsozialistischen Propaganda gab es gelegentlich Anstrengungen, Hitler zu einem neuen Napoleon zu stilisieren, doch mußten diese Bemühungen spätestens dann eingestellt werden, als der Verlauf des Rußlandfeldzugs zeigte, daß auch den «größten Feldherrn aller Zeiten» auf ebendiesem Kriegsschauplatz das Schicksal Napoleons ereilen könnte.[112]

Historische Fallstudien

Webers Werk ist in der Sozial- und Geschichtswissenschaft erst seit den 60er Jahren im großen Stil rezipiert worden. Seitdem gibt es eine Fülle von Arbeiten zu seiner Herrschaftssoziologie einschließlich seines Typus der charismatischen Herrschaft. Sofern man den Wertbezug politischer Wissenschaft betonte, nahm man Anstoß an Webers mangelnder Differenzierung zwischen charismatischen Strukturen innerhalb rechtsstaatlich-demokratisch verfaßter Ordnungen und der Herrschaft von Diktatoren, die sich durch Scheinabstimmungen eine plebiszitäre Legitimation zulegen wollten.[113]
  Zugleich aber legte die historische Entwicklung nahe, charismatische Herrschaft als ein besonders im 20. Jahrhundert anzutreffendes Phänomen zu erkennen – von Mussolini[114] und Hitler über Führungsgestalten der postkolonialen Welt wie Nasser in Ägypten, Nkrumah in Ghana, Sukarno in Indonesien oder Castro in Cuba[115] bis zu de Gaulle, dessen Umgestaltung des politischen Systems Frankreichs als Wiederbelebung der bonapartistischen Tradition verstanden werden konnte.[116] Ungeachtet aller unbestreitbaren Unterschiede zwischen den jeweiligen politischen Systemen erschien die Inszenierung einer unmittelbaren Kommunikation zwischen einem – über allen Institutionen und Parteien stehenden – Führer der Nation und seinem Volk als ein vergleichbares Phänomen, das sich mit dem Modell charismatischer Autorität erfassen ließ.

Die in diesem Band vorliegenden Fallstudien beziehen sich auf politische Führungsgestalten in unterschiedlichen Epochen und Kulturen. Grundsätzlich läßt sich die Charisma-Kategorie im Sinne Webers auch auf religiöse Führer, Religionsstifter, Sektengründer, Propheten, Märtyrer, Heilige, Kreuzzugs- und Endzeitprediger bzw. auf religiöse Bewegungen anwenden,[117] doch wirft dies eine Fülle von Abgrenzungs-, aber auch Quellenproblemen auf. Hier werden große politische Gestalten vorgestellt, deren Dominanz nicht nur ein vorübergehendes Phänomen darstellt[118] und für die sowohl die Überlieferungs- wie die Forschungslage ausreicht, um die Anwendbarkeit des Konzepts charismatischer Herrschaft erproben zu können. (Deshalb werden Personen der unmittelbaren Gegenwart nicht mit einbezogen.) Dabei geht es nicht um eine Form der «Weber-Scholastik», mit der seine Typenbildung korrigiert, differenziert oder reformuliert werden soll. Vielmehr werden Webers Kategorien als Interpretationsangebote genommen, deren Tauglichkeit sich in der Anwendung spezifischer Fragestellungen auf komplexe historische Phänomene erweist. Die Fragen zielen auf:

– die persönlichen Qualitäten, die einer Herrscherpersönlichkeit in der Wahrnehmung ihrer Gefolgschaft den Nimbus des «Übermenschlichen» oder zumindest «Außeralltäglichen» verschaffen;

– die Verknüpfung persönlicher Qualitäten mit einer ideologischen Programmatik;

– die Situationen, in denen das Charisma sich offenbart und bewährt oder versagt;

– die Art der Krise, die einen charismatischen Führer hervorbringt, und die behauptete oder durchgeführte «revolutionäre» Umgestaltung der politischen und sozialen Ordnung;

– die Ausübung einer persönlich geprägten Herrschaft in Verbindung mit oder in Konkurrenz zu institutionalisierten Ämtern (einschließlich der möglichen Verknüpfung mit einem «Amtscharisma»);

– die Struktur der Anhängerschaft und die Rolle besonderer Vertrauensleute der Führungsfigur;

– die Formen der Kommunikation zwischen Herrscher und Beherrschten;

– die materiellen Gratifikationen, die der Gefolgschaft in Aussicht gestellt bzw. von ihr erwartet werden;

– die Reaktionen auf den Tod der Führungsgestalt;

– die Probleme der «Veralltäglichung», namentlich die Nachfolgeregelung und die Einbindung der Gefolgschaft in formalisierte Verwaltungsapparate.

Es handelt sich um ein Raster von Fragen, die sich – den jeweiligen spezifischen Umständen angepaßt – unabhängig davon als sinnvoll erweisen, in welchem Ausmaß sich im Einzelfall eine Übereinstimmung mit dem Idealtyp charismatischer Herrschaft im Sinne Webers feststellen läßt.

Die Frage nach dem in höchst unterschiedlichen Epochen, Kulturen und Systemen feststellbaren Spannungsverhältnis zwischen extrem personalisierter und institutionell vermittelter Herrschaftsausübung ebnet die strukturellen Differenzen nicht ein und bedeutet auch keinen Verzicht auf Wertungen unter ethischen und rechtlichen Gesichtspunkten. Durch die Analyse der je verschiedenen Mischung charismatischer, traditionaler und rationaler Elemente werden gerade die jeweiligen Besonderheiten der behandelten Fälle beleuchtet.

Die in diesem Band vorliegenden Fallstudien beziehen sich auf politische Führungsgestalten, die als Kriegshelden, Volksführer und Herrscher mit messianischem Sendungsbewußtsein (manche in einer Person) sowohl ihre Zeitgenossen wie die Nachwelt gleichermaßen zu Bewunderung wie Abscheu provoziert haben und die immer wieder miteinander verglichen worden sind. Alexander der Große und Caesar – deren Vergleich kanonisch war, seitdem Plutarch (ca. 45–120) sie für eine seiner Doppelbiographien von Griechen und Römern zusammengestellt hatte[119] – stellen den Archetyp des «charismatischen Kriegshelden» in der europäischen Geschichte dar, der seine Herrschaft mit einer spezifisch religiösen Aura zu überhöhen sucht. Auch wenn sich ihre eigene Herrschaftspraxis nicht darauf reduzieren läßt, so ist es doch dieser Aspekt, der ihr «Nachleben» bestimmt, in dem ihr Bild zwischen dem des vollkommenen Monarchen und demjenigen des menschenverachtenden Eroberers schwankt.[120] Immer wieder haben Herrscher in der europäischen Geschichte an ihr Vorbild bewußt anzuknüpfen versucht bzw. sind von ihren Zeitgenossen so wahrgenommen oder in der Retrospektive mit ihnen verglichen worden, wie es unter anderen bei Kaiser Friedrich II.[121] und Napoleon der Fall war. Cromwell ist ein Kriegsheld, der sein Charisma nicht vom Volk, sondern unmittelbar aus einem göttlichen Auftrag herleitet, sein Heer der «Heiligen» nach ausschließlich charismatischen Kriterien rekrutiert und deshalb keine stabile politische Ordnung installieren kann.

Von charismatischer Herrschaft eines Autokraten ist die charismatische Führung innerhalb einer verfassungsmäßigen Ordnung zu unterscheiden.[122] Perikles ist der Prototyp des «Demagogen», der kraft seines «Charisma von Geist und Rede»[123] eine Führungsrolle in der – auf der Selbstregierung der Bürgerschaft in der Volksversammlung basierenden – athenischen Demokratie spielen kann, ohne über außerordentliche Vollmachten zu verfügen. De Gaulle konnte als allgemein anerkannter – mehrfach bewährter – Retter der Nation eine in die Krise geratene parlamentarische Demokratie durch die Einbeziehung starker plebiszitärer Elemente auf Dauer stabilisieren.

Immer wieder stellt sich das Problem der Stabilisierung einer Herrschaftsform durch Veralltäglichung bezüglich der Nachfolgeregelung bzw. der Einbindung der ursprünglichen Gefolgschaft in formalisierte

Strukturen von Verwaltungs- und Parteiapparaten und Armeen. Moderne Diktatoren können auf deren Funktionieren nicht verzichten und müssen – wie es Mussolini und Hitler vorgeführt haben – das Spannungsverhältnis zwischen rationaler und rein personaler Machtausübung durch, nunmehr auch über die Massenmedien vermittelte, Inszenierungen des persönlichen Kontaktes zwischen Führer und Volk zu überspielen versuchen, ein Muster, das sich in bestimmten Hinsichten bei Perón wiederfindet. Entwicklungsdiktaturen (wie diejenige Nassers) stehen vor dem Problem, solche für das Funktionieren einer modernen Gesellschaft unerläßlichen Strukturen erst aufbauen zu müssen.

Kommunistische Führer verdanken ihre Macht der Kontrolle über die Partei, ihr Aufstieg vollzieht sich hinter der Fassade der «kollektiven Führung». Sofern sie danach einen Personenkult zulassen oder fördern, liegt darin ein charismatisches Element, doch steht dies in einer Spannung zur Darstellung der Partei als Hüterin «wissenschaftlich gesicherter» Erkenntnisse der «Gesetze der Geschichte», damit zu einer «charismatischen Verklärung der Vernunft».[124] Für die charismatische Komponente in kommunistischen Systemen ist Mao deshalb ein besseres Beispiel als Lenin oder Stalin,[125] deren Herrschaft im wesentlichen in der Kontrolle über den Parteiapparat begründet lag, während Mao immer wieder versuchte, die Massen gegen den Parteiapparat auszuspielen, und dabei auf traditionale Elemente chinesischer Herrscherlegitimation zurückgriff.

Das Beispiel Gandhis, der nicht an die Schaltstellen der Macht strebte, verweist darauf, daß es sinnvoll ist, zwischen einer charismatischen Bewegung und der Ausübung charismatischer Herrschaft zu unterscheiden. Die Bedeutung anderer historischer Figuren liegt vor allem darin begründet, daß sie das an einem Amt hängende Charisma[126] in besonderer Weise zur Geltung bringen, so im Falle des mittelalterlichen Kaisertums (Friedrich II.; Karl IV.), oder demjenigen des amerikanischen Präsidenten im Kontext der Neugründung der Nation nach dem Bürgerkrieg (Lincoln).

Die in diesem Band vorliegenden Porträts zwingen historische Gestalten und Konstellationen nicht in das Prokrustesbett einer Theorie, sie zeigen vielmehr, wie mit einer behutsamen Anwendung des Charisma-Konzepts auch vermeintlich vertraute Figuren in einem neuen Licht erscheinen können, auch indem jeweils die zeitgenössische Wahrnehmung mit dem von der Nachwelt gepflegten Mythos in Beziehung gesetzt wird.

Peter Spahn

Perikles –
Charisma und Demokratie*

Perikles gehört zu den wenigen Gestalten der Antike, denen Max Weber in seiner Theorie charismatischer Herrschaft exemplarische Bedeutung zuspricht. Er ist für ihn der erste «Demagoge», das heißt der führende Politiker in der Demokratie, dessen Stellung prinzipiell nicht auf einem Amt beruht, sondern der «kraft der Anhänglichkeit und des Vertrauens seiner politischen Gefolgschaft zu seiner Person als solcher herrscht». Diese Erscheinung rechnet er zur «plebiszitären Demokratie», die «ihrem genuinen Sinn nach eine Art der charismatischen Herrschaft» sei.[1]

Tatsächlich unterschied sich Perikles von den späteren Demagogen vor allem darin, daß er über lange Zeit eines der Spitzenämter der Demokratie innehatte. Nach der Überlieferung wurde er von 443 v. Chr. bis zu seinem Tod im Jahre 429 Jahr für Jahr zu einem der zehn Strategen gewählt.[2] Ob Perikles innerhalb des Strategenkollegiums eine institutionell herausgehobene Stellung besaß und ob es das Amt eines Oberstrategen gab, ist in der Forschung umstritten. Weber hatte in dieser Frage eine eigene Meinung, die offenbar auf einem Mißverständnis beruhte: Allein Perikles sei – als Oberstratege – vom Volk gewählt worden, während man die übrigen neun Strategen jeweils ausgelost habe.[3] Die Hypothese von der Oberstrategie als einzigem Wahlamt der athenischen Demokratie hat die historische Evidenz gegen sich und hat in der Forschung keinen Anklang gefunden.[4] Sie war für Weber offenbar wichtig, da er in dieser vermeintlich singulären Wahl den «charakteristisch charismatischen Einschlag» der Demokratie des Perikles sah.[5] Er fand hier Parallelen zum Caesarismus Napoleons I. und Napoleons III. Wie in der Moderne gehe es auch bei Perikles um das «cäsaristische Prinzip der Führerauslese».[6] Die Analogie zwischen Napoleon und Perikles drängt sich heute wohl nicht mehr auf. Auch spätere Aktualisierungen, etwa die Vorstellung von Perikles als einem nordischen Führer und der Vergleich mit Hitler, liegen uns mittlerweile fern.[7] Aber es bleibt zu fragen, worin der «charismatische Einschlag» an Perikles und der damaligen Demokratie bestanden haben könnte.

Im einzelnen ergeben sich mehrere Probleme. Zu berücksichtigen sind durchweg die Eigenart und die spezifische Funktionsweise der athenischen Demokratie. Welche Bedeutung und welche Folgen hatte dort die Dominanz eines überragenden Politikers, wenn das Volk nicht nur in lan-

gen und unregelmäßigen Abständen zu einem Plebiszit aufgerufen wurde, sondern jährlich, notfalls sogar ad hoc über die politische Leitung
abstimmen konnte? War diese Demokratie für charismatische Führer
etwa besonders empfänglich, obwohl sie sich doch institutionell und
ideologisch scharf von Monarchie und Tyrannis abgrenzte? Vor allem
aber: trifft der Begriff «charismatische Herrschaft» überhaupt auf Perikles
zu, und was besagt er in diesem Fall? Weber hebt an ihm – außer dem
bereits Genannten – «das Charisma von Geist und Rede»[8] hervor. Im übrigen führt er nicht näher aus, wie sich die Hauptkriterien seines Konzep-
tes charismatischer Herrschaft auf diese Person anwenden lassen.

   Prinzipiell ist hier zu bedenken, daß der Begriff «Charisma» dehnbar
ist. Die von Weber angeführten Eigenschaften («übernatürlich», «über-
menschlich», «mindestens spezifisch außeralltäglich», ferner: «gottgesandt» oder auch nur: «vorbildlich und deshalb als ‹Führer› gewertet»[9])
lassen sich eigentlich nur als graduelle Kategorien verstehen, die mehr
oder weniger Charisma implizieren. In diesem Begriff werden offenbar
auch verschiedene Ebenen verbunden: die religiöse und psychische mit
der politischen und ökonomischen. Mit der Kategorie des «Außeralltäglichen» kommt zudem eine zeitliche und kulturelle Dimension ins Spiel.
Man wird auch diesen Begriff nicht zu eng fassen dürfen, denn sonst
könnte charismatische Herrschaft jeweils nur von sehr kurzer Dauer sein,
jedenfalls kaum jahrzehntelang andauern.

   Bevor aber untersucht werden kann, ob und wie sich Perikles' Regierung als charismatische Herrschaft begreifen läßt, ist die antike Überlieferung genauer in den Blick zu nehmen. Zum einen wird damit beabsichtigt, die Urteile seiner Zeitgenossen über ihn zu erfassen. Zum andern
ist die kritische Durchsicht der Quellen hier deswegen so wichtig, weil
manche Aspekte charismatischer Herrschaft bereits im Periklesbild der
antiken Autoren vorgeprägt sind, zum Teil jedoch auch auf problemati-
schen Deutungen dieser Texte beruhen.

Antike Stimmen

Von Perikles gibt es keine schriftliche Hinterlassenschaft.[10] Die Reden, die
ihm Thukydides in den Mund legt, geben jedenfalls nicht den originalen
Wortlaut wieder. Wie der Historiker ausdrücklich feststellt, besagen sie
nur, wie seines Erachtens der Redner in der jeweiligen Situation etwa
sprechen mußte, «in möglichst engem Anschluß an den Gesamtsinn des
in Wirklichkeit Gesagten».[11] Thukydides hat Perikles zwar erlebt und
wohl auch sprechen gehört. Aber sein Werk ist unter dem Eindruck der
Niederlage Athens im Peloponnesischen Krieg verfaßt. Das relativiert
den dokumentarischen Wert der Reden, auch wenn Thukydides bean-
sprucht, sie dem jeweiligen historischen Moment entsprechend formuliert zu haben.

Es gibt nur wenige literarische Quellen, die einen unmittelbaren Eindruck von Perikles in seiner Glanzzeit in den Jahren vor 430 vermitteln. Diese Zeugnisse, so parteiisch sie auch sein mögen, sind besonders wertvoll, weil sie etwas über Perikles' politische Wirkung und persönliche Ausstrahlung besagen. Sie haben auf verschiedene Weise damit zu tun, daß ihm eine quasi-monarchische oder gar tyrannische Stellung vorgeworfen wurde. Dies war wiederum nicht nur sein persönliches, sondern auch ein strukturelles Problem der Demokratie: ihr historisch und ideologisch belastetes Verhältnis zur Tyrannis bzw. Monarchie.

Für dieses Problem bietet die «Verfassungsdebatte» bei Herodot wichtige Anhaltspunkte.[12] Dort argumentiert nämlich der Verteidiger der Alleinherrschaft damit, daß auch die Demokratie auf Grund ihrer internen Konflikte sich am Ende zwangsläufig zu einer Monarchie wandle. Der Vorsteher des Demos werde von diesem «bewundert und der Bewunderte erscheint daher als Alleinherrscher». Das scheint geradezu auf einen charismatischen Führer zu deuten. Diese Rede bezieht sich zwar vordergründig auf die Verhältnisse bei den Persern, tatsächlich aber liegen ihr griechische Erfahrungen zugrunde; ob aus dem perikleischen Athen, muß offenbleiben. Immerhin hat Herodot dort seine Historie vorgetragen. Da mögen manche im Publikum zumindest Anspielungen herausgehört haben.

An anderer Stelle erwähnt Herodot Perikles sogar namentlich und in auffälliger Weise.[13] Als Pointe seines Exkurses über die Alkmeoniden berichtet er von Perikles' Mutter Agariste, sie habe wenige Tage vor dessen Geburt geträumt, einen Löwen zu gebären. Zwei Parallelen solcher Löwen-Träume beziehen sich bei Herodot auf Tyrannen.[14] Agariste trug den Namen ihrer Großmutter, der Tochter des Tyrannen Kleisthenes von Sikyon. Andererseits bemerkt der Historiker, die Alkmeoniden seien schließlich «Tyrannenhasser» geworden.[15] Kleisthenes, der Enkel jenes Tyrannen, habe sich durch seinen Kampf gegen die Tyrannis der Peisistratiden als der eigentliche Befreier Athens erwiesen und mit der Schaffung der neuen Phylen die Demokratie begründet.[16]

Die politische Tradition der Familie war also keineswegs geradlinig. Sie enthielt manche taktische Kehrtwendungen, auch folgenschwere revolutionäre Umbrüche. Aus Nachfahren und Freunden von Tyrannen konnten Demokraten werden. Gab es vielleicht auch den umgekehrten Weg: die Etablierung einer neuen Tyrannis auf demokratischer Basis? Was bei Herodot allenfalls angedeutet wird, macht die zeitgenössische Komödie Perikles lauthals zum Vorwurf. Er und seine Anhänger werden dort als «die neuen Peisistratiden» bezeichnet.[17] Auch wird berichtet, er habe mit dem Tyrannen Peisistratos Ähnlichkeiten gehabt sowohl in der äußeren Gestalt als auch hinsichtlich der wohlklingenden Stimme und der Fähigkeit, rasch und gewandt zu sprechen.[18] Das negative Bild des Demagogen Perikles setzt sich später bei Autoren des 4. Jahrhunderts fort, vor allem bei Platon, aber auch bei Isokrates und Aristoteles.[19] Für Platon ist konsequenterweise die Demokratie nicht weit von der Tyrannis als der schlechtesten Verfassung entfernt.

Im Gegensatz zu den Kritikern und Gegnern des Perikles hat Thukydides dem Staatsmann einen Nachruf gewidmet, der entscheidend zu dessen fortwährendem Ruhm beigetragen hat. Daraus wird häufig ein Satz zitiert, der Perikles' Position in der Verfassung Athens auf eine einprägsame Formel bringt, die sich scheinbar dem damaligen Diskurs über das Verhältnis von Demokratie und Alleinherrschaft einfügt. Man übersetzt die Passage meist folgendermaßen: «Es war dem Namen nach eine Demokratie, in Wirklichkeit eine Herrschaft des Ersten Mannes.»[20] Dabei übersieht man jedoch, daß Thukydides von einer Herrschaft (*arche*) unter (*hypo*) dem Ersten Mann schreibt. Das ergibt ein ganz anderes Verständnis des Subjekts der Herrschaft, als mit der üblichen Entgegensetzung von nomineller Volksherrschaft und tatsächlicher Herrschaft eines Einzelnen gemeint ist. Der Inhaber einer *arche* wird normalerweise auch von Thukydides in den Genitiv gesetzt.[21] Wenn er hier die Präposition *hypo* verwendet, will er etwas anderes ausdrücken. Die *arche* «unter» dem Ersten Mann kann eigentlich schon aus Gründen der Sprachlogik nicht zugleich die des Perikles sein. Gemeint ist vielmehr, wie auch an anderen Stellen bei Thukydides,[22] die Herrschaft der Athener: ihre *arche* – vor allem über die Mitglieder des Seebundes – unter der Führung ihres Ersten Mannes, Perikles.

Es sprechen auch inhaltliche Gründe gegen das übliche Verständnis der Formel. Falls Thukydides damit die Antithese von Volksherrschaft und Herrschaft des Einen im Sinn gehabt hätte, wäre er dem Tyrannis-Vorwurf, wie er in der Komödie und von Perikles' Gegnern erhoben wurde, sehr nahe gekommen. Aber dies widerspräche völlig dem Tenor der Würdigung des Staatsmannes in diesem Kapitel. Vorausgeht die sogenannte Trostrede des Perikles, in der er den Athenern dringend zur Fortsetzung des Krieges rät. Da ist mehrfach von ihrer *arche* die Rede. Keine andere Polis habe über so viele Hellenen geherrscht wie Athen. Diese Herrschaft könnten sie jetzt nicht mehr ohne Gefahr aufgeben, denn sie sei «wie eine Tyrannis». Auf genau diese *arche* bezieht sich zweifellos Thukydides auch in seinem unmittelbar folgenden Perikles-Nachruf: Die *arche* Athens, nicht die des Perikles ist dort gemeint. Und diese hält auch Thukydides für legitim und erhaltenswert. Notfalls muß Athen zu diesem Zweck auch Gewalt einsetzen dürfen wie ein Tyrann. Dergleichen würde aber auf eine *arche* des Perikles keineswegs zutreffen.

Dessen Stellung kennzeichnet Thukydides im gleichen Kontext vielmehr ganz anders: «Das kam daher, daß er mächtig durch sein Ansehen und seine Einsicht und in Gelddingen makellos unbeschenkbar, die Masse in Freiheit bändigte, selber führend, nicht von ihr geführt, weil er nicht, um mit unsachlichen Mitteln die Macht zu erwerben, ihr zu Gefallen

redete, sondern genug Ansehen hatte, ihr wohl auch im Zorn zu wider-
sprechen. Sooft er wenigstens bemerkte, daß sie zur Unzeit sich in leicht-
fertiger Zuversicht überhoben, traf er sie mit seiner Rede so, daß sie ängst-
lich wurden, und aus unbegründeter Furcht hob er sie wiederum auf und
machte ihnen Mut. Es war dem Namen nach eine Demokratie, in Wirklichkeit aber eine Herrschaft unter dem Ersten Mann.»[23]

Perikles war gemäß dieser Charakterisierung alles andere als ein
«Herrscher», weder im griechischen noch in einem modernen Sinne. Seine Stellung gegenüber der Bürgerschaft beruhte nicht auf Befehl und
Gehorsam. Er besaß Macht auf Grund der genannten persönlichen Eigenschaften und Fähigkeiten. Seine Führungskraft zeigte sich insbesondere
in seiner rhetorischen Kunstfertigkeit, die Emotionen des Volkes richtig
erfassen und in seinem Sinne lenken zu können.

Diese Darstellung von Perikles' Position und Charakter hat die Histo-
riographie bis heute am stärksten geprägt. Sie überlagerte die kritischen
Stimmen, die unter Perikles' Zeitgenossen und bei prominenten Autoren
des 4. Jahrhunderts noch durchaus vorherrschten. Zu diesem Erfolg hat
wohl auch die Perikles-Biographie Plutarchs beigetragen, der auf der
Basis von Thukydides' Urteil jene kritischen Zeugnisse relativierte. Da
aber auch Platon für Plutarch eine Autorität war, hat er dessen negatives
Bild und die Widersprüche gegenüber Thukydides dadurch aufzulösen
versucht, daß er in Perikles' Politik einen radikalen Wechsel feststellte.
Dieser habe nach dem Ostrakismos seines Hauptrivalen Thukydides, des
Melesias Sohn (nicht identisch mit dem Historiker), im Jahre 443 statt-
gefunden: «Allein von diesem Augenblick an war er nicht mehr derselbe,
er war nicht mehr so schnell bereit, sich dem Willen der Masse zu fügen
und ihren Launen nachzugeben wie ein Schiff dem Winde, sondern
wandte sich von der schwächlichen, in manchen Stücken gar zu nachgie-
bigen Art der Volksführung ab wie von einer allzu weichen und zärt-
lichen Melodie und zog die Saiten an zu einem aristokratischen und
königlichen Regiment.»[24]

Die Theorie von der Umwandlung (*metabole*) des schlechten Demagogen im Sinne Platons in einen rationalen und unbestechlichen Führer, wie
ihn der Historiker Thukydides gezeichnet hatte, war im wesentlichen
Plutarchs Werk.[25] Er hatte dafür offenbar keine Belege in seinem Quel-
lenmaterial und ersetzte deshalb die Beweislücke durch poetische Meta-
phern. Aus der «*arche* unter dem Ersten Mann» wird bei Plutarch eine
«aristokratische und königliche *politeia*», indem er Elemente der klassischen Verfassungstheorie zur Deutung der schwerverständlichen Formel
von Thukydides benutzt.[26] Hier begann also bereits deren Mißverständnis, das bis heute den meisten Übersetzungen und Interpretationen der
Stelle zugrunde liegt.

Perikles' Wirkung auf die Bürgerschaft

Eine Herrschaft des führenden Mannes, welche von der Demokratie nur den Namen übriggelassen hätte, muß Athen unter Perikles also keineswegs gewesen sein. Worin lagen aber die außergewöhnliche Ausstrahlung dieses Mannes, seine Macht und der Erfolg seiner Politik begründet? Diese Frage soll unter drei Aspekten näher betrachtet werden: erstens im Hinblick auf die Art und Bedeutung seiner Persönlichkeit, ihrer Selbstdarstellung und ihrer Wahrnehmung sowohl bei seinen Anhängern als auch bei seinen Gegnern; zweitens hinsichtlich der Schwerpunkte und Ziele seiner Politik, ihrer kulturellen Vermittlung und ideologischen Legitimation; und drittens bezüglich der Auswirkungen dieser Politik auf die Bürgerschaft.

Abgesehen von seinen individuellen Eigenschaften war Perikles' soziale Herkunft ein wichtiger politischer Faktor. Anders als die späteren Demagogen stammte er aus dem alten Adel. Von den Alkmeoniden, der Familie seiner Mutter Agariste, war schon die Rede. Sein Vater Xanthippos gehörte im frühen 5. Jahrhundert zu den führenden Politikern und Feldherren Athens. Er wurde zwar 484 durch das Scherbengericht verbannt, konnte aber mit der Amnestie von 480 zurückkehren und errang im Folgejahr als Kommandant der athenischen Flotte einen großen Sieg über die Perser.[27] Der Kriegsruhm des Vaters kam offenbar noch Jahre später Perikles zugute, als dieser 472 – erst etwa zwanzigjährig – als Chorege die Aufführung von Aischylos' Tragödie *Die Perser* übernahm.

Über die Anfänge seines politischen Wirkens gibt es kaum gesicherte Zeugnisse. Sein Hauptgegner scheint zunächst Kimon gewesen zu sein, zu dessen Verbannung im Jahre 461 er wohl maßgeblich beitrug.[28] Kimon hatte glänzende militärische Erfolge aufzuweisen, genoß in der Bürgerschaft lange Zeit größtes Ansehen und war seiner umgänglichen und leutseligen Art wegen beim Volk ausgesprochen beliebt. Seine Freigebigkeit blieb den Athenern noch lange im Gedächtnis.[29]

Perikles dagegen verhielt sich der Menge gegenüber eher reserviert. «Er hütete sich vor der ständigen Berührung mit dem Volk, die zum Überdruß führen mußte, und zeigte sich ihm nur von Zeit zu Zeit, er vermied es, bei jeder Gelegenheit das Wort zu ergreifen oder vor der Menge aufzutreten, sondern gab sich ... nur für die wichtigsten Geschäfte her, die anderen ließ er durch seine Freunde und ihm ergebene Redner erledigen.»[30] Außerdem mied er, wie es heißt, beinahe alle Einladungen. Selbst im aristokratischen Umfeld verzichtete er auf fröhliche Geselligkeit, also vor allem auf die Teilnahme an Symposien. Plutarch schreibt, daß man ihn nur noch einen Weg gehen sah, nämlich zur Agora, dem Marktplatz und politischen Zentrum der Stadt, und zum Bouleuterion, dem Gebäude des Rates.[31] Perikles stilisierte auf diese Weise sein Bild in der Öffentlichkeit als das eines Mannes, der sein ganzes Leben der Politik widmete.[32] Mit seiner zweifachen Distanziertheit, nämlich sowohl gegenüber dem geselligen Leben der Adelskreise als auch gegenüber dem Mann auf der Straße, begründete er eine herausgehobene Stellung eigener Art.

Diese Position und die entsprechende Selbstinszenierung evozierten in der zeitgenössischen Komödie den Vergleich mit Zeus und den Beinamen «der Olympier». Letzteren hat man bereits in der Antike verschieden gedeutet:[33] der «Donnerer», der durch die Gewalt seiner Rede das Volk sowie alle anderen Redner und Politiker erzittern läßt; der Höchste, der seinen unerschütterlichen Sitz weit über den Wolken und den Niederungen der Sterblichen hat. Andere Erklärungen bezogen sich auf die Prachtbauten, mit denen Perikles Athen geschmückt habe; ferner auf seine umfassende Macht als Politiker und Feldherr. Von da war der gedankliche Schritt zum *tyrannos* nicht weit, dem bösen Wort, das man sowohl Perikles als auch Zeus anhängte. So dichtete Kratinos in seiner Komödie *Cheirones*: «Die Zwietracht (*stasis*) und Kronos, der Alte, in Liebe vereinigt, zeugten zusammen den mächtigsten aller Tyrannen. Die Götter verliehen ihm den Namen ‹Köpfevsammler› ...».[34] Perikles erscheint somit wie Zeus nicht als irgendein Tyrann, sondern als der größte und mächtigste. Statt Wolken versammelt er Köpfe: eine witzige Anspielung auf seine auffällige Kopfform, die auch in anderen Komödien Anlaß zum Spott war, zugleich aber auch Symbol seiner Überlegenheit.

Die äußere Erscheinung, die Art des Auftretens und der gesamte Charakter des Perikles befestigten das Bild eines Ausnahme-Politikers, der alle anderen überragte; der sich an die Spitze setzte, ohne sich der üblichen Mittel zu bedienen, und insofern über dem politischen Alltag stand. Die Assoziation mit einem Tyrannen war im Grunde ähnlich gemeint; ebenso diejenige mit Zeus. Sie war zwar mehr als ein bloßer Komödienscherz, bedeutete aber auch keine einfache Identifikation. Um Perikles wirklich übermenschliche, ja göttliche Eigenschaften zuzuschreiben, hätte man nicht gleichzeitig so viel über ihn spotten und lachen dürfen. Aber der beißende Spott und die wütende Kritik reduzierten ihn nicht auf das Normalmaß eines demokratischen Politikers, jedenfalls nicht in den Augen seiner Anhänger.

Welche Vorstellung sich diese von Perikles machten, läßt sich kaum genauer ausmachen. Thukydides' Urteil ist aus sozialen und zeitlichen Gründen wohl nicht repräsentativ für athenische Durchschnittsbürger der Epoche zwischen 450 und 430. Ob sie Perikles so bewunderten, daß sie ihm geradezu übermenschliche Fähigkeiten unterstellten, erscheint fraglich. In der Komödie ist das Spiel mit Vergleichen, Assoziationen und Identifikationen primär aus der Sicht der Kritiker und Gegner zu erfassen. Vielleicht haben es aber auch seine Parteigänger und Bewunderer aufgegriffen und ins Positive gewendet.

Eine bei Plutarch überlieferte Anekdote scheint in diese Richtung zu weisen. Danach habe sich beim Bau der Propyläen ein Wunder ereignet,

indem Perikles – mit Unterstützung der Göttin Athena – übernatürliche
Kräfte einsetzte: «Der tüchtigste und fleißigste unter den Künstlern tat
nämlich einen Fehltritt und stürzte aus großer Höhe in die Tiefe. Dabei
verletzte er sich so schwer, daß er von den Ärzten aufgegeben wurde.
Perikles war sehr niedergeschlagen. Da erschien ihm die Göttin im
Traum und zeigte ihm, wie er den Verunglückten heilen könne. Er tat,
wie ihm geheißen, und machte den Mann leicht und schnell wieder
gesund. Zum Dank errichtete er der Athena Hygieia auf der Akropolis
ein ehernes Standbild...».[35] Diese Geschichte beweist nicht, daß man
Perikles bereits zu Lebzeiten eine Wunderheilung zutraute. Die moderne Forschung hat die Weihung eines Standbildes an Athena die Heilen-
de, von dem sogar Reste der Basis mit einer Inschrift auf der Akropolis
gefunden wurden, mit der Seuche von 429 in Verbindung gebracht.[36]
Übernatürliche und magische Elemente gehörten wahrscheinlich nicht
zum Charisma des Perikles, jedenfalls nicht zu seiner Zeit. Das hätte
auch schlecht zu einem Mann gepaßt, der so sehr auf Rationalität poch-
te und der Intellektuelle zu seinen Freunden zählte, die in Athen wegen
Gottlosigkeit angeklagt wurden.

Die Politik und das Außeralltägliche

Um Perikles' Wirkung auf seine Zeitgenossen und die Nachwelt zu verstehen, ist außer der Eigenart seiner Persönlichkeit die Zielsetzung seiner
Politik und deren außergewöhnliche kulturelle Dimension von Bedeutung. Schwerpunkte dieser Politik waren die innere Ausgestaltung der
athenischen Demokratie sowie die Durchsetzung und Nutzung ihrer
Herrschaft nach außen. Die erfolgreiche Verbindung dieser beiden Seiten
kennzeichnet die Geschichte Athens in den drei Jahrzehnten zwischen
460 und 430, in denen Perikles maßgeblich die Politik und Strategie
bestimmte.
   Die Demokratie wurde gewiß nicht von Perikles erfunden. Sie entwickelte sich seit dem späten 6. Jahrhundert, angestoßen vor allem durch
die Phylen- und Demenreform des Kleisthenes. Ein wichtiger Einschnitt
in ihrer Geschichte war im Jahre 461 die Entmachtung des Adelsrates auf
dem Areopag zugunsten des Rates der Fünfhundert und anderer demokratischer Institutionen. An diesem «legalen Umsturz»,[37] der in erster
Linie Ephialtes zugeschrieben wird, war Perikles offenbar schon beteiligt.
Zwei weitere Veränderungen, die für den Ausbau der Demokratie charakteristisch waren, gingen auf Perikles' Initiative zurück. Das war zum
einen das Bürgerrechtsgesetz von 451. Es bestimmte, daß man atheni-
scher Bürger fortan nur sein durfte, wenn beide Elternteile bereits Athener waren. Das Bürgerrecht wurde dadurch exklusiver und auch für
ärmere Bürger wertvoller. Das Gesetz ist vor allem im Zusammenhang
mit der starken Zunahme der Metökenbevölkerung in Athen seit den

460er Jahren zu sehen. Auch wenn diese Zuwanderer aus wirtschaftlichen Gründen durchaus erwünscht waren, so wollte man sich doch
rechtlich von ihnen abgrenzen und die Homogenität der Bürgerschaft
wahren. Der Bürgerstatus gewann so zunehmend an Bedeutung. In die
gleiche Richtung weist die zweite Neuerung, mit der Perikles die Verfassungsrealität veränderte, nämlich die Einführung der Diäten. Diese Tage-
gelder für die jeweils aus der Menge von 6000 Geschworenen ausgelosten
Richter, ferner die Besoldung der 500 Ratsherren und verschiedener
Ämterkollegien wurden zum festen Bestandteil der Demokratie. Dazu
kamen die immensen Militärausgaben, zumal für die Flotte und den
Unterhalt der Ruderer. Gerade minderbemittelte Bürger erlangten so
einen konkret erfahrbaren Anteil an der *arche*, das heißt an der Regierung
im Inneren und an der Herrschaft Athens nach außen.

So gesehen, war dieser Staat mehr als nur dem Namen nach eine Demokratie, da eine relativ große Zahl von Bürgern Jahr für Jahr an der Politik
beteiligt war und die Mehrheit bei Abstimmungen den Ausschlag gab.
Andererseits bestand gerade unter diesen Bedingungen ein Bedarf und
ein Handlungsfeld für Politiker, die Autorität und das Vertrauen der
großen Mehrheit besaßen. Das war die Position des «Volksführers», «Vor-
stehers des Volkes» oder «Ersten Mannes». Perikles nahm sie für athenische Verhältnisse relativ lange Zeit ein; wahrscheinlich auch deswegen,
weil er zur Ausgestaltung dieses Systems so viel beigetragen hatte.

Vorrangiges Ziel der Außenpolitik war die Sicherung der athenischen
arche im Seebund. Der Wandel des ursprünglich gegen Persien gerichteten Verteidigungsbündnisses gleichberechtigter Poleis zu einem Herr-
schaftsinstrument Athens vollzog sich verstärkt seit der Mitte des 5. Jahrhunderts. Im Jahre 454 war die Bundeskasse von der Insel Delos nach
Athen verlegt worden. In der Folgezeit mußten die Athener wiederholt
Abfallversuche von Bundesstädten niederschlagen. Um 450 revoltierte
Milet zum ersten Mal, 446 Euböa, von 441 bis 439 dauerte der Aufstand
von Samos, und in dieser Zeit fiel auch Byzanz ab. Athen griff nun zunehmend in die inneren Verhältnisse der widerspenstigen Bündner ein und
unterstützte oder etablierte bei ihnen demokratische Verfassungen.
Außerdem richtete es in einigen Fällen auf deren Territorium Kleruchien
ein. Damit verfolgte man die doppelte Absicht, athenische Kolonisten mit
Land oder Einkünften zu versorgen und zugleich durch diese Garnisonen
militärisch präsent zu sein und Aufruhr erst gar nicht entstehen zu lassen.

Vor dem Hintergrund dieser Ereignisse kam es in Athen zur großen
Auseinandersetzung zwischen Perikles und Thukydides, dem Sohn des
Melesias. Der Streit ging um die Frage, ob man die jährlich von den Bundesgenossen gezahlten Beiträge für den Ausbau Athens verwenden dürfe, zumal für die Prachtbauten auf der Akropolis.[38] In diesem Konflikt,
der 443 mit der Verbannung des Thukydides entschieden wurde, wird die

Verknüpfung perikleischer Innen- und Außenpolitik besonders deutlich. Perikles überzeugte die Mehrheit mit seinem Argument, den Bundesgenossen keine Rechenschaft über die Gelder schuldig zu sein, da man den militärischen Schutz gewährleiste. Dagegen beklagte Thukydides, Athen tyrannisiere die Bündner und schmücke sich mit deren Zwangsbeiträgen. Das von Perikles durchgesetzte Bauprogramm war der Dreh- und Angelpunkt seiner Innen- und Außenpolitik. An diesen Bauten – besonders augenfällig am Skulpturenschmuck des Parthenon – kommt die ideologische Dimension am deutlichsten zum Ausdruck: Die symbolische Darstellung und ästhetische Überhöhung der sozialen und politischen Verfassung Athens lief auf eine Heroisierung seiner Bürger und ihrer Herrschaft hinaus. Dieser Aspekt war für die athenische Bürgerschaft wahrscheinlich sogar wichtiger als der wirtschaftliche. Die monumentalen Bauten waren eher ein Machtsymbol als ein Arbeitsbeschaffungsprogramm. Für viele, gerade auch spezialisierte Gewerke hatte man gar nicht genug athenische Arbeitskräfte und mußte daher zahlreiche Metöken und Sklaven ins Land holen. Es war in erster Linie ein hochpolitisches Projekt. Daß es mit den Tributen der abhängigen Bundesstädte finanziert wurde, machte diesen Zusammenhang jedem bewußt. Perikles gehörte anscheinend der Baukommission an, und mit Phidias, der die Leitung und Aufsicht über das Ganze hatte, war er befreundet. Der bis heute anhaltende Zauber dieser Bauwerke und der Kontext ihrer Entstehung sind mit Perikles' Charisma in mehrfacher Hinsicht verbunden.

Große Architektur und bildende Kunst, auch Theater, Musik, Literatur und Philosophie – mit all diesen Bereichen des «Außeralltäglichen» hatte Perikles auf die eine oder andere Weise zu tun. Das zeigt sich an seinen Freundschaften mit Damon, Anaxagoras und Phidias, wahrscheinlich auch mit Sophokles, Protagoras, Herodot und anderen.[39] Schließlich an seiner Verbindung mit Aspasia, die manche Konventionen durchbrach und der Phantasie der Zeitgenossen und der späteren Biographen viel Raum ließ.[40] Sicherlich haben all diese Beziehungen zum persönlichen Charme, ja auch zum Charisma dieses Mannes beigetragen. Aber die Gründe für seine außerordentliche Wirkung auf das athenische Publikum sind doch wohl primär im politischen Bereich zu suchen. Gab es vielleicht auch dort etwas Außeralltägliches? Und kann man auf seiten der Bürgerschaft von einer «Umformung von innen her» sprechen, von einer «Metanoia», wie sie Max Weber als typische Auswirkung des Charismas in der Gesinnung der Anhängerschaft postuliert?[41]

Weber selbst hat dieses Kriterium nicht auf die antike Demokratie und Perikles angewandt. «Metanoia» und die Rede von einer «gläubigen, ganz persönlichen Hingabe»[42] auf seiten der charismatisch Beherrschten lassen eher an religiöse Bewegungen denken. Aber tatsächlich kann man auch im perikleischen Athen etwas von einer grundlegenden «Wandlung der zentralen Gesinnungs- und Tatenrichtung»[43] beobachten. Manches spricht dafür, daß Perikles eine solche Veränderung maßgeblich gefördert hat – und daß dieser Zusammenhang der Hauptgrund für seine Autorität und das Vertrauen der Bürger war.

Wandel der Mentalität und der Lebensweise der Bürger

Es wurde bereits festgestellt, daß Plutarch in Perikles' Biographie einen radikalen Wandel konstatiert, von einem zuerst der Volksmenge gegenüber willfährigen Demagogen zu einem aristokratischen und königlichen Staatsmann. Die Menge dagegen hat nach dieser Darstellung ihren Charakter nicht wesentlich verändert. Allerdings sei sie in Athen von ihren Leidenschaften hin- und hergerissen worden, weil sie über ein so großes Reich verfügte. Perikles habe sie, wenn sie zuviel Übermut zeigte oder, umgekehrt, in Niedergeschlagenheit zu versinken drohte, wie ein Seelenarzt therapiert.⁴⁴ Plutarch rechnet also beim Volk mit emotionalen Ausbrüchen und Stimmungsschwankungen, aber nicht mit einem tiefgreifenden Wandel. Tatsächlich gibt es jedoch mehrere Indizien für mentale Veränderungen in Athen zwischen 460 und 430.

Eine Bedingung des neuen politischen Bewußtseins war der institutionelle Ausbau der Demokratie. Welche weitreichenden Anforderungen die demokratische Polis nun an den Bürger stellte und in welche Gewissenskonflikte das neue System den Einzelnen unter Umständen bringen konnte, kommt am schärfsten in der zeitgenössischen Tragödiendichtung zum Ausdruck. Als exemplarisch kann hier die *Antigone* des Sophokles gelten, die wahrscheinlich im Jahre 442 aufgeführt wurde. Man braucht in diesem Stück nicht direkte Anspielungen auf die Tagespolitik in Athen zu suchen. Es kann auch offenbleiben, ob Kreon, der selbstgerechte und verblendete Herrscher, der sich zunehmend als Tyrann entlarvt, bestimmte Züge von Perikles' Charakter und Position widerspiegelt.⁴⁵ Nicht zu übersehen ist jedoch, daß Kreon in seiner amtlichen Erklärung gegenüber dem Ältestenrat Grundsätze formuliert, die gerade in der athenischen Demokratie zunehmend an Bedeutung gewannen.⁴⁶ Dazu gehört vor allem, daß die Polis von den Bürgern absolute Loyalität fordern kann; daß ihr gegenüber alle Verpflichtungen, die aus Familien- und Freundschaftsbeziehungen resultieren, im Konfliktfall zurückzutreten haben. Ehre erlangt, wer «der Polis wohlgesinnt» ist: Darin stimmen Kreon und die politische Rhetorik im demokratischen Athen völlig überein.⁴⁷ Freund und Feind werden letztlich von der Polis bestimmt. Gegen ihre Gebote gibt es kein Widerstandsrecht. Wen die Polis auch einsetze, man müsse ihm gehorchen, selbst in kleinen Dingen, sei es gerecht oder das Gegenteil. Diese Maxime Kreons ist keineswegs als Kennzeichen eines Tyrannen zu verstehen; eine ganz ähnlich lautende Regel wurde selbst Solon zugeschrieben.⁴⁸ Und von gleicher Art war noch Sokrates' rigider Gesetzesgehorsam. Kreons Starrheit und Unbelehrbarkeit, die ihn schließlich tyrannisch werden lassen, stehen auf einem anderen Blatt. Der absolute Anspruch des Regenten auf Gehorsam und Loyalität wird prinzipiell auch von Antigone anerkannt. Daß sie, «den Bürgern trotzend», das Bestattungsverbot übertritt, bedarf nach ihren Worten nämlich einer besonderen Rechtfertigung: Weder für ihr Kind noch für den Gatten würde sie etwas Derartiges wagen, allein für den unersetzlichen Bruder![49]

Der beinahe totalitäre Anspruch der Polis und die Unterwerfung des Einzelnen unter das Gesetz und die Zwänge der politischen Gemeinschaft wurden gerade in der ersten Generation der Demokratie als problematisch und konfliktträchtig erfahren. Die Politisierung der Bürgerschaft nahm im perikleischen Athen eine auch für antike Maßstäbe ungewöhnliche Intensität an. Der Sophist Protagoras postulierte damals, daß alle Anteil haben müßten an *dike* und *aidos*, das heißt an Recht und gegenseitigem Respekt als den Grundlagen bürgerlicher Gemeinschaft. Wer unfähig sei, daran teilzunehmen, den solle man töten «wie eine Krankheit der Polis».[50] In die gleiche Richtung weist Perikles' Satz in der Gefallenenrede: «Einzig bei uns heißt einer, der daran gar keinen Teil nimmt, nicht ein untätiger Bürger, sondern ein unnützer.»[51] Es gab in der Demokratie einen stärkeren sozialen Druck, ein loyaler und aktiver Bürger zu sein, als unter herkömmlichen Verfassungen.

Politische und militärische Entscheidungen wurden in Athen für den Einzelnen in neuer Weise persönlich relevant. Es ging hier nicht nur um die Frage von Krieg und Frieden, über die antike Bürgerschaften in vielen Fällen zu entscheiden hatten, da sie ja selbst den Kampf ausfochten. Solche Beschlüsse konnten zwar für den Einzelnen existentielle Folgen haben, sie veränderten aber in der Regel nicht nachhaltig die Lebensgewohnheiten. Die perikleische Strategie hingegen bedeutete im Ernstfall für den überwiegenden Teil der Bürger und ihre Familien einen radikalen Wandel ihrer Lebensweise. Es bedurfte einer außerordentlichen Führungskraft, für eine solche Politik immer wieder eine Mehrheit zu gewinnen.

Perikles' Strategie war keine Geheimsache. Sie war langfristig angelegt; Planung und Rüstung erstreckten sich über Jahrzehnte, ablesbar etwa am Ausbau der Langen Mauern. Diese machten Athen und die Häfen von Piräus zu einer einzigen Festungsanlage und boten sichere Zuflucht für die gesamte Landbevölkerung Attikas. Die Überlegenheit der athenischen Flotte garantierte die heimische Versorgung und zugleich die Herrschaft über die Bundesgenossen. Die Bewährungsprobe kam mit dem Kriegsausbruch 431. Die Bürger der attischen Landgemeinden folgten Perikles' Rat und zogen mit ihren Familien und dem gesamten Hausrat in die seit langem vorbereitete Festung. Sie mußten ihre Angehörigen nun nicht mehr, wie zur Zeit der Perserkriege, evakuieren. Nur ihr Vieh brachten sie zum Teil auf benachbarte Inseln. Wie radikal der Entschluß zum

Umzug für die meisten war, zeigt sich auch daran, daß sie sogar die Holz-
teile an ihren Häusern abrissen und in die Stadt mitnahmen, um sich dort
damit ihre Behausungen zu zimmern.[52] Thukydides betont, wie schwer
es den Athenern fiel, Haus und Hof aufzugeben, und damit die von den
Vorfahren überkommene Existenz und nicht zuletzt ihre alten Tempel
und Heiligtümer. Es bedeutete, «daß sie ihr ganzes Leben umstellen sollten, ja kaum anders, als müßte jeder aus seiner *polis* auswandern».[53]
Thukydides spricht wörtlich von einem «Umwerfen der gewohnten
Lebensweise». Damit war auch eine «Wandlung der zentralen Gesin-
nungs- und Tatenrichtung» im Weberschen Sinne verbunden. Sie bezog
sich nicht nur auf einen kleinen Anhängerkreis, sondern auf den ganzen
athenischen Demos. Die Hauptsache des Wandels lag im Politischen, er
betraf aber auch das wirtschaftliche Verhalten des Volkes.

In der zweiten Hälfte des 5. Jahrhunderts und zumal während des Peloponnesischen Krieges hatte sich nämlich in Athen ein neuartiger Wirt-
schaftsstil herausgebildet, den man in der Folgezeit als «die attische Ökonomie» bezeichnete. Ihr Kennzeichen war, daß kleinere Haushaltungen
keine Vorratswirtschaft mehr betrieben, sondern ihren Bedarf auf dem
städtischen Markt deckten.[54] In Anbetracht der veränderten Wohnver-
hältnisse und der wirtschaftlichen Lage einer auf die Stadt konzentrierten Bevölkerung erscheint dies plausibel. Die traditionelle bäuerliche
Ökonomie, die auf weitgehende Autarkie ausgerichtet war, verlor an
Bedeutung. Auf Grund der ausgeweiteten Geldwirtschaft sowie der politisch und militärisch bedingten Geldeinkünfte zahlreicher Bürger wurde
nun die Versorgung mit Lebensmitteln auf dem städtischen Marktplatz
zur Regel. In der zeitgenössischen Komödie, etwa in den *Acharnern* und
Rittern des Aristophanes, wird diese Entwicklung vom Standpunkt traditioneller Moral aus heftig kritisiert.

Angesichts dieser kritischen Stimmen ist besonders beachtlich, daß
Perikles die neue Wirtschaftsweise anscheinend bereits vor Ausbruch des
Krieges selbst anwandte. Bei Plutarch heißt es: «Er verkaufte den Jahres-
ertrag seiner Güter als Ganzes und ließ dann alles, was er für den Haushalt brauchte, einzeln auf dem Markt einkaufen. Seine erwachsenen Söhne hatten wenig Freude an diesem Regiment; auch den Frauen gegenüber
war er keineswegs freigebig, und sie beklagten sich bitter, daß sie das
Haushaltsgeld nur für einen Tag und aufs genaueste berechnet erhielten
und nie, wie es einem großen und reichen Hause anstehe, aus dem vollen
schöpfen könnten, weil jede Ausgabe und Einnahme peinlich abgezählt
und abgemessen werde.»[55]

In seiner privaten Haushaltsführung setzte sich Perikles damit demonstrativ von der überkommenen aristokratischen Haushaltsführung ab,
die auf Vorratshaltung, Autarkiestreben und adliger Freigebigkeit beruhte. Mit seiner peniblen, allein an Markt, Münzen und Zahlen orientierten
Wirtschaftsweise erregte er zunächst den Unmut seiner Familie, die einen

anderen Lebensstil gewohnt war. Ob er sich dem Durchschnittsbürger als
Vorbild präsentieren wollte, muß offenbleiben. Jedenfalls wirtschaftete er
– auch für andere erkennbar – so, wie die meisten Athener infolge seiner
Strategie schließlich gezwungen waren zu wirtschaften.

Perikles' Ausstrahlung trug über seinen Tod hinaus zu einem anhal-
tenden Mentalitätswandel bei. Die von ihm geförderte Politisierung der
Bürgerschaft und die Monetarisierung von Politik und Ökonomie verstärkten sich in der nachperikleischen Demokratie noch. Neben den
genannten Komödien bringt dies das Pamphlet *Über die Verfassung der
Athener* am deutlichsten zum Ausdruck.[56] Von einem dezidiert oligarchischen Standpunkt aus wird in dieser Schrift festgestellt: Der athenische Demos verfolge mit seiner Politik auf allen Gebieten allein seinen
materiellen Vorteil. Selbst kulturelle Aktivitäten – wie etwa im Theater
und Gymnasium – dienten primär diesem Zweck. Die Bundesgenossen
würden ausgebeutet und seien Knechte des Demos der Athener. Die See-
herrschaft verschaffe diesem zudem einen Überfluß an Rohstoffen und
Lebensmitteln aus aller Welt. «Ihre attische Heimat aber geben sie
unbekümmert der Verheerung preis in der Erkenntnis, daß sie, wenn sie
sich ihrer erbarmen, anderer größerer Vorteile verlustig gehen werden.»[57]

Diese Streitschrift lehnt zwar die Ergebnisse der unter Perikles einge-
leiteten Entwicklung prinzipiell ab. Aber sie bestätigt damit implizit, daß
sich eine radikale Umwandlung der athenischen *politeia* – der Bürgerschaft wie der Verfassung – vollzogen hatte. Sie war für den Autor und
zumal für sein anvisiertes außerathenisches Publikum offenbar ein
neuartiges und erstaunliches Phänomen, in der übrigen griechischen
Welt ohne Beispiel. Seine Charakterisierung der athenischen Demokratie
stellt gewissermaßen die Kehrseite des von Thukydides in den Perikles-
Reden entworfenen Bildes dar. Das Interesse des Verfassers gilt nicht den
politischen Führern; wer als Adliger in der Demokratie mitwirkt, macht
sich in seinen Augen ohnehin verdächtig. Sein Thema ist vielmehr die
Befähigung des Demos zu einer interessegeleiteten Politik und effizienten Herrschaft. Und trotz seines oligarchischen Standpunktes schätzt er
die politische Kompetenz der «Armen» hoch ein.

Diese Sichtweise legt es nahe, die Demokratie auch unter Perikles ern-
ster zu nehmen, als es in Anlehnung an Thukydides' Formel meist
geschieht. Sie bestand offensichtlich nicht nur dem Namen nach, sondern
war eine Herrschaft, die dem materiellen Interesse gerade auch der ärmeren Bürger in ungewöhnlicher Weise entgegenkam. Jedenfalls ist es angebracht, nicht nur auf den charismatischen Führer zu achten, sondern auch
auf jenes Volk, das mehr war als politisches Werkzeug oder bloße Gefolgschaft.

Brillanter Geschäftsführer einer imperialen Demokratie

Perikles verfügte zweifellos über Charisma, aber er hatte keine charismatische Herrschaft inne. Das Eigentümliche seiner Stellung läßt sich auch kaum mit dem Begriff der plebiszitären Demokratie und mit der Analogie zum neuzeitlichen Caesarismus erklären. Seine Position beruhte zunächst einmal auf einem regulären Amt und blieb insofern ganz im Rahmen der damaligen demokratischen Verfassung. Er hatte auch keinen persönlichen Zugriff auf Machtmittel (wie etwa Caesar oder Augustus), die das Amt lediglich zu einem formalen Deckmantel faktischer Monarchie hätten werden lassen. Der Vorwurf einer Tyrannis resultierte aus der für die Komödie typischen Übertreibung; die Vorstellung von der «Herrschaft des Ersten Mannes» aus einer bereits in der Antike einsetzenden Fehldeutung des Thukydides. Perikles war kein Herrscher, er hatte nichts zu befehlen. Allerdings hatte er viel zu sagen!

Sein politischer Einfluß und seine Macht hingen in erster Linie von der Überzeugungskraft seiner Rhetorik ab. «Charisma von Geist und Rede» trifft daher einen wesentlichen Aspekt. Aber überragende Geister und begnadete Redner gab es sicherlich viele. Die Machtposition des Perikles war Ergebnis einer einzigartigen Konstellation, zu der er selbst maßgeblich beigetragen hatte: In der Zeit zwischen 460 und 430 wurde in Athen die Demokratie erst voll ausgebaut und der athenische Demos tatsächlich zum Beherrscher der Ägäis. Beide Vorgänge waren eng miteinander verknüpft. Sie fanden ihren sichtbaren Ausdruck in der architektonischen Ausgestaltung des Herrschaftszentrums Athen, zumal seiner Akropolis. Perikles' Erfolg bestand im wesentlichen darin, daß er einer Mehrheit der athenischen Bürger das Gefühl vermitteln konnte, die Herren dieses Reiches zu sein. Nicht er war Tyrann, wie es seine Gegner oder die Komödienschreiber hinstellten, sondern der Demos insgesamt; und zwar nicht im Sinne einer Despotie der vielen Armen über die wenigen Reichen, sondern aller Athener über ihre widerspenstigen Bundesgenossen. Perikles bestritt nicht die Elemente des Zwangs und der Unterdrückung in dieser Herrschaft. Die Prinzipien der Demokratie – Freiheit, Gleichheit und Rechtlichkeit – ließen sich nicht auf das Verhältnis zwischen Staaten anwenden. Das Recht hatte hier hinter den Erfordernissen der Macht zurückzustehen.

Perikles war der Vordenker, der Sprecher, der Antreiber, der Geschäftsführer dieser Politik und dieser Bürgerschaft; er war ihr Repräsentant und ihr Vertrauensmann. Er besaß keine spezielle, organisierte Anhängerschaft. Seine intellektuellen Freunde wurden politisch für ihn häufig zu einer Belastung. Das Vertrauen der Mehrheit, sein Einfluß und seine Macht resultierten letztlich aus der überlegenen Macht Athens. Für Perikles – und für seinen Bewunderer Thukydides – war diese Macht kalkulierbar. Allein die unvorhersehbare Seuche in der Anfangsphase des Pelo-

ponnesischen Krieges konnte sie erschüttern und Perikles zeitweilig zu
Fall bringen. Athen war aber immer noch so mächtig, und Perikles' Strategie blieb weiterhin derart alternativlos, daß man ihn nach diesem
Schock bald rehabilitierte. Mit dem nachfolgenden Niedergang der
athenischen Macht verloren auch die politischen Führer in der Demokratie an Autorität. Es waren nicht nur mangelnde persönliche Qualitäten,
die unter Perikles' Nachfolgern ein ähnliches Charisma nicht mehr wirksam werden ließen.

Wolfgang Schuller

Alexander der Große –
die Inszenierung eines Welteroberers

An die Jungen

Laß dich nicht kirren, laß dich nicht wirren
Durch goldene Äpfel in deinem Lauf!
Die Schwerter klirren, die Pfeile schwirren,
Doch halten sie nicht den Helden auf.

Ein kühnes Beginnen ist halbes Gewinnen,
Ein Alexander erbeutet die Welt!
Kein langes Besinnen! Die Königinnen
Erwarten schon kniend den Sieger im Zelt.

Wir wagen, wir werben! besteigen als Erben
Des alten Darius Bett und Thron.
O süßes Verderben! o blühendes Sterben!
Berauschter Triumphtod zu Babylon!

Heinrich Heines Gedicht spiegelt die Fernwirkung des Charismas Alexanders des Großen wider. Nur die Person des Helden spielt eine Rolle, die in jugendlichem, kühnem Anlauf ohne langes Besinnen die Welt erobert und die, als nichts mehr zu tun bleibt, in triumphierendem Tod wieder erlischt. Wirklich ist die Geschichte Alexanders wie ein Epos, das historische Wirklichkeit wurde. Zwanzigjährig tritt er 336 v. Chr. die Nachfolge seines Vaters Philipp II. an. Dieser Makedonenkönig hatte, was sonst niemandem vorher gelungen war, Griechenland unterworfen und ihm in Gestalt des heute so genannten Korinthischen Bundes eine Art Gesamtverfassung gegeben, die ihm die Oberherrschaft sicherte. Sein und seiner Makedonen Eroberungsdrang hatte dann jedenfalls einen Teil des Perserreiches ins Auge gefaßt. Er ließ sich von den Griechen eine ziemlich durchsichtige Legitimation verleihen, indem dieser Feldzug als Rachezug wegen der immerhin hundertfünfzig Jahre zurückliegenden Perserkriege erklärt wurde. Ein Teil des makedonisch-griechischen Heeres hatte schon nach Kleinasien übergesetzt, da wurde Philipp – wohl aus persönlichen Motiven – ermordet. Alexanders Befürchtung, sein Vater lasse ihm an Großtaten nichts mehr zu tun übrig, erwies sich damit als unbegründet.

Nach blitzartigen Feldzügen in Griechenland und auf dem Balkan, die seine Herrschaft sicherten, setzt Alexander 334 v. Chr. nach Kleinasien über, wobei er den Feldherrn Antipater als seinen Stellvertreter in Makedonien zurückläßt. Am Fluß Granikos im Nordwesten besiegt er aus fast aussichtsloser Position das erste persische Heer, das ihm entgegentritt. Nur wenig Widerstand findet er in Kleinasien, und als ihn 333 das persische Hauptheer mit dem Großkönig Dareios III. bei Issos, am Küstenbogen zwischen Kleinasien und Syrien, aufhalten will, siegt er abermals; Dareios flieht.[1] Alexander zieht nun die Küste entlang nach Süden, fast alle Städte und Staaten ergeben sich ihm, nur das phönikische Tyros leistet sieben Monate Widerstand, bis es endlich fällt; auch Gaza muß erobert werden. Ägypten fällt ihm 332 in die Hände; in Memphis wird er zum Pharao gekrönt; er gründet Alexandria und macht einen Abstecher zum Orakel des Ammon-Heiligtums in der Oase Siwa im Westen Ägyptens. 331 siegt er bei Gaugamela am Tigris endgültig über das persische Heer. Dareios flieht abermals und wird später ermordet. Im November zieht Alexander in Babylon ein, danach in Susa, 330 in Persepolis, das in Flammen aufgeht. Die Truppen der Griechen des Korinthischen Bundes werden entlassen.

In zähen Kämpfen erobert Alexander bis 327 Ostiran, Baktrien – das heutige Afghanistan –, dringt bis weit über Samarkand hinaus vor, erobert Teile des heutigen Nordpakistan und erreicht den Indus. Im Pandschab, dem Fünfstromland, besiegt er indische Lokalkönige, will bis zum Ganges vorstoßen, muß aber am östlichsten der fünf Ströme, dem Hyphasis, umkehren, weil die Truppen den weiteren Gehorsam verweigern. 325 fährt er, die benachbarten Städte und Stämme unterwerfend, den Indus hinunter bis zum Meer. Ein Teil des Heeres geht mit der Flotte bis Hormuz, Alexander durchquert mit dem anderen Teil, der dabei schwere Einbußen erleidet, zu Land die Wüste Gedrosien, 324 trifft er wieder in Mesopotamien ein, beginnt, die Herrschaft neu zu organisieren und weitere Eroberungszüge zu planen, stirbt aber am 10. Juni 323, dreiunddreißigjährig. Es war gar nicht anders möglich, als daß die Öffentlichkeit während dieses ungeheuren Lebens und nach seinem frühen und plötzlichen Ende fasziniert und gebannt war, es immer wieder nacherzählte, sich vergegenwärtigte, immer mehr wissen wollte, Unzähliges hinzuerfand und vor allem auf die Person des Helden blickte.

Das Alexanderbild der Quellen

Die Antike hatte keine Schwierigkeiten, die Herrschaft Alexanders des Großen allein mit seiner Persönlichkeit zu erklären. Alexander als Person bestimmte den Ausgang der ausgiebig geschilderten Schlachten und Feldzüge. Auf brennendes Interesse stieß, ob und wie sich Alexanders Persönlichkeit während seines kurzen heldenhaften Lebens verändert habe – zum Schlechten übrigens nach der vorherrschenden Meinung. Welche herrschaftspolitischen Maßnahmen getroffen wurden, wie ein solches auch für heutige Verhältnisse riesiges Reich, das von der Ägäis bis zum Pandschab reichte, gleichzeitig erobert, gehalten und verwaltet werden konnte, erwähnen unsere Quellen lediglich in Nebenbemerkungen. Umgekehrt hat ein Teil der modernen Forschung – ein anderer Teil erliegt nach wie vor der Faszination, die von der Überlieferung über Alexander selbst ausgeht – versucht, von seiner Person abzusehen und soviel wie möglich als rationale und organisatorische Vorgänge zu beschreiben und zu erklären. Daß trotzdem in sämtlichen Darstellungen Alexander selbst einen prominenten Platz einnimmt, liegt an der Quellensituation, die kaum eine andere Wahl läßt.

Freilich sind die antiken Quellen, die uns über Alexander und seine Person unterrichten, alles andere als zuverlässig. Der früheste Text, der in zusammenhängender Erzählung den Alexanderzug beschreibt – das 17. Buch der Universalgeschichte Diodors –, stammt aus der Zeit Caesars, wurde also drei Jahrhunderte nach den Ereignissen zusammengestellt. Die schon ins Romanhafte spielende Darstellung des Curtius Rufus stammt aus der frühen Kaiserzeit, die einigermaßen nüchterne Beschreibung des Alexanderzuges von Arrian und die Biographie Alexanders von Plutarch sind aus der Zeit der Kaiser Trajan und Hadrian; Iustinus, der das Werk des Pompeius Trogus aus der augusteischen Zeit zusammenfaßte, schrieb um die Mitte des 2. Jahrhunderts n. Chr. Nun wäre dies kein gravierender Mangel, wenn die – für uns verlorenen – Quellen, auf die sie sich ihrerseits stützten, verläßlich wären. Jedoch setzte schon zu Alexanders Lebzeiten mit dem Werk des Kallisthenes, der (bis zu seinem Tod 327 als angeblicher Verschwörer) am Zug teilgenommen hatte, eine Literatur ein, deren erklärtes Ziel es war, Alexanders Taten im Hinblick auf die griechische Öffentlichkeit zu verherrlichen. Nach Alexanders Tod erschien eine Fülle von Memoiren von Kriegsteilnehmern, von denen ein Teil sofort ins Märchenhafte abglitt und etwa von der Begegnung des Helden mit der Amazonenkönigin zu berichten wußte. Selbst gegen diese Sensationsliteratur geschriebene, betont sachliche Berichte wie die der Teilnehmer am Alexanderzug Aristobulos und Ptolemaios (des späteren Königs von Ägypten) wiesen Akzentuierungen auf, die ihrerseits bei der Bewertung ihrer vor allem bei Arrian erhaltenen Aussagen in Rechnung gestellt werden müssen. Philosophische oder weltanschauliche Tendenzen in der Literatur über Alexander, die ihren Helden für die jeweiligen Theoreme in Anspruch nahmen und in ihm entweder das Musterbeispiel für die Entartung eines Alleinherrschers zum Tyrannen oder einen paradigmatischen Herrscher sahen, der bei aller Kühnheit doch großherzig war und sich selber im Zaum halten konnte, verbreiteten sich sehr schnell.

Wie konnte es auch anders sein? Wie kann man bei diesem Leben, das sich zudem weit entfernt von der griechischen Welt abspielte, faktengetreue, wohlabgewogene und reflektierte Berichte erwarten? Obwohl sich die besondere Undurchsichtigkeit der Quellensituation folgerichtig aus dieser Sachlage ergibt, bleibt sie gleichwohl unerfreulich. Aber man muß sich nicht auf das der Alexandergeschichte entnommene – und quellen-kritisch selbstverständlich umstrittene – Bild vom Gordischen Knoten, der durchhauen werden muß, zurückziehen, wenn man gerade für das Thema vom Charismatischen der Herrschaft Alexanders zu der Über-zeugung kommt, daß die Schwierigkeit der Quellenlage überwunden werden kann. Erstens spricht dafür eine sozusagen subtrahierende Über-legung. Die Eroberung und Erhaltung eines so riesigen Herrschaftsge-bietes kann gewiß mit objektiven, rationalen und auch für den heutigen Betrachter nachvollziehbaren Kriterien erklärt werden, aber doch nicht vollständig. Es bleibt immer noch ein Rest, der nur durch den Rückgriff auf das Charismatische erklärt werden kann, insbesondere dann, wenn man, wie es Max Webers Herrschaftssoziologie erfordert, nicht nur auf die Persönlichkeit allein abhebt, sondern sie in Wechselwirkung mit objektiven Sachverhalten sieht. Zweitens ist gerade die schon zu Alexan-ders Lebzeiten einsetzende Überhöhung und Legendenbildung ein Zei-chen charismatischer Herrschaft, so daß sie selber als objektiver Faktor in die Betrachtung einbezogen werden kann. Die sofort einsetzende Alex-ander-Rezeption bei Teilnehmern und anderen Zeitgenossen, dann auch bei den Späteren, ist, übertrieben gesagt, fast wichtiger als der wirkliche Alexander, denn dieses Alexander-Bild war es ja, das wirkte. Trotzdem bleibt ein unsicherer Rest.

Die Eroberung eines Weltreiches

Schon der äußere Verlauf des Zuges, der hier nicht in seinen Einzelheiten nacherzählt werden muß, brach mit allen bisherigen Vorstellungen. Der vorgebliche Rachefeldzug für die Perserkriege war ein reiner Erobe-rungskrieg. Ob von Anfang an die Eroberung des gesamten Perserreichs geplant war oder ob sich dieses Ziel erst allmählich herausbildete, kann dahinstehen; sehr bald jedenfalls, spätestens nach der Schlacht von Issos 333, zeigte sich, daß der Kriegszug des jungen Makedonenkönigs über alles hinausging, was je in der überschaubaren Geschichte vollbracht worden war (und übrigens auch später nie erreicht wurde). Vorderasien fiel in seine Hand, Ägypten kam hinzu, Mesopotamien, die persischen Kernbereiche, das iranische Hochland, Afghanistan sowie Gebiete des heutigen Turkmenistan und Usbekistan, schließlich mit dem Pandschab Teile des heutigen Pakistan. Nicht nur wurde das gesamte Perserreich erobert, es sollten sogar die Grenzen der Erde erreicht werden und wur-den es nach damaligen Vorstellungen auch, obwohl auf das eigentliche Indien dann doch verzichtet werden mußte. Die über zehnjährige – und, wie sich herausstellen sollte, endgültige – Abwesenheit des Königs von Makedonien und Griechenland bis zu seinem Tod 323 schadete diesem fassungslosen Staunen über die gewaltigen Taten nicht nur nicht, sondern dürfte zum Erlebnis des Wunderbaren eher noch beigetragen haben.

Das wäre das Quantitative. Zum Qualitativen sind die Schwierigkeiten zu rechnen, die Alexander überwinden mußte und die zum Teil noch nicht dagewesen waren. Schon der Sieg in der ersten Schlacht am Flusse Granikos in Nordwestkleinasien war insofern etwas fast Unmögliches, als er gegen ein feindliches Heer erfochten wurde, das am gegenüberliegenden Steilufer wartete und das makedonisch-griechische Heer eigentlich in Ruhe hätte vernichten können. Unzählige weitere Tollkühnheiten dieser Art folgten, aber auch das Gegenteil, nämlich zahllose Aktionen verbissener Zähigkeit wie die siebenmonatige Belagerung der phönikischen Inselstadt Tyros 332, die immerhin von 330 bis 327 dauernde Eroberung Ostirans und des baktrischen Hochgebirgslandes mit dem Hindukusch oder der Todesmarsch durch die Wüste Gedrosien 325. Vielfach war es eben kein jugendliches Vorwärtsstürmen – was die Menschen ungläubig staunen ließ, war der schließliche Sieg über Verhältnisse, die als unbezwingbar galten. Wunderbares gab es dabei genug, so die neue und unbekannte indische Zivilisation mit ihren Fakiren, von den Griechen «Gymnosophisten» (nackte Weise) genannt, oder auch mit den Kriegselefanten, die zwar schon im Perserheer eine Rolle gespielt hatten, die aber erst im Pandschab in einer großen Schlacht bezwungen werden mußten – und konnten.

Zu Tollkühnheit und Zähigkeit auf dem Kriegszug kamen die Maßnahmen, die dazu dienten, das Eroberte zu sichern und dauerhaft zu organisieren. Zunächst trat Alexander in die jeweilige Herrschaftsform des Eroberten ein. Schon in Halikarnaß, im Südwesten Kleinasiens, ließ er sich von der Dynastin Ada adoptieren, wurde also Lokalfürst; in Tyros begab er sich in die Rolle des Stadtherrn; in Ägypten war er Pharao (wir haben seinen Namen in Hieroglyphen in einer Königskartusche geschrieben erhalten); in Babylon wieder König; und schließlich trat er die Nachfolge des besiegten Perserkönigs Dareios an, war also persischer Großkönig, «König der Könige». Er übernahm die persische Reichsverwaltung mit ihrer Satrapeneinteilung, setzte Makedonen und weiter im Osten auch Iraner als Satrapen ein, trennte vom Satrapenamt aber teilweise die militärische und die Finanzfunktion ab. Zur militärischen Sicherung, auch von Handelswegen, gründete er Städte, mit Ausnahme Alexandrias im Nildelta alle im Osten. Sämtliche Städte (etwa 16) hießen Alexandria; sie wurden mit makedonischen und griechischen Veteranen besiedelt, zu denen später auch Einheimische kamen, die auf diese Weise zivilisatorisch dem Griechentum angenähert wurden. Um etwas Ähnliches handelt es sich bei der sogenannten Verschmelzungspolitik. Zum einen wurden persische Soldaten in das makedonische Heer integriert, zum anderen wurden in einer großen Aktion in Susa Hochzeiten der Makedonen mit Iranerinnen gefeiert: Alexander und seine Generäle und Freunde nahmen vornehme Perserinnen, die Soldaten wurden offiziell mit den Frauen verheiratet, die sie sich als Konkubinen genommen hatten, so daß die Kinder aus diesen Verbindungen legitimiert wurden. Beides war als Verbreiterung der herrschenden Schicht gedacht, nicht als Gleichstellung der Einheimischen mit den Makedonen. Die persischen Soldaten wurden makedonisch ausgebildet, es gab keine ostentative Verheiratung von Makedoninnen oder Griechinnen mit Persern, und die Kinder wurden griechisch-makedonisch erzogen.

Die Organisation des Heeres

Alle diese Maßnahmen beruhten auf der Grundvoraussetzung, daß die militärische Macht errungen und behalten worden war. Dies war durch Alexanders Machtmittel par excellence geschehen, durch das Heer. Es setzte sich aus zwei Hauptbestandteilen zusammen, dem traditionellen makedonischen Aufgebot sowie griechischen Bundesgenossen, Söldnern und sonstigen Freiwilligen, wobei die Makedonen faktisch und politisch den Vorrang hatten. Ihre Truppen gliederten sich in die Fußtruppen der *pezhetairoi*, die in geschlossenen Verbänden der Phalanx kämpften und eine gefürchtete, etwa vier Meter lange Lanze führten (die Sarissa), sowie in die leichter bewaffneten Hypaspisten. Diese Fußsoldaten waren freie makedonische Bauern, das traditionelle Aufgebot des makedonischen Staates. In der Reiterei, den *hetairoi*, diente der makedonische Adel. *Hetairoi* bedeutet «Gefährten» oder «Kameraden», *pezhetairoi* bedeutet «Gefährten zu Fuß» – Gefährten und Kameraden des Königs. Nun sind diese militärischen Gefährten wohl von anderen *hetairoi* zu unterscheiden. Es war eine altmakedonische Sitte, daß der König bestimmte Adelige in seine Nähe ziehen konnte, auch Griechen konnten dabeisein, und das waren die *hetairoi* im politischen Sinne. Unter Alexander nahm dieser Brauch stark zu, es waren zum Schluß weit über hundert, von denen sechzig bis siebzig ständig in seiner Umgebung waren. Die meisten zivilen und militärischen Funktionsträger waren darunter, aber nicht alle, und umgekehrt waren auch Personen dabei, die keine solche Funktionen erfüllten. Sogar eine interne Gliederung setzte ein, indem *pistotatoi hetairoi* unterschieden wurden, «allertreueste Gefährten». Die *hetairoi* mußten sich, wenn sie nicht woandershin abkommandiert waren, immer in der Nähe des Königs aufhalten, hatten jederzeit Zutritt zu ihm, nahmen mit ihm zusammen die Mahlzeiten ein. Sie wurden bei wichtigen Entscheidungen befragt, gerieten freilich auch in zunehmende Abhängigkeit vom König. Aus den *pistotatoi hetairoi* wurde dann die Kerngruppe der Vertrauten des Königs genommen, die *somatophylakes*. *Somatophylax* heißt wörtlich Leibwächter, und obwohl die *somatophylakes* auch diese Funktion erfüllten, waren sie weit mehr als das, nämlich wirklich der engste Berater- und Freundeskreis. Es waren nie mehr als sieben; schon daraus folgt, daß ihr Kreis nicht automatisch die Inhaber der höchsten Kommandostellen umfaßte, sondern wirklich nach der persönlichen Nähe zusammengesetzt war, wenngleich die *somatophylakes* natürlich auch wichtigste militärische Funktionen ausübten.[2]

Neben den militärischen Kommandostellen gab es auch eine zivile Kanzlei; ihr Vorsteher war ausnahmsweise ein Grieche, Eumenes, der freilich kein schreibwütiger Zivilist war, sondern vor allem ein tüchtiger Militär, einer der späteren Diadochen. Die Kanzlei hatte die ausgedehnte Korrespondenz zu erledigen. In ihr wurde jeder einigermaßen wichtige Befehl schriftlich ausgefertigt und in Kopie aufbewahrt, ebenso wie schriftliche Berichte über die Ausführung. Sie führte das Tagesjournal, die Ephemeriden, ihr waren die Bematisten (Vermessungstechniker) angeschlossen sowie die Fachleute, die über die naturwissenschaftlichen und ethnologischen Entdeckungen Buch führten. Schließlich verwaltete die Kanzlei die Entwürfe der jeweiligen genau geplanten Zukunftsaufgaben, die Hypomnemata. Es ist ein Jammer, daß von all dem nichts Authentisches erhalten ist.

Alexanders Beziehung zu seinen Soldaten

Alle diese organisatorischen Dinge hätten jedem anderen Herrscher auch einfallen können, und trotzdem hätte er es nicht dazu gebracht, fast die ganze bekannte Welt zu erobern und zu sichern und gleichzeitig so sehr im Gedächtnis der Nachwelt zu leben, daß er immer noch fasziniert. So werden wir uns nun doch eingehender mit der Person des Königs beschäftigen müssen. Noch einmal: Die Überlieferung erlaubt uns nicht, bis zu den ursprünglichen Sachverhalten vorzustoßen, jedoch kann das verschmerzt werden; erstens hätte all das nicht hervorgebracht werden können, wenn nicht eine ganz ungewöhnliche Persönlichkeit dahintergestanden hätte, und zweitens kam es bei der Herrschaftsausübung großenteils gar nicht darauf an, was wirklich war, sondern auf das, was erzählt wurde. Letzteres gilt freilich sozusagen nur für die Fernwirkung, also für die mittelbar ausgeübte Herrschaft, die darauf angewiesen war, ein Klima zu erzeugen, das von vornherein jede Auflehnung als aussichtslos ansah. Für die unmittelbare Wirkung auf jene, denen Alexander als Person gegenübertrat, mußte es sich schon um sehr konkrete Eigenschaften und Maßnahmen handeln. Diejenigen, die mit ihm unmittelbar zu tun hatten und auf deren Leistungen es vor allem ankam, waren die Soldaten bis hin zu den hohen Kommandeuren und zu den engen Vertrauten. Ihre Loyalität galt es zu sichern, ihnen gegenüber mußte sich Alexander als jemand erweisen, dem zu folgen man bereit war.

Zuerst war er nur der Sohn seines Vaters Philipp, aber wie sehr diese Eigenschaft bei den Soldaten bis zum Schluß immer noch im Vordergrund stand, zeigt ein berühmter Vorfall gegen Ende seines Lebens. Als es 324 in Opis am Tigris einen Konflikt zwischen ihm und seinen Soldaten gab und diese sich zurückgesetzt fühlten, riefen sie ihm zu, «er möge sie doch gleich alle aus dem Dienst entlassen und allein mit seinem Vater in den Krieg ziehen, wobei sie mit ihren Schmähungen auf Ammon anspielten».[3] Anscheinend konnten sie es in ihrer Mehrzahl nicht verwinden, daß Alexander aus Gründen der Herrschaftsstabilisierung das Gerücht verbreiten ließ, er sei der Sohn des Zeus-Ammon (worauf noch zurückzukommen ist). Für die Soldaten bestand seine vorrangige Legitimation darin, daß er als Sohn Philipps legitimer Makedonenkönig war.

Wenn und solange diese Voraussetzung gegeben war – oder wenn sie angesichts anderer Faktoren in den Hintergrund trat –, war das Verhältnis Alexanders zu seinen Soldaten ungewöhnlich eng, und er pflegte bewußt diese persönliche Nähe. Natürlich kannte er sie oder jedenfalls die Offiziere beim Namen: Vor der Schlacht von Issos «rief Alexander im Vorbeireiten überall seinen Leuten zu, sie sollten nun zeigen, daß sie Kerle seien, wobei er nicht nur seine Befehlshaber nach Gebühr namentlich nannte, sondern auch Schwadronsführer, Unterführer und Söldnerkommandeure, soweit sie ihm durch ihren Rang oder wegen anderer Qualitäten bekannt waren. Und von überall scholl ihm der Ruf entgegen, er solle nicht mehr warten, sondern mit dem Angriff beginnen.»[4] Er beobachtete genau das Verhalten eines jeden einzelnen und ernannte und beförderte entsprechend, wodurch er die Soldaten «durch starke Zuneigung an sich band».[5] Ungewöhnlich war, daß er sich sogar selber um die Verwundeten kümmerte. Nach der Schlacht am Granikos kam er «persönlich zu jedem einzelnen, ließ sich die Wunden zeigen und erzählen, wie man zu ihnen gekommen war»,[6] und am Tag nach Issos, «obwohl selbst durch einen Schwertstreich am Schenkel verletzt, besuchte Alexander die Verwundeten».[7] Die Gefallenen erhielten eine prunkvolle Bestattung, um bei den Soldaten eine größere Bereitschaft zu erzeugen, die Gefahren der Schlacht ins Auge zu fassen.[8] Daß die Soldaten erhebliche Beute machten und auch sonstige materielle Vorteile erhielten,[9] versteht sich von selbst.

Einem erfolglosen Heerführer hätte das nichts genützt, aber Alexander führte seine Soldaten von Sieg zu Sieg. War er unbesiegbar, so waren es auch die Soldaten; freilich, und das dürfte das Entscheidende gewesen sein, waren diese Siege nicht das Ergebnis von Spaziergängen. Der Sieg in den Schlachten stand auf Messers Schneide, und Issos und Gaugamela wurden möglicherweise nur durch die Führungsschwäche des Dareios gewonnen; die Belagerung von Tyros nahm sieben Monate in Anspruch; drei Jahre dauerte die Unterwerfung Ostirans; der Zug durch die gedrosische Wüste war ein Todesmarsch. Leistungen also waren es, die Alexander den Soldaten abverlangte, und sie erbrachten sie. Darunter waren zahlreiche, die für unmöglich gehalten wurden. Zum einen war ein Erfolgsrezept Alexanders – und damit auch seiner Soldaten – die Schnelligkeit, die viele Gegner überraschte (das hatte übrigens später Caesar mit ihm gemeinsam), zum anderen häufen sich in den Quellen

Charakterisierungen wie «unerwartet», «unverhofft», «nicht zu beschreiben» oder «überraschend». Paradebeispiele solcher für unmöglich gehaltener Taten sind die unglaublich mühsame Eroberung von Tyros oder auch die Einnahme von als uneinnehmbar geltenden Bergfesten. 327 nahm er eine verschneite Festung in Sogdien dadurch, daß er Freiwillige in den festgefrorenen Schnee eines Steilhangs reguläre Steigeisen treiben ließ, mittels derer sie nachts hinaufkletterten, wobei dreißig von ihnen abstürzten,[10] und sozusagen umgekehrt bewältigte er auf ähnliche Weise eine Schlucht, die eine andere Festung schützte.[11] Ähnlich dann die Eroberung der Festung Aornos im Indusgebiet, von der es hieß, nicht einmal Herakles habe sie bezwingen können;[12] hier ließ sich Alexander selbst an einem Seil hinaufziehen.

Er kämpfte immer an vorderster Front mit, seine Tapferkeit und Kühnheit werden ständig betont. Das hatte zur Folge, daß er zahlreiche Verwundungen davontrug. Schon am Granikos exponierte er sich so, daß er nur in letzter Sekunde durch Kleitos vor dem Niedergehauenwerden gerettet werden konnte; bei Issos erhielt er einen Schwerthieb in den Schenkel; in Sogdien verwundete ihn ein Pfeil, so daß er eine Sänfte benutzen mußte; ebenfalls in Sogdien wurde er am Hals verwundet, so daß er eine Zeitlang nicht stehen konnte; in Nordindien trug er mehrfach Wunden an der Schulter und an den Füßen davon. Das berühmteste Beispiel für Tollkühnheit, die zu einer lebensgefährlichen Verwundung führte, ist die Eroberung einer Stadt der indischen Maller. Alexander erstieg auf einer Leiter als erster die Mauer, sprang auf der Innenseite hinab und wurde durch einen Pfeilschuß in die Brust so schwer getroffen, daß er das Bewußtsein verlor und sich erst nach einer Woche wieder bewegen und den Soldaten zeigen konnte.[13] Von seiner Kaltblütigkeit erzählt eine andere Geschichte: Als er vom Baden im kleinasiatischen Kydnos (derselbe Fluß, in dem Kaiser Friedrich Barbarossa ertrank) schwer erkrankt war, erhielt er von dem Arzt Philippos einen Heiltrank, der zunächst den Körper weiter angreifen würde. Kurz vor Einnahme der Medizin bekam Alexander einen Brief von einem Vertrauten, in dem er gewarnt wurde, der Heiltrank sei in Wirklichkeit ein Gift. Alexander las, gab den Brief Philippos zum Lesen und trank gleichzeitig den Becher aus, wobei er dem Arzt fest in die Augen blickte.[14]

Es versteht sich von selbst, daß ein solches Verhalten die Soldaten fest an ihren Chef binden mußte, zumal diese persönliche Tapferkeit und Kaltblütigkeit nicht fingiert werden konnte. Es gibt weitere Beispiele, in denen Alexander bewußt diese enge Bindung einsetzte, um Anhänglichkeit und Bereitwilligkeit hervorzurufen, ihm zu folgen. Vom namentlichen Aufrufen vor der Schlacht, das die Kampfbereitschaft förderte, war schon die Rede, ebenso von der ähnlichen Funktion, die ein prächtiges Begräbnis der Gefallenen hatte; nach einer anderen, unterschiedlich ausgestalteten Erzählung weigerte sich Alexander beim Durchqueren einer

Wüste, von Soldaten beschafftes Wasser zu trinken, um nicht ihnen gegenüber bevorzugt zu werden – «angesichts dieser Enthaltsamkeit und dieser Seelengröße schrien die Reiter auf, er solle sie getrost weiterführen und peitschten ihre Pferde; sie wären nicht müde, hätten keinen Durst und fühlten sich überhaupt nicht mehr als sterbliche Menschen, solange sie einen solchen König hätten.»[15] Ähnlich die Wirkung einer scheinbaren Entlassung seiner Soldaten in einer Krisensituation in Hyrkanien – das werde in einem Brief Alexanders berichtet, «und auch, daß auf diese seine Rede hin alle geschrien hätten, er solle sie führen, wohin in der Welt er wolle».[16] Schließlich ließ er vor dem Beginn des Indienfeldzuges die mit Beute überladenen und nur noch Ballast darstellenden eigenen Wagen, die seiner _hetairoi_ und schließlich diejenigen der Soldaten in Flammen aufgehen, und das Ergebnis war: «die meisten erhoben ein begeistertes Beifallsgeschrei... und verbrannten und vernichteten [weiterhin] alles Überflüssige.»[17]

Zweimal wandte Alexander das stärkste Mittel an, sich die Gefolgschaft der Soldaten zu erhalten, den Liebesentzug, einmal erfolglos, einmal mit Erfolg. Als Alexander den östlichsten Strom des Fünfstromlandes erreicht hatte, den Hyphasis (heute: Beas), stellte sich allmählich heraus, daß er noch keinesfalls ganz Indien erobert hatte, sondern daß das eigentliche Indien noch vor ihm und dem Heer lag. Auch hier wollte Alexander weiter vordringen, aber diesmal versagten ihm die Soldaten den Gehorsam, wohl unterstützt von den höheren Kommandeuren. Alexander zog sich in sein Zelt zurück und verweigerte jedem den Zutritt, aber als die Truppe hart blieb, erschien er nach drei Tagen wieder und trat die Fahrt über den Indus zum Meer an.[18] Anders 324 in Opis am Tigris. Nachdem er in einer öffentlichen Versammlung die Veteranen nach Makedonien entlassen hatte – was von ihm als Privileg gedacht war –, erhob sich ein Sturm der Entrüstung bei sämtlichen makedonischen Soldaten, weil sie diese Maßnahme im Zusammenhang mit der Einbeziehung der Perser in das Herrschaftssystem und vor allem ins Heer sahen; das war die Gelegenheit, bei der ihm zugerufen wurde, er solle doch mit seinem Vater Ammon allein losziehen. Voll Zorn schickte Alexander die Soldaten weg,[19] zog sich zurück, ließ niemanden zu sich, empfing am dritten Tag nur Perser, die er nun enger an sich band. «Da konnten sie [die Makedonen] sich nicht mehr halten, sondern liefen zum Palast, warfen vor den Toren die Waffen zu Boden als Zeichen ihres flehenden Bittens, wichen nicht vom Platz und baten schreiend, er möge sie zu sich lassen... Als Alexander dies erfuhr, kam er eiligst heraus... da kamen ihm auch selbst die Tränen... So nahmen sie ihre Waffen wieder auf und zogen unter Freudenruf und Lobgesängen ins Lager zurück.»[20] Es folgte ein großes Versöhnungsfest zusammen mit den Persern. Alexander hatte seine Absichten durchgesetzt.

Im Prinzip nicht anders war das Verhältnis zu den _hetairoi_ und den _somatophylakes_ gestaltet. Wie das Verhältnis der Soldaten zu Alexander durch persönliche Nähe bestimmt war, indem er Seite an Seite mit ihnen kämpfte und, wenn nicht einer von ihnen, so doch ihr verehrter Chef war, dem sie als Bauernkrieger und Gefährten zu Fuß in hergebrachter Weise nahestanden; so standen, nur auf höherer Ebene, die *hetairoi* zu ihm – es ist bezeichnend, daß er sowohl am Hyphasis als auch in Opis nicht nur den Soldaten, sondern auch den *hetairoi* den Zutritt zu sich verwehrte. Gerade sie zogen ihr Prestige daraus, daß sie sonst immer Zutritt zu ihm hatten. Es war einer der Vorwürfe, den Kleitos, sein Lebensretter vom Granikos, in der schrecklichen Szene von Marakanda (Samarkand) gegen ihn erhob, daß man jetzt nur noch über Perser Zutritt zu ihm erlangen könne; unter anderem dafür mußte Kleitos mit dem Leben bezahlen.[21] Dieser Zutritt war der von Freien gegenüber ihrem angestammten König, und daher war es eine Beeinträchtigung dieses persönlichen Verhältnisses, daß Alexander im Verlauf der Eroberung des Iran die Proskynese von ihnen verlangte, die unterwürfige Begrüßung, die sonst nur Perser dem Großkönig entgegenbrachten; demgemäß konnte sie sich auch nicht durchsetzen.

Im übrigen zeigt schon die Abstufung unter den *hetairoi* je nach persönlicher Nähe, die ganz im Belieben des Königs stand und nicht systematisch durchgebildet war, daß es auf diese Nahbeziehung ankam. Freilich nicht nur, denn es gab ja die militärischen, zivilen und Statthalterposten, die vom Inhaber sachliche Erledigung von Aufgaben verlangten. Die Überlappung des Innehabens solcher Posten mit der persönlichen Nähe zum König ermöglichte es ihm, das eine gegen das andere auszuspielen. Im übrigen lebte das Prestige dieser Männer, die dem König nahestanden, ausschließlich vom König selbst. Als zwei von ihnen, des Königs engster Freund Hephaistion und der bedeutende General Krateros, in Streit gerieten, «kam Alexander herangesprengt und schalt den Hephaistion ganz offen, nannte ihn verrückt und nicht gescheit, wenn er nicht begreife, daß er, wenn man ihm Alexander nähme, ein Nichts sei».[22] Wenn die engsten Vertrauten Alexanders, die meistens auch die wichtigsten militärischen Positionen innehatten, selber in mythische Höhen aufrückten und wenn schon allein die Nennung ihrer Namen die heroische Atmosphäre des Alexanderzuges evoziert, dann haben sie das etwa mit den Paladinen Karls des Großen, den Generälen Friedrichs des Großen oder den Marschällen Napoleons gemeinsam – und auch das, daß sie (mit Ausnahmen) ohne diese Herrscher wieder auf allgemeines Niveau herabsanken.

Es kam nicht nur darauf an, Soldaten und enge Mitarbeiter an sich zu binden, sondern, viel schwieriger, ganze Reiche und Völker, zu denen die Verbindung und damit die Möglichkeit der Einflußnahme immer lockerer wurde, je weiter Alexander nach Osten vorrückte und je länger sein Zug dauerte. Um so bemerkenswerter ist es, daß es kaum Auflösungserscheinungen gab. 331 wurde eine kleinere Revolte der – gar nicht zum

Korinthischen Bund gehörenden – Spartaner von Antipater leicht niedergeschlagen, und als sich Alexander nach dem Zug durch Gedrosien wieder dem Zweistromland näherte, war es ihm ebenfalls ein leichtes, Abfall-
und Selbständigkeitstendenzen im ehemaligen Perserreich zu beseitigen,
die während seiner Abwesenheit aufgetreten waren. Umgekehrt war es
kein Wunder, daß weite Teile Griechenlands sofort nach Alexanders Tod
abfallen wollten, im sogenannten Lamischen Krieg aber ohne große
Mühe ebenfalls von Antipater besiegt wurden. Anscheinend kam es auch
hier in nicht geringem Maße auf Alexanders Person und ihre Gehorsam
erzeugende Wirkung an, und die Frage ist, wie diese Wirkung vermittelt
werden konnte.

Das Alexanderbild in der griechischen Öffentlichkeit

Das ist keine neuzeitliche, anachronistische Frage, sondern daran hat
Alexander selber von Anfang an gedacht. Auf seinem Zug begleitete ihn
Kallisthenes, ein Großneffe des Aristoteles, der die Aufgabe hatte, lob-
preisende Berichte über die Taten Alexanders nach Griechenland zu
schicken. Diese Berichte dürften eine der Hauptquellen für die Nachrichten von den unglaublichen Leistungen gewesen sein, die Alexander vollbrachte und die ihn unbesiegbar erscheinen ließen (was er allerdings auch
wirklich war). Nicht zu Unrecht konnte Kallisthenes selbstbewußt von
sich sagen, «es sei nicht er, der gekommen sei, um durch Alexander
berühmt zu werden: Er selbst sei es vielmehr, der Alexanders Ruhm unter
den Menschen begründe.»[23] Eine solche Nachrichtenübermittlung war
nun aber weniger schwierig, als man meinen sollte. Das folgt daraus, daß
die Verbindung Alexanders zur Heimat nie abriß, wie die Tatsache zeigt,
daß ein ständiger neuer Zustrom von Soldaten stattfand. 331 etwa traf
Nachschub an Soldaten in Babylon ein, 330 auf dem Weg nach Ekbatana
wieder 6000, später im selben Jahr 7000, nach der Umkehr am Hyphasis
sogar 5000 Reiter und 7000 Mann Fußvolk. Entsprechend gab es Rück-
märsche von Truppenteilen nach Hause;[24] ferner haben wir Nachrichten
darüber, daß die Soldaten in Briefverkehr mit Griechenland standen.[25]
Wenn man noch hinzunimmt, daß etwa das griechische Königreich in
Baktrien zur Zeit des Hellenismus stabile Verbindungen zu Griechenland
hatte,[26] dann folgt daraus ohne weiteres, daß über die bewußt propagan-
distische Nachrichtengebung hinaus auch von den Feldzugsteilnehmern
selber über die großen Leistungen ihrer selbst und ihres charismatischen
Königs nach Hause berichtet wurde. Gerade das dürfte den Eindruck der
Unbesiegbarkeit erheblich verstärkt haben.

Es gab aber auch andere Nachrichten. Bisher sind nur die Erfolge zur
Sprache gekommen, aber bekanntlich gab es, je länger der Zug dauerte,
immer mehr Zwischenfälle und Konflikte, die entweder die Herrschaft
des Königs herausforderten oder ihn jedenfalls in einem ungünstigen

Licht erscheinen ließen. Da ist zunächst der Brand der herrlichen Perser-
hauptstadt Persepolis 330, von dem es hieß, er sei bei einem Gelage durch
eine Hetäre gelegt worden. Im selben Jahr ließ Alexander nicht nur Phi-
lotas, den Befehlshaber der Hetairenreiterei und Sohn des Parmenion, auf
Grund einer undurchsichtigen Verschwörungsgeschichte hinrichten,
gleichzeitig ließ er Parmenion selber, den alten Kampfgefährten seines
Vaters Philipp, heimtückisch ermorden. 328 geschah etwas, was sein Bild
als das eines Götterjünglings besonders nachhaltig beschädigte. Wieder
bei einem Gelage, in Marakanda, dem heutigen Samarkand, kam zwischen ihm und Kleitos, jenem General, der ihm am Granikos das Leben
gerettet hatte, ein heftiger Streit über die zunehmende Beteiligung von
Persern an der Herrschaft auf, in dessen Verlauf Alexander in betrunke-
nem Zustand seinen Lebensretter tötete; auch seine heftige Reue konnte
das nicht wiedergutmachen. 327 schließlich geriet Alexander in Baktrien
ausgerechnet mit Kallisthenes in Streit, dessen Aufgabe es war, der griechischen Welt ein positives Alexanderbild zu vermitteln. Kallisthenes hatte sich geweigert, Alexander die Proskynese zu erweisen; in diesem
Zusammenhang wurde auch er einer Verschwörung bezichtigt und hingerichtet. Natürlich verdunkelte all das das Renommee des Königs und
gab Veranlassung zu jener Ansicht, daß man an Alexander den Umschlag
einer guten Herrschaft in die Tyrannis exemplarisch feststellen könne.
Aber einerseits waren die weiteren Großtaten des Königs geeignet, doch
wieder eine Art Gegengewicht zu bilden, und zum anderen könnte man
vielleicht die Behauptung wagen, daß gerade derartige Exzesse eines
unberechenbaren,[27] im übrigen Übermenschliches leistenden Königs
dazu beitrugen, ihn menschlichem Maß zu entrücken. Und schließlich
könnte sogar seine lange Abwesenheit in unvorstellbaren Weltgegenden
außer einer Lockerung des Bewußtseins von seiner Herrschaft auch die
Vorstellung vom Gegenteil hervorgerufen haben, nämlich von unangreif-
barer Entrücktheit und damit von besonderer Macht.

Die «Göttlichkeit» Alexanders

Dazu sollte vor allem etwas beitragen, was seit jeher in zeitgenössischen
Berichten und in der Forschung Gegenstand ausgiebiger und unter-
schiedlichster Behandlung war und ist – die Frage seiner Göttlichkeit.
Was in diesem Zusammenhang wirklich geschehen ist, ist schnell berichtet: Nach der Eroberung Ägyptens besuchte Alexander vom neu gegründeten Alexandria aus auf einem 300 km langen Marsch durch die Wüste
das Ammonsorakel in der Oase Siwa, also das Orakel eines Gottes, der
zwar seit einiger Zeit auch in Griechenland als eine Variante des Zeus verehrt wurde, der aber als Amun seit sehr langer Zeit ein genuin ägyptischer Gott war. Da Alexander inzwischen Pharao geworden war, begrüßte ihn der Priester, ägyptischem Brauch gemäß, als Sohn des Ammon,

bevor es im Inneren des Tempels eine Unterredung zwischen beiden gab. Was dort gesprochen worden ist, ist unbekannt, die Begrüßungsformel aber wurde von den Griechen so interpretiert, als habe der Priester Alexander zum Sohn des Zeus, diesen also zum Vater Alexanders erklärt. Damit wäre die göttliche Abkunft Alexanders behauptet gewesen, dieser selber in göttliche Sphären gehoben worden. In der Folgezeit wurde mit dieser Vergöttlichungsbehauptung Politik gemacht, und es war daher kein Wunder, wenn Kleitos in seinem Streit mit Alexander diesem ironisch-gekränkt entgegenschleuderte, er sei ja nun ein Göttersohn und verleugne seinen Vater Philipp zugunsten Ammons.[28] Noch sieben Jahre nach dem Zug zum Ammonheiligtum, bei der Meuterei von Opis, riefen, wie oben erzählt, die Soldaten Alexander zu, er solle doch mit seinem Vater Ammon alleine losziehen.

Die Frage ist nicht ganz belanglos, ob Alexander selber an seine göttliche Abkunft oder gar an seine Göttlichkeit geglaubt habe, nämlich dann nicht, wenn es darum geht, ob die göttliche Abkunft bewußt zur Legitimierung der Herrschaft eingesetzt wurde oder nicht. Die meisten Autoren heute neigen dazu, Alexander die subjektive Überzeugung von seiner eigenen Göttlichkeit zuzubilligen, wofür das sicherlich zutreffende Faktum spricht, daß jedenfalls die genealogische Herkunft von Herakles und damit von Zeus geglaubt wurde. Auf der anderen Seite berichtet Plutarch von mehreren Äußerungen Alexanders, durch die er sich im engen Kreis über seine angebliche – direkte – Gottessohnschaft lustig gemacht habe.[29] Bei einer Verwundung durch einen Pfeilschuß soll er, einen Homervers zitierend, gesagt haben: «Was da rinnt, meine Freunde, ist Blut und nicht ‹Ichorsaft, wie er rinnt in den Adern der seligen Götter›»; ebenso soll er gescherzt haben, daß er als Sohn des Zeus auch Gewitter machen könne. Nun ist es möglicherweise der Skeptizismus des Griechen Plutarch gegenüber dem römischen Kaiserkult, der hier und an anderer Stelle durchbricht,[30] jedoch dürfte eine unverdächtige Nachricht dafür sprechen, daß Alexander die Vorstellung von seiner angeblichen Göttlichkeit ganz bewußt eingesetzt hat. Vor der Schlacht von Gaugamela redete er bezeichnenderweise nur die griechischen Truppen an, «wenn er wirklich von Zeus entstammt sei, so sollten sie ihm beistehen und den Griechen mit ihm Kraft geben».[31] Diese Nachricht stammt von Kallisthenes, der nicht nur keinen Grund hatte, Alexander schlechtzumachen, sondern der gerade zugunsten Alexanders schrieb – sie ist also glaubhaft.[32] Demgemäß wird man sagen können, daß Alexander, und gewiß auch seine sozusagen eingeweihte Umgebung, die Vorstellung von seiner Göttlichkeit bewußt zu Herrschaftszwecken einsetzte. Er wäre damit nicht der einzige charismatische Herrscher gewesen, der sich seiner Wirkung auf die Menschen durchaus bewußt war und beides kühl einsetzte.

Der Tod des jungen Herrschers, der so Übermenschliches geleistet hatte, setzte seiner Ausstrahlung nicht nur kein Ende, sondern steigerte sie sogar noch in gewisser Weise. Erstens entsprach dieser Tod ohnehin der Vorstellung, daß Lieblinge der Götter früh abberufen werden. Da er, zweitens, schon zu Lebzeiten fast in mythische Dimensionen entrückt worden war, setzte sich diese Entwicklung erst recht weiter fort, bis sich ihr etwa Aristobulos und Ptolemaios durch ihre betont nüchternen Berichte widersetzten. Vor allem aber wurde sein Prestige – oder auch sein Charisma - von seinen Nachfolgern planmäßig eingesetzt. Erst jetzt wurden auf breiter Basis Münzen mit Alexanders Porträt geprägt, zum Teil mit den Ammonshörnern, die seine Gottessohnschaft symbolisierten. Ptolemaios gelang es, Alexander bei sich in Ägypten zu bestatten, was ihm einen gewaltigen Prestigevorteil verschaffte. Schließlich wurde die Göttlichkeit des Königs als Herrschaftsmittel von allen seinen Nachfolgern übernommen und dauerhaft als Herrscherkult institutionalisiert; ein solcher Kult wurde ja sogar auf das römische Kaisertum übertragen. Heinrich Heines Gedicht zeigt, daß Alexanders Charisma – durch unzählige Überlieferungsstränge vermittelt und umgeformt – bis in die Neuzeit hinein wirkte. Dies gilt sogar bis in die Gegenwart: Der berufsmäßigen Historiker gibt es nicht wenige, die seiner Wirkung erliegen und in rhapsodisches Schwärmen geraten.

Traditionelle und charismatische Elemente in der Herrschaft Alexanders

Wir wollen nüchtern bleiben und zusammenfassen. Die charismatische Herrschaft Alexanders des Großen nahm ihren Ausgang von einer traditionellen Herrschaft, die freilich stark auf der persönlichen Beziehung zwischen dem König einerseits und Adel und freier Bauernschaft andererseits beruhte und ihren spezifischen Charakter im Krieg erhielt. Wie die Äußerungen des Kleitos in Marakanda und die der Soldaten in Opis zeigten, war es schon Alexanders Vater Philipp gelungen, starke Gefühle der Anhänglichkeit unter den Bauernsoldaten hervorzurufen, die nicht einmal durch das Ungeheure des Alexanderzuges in den Hintergrund gedrängt werden konnten. Die persönliche Nähe zu den Soldaten, das Vorbildhafte des eigenen Verhaltens, der Kreis von engen Freunden, die die höchsten Kommando- und Zivilstellen innehatten – alles das dürfte Alexander von seinem Vater übernommen haben. Hinzu kam dann freilich der Alexanderzug, der alles veränderte. Je länger er dauerte, je unvorstellbarere Leistungen Alexander vollbrachte, um so mehr stieg das Bewußtsein des Außergewöhnlichen und wahrlich Außeralltäglichen an, welches dann seinerseits dazu diente, den – auch noch zutreffenden – Eindruck des Unbesiegbaren hervorzurufen und damit die Herrschaft zu befestigen, was um so wichtiger war, je tiefer der Zug in unbekannte und unendlich weit entfernte Gegenden ging. Den Soldaten und Gefährten gegenüber genügte die tägliche persönliche Bewährung des Königs, für die weiter Entfernten und insbesondere für die Griechen mußte mehr hinzukommen. Das waren die Berichte über die Erfolge und möglicher- und paradoxerweise auch die über die Unberechenbarkeiten des Königs und die bewußte Formalisierung des Außergewöhnlichen seiner Herrschaft, also seine Erhebung in göttliche Sphären.

Etwas, das nicht geplant werden konnte, war freilich bei allem die Voraussetzung: die Person Alexanders selber. Hinreichend viel Konkretes und Zuverlässiges wissen wir über sie wegen der Überlieferungslage kaum. Es ist aber nicht anders möglich, sie muß etwas Bezwingendes gehabt haben, sonst hätte jeder ein Alexander gewesen sein können. Es war aber nur er, der mit seinem Zug etwas geleistet hat, was den Gang der Weltgeschichte veränderte. Ist das Schwärmerei? Es ist in Wirklichkeit die bare Nüchternheit, wenn wir zum Schluß feststellen, daß Alexanders charismatische Herrschaft trotz aller notwendigen Vermittlungen auf der Faszination seiner Person beruhte, hat beruhen müssen. Einer jedenfalls wußte das damals schon und setzte es bewußt ein, und das war Alexander selber.

Hinnerk Bruhns

Caesar,
«der wahre Gebieter»

Der Caesarmythos der Neuzeit

Charismatische Herrschaft hat Gaius Iulius Caesar über die Geister zahlreicher deutscher Altertumswissenschaftler ausgeübt. Doch nicht allein
Historiker und Philologen unterlagen häufig einer uns heute fremden
Faszination durch die Gestalt Caesars, einer Hingabe, in der sich durch-
aus Züge einer charismatischen Beziehung finden: blinder Glaube an die
Persönlichkeit, an ihre außeralltäglichen, ja übermenschlichen Qualitä-
ten, an ihre welthistorische Sendung. Caesar wurde nicht nur in Deutsch-
land verehrt, aber hier hat der Caesarkult besondere Züge angenommen.
Der Historiker Theodor Mommsen und der Germanist Friedrich Gundolf
sind, jeder auf seine Weise, die besten Zeugen für die Faszination, die in
Deutschland im 19. und beginnenden 20. Jahrhundert von der Gestalt
Caesars ausging. Unter den Weltwundern, so schrieb Gundolf 1924, sei
Caesar «der richtigste Mensch». Weder Perikles noch Goethe, Alexander,
Michelangelo, Dante oder Napoleon reichten an ihn heran: «Keiner ist so
klar und dicht bei schöpferischem Geheimnis, keiner so sehr Genius bei
klassischer Zucht, keiner so ganz bedingt durch Stätte und Stunde und
doch gültiges Muster der wandellosen Ordnung. Darum wählen wir ihn
als das schlichteste Bild des wahren Gebieters.»[1]

Weit über die Zeit des George-Kreises hinaus haben sich deutliche Spu-
ren dieser Verehrung bis in die Gegenwart erhalten; das Wort Jacob
Burckhardts, «... Alles Große aber sammelt sich in der wunderbaren
Gestalt Caesars»,[2] ziert den Schutzumschlag der bedeutendsten neueren
Caesarbiographie, erschienen im Jahr 1982.[3] Die Fachhistorie in den
«Jahrzehnten des Historismus» hatte trotz einzelner «Genien wie Ranke
und Burckhardt» keine Gnade vor Gundolfs Augen gefunden, denn die
objektive Wissenschaft des bürgerlichen Zeitalters ehre «die wahllose
Wahrheit, nicht die wesensvolle Wirklichkeit».[4] Den dergestalt für in-
kompetent erklärten Historikern aber waren gleichwohl Goethes «Inbe-
griff aller menschlichen Größe», Hegels «kolossale Individualität»,[5]
Napoleons III. «pilote indispensable»,[6] Nietzsches «herrlichste(r)
Mensch» und Burckhardts «größter unter den Sterblichen» immer näher
gewesen als Bertolt Brechts Geschäftemacher «Herr Julius Caesar».[7]
Theodor Mommsen hatte den Ton angegeben, als er in seiner «Römischen
Geschichte» das Kapitel über die alte Republik und die neue Monarchie

mit den Worten schloß: «So wirkte und schaffte er wie nie ein Sterblicher
vor ihm und nach ihm, und als Wirkender und Schaffender lebt er noch
nach Jahrtausenden im Gedächtnis der Nationen, der erste und doch
auch der einzige Imperator Caesar.»[8] Die Altertumswissenschaft kom-
mentierte zwar, ein Mensch wie Mommsens Caesar habe niemals existiert
und kein wirklicher Historiker glaube an diese Figur.[9] Doch «der vollendete Staatsmann, in einem Maße, wie ihn die Geschichte nie wieder hervorgebracht hat»,[10] hat die deutschsprachige Althistorie nicht so schnell
wieder losgelassen.[11]

Weder Caesars tatsächliche Bedeutung für die Entwicklung des römischen Weltreichs in der Kaiserzeit noch der zweitausendjährige Caesarmythos und Caesarkult haben etwas zu tun mit der Frage nach einer
charismatischen Dimension von Caesars kurzer Herrschaft über Rom.
Zwar erscheint Caesar häufig zusammen mit Napoleon, Hitler,
Churchill, de Gaulle, Nkrumah und anderen in summarischen Aufzäh-
lungen außerordentlicher charismatischer Herrschergestalten; in der
Fachhistorie selbst ist jedoch der Begriff des Charismas nur äußerst selten auf Caesar angewandt worden und in der exakten Bedeutung, die er
in Max Webers Herrschaftssoziologie hat, wohl noch nie.[12] Daß große
Teile von Webers Werk sich mit der Geschichte der Antike befassen, hat
daran nichts geändert; die Altertumswissenschaft ist, so Alfred Heuss,
in dem halben Jahrhundert nach Webers Tod (1920) ihren Weg gegangen, als habe Weber nie gelebt.[13] So hat Fritz Taeger am Ende der fünfziger Jahre in einem bedeutenden zweibändigen Werk über den antiken
Herrscherkult, unter dem Titel «Charisma», im Anschluß an Frazer und
Thurnwald einen Charismabegriff entwickelt, der den Weberschen wie
selbstverständlich ignoriert. In einem langen Kapitel über Caesar stellt
Taeger die Frage nach den Grundlagen der Herrschaft nur aus ideologi-
schem und religiösem Blickwinkel.

Nicht unmittelbar auf Weber, sondern auf von diesem beeinflußte
soziologische und politologische Literatur bezog sich vor nunmehr
zwanzig Jahren Zvi Yavetz, als er die Frage aufwarf: «War Caesar ein charismatischer Herrscher?», um sie gleich darauf wieder zu verwerfen,
denn: «Einem Hitler oder einem Caesar, Churchill, Kennedy, Napoleon
und Nasser das Etikett ‹charismatischer Führer› anzuhängen, hilft uns
nicht sehr viel zum Verständnis dieser Persönlichkeiten... ».[14] Daß die
wichtigere Frage die des Verhältnisses von Führern und Geführten ist, sah
auch Yavetz, blendete diesen Aspekt aber aus. Die charismatische Persönlichkeit ist nur ein, wenn auch entscheidendes Element der charismatisch begründeten Herrschaft in Webers Typologie legitimer Herrschaft;
doch liegt ein Abgrund zwischen dem Weberschen Begriff und seiner
banalisierten Bedeutung in der Alltagssprache.

Bei der Anwendung des Weberschen Herrschaftsbegriffes auf konkrete historische Situationen und Herrschaftsstrukturen kann man nicht

nachdrücklich genug darauf hinweisen, daß es sich bei den («drei reinen») Typen der Herrschaft methodologisch gesehen um idealtypische
Konstruktionen handelt, die in der Gegenwart wie in der Vergangenheit
nie in ihrer reinen Form begegnen. Das heißt nun keineswegs, daß der
Historiker sich wieder seinen Quellen zuwenden und die Idealtypen, als
seiner historischen Welt nicht angehörig, den Philosophen und Soziologen überlassen könne. Was Weber ihm an die Hand gegeben hat, sind
nicht Etiketten, sondern Werkzeuge, ein Begriffsinstrumentarium für die
Analyse konkreter Fälle. Wie die Anwendung des Idealtyps im Einzelfall
aussehen könnte, hat Weber verschiedentlich vorgeführt, nicht jedoch für
den Bereich charismatischer Herrschaft und Herrscher. In Webers eigenem «historischen» Werk erscheint das Charisma vornehmlich in der
Gestalt religiöser Führer, zumal der Propheten Israels. Caesar selbst rechnet er an keiner Stelle unter die Charismatiker,[15] auch nicht im Zusammenhang mit seinen Erörterungen des Caesarismus im Sinne einer Herrschaftsorganisation.[16]

Schon manche zeitgenössische und dann die späteren antiken Quellen
schreiben Caesar bestimmte Qualitäten zu, die wir als charismatisch
bezeichnen können. In der Antike fanden diese oft ihren Ausdruck in der
Rede von «Caesars Glück». Caesars eigene Schriften (über den Gallischen
Krieg und über den Bürgerkrieg) und seine überlieferten Taten und Erfolge mochten diesen Eindruck verstärken. Die zweitausendjährige Geschichte von Caesars Ruhm dagegen ist nicht zu lösen von der langen
Geschichte des römischen Kaisertums und Weltreichs; für die einen ist
das Kaiserreich in Caesars Herrschaft vorgebildet, für die anderen erst in
der des Augustus. Diese Streitfrage ist für die Einschätzung der charismatischen Dimension der Herrschaft Caesars unerheblich.

Caesars politischer Aufstieg

Bei großzügiger Rechnung herrschte Caesar viereinhalb Jahre über Rom,
vom Spätsommer des Jahres 49 v. Chr., nach dem ersten siegreichen Feldzug in Spanien und der Kapitulation Massilias (Marseille), bis zum Attentat, dem er am 15. März 44 zum Opfer fiel. Den entscheidenden Sieg im
Bürgerkrieg hat er in der Schlacht bei Thapsos, in Afrika, am 6. April 46
errungen, und selbst damit war der Bürgerkrieg noch nicht beendet. Das
letzte Heer der Pompeianer wurde erst am 17. März 45 im spanischen
Munda besiegt. Zwischen der Eröffnung des Bürgerkriegs durch Caesar
und seinem Tod liegen fünf Jahre und zwei Monate. Davon hat er weniger als eineinhalb Jahre in Italien und nur dreizehn Monate, mit Unterbrechungen, in Rom verbracht. Nimmt man seine neunjährige Statthalterschaft in Gallien dazu, so hat Caesar von seinen letzten vierzehn
Lebensjahren mehr als zwölf außerhalb Roms verbracht, wenn er auch als
Prokonsul mit der Cisalpina, die bis in die heutige Toskana hineinreichte,

eine Position innehatte, die es ihm erlaubte, von seinem Winterquartier aus die Geschehnisse in Rom zu beobachten und, wenn nötig, in sie einzugreifen. So kamen im Jahr 56 an die 200 Senatoren zu ihm nach Lucca, als er sein Bündnis mit Pompeius und Crassus erneuerte; doch diese Beteiligung an der stadtrömischen Politik war im wesentlichen Rückendeckung für sein prokonsularisches Imperium in seinen Provinzen, den beiden gallischen Provinzen und Illyrien.

Bis zu seinem Konsulat im Jahre 59 war Caesars politische Laufbahn gemäß den Normen des aristokratischen Staates verlaufen. Als Abkömmling einer der ältesten patrizischen Familien hatte er (auch wenn das letzte Konsulat in seiner Familie in direkter Linie lange zurücklag) einen gewissen Anspruch darauf, den *cursus honorum*, die Ämterlaufbahn, in der gesetzlich möglichen Mindestzeit zu durchlaufen. Nicht zu vergleichen ist Caesars Laufbahn daher mit der ganz außergewöhnlichen, alle republikanischen Normen verletzenden Karriere des Pompeius, der sich im Alter von 22 Jahren mit drei Legionen, die er eigenmächtig aus Veteranen und Klienten seines Vaters zusammengestellt hatte, im Bürgerkrieg auf Sullas Seite geschlagen hatte, danach, ohne je ein reguläres Amt innegehabt zu haben, im Auftrag des Senats in Spanien Krieg geführt und anschließend gemeinsam mit Crassus den großen Sklavenaufstand unter Spartakus in Italien niedergeschlagen und im Jahre 70 als erstes Amt, und zwar lange vor dem gesetzlichen Alter, das Konsulat erreicht hatte.

Erst nachträglich ist in Caesars frühe Karriere eine Dimension des Außergewöhnlichen hineingelesen worden.[17] Caesars politische Laufbahn fiel in eine Zeit, in der der Senat gezwungen war, in Notfällen einzelnen Persönlichkeiten unerhörte Machtbefugnisse zu verleihen, um Roms Herrschaft über Italien und die Provinzen aufrechtzuerhalten. In den 70er und 60er Jahren übernahm Pompeius diese Rolle: im Krieg gegen die Sezession des Sertorius in Spanien, im Spartacuskrieg (hier gemeinsam mit Crassus), im sogenannten Seeräuberkrieg und im Krieg gegen Mithridates. Der Senat mußte damit in Kauf nehmen, daß die Machtfülle des Feldherrn, wenn er siegreich mit seinem Heer zurückkehrte, die römische «Stadt»politik völlig aus dem Gleichgewicht brachte. Einem übermäßig ehrgeizigen Politiker wie Caesar, der eine dauernde Machtstellung in Rom erreichen wollte, der nicht den Reichtum eines Crassus besaß und dem sich auch nicht die Gelegenheiten wie Pompeius boten, war der Weg vorgezeichnet: Er mußte Konsul werden und danach ein Provinzkommando erlangen. Sallust hat dieses Ziel in einem Satz zusammengefaßt: «Für sich ersehnte er [Caesar] große Befehlsgewalt (*imperium*), ein Heer und einen ganz neuen Krieg, wo seine Fähigkeiten sich im rechten Glanze zeigen könnten.»[18]

So war denn Caesars Laufbahn bis zum Konsulat nicht wirklich ungewöhnlich, auch wenn seine Wahlgeschenke, Bestechungen und Schulden das Mittelmaß weit überstiegen. Allein die Wahl (durch das Volk) zum

pontifex maximus, dem obersten Priester, im Jahr 63 sticht hervor. Dies war
ein religiöses Amt, das aus sich selbst heraus keine Machtposition
begründen konnte, jedoch ein gewaltiges Prestige verschaffte. Als curulischer Aedil (65 v. Chr.) hatte Caesar sich u. a. durch die großzügige Ausrichtung von Spielen große Beliebtheit bei der Plebs verschafft. Daß er
dem Senatsregime als solchem ernstlich gefährlich werden konnte, läßt
sich zwar nachträglich in manche seiner Allianzen und Handlungen
während der 60er Jahre hineinlesen, wurde aber erst in seinem Konsulat
im Jahre 59 manifest. Gestützt auf die außerinstitutionelle Macht (Veteranen, Anhängerschaft, Geld, Ansehen)[19] von Pompeius und Crassus, mit
denen er sich im Vorjahr verbündet hatte, ging Caesar mit aller Skrupellosigkeit vor, um eine Reihe von Gesetzen durchzubringen, die die Wünsche seiner Verbündeten befriedigten und ihm selbst die Ausgangsbasis
für seine weitere Laufbahn schufen. Mit Hilfe der pompeianischen Veteranen und des Stadtvolkes regierte er brutal gegen den Senat, so daß seinem Kollegen im Amt, Bibulus, nichts anderes übrigblieb, als sich für die
längste Zeit des Jahres aus Protest in sein Haus zurückzuziehen. Am
Senat vorbei verschaffte Caesar sich per Volksgesetz das cisalpine Gallien samt Illyrien als Provinz und ließ sich dieses prokonsulare Imperium
gleich auf fünf Jahre (nicht, wie üblich, auf ein Jahr) verleihen. Wenn er
damals nicht Pompeius und Crassus hinter sich gehabt hätte, wäre er vom
Senat als Prokonsul zum italischen Oberförster und Straßenbaudezernenten gemacht worden; nur unter Druck wurde ihm auch noch die Provinz Gallia ulterior zugeteilt, womit ihm der Weg zur Eroberung Galliens
geöffnet wurde.

Nach der Tradition sollten die Söhne der Nobilitätsfamilien, die die
politische Laufbahn einschlugen, nach dem Erreichen des höchsten
Amtes, des Konsulats (frühestens im Alter von 43 Jahren),[20] und des sich
daran anschließenden Prokonsulats, das hieß in der Regel nach einjähriger Verwaltung einer Provinz, in den Senat zurückkehren und dort den
Platz einnehmen, der ihnen je nach Ansehen der Familie und persönlichen Leistungen zukam. Ein erneutes Konsulat war nach einer Frist von
zehn Jahren nicht ausgeschlossen, aber selten und konnte für sich genommen nicht wirklich die Grundlage einer außergewöhnlichen Machtstellung bilden. Die Zulassung zur Bewerbung in Abwesenheit um ein solches zweites Konsulat, nach Ablauf des inzwischen mit Hilfe seiner
Verbündeten Pompeius und Crassus um weitere fünf Jahre verlängerten
Provinzkommandos, war Caesars unmittelbares Ziel gewesen. Ihm dies
trotz seiner Leistungen für Rom, das heißt der Eroberung Galliens, zu verwehren, wie dies die Senatsmehrheit im Jahre 50 mit Pompeius' Unterstützung tat, verletze seine *dignitas*, erklärte er seinen Soldaten am Rubicon, und auch in allen späteren Rechtfertigungen des Bürgerkriegs war
dies der zentrale Begriff. Das hieß natürlich auch, daß er ohne ein erneutes Konsulat weder die legitimen Anspüche seiner Soldaten auf Landzu

weisungen würde durchsetzen können noch die in seinen Provinzen getroffenen Regelungen, vor allem die geplante Ausdehnung des Bürgerrechts auf die Transpadaner, die Bewohner der Region zwischen dem Po und den Alpen.

Wie der Eroberer Galliens sich in einem zweiten Konsulat aufführen würde, konnte man sich in Rom lebhaft vorstellen: Cicero schrieb im Dezember 50: «Als er noch machtlos war, hätte man ihm in den Weg treten sollen; schwer wäre es nicht gewesen. Jetzt hat er elf Legionen, Reiterei, soviel er will, die Transpadaner, den Stadtpöbel, eine Reihe von Volkstribunen, die verkommene Jugend, er selbst eine hochangesehene, tollkühne Führerpersönlichkeit: mit der müssen wir kämpfen auf Leben und Tod oder seine legitimen Ansprüche gelten lassen.»[21] Caesars erstes Konsulat war noch in aller Gedächtnis. Was nun, zehn Jahre später, geschehen konnte, dafür gab es Beispiele. «Soviel ist allen klar», heißt es im gleichen Brief, «unterliegen die Gutgesinnten, dann wird ER sich weder im Hinmorden der Führerschicht milder als Cinna noch im Einziehen der großen Vermögen gemäßigter als Sulla erweisen.» Sulla hatte den gewaltsamen Weg vorexerziert, Pompeius den friedlichen. Das war etwa die Alternative. Der Senat und sein neuer Verbündeter Pompeius wollten weder das eine noch das andere Risiko eingehen. Man verlangte, Caesar solle sein Kommando abtreten; danach gedachte man, ihm den Prozeß zu machen. Was folgte, ist bekannt: Caesars Einmarsch in Italien und der Rückzug der meisten Magistrate und eines großen Teils des Senats mit Pompeius nach Griechenland, der Krieg zwischen den römischen Heeren und Flotten in den Provinzen: Gallien, Spanien, Makedonien, Griechenland, Ägypten (das erst durch die römischen Bürgerkriege zur Provinz wurde), Kleinasien, Afrika, und wieder Spanien; kein Bürgerkrieg dagegen in Italien selbst.

Caesars Herrschaft

Aus den Siegen über die Pompeianer in den Provinzen ist Caesars Herrschaft über Rom hervorgegangen, nicht aus den stadtrömischen Ereignissen der Bürgerkriegsjahre. Caesars Herrschaft über seine Soldaten hatte zweifellos eine starke charismatische Komponente, aber nicht als General herrschte er über Rom. Seine Ausstrahlung, seine Überredungskraft, sein Mut, seine Feldherrngenialität und sein sprichwörtliches Glück, die Bewährung seines Charismas in militärischen Erfolgen, all dies ist vielfach bezeugt und wird bestätigt durch die bemerkenswerte Tatsache, daß es im gallischen Krieg nicht eine einzige Meuterei gegeben hat. Sueton beschreibt, wie Caesar es verstand, seine Soldaten zu «größter Ergebenheit und Tapferkeit» anzuspornen.[22] Das machte sein Heer jedoch nicht zu einer bedingungslosen Gefolgschaft. Zwar bildete die Hoffnung auf Beute, Belohnungen und Landanweisungen ein wesentliches Element

der starken Bindung der Soldaten an ihren Feldherrn. Dazu aber kam die
äußerst harte Disziplin des römischen Heeres, die auch Caesar mit allen
Mitteln aufrechterhielt, auch dem der Dezimierung, wie im Falle der
Meuterei in Spanien. Die Disziplin, die sich «in unbeirrter ‹Sachlichkeit›»
jeder Macht zur Verfügung stellt, steht aber in ihrem innersten Wesen
dem Charisma fremd gegenüber.[23] Andererseits läßt sich die Anerkennung der Gewalt Caesars über Tod oder Leben seiner Soldaten durchaus
auch als Element des charismatischen Gehorsams lesen. Man könnte ein-
wenden, daß wir nur Caesars eigene Darstellung des Geschehens kennen.
Auffällig aber ist, wie Caesar in seiner Schrift über den *Bürgerkrieg* (nicht
dagegen im *Gallischen Krieg*) an mehreren Stellen die unbedingte Treue, ja
Opferbereitschaft nicht nur seiner Centurionen, sondern auch der einfachen Legionäre herausstreicht. Vor der Ausschiffung aus Brundisium, im
Jahr 48, hätten ihm alle zugejubelt: «er solle nur befehlen, was er wolle,
und was er auch immer befehle, das wollten sie ohne Zögern ausführen.»[24] Sie wußten allerdings, wofür sie kämpften: «ihrer Mühe Lohn
haben Soldaten immer durch den Ausgang des Krieges erhalten, und wie
der sein wird, daran zweifelt nicht einmal ihr», erklärte Curio als Caesars
Legat seinen wankelmütigen Soldaten in Afrika. Das war klarer formuliert als die Worte, die Caesar einem seiner tapfersten Soldaten in den
Mund legte: «Folgt mir, Kameraden... Nur diese eine Schlacht ist noch
übrig; ist die geschlagen, dann wird Caesar die ihm gebührende Stellung,
und wir werden unsere Freiheit wiedererlangen.»[25] Zwei Dinge, soll Caesar erklärt haben, garantieren und vermehren die Herrschaft: Soldaten
und Geld, und diese beiden Faktoren bedingten einander gegenseitig.[26]
Im ersten Jahr des Bürgerkriegs hat er nicht weniger als 16 Legionen neu
ausgehoben, am Ende des Krieges verfügte er mit seinen Veteranen über
mindestens 24 Legionen.[27]

Die Zusammensetzung des caesarianischen Heeres war durch die
römische Aushebungspraxis bedingt. Der Anteil von Freiwilligen in den
von Caesar ausgehobenen Legionen ist unbekannt. Deren eventuelle
Motivationen waren Verdienstmöglichkeiten und Hoffnungen auf Land-
zuweisung, bei den Transpadanern und Nichtbürgern aus den Provinzen,
die Caesar nicht nur als Hilfstruppen, sondern auch zur Auffüllung seiner Legionen ausgehoben hat, kam die Erwartung hinzu, daß sie das Bürgerrecht erhalten würden. Nichts spricht dafür, daß römische Bürger oder
Untertanen Caesar als einem charismatischen Führer zugelaufen wären.
Im letzten Jahrhundert der Republik hatte sich die Natur des Heeres radikal geändert, und große Feldherrn konnten jetzt ihre Soldaten gegen die
amtierende Regierung und in einen Bürgerkrieg führen. Die sogenannte
Heeresklientel war in gewissem Sinne eine persönliche Gefolgschaft.
Aber der «Führer» war in beschränktem Maße durchaus austauschbar,
und die Bereitschaft, mit ihm gegebenenfalls gegen die legale Regierung
zu marschieren, gründete sich auf materielle Interessen und persönliches

Vertrauen, nicht auf den Glauben an eine revolutionäre, alle Werte umkehrende «Sendung» des putschenden Generals.[28] Nirgends hat sich in dieser Zeit ein römisches Heer in eine echte charismatische Gefolgschaft verwandelt. Im Bürgerkrieg ist es dann gelegentlich auch gegen Caesar zu Meutereien, Desertion und Verbrüderung mit dem gegnerischen, ebenso römischen Heer gekommen.

War Caesar in den Augen seiner Soldaten «mit übernatürlichen oder übermenschlichen oder mindestens spezifisch außeralltäglichen, nicht jedem andern zugänglichen Kräften oder Eigenschaften [begabt] oder [wurde er] als gottgesandt oder als vorbildlich und deshalb als ‹Führer› gewertet...»?[29] Die enge Bindung der Soldaten an Caesar läßt sich weder beschreiben als «Hingabe an das Heroentum» noch erklären aus einer «aus dem Außerordentlichen geborenen Erregung»,[30] als eine Konstellation also, in der sich die Hoffnung an bestimmte Personen heftet, die mit außergewöhnlichen Qualitäten ausgestattet zu sein scheinen.

Mochte die Transformation des römischen Heeres vom Bürgerheer zur «Versorgungsanstalt der Besitzlosen»[31] noch so weit fortgeschritten sein und die Bindung der Soldaten an den Feldherrn ihren Bürgersinn noch so weit überwiegen, so ist doch nicht möglich, Caesars Heer als eine «emotionale Vergemeinschaftung»[32] zu beschreiben. Dieses Phänomen mochte in bestimmten Kriegssituationen auftreten; in den caesarianischen Darstellungen des gallischen und des Bürgerkriegs finden sich deutliche Beipiele dafür in Not- und Gefahrensituationen. Diese Komponente hatte nach den jahrelangen Kriegen und Siegen eine nicht zu unterschätzende Bedeutung und mag dazu beigetragen haben, daß die Soldaten Caesar in den Bürgerkrieg folgten. Aber weder bestand im Jahr 49 eine charismatische Situation, in der die Massen, eine Gruppe oder die Soldaten nach einem «Führer» verlangt hätten, noch wollte oder konnte Caesar über ein bestimmtes Maß hinaus den charismatischen Führer hervorkehren. Auch seinem Heer gegenüber berief er sich nicht auf eine wie immer geartete Sendung, sondern auf die Legalität seiner und damit ihrer Ansprüche und auf die Verletzung seiner *dignitas*. Wenn spätere Historiker aus Caesars Politik und seinem Appell im Jahr 48 an Metellus Scipio, für «die Ruhe Italiens, den Frieden der Provinzen und das Heil des Reiches» zu wirken,[33] schlossen, der «Staatsmann» Caesar habe die Notwendigkeiten der Reichseinheit erkannt, so war auch dies keine Erlösungsbotschaft in einer tiefen Krisensituation, sondern einfach die klare Erkenntnis, daß man den radikal veränderten Bedingungen der römischen Herrschaft Rechnung tragen müsse.

Auch in Rom war damals ab und zu der Ruf nach einem starken Führer laut geworden. Aber die Ratlosigkeit in einigen Kreisen der römischen Oberschicht hatte nichts gemein mit einer tiefen, auch geistigen Krise wie z. B. derjenigen der Weimarer Republik nach verlorenem Krieg, Revolution und wirtschaftlichem Elend, in der die viele mit Gundolf nach einem «wahren Gebieter» riefen. Erst die Bürgerkriege nach Caesars Tod mögen eine teilweise vergleichbare Situation erzeugt haben.

Sowenig wie im Januar 49 ein Revolutionsheer unter einem Kriegshelden über den Rubicon nach Italien einmarschierte, um eine neue Ordnung an die Stelle der alten zu setzen, ebensowenig erwartete das römische Volk in Caesar einen Befreier oder Erlöser. Als Aedil, Praetor und Konsul hatte Caesar das «Charisma der Rede» durchaus dem Volk gegenüber eingesetzt. Der charismatische Politiker bzw. «Demagoge» konnte in der späten Republik nur zeitweise, und nur im Rahmen des Stadtstaates, bestimmenden Einfluß ausüben. In Rom lag die Macht nicht auf der Straße, sondern in den Provinzen bzw. in deren Reichtum und in den Armeen, mit denen man sie eroberte und niederhielt. Rom war nicht das Athen des Perikles, und in der Zeit, als Pompeius, Crassus und Caesar mehr oder minder gemeinsam das politische Geschehen in Rom kontrollierten, waren die Demagogen auf dem Forum oft nur Werkzeuge der eigentlichen Machthaber. Unter den Bedingungen der späten Republik konnte man nicht mit Hilfe der *plebs urbana* herrschen, aber man konnte das Funktionieren der Institutionen empfindlich stören und sie gelegentlich beherrschen. Auch hier wirkte eine charismatische Komponente mit, und in den Krisenjahren vor Caesars Putsch scheinen sich neue Formen der Kommunikation zwischen der *plebs urbana* und den «Demagogen» entwickelt zu haben.[34]

Hieran hat Caesar nicht angeknüpft. Zwar hatte er vorgegeben, für die Rechte des von der Oligarchie unterdrückten Volkes kämpfen zu wollen, aber schon bei seinem ersten kurzen Aufenthalt in Rom, im April 49, zögerte er nicht, einen der Volkstribunen, der ihm den Zugriff auf den Staatsschatz verweigerte, mit dem Tode zu bedrohen und sich mit militärischer Gewalt die von der legalen Regierung in der Eile der Flucht zurückgelassenen 15 000 Gold- und 30 000 Silberbarren sowie 30 Millionen Sesterzen gemünzten Geldes anzueignen. Die Empörung in der Stadt war so gewaltig, daß Caesar darauf verzichtete, sich bei seinem Abmarsch aus Rom, wie ursprünglich geplant, mit einer Rede vom Volk zu verabschieden. Auch später hat er sich anscheinend nur ganz selten direkt an das Volk gewandt, und seine politischen Maßnahmen, die unmittelbar die städtische Bevölkerung betrafen, wie etwa die drastische Verringerung der Zahl der Getreideempfänger, hatten nichts Demagogisches an sich. Bezeichnend ist auch, daß die Quellen für die Bürgerkriegszeit zwar Reden Caesars vor den Soldaten und vor dem Senat wiedergeben, jedoch keine einzige Rede vor dem Volk. Das ist auf den ersten Blick erstaunlich, wenn man an die physische Präsenz Caesars (bei seinen kurzen Aufenthalten in Rom) inmitten des Stadtvolks bei Festen, Spielen und im Theater denkt. Aber das Volk war in Rom bei solchen Anlässen nicht ungegliederte Masse, sondern traditionell hierarchisch organisiert, und hier wurden keine Reden gehalten. Der ungeheure Glanz der von Caesar organisierten Festlichkeiten trug sicher zu seiner charismatischen Überhöhung bei. Doch daß man die quasireligiösen Effekte nicht überschätzen darf, zeigt der Unmut des Volkes über Caesar, der sich im Theater mit Aktenlektüre beschäftigte. Auch den in der Stadt versammelten stimmberechtigten Bürgern (darunter viele, seine Veteranen zumal, die zu den Wahlen und Abstimmungen nach Rom geordert wurden) stand Caesar in diesen Jahren häufig gegenüber. Denn eines der Instrumente, mit deren Hilfe er effektiv die Macht ausübte, war die Position des Wahlleiters, die er bei allen Wahlen zwischen 49 und 44 (mit Ausnahme der Wahlen für die plebeischen Magistrate) einnahm.[35] Es waren die prozeduralen Mittel, seine persönliche und vor allem seine institutionelle Autorität als Wahlleiter, die Caesar den Wahlausgang sicherten, sowie zuletzt die formellen und für einen Teil der zu besetzenden Stellen verbindlichen «Wahlempfehlungen», nicht ein «Charisma der Rede», wie er es den Soldaten gegenüber einsetzte. Die erhaltenen Teile seiner Senatsreden zeigen, daß sie eher auf Rechtfertigung als auf Überzeugung zielten. Gegenüber seinen eigenen Standesgenossen, deren Anerkennung er suchte oder auch erzwingen wollte, setzte er alle Mittel der Verführungskunst oder auch des rationalen Arguments ein.

Der Versuch, die Anerkennungsgrundlage von Caesars Herrschaft in den Begriffen der Weberschen Herrschaftssoziologie zu fassen, wird nicht nur durch die äußerst kurze Dauer dieser Herrschaft erschwert, sondern vor allem auch durch die Dynamik der Entwicklung während dieser Zeit. Nach dem Ablauf des ersten Bürgerkriegsjahres war aus dem putschenden Prokonsul ein legal mit Imperien ausgestatteter Konsul (48, 47, 45 und 44) und Diktator (48/47 und ab April 46)[36] geworden, der als solcher die Senatsoligarchie und seinen direkten Gegenspieler Pompeius nach dem ersten großen Sieg (Pharsalos, 9. August 48) auf ihrer Flucht durch das gesamte Mittelmeergebiet verfolgte und besiegte.

Stärker noch als auf die Legalität hat sich die Dynamik der Ereignisse auf die Legitimität ausgewirkt. Daß ein Großteil der Regierung (Magistrate und Senatoren) Italien verlassen und praktisch der gesamte Kern der alten Senatsoligarchie in kürzester Zeit durch Tod auf dem Schlachtfeld, durch Selbstmord, freiwilliges Exil, Hinrichtung oder Ermordung einfach aus dem politischen Leben verschwinden würde, hatte niemand voraussehen können. Als Caesar nach dem Sieg nach Rom zurückkehrte, unterschied sich seine Lage somit radikal von derjenigen Sullas nach seinem Sieg über Marius, ja sie war völlig ohne Vorbild in der römischen Geschichte. Wie man den Prozeß, der sich zwischen den Siegen in Afrika und Spanien und der Ermordung des Diktators abspielte, strukturell bestimmen kann, darüber sind sich die Historiker bis heute nicht einig. Nicht bestritten werden kann, daß Caesar faktisch allein herrschte. Formal, aber nicht nur formal, hat er diese Herrschaft im Rahmen der bestehenden Institutionen ausgeübt; die entscheidenden institutionellen Veränderungen und Innovationen (Iteration des Konsulats, gleichzeitige Bekleidung von Konsulat und Diktatur, ständige Diktatur) wurden in Formen der Legalität gegossen.

Ein weiteres Element bildeten einerseits eine Fülle traditioneller und vor allem neuartiger bzw. ins Übermaß getriebener Ehrungen, die Senat oder Volk für Caesar beschlossen oder beantragten: Triumphe, Feste, göttliche Ehrungen und ein Beschluß der posthumen Vergottung (darunter Ehrungen, die erstmals nicht durch Siege begründet waren), andererseits die «Geschenke» Caesars an das Volk wie Spiele, Prachtbauten und Volksspeisungen. Hier interessiert nicht die Frage, wie spontan der Senat oder die Volksversammlung ihm diese Ehrungen angetragen haben, auch nicht die, ob in manchen Fällen – so, als der Konsul Marcus Antonius ihm beim Lupercalienfest im Namen des Volkes ein Diadem aufsetzte und Caesar seine Weigerung, es anzunehmen, in den Staatskalender eintragen ließ – dahinter die Absicht stand, den Tyrannen zu denunzieren oder umgekehrt den Vorwurf des Strebens nach der Königswürde zu dementieren. Das Geschehen selbst aber, der ungeheure Reichtum (auf Grund von Konfiskationen im Bürgerkrieg)[37] und die absolute Macht, über die Caesar zu verfügen schien, können nur den Effekt gehabt haben, den Diktator mit einem besonderen Nimbus zu umgeben und zur Bildung einer neuen charismatischen Persönlichkeit beizutragen, die ganz andere Züge trug als die des Feldherrn im roten Mantel, der – sich selbst jeder Gefahr aussetzend – seine Soldaten so oft in den Sieg geführt hatte.

Hinzu kam schließlich der Eindruck, den die ungeheure Gesetzgebungs- und Verwaltungstätigkeit hervorrufen mußte. Darin ging es keineswegs nur oder vornehmlich um die Befriedigung der Ansprüche seiner Soldaten, Veteranen und anderer Anhänger und um die Einlösung von Versprechungen, die dem Volk gemacht worden waren. Der Katalog der verwirklichten oder geplanten Gesetze und Vorhaben muß die Zeitgenossen mehr noch als uns Historiker heute beeindruckt haben. Jahrelang war die staatliche Maschinerie nahezu blockiert gewesen. Nun geschah in kürzester Zeit plötzlich alles auf einmal und vieles in Wirklichkeit ohne Beteiligung der zuständigen Institutionen.[38] Neue Ordnungen für die Stadt, Italien und das Reich wurden erlassen oder vorbereitet. Die Gesellschaft, die Institutionen, das Stadtbild, der Kalender, alles war Gegenstand einer immensen Reform- und Verwaltungstätigkeit. Nicht im Sinne einer revolutionären neuen Ordnung, die das Alte insgesamt beiseite schiebt, sondern als Ausdruck einer zugleich rationalen und maßlosen Energie. Der Eindruck, der hier entstehen mußte, war der einer grenzenlosen Macht über die Verhältnisse: «Es schien», so Theodor Mommsen, «als wolle der Imperator Berge und Flüsse versetzen und mit der Natur selber den Wettlauf wagen.»[39] Cicero witzelte damals, die Sterne gingen jetzt nach Verordnung am Himmel auf.[40]

Wie sollte der Inhaber der höchsten Ämter und Ehren, der unbegrenzt über Geld und Soldaten verfügte, der ein unbesiegter Feldherr war und sich darauf vorbereitete, den Krieg nach Osten gegen die Parther zu tragen, der in kürzester Zeit gleichzeitig die Verwaltung der Stadt, Italiens und der Provinzen in Angriff genommen und eine Fülle bedeutender Reformen durchgesetzt hatte, nicht einfach durch die Macht des Faktischen der Masse der Bürger und Untertanen als eine so hoch über dem Normalmaß stehende Persönlichkeit erscheinen, daß man hier nicht von charismatischer Herrschaft sprechen könnte? Die Kombination aus Sieg, Oberamt, göttlichen Ehrungen, Euergetismus, tatsächlicher Macht über Leben und Tod und scheinbar unbegrenzten Möglichkeiten des Handelns hat im Endeffekt wohl ein neues Charisma herbeigeführt, das weniger Voraussetzung des Sieges und der Herrschaft als deren Folge war. Die Frage, ob es sich in der Veralltäglichung bewährt und für einige Zeit eine sichere Herrschaftsgrundlage abgegeben hätte, bevor sich dann das Nachfolgeproblem stellen würde, ist durch 23 Dolchstiche vorzeitig erledigt worden. Zweifel erscheinen jedoch begründet. Paradoxerweise haben die Iden des März und die auf sie folgenden noch längeren und grausameren Bürgerkriege den Nimbus Caesars noch erhöht und schließlich seinen testamentarisch adoptierten Neffen Octavian, der nun den Namen Caesar trug, mit einem gewaltigen Erbe ausgestattet, das er, geschickt vermehrt, in den Kapitalstock seiner Prinzipatsherrschaft eingebracht hat. Das an den Namen Caesar gebundene Erbcharisma war von großer Bedeutung für die Verfügung über Caesars Veteranen und die Eroberung der Macht im Bürgerkrieg, nicht mehr jedoch für die Herrschaft des Augustus – so der neue, eine geradezu religiöse Qualität bezeichnende Name, der Octavian im Jahr 27 v. Chr. verliehen wurde.

Caesars Anhänger: eine charismatische Gefolgschaft?

Nachdem Pompeius mit den Konsuln und einem Teil des Senats Italien im März 49 verlassen hatte, berief Caesar die verbliebenen Senatoren zu einer Senatssitzung nach Rom ein. An die 200 Senatoren mögen an dieser Sitzung teilgenommen haben: alte Anhänger Caesars, jüngere, die sich auf seiner Seite bessere Chancen ausrechneten als auf der des Pompeius, Neutrale und Unentschiedene. Manche verließen in der Tat Italien erst im Laufe des Sommers, um sich der Gegenseite anzuschließen. Vor diesem Rumpfsenat verteidigte Caesar in einer langen Rede sein Vorgehen. In seiner eigenen Wiedergabe dieser Rede heißt es im Anschluß an seine Rechtfertigungen und Beschuldigungen der Gegner: «Im Hinblick auf all dies mahnte und forderte er [Caesar], daß sie [die Senatoren] sich des Staats annähmen und ihn zusammen mit ihm verwalteten. Wollten sie sich dem aber aus Furcht entziehen, so werde er ihnen nicht weiter lästig fallen und von sich aus den Staat verwalten.»[41] «Die Dinge allein tun», das ist in der

Tat ein hervorstechender Zug von Caesars Herrschaft. In der legalen Herrschaft kann sich der Monarch auf einen Verwaltungsstab und einen bürokratischen Apparat stützen, die seine Anordnungen umsetzen; gehorcht wird «der gesatzten Regel, die dafür maßgebend ist, wem und inwieweit ihr zu gehorchen ist».[42] Im Bürgerkrieg und nach dem endgültigen Sieg war Caesars ganzes Bemühen darauf gerichtet, die legale Ordnung für sich zu gewinnen und in ihrem Rahmen seine Herrschaft zu etablieren. Es ging ihm um die Anerkennung durch seine senatorischen Standesgenossen, deren traditionelle Herrschaft die Legitimität der Ordnung garantierte. Viele seiner überlebenden Gegner, die er begnadigt hatte, und auch frühere Neutrale verweigerten ihm diese Anerkennung. Die Figur des Cato Uticensis, der nach der Schlacht bei Thapsos den Freitod gewählt hatte, um nicht Caesar sein Leben zu verdanken, wurde zum Brennpunkt der ideellen Auseinandersetzung um die Legitimität der neuen Ordnung. Die Senatoren, die sich zu Beginn und im Verlauf des Kriegs auf Caesars Seite geschlagen hatten, standen zwar zahlenmäßig den Pompeianern kaum nach, konnten aber nicht die Basis einer Parteiherrschaft bilden.

Als Caesar in Italien einzog, befand sich in seinem Lager eine Reihe junger Adliger, die in den folgenden Jahren einen schnellen, aber formal durchaus regulären *cursus honorum* durchliefen. Gegenüber manchen dieser senatorischen Parteigänger spielten seine Persönlichkeit und sein Charme sicher eine Rolle; eine charismatische Komponente ist aber hier nicht zu entdecken. Im Gegenteil, seine eifrigsten jungen Anhänger (Curio, Caelius, Dolabella, Antonius) zeigten nicht die Spur einer emotionalen Vergemeinschaftung mit Caesar; sie segelten für eine Zeit in seinem Windschatten und beeilten sich, politisch in die eigene Tasche zu wirtschaften, sobald Caesar Rom wieder verlassen hatte, um den Bürgerkrieg fortzusetzen. Die kriegsbedingte Geldverknappung hatte die Lage der Schuldner (reicher wie armer) und die Mietprobleme der *plebs urbana* erheblich verschärft. Dies nutzten Caelius als Praetor 48 und Dolabella als Volkstribun im Jahr 47, um mit Forderungen nach Schuldentilgung und Mietnachlaß die Plebs hinter sich zu bringen. Es kam zu Machtkämpfen in Rom zwischen den Caesarianern selbst, zu Unruhen, deren zweite nach monatelanger Dauer mit militärischer Macht von Marcus Antonius, als *magister equitum* Stellvertreter des Diktators, blutig niedergeschlagen wurde. Die jungen Adligen in Caesars «Partei», die ihre Rivalitäten untereinander austrugen, und andere von Caesar eingesetzte oder mit seiner Unterstützung gewählte Magistrate gehörten zu seinem Herrschaftsstab in und nach dem Bürgerkrieg. Bei aller Anerkennung der Vormachtstellung Caesars entwickelte sich in dieser Gruppe jedoch nichts, was charismatischer Gehorsam genannt werden könnte. Nach dem Attentat, an dem sich auch «Caesarianer» beteiligt hatten, kam es weder zu einer unmittelbaren Übertragung von Herrschaftsansprüchen auf Anhänger

Caesars noch zu einer Versachlichung des Charismas des ermordeten Diktators. Statt dessen brachen Diadochenkämpfe aus. Die Appropriation von Herrengewalten und Erwerbschancen durch die Gefolgschaft, die hier natürlich auch vorlag, stellt zwar eine Form der Veralltäglichung des Charismas dar.[43] Doch sie vollzieht sich im Fall der charismatischen Herrschaft unter Regeln der Rekrutierung nach persönlichem Charisma. Dies trifft auf Caesars Anhänger aus der Oberschicht nicht zu; sie hielten sich im Grunde für seinesgleichen.

Will man die Chancen einer Veralltäglichung und Versachlichung der Herrschaft Caesars einschätzen, so ist deren kurze Dauer nur bedingt ein Argument gegen einen solchen Versuch. Denn das Attentat fiel praktisch mit dem auf den 18. März 44 geplanten Aufbruch in den Partherkrieg zusammen, so daß die für drei Jahre im voraus getroffenen Personalentscheidungen für die in Rom verbleibende Regierung als Test unter teilweise realen Bedingungen betrachtet werden können.[44] Entscheidend war, daß der Diktator in Italien ein Heer unter einem *magister equitum* zurückließ. Hier war jedoch ab 44 ein jährlicher Wechsel vorgesehen: M. Aemilius Lepidus (44), C. Octavius (43), Cn. Domitius Calvinus (42). Caesar hatte per Gesetz das Privileg erhalten, einen Teil der Magistrate faktisch zu ernennen; das betraf aber nur die von ihm selbst eingerichteten zusätzlichen Stellen. Das Konsulat war somit davon ausgenommen, vermutlich ein Zugeständnis an Caesars eigene adlige Parteigänger. Er hat sich jedoch für die voraussichtliche Dauer des Partherkrieges das Recht geben lassen, als Wahlleiter die Wahlen für praktisch die gesamte bisherige Magistratur auf zwei Jahre im voraus abhalten zu können. Wahrgenommen hat Caesar dieses Recht für die Wahlen der Konsuln und Volkstribunen für die Jahre 43 und 42, für die politisch wichtigsten Ämter also.

Das war keine Nachfolgeregelung, sondern eine Stellvertreterregelung im Rahmen der existierenden Institutionen, ein Versuch, Konflikte und Rivalitäten unter seinen eigenen Anhängern zu verhindern. Daß Caesar selbst durch seine eigene Ämterkumulierung, durch die Vermehrung der Zahl der Senatoren und Magistraturen und durch vieles andere die alte Ordnung stärker ihres Sinns entleerte als in ihrer Form veränderte, war kein Vorgang, durch den «individuelles Charisma auf eine soziale Institution übertragen, in Regeln gegossen und damit auf Dauer gestellt» worden wäre.[45]

Nimmt man M. Iunius Brutus hinzu, den Attentäter, dem das Konsulat für das Jahr 41 versprochen worden war, so waren für die Dauer des Partherkrieges die obersten Machtpositionen in Rom und Italien für jeweils ein Jahr an zehn Politiker vergeben worden, die bis auf Brutus dem engeren oder weiteren Kreis der Caesarianer angehörten: sieben Adlige, drei Aufsteiger (*homines novi*). Gegen den charismatischen Charakter dieser Anhängerschaft spricht wiederum u. a., daß Durchbrechungen der formalen Regeln des *cursus honorum* (Mindestalter, Abstand zwischen Prae-

tur und Konsulat) nur bei Adligen vorkamen, nicht in einem einzigen Fall
dagegen bei den caesarianischen *novi* im Konsulat zwischen 48 und 42;
hinzu kommt, daß die *novi* der Jahre 48 bis 44 ausschließlich verkürzte,
also abgewertete Dreimonatskonsulate erhielten. In der institutionellen
und personellen Konstruktion für die Jahre 44 bis 42 – Machtbalance zwischen einem *magister equitum* und jeweils zwei Konsuln ohne erkennbare
Nachfolger- oder Stellvertreterkürung – waren Konflikte angelegt, wie
sich bei der Nachwahl Dolabellas zeigte, die Antonius verhindern wollte.

Aber hat es daneben nicht eine effektive «Kabinettsregierung» durch
Caesars «Kanzlei» gegeben? Der römische Staat hatte eine bürokratische
Verwaltung nur in geringem Ausmaß entwickelt. Der administrative
Zugriff auf Bürger und Untertanen, sei es zur Aushebung, zur Steuerer-
hebung, zur Sicherung der Ordnung oder anderem, erfolgte zu einem
guten Teil durch sozusagen private Verwaltungsstäbe der regulären
Beamten. Dieses System hat Caesar im und nach dem Bürgerkrieg im
großen Maßstab für seine Verwaltung des Staates benutzt und ausgebaut.
Elemente der *domus*-Verwaltung und Innovationen rationaler Kanzleior-
ganisation aus seiner Provinz- und Kriegsadministration, und wohl auch
aus der Verwaltungspraxis der Publikanengesellschaften, wurden
zusammengeführt. Persönlich Abhängige und Vertraute aus nicht regi-
mentsfähigen Schichten bildeten einen Verwaltungsstab, der häufig die
eigentlich in die Kompetenz der gewählten Beamten und des Senat fal-
lenden Aufgaben erfüllte.[46] Dieser Teil des Herrschaftsapparats zeigte in
Weberschen Begriffen eine «patriarchale Struktur der Verwaltung». Das
bedeutet, daß sich die «Diener in völliger Abhängigkeit vom Herrn
[befinden] ... Es besteht keinerlei Eigenrecht der Verwaltenden an ihrem
Amt, aber auch keinerlei Fachauslese und keine ständische Ehre des
Beamten; die sachlichen Verwaltungsmittel werden gänzlich für den
Herrn in dessen eigener Regie bewirtschaftet.» Dies aber traf nur auf
einen Teil des römischen Herrschaftssystems in den Jahren 45 und 44 zu.
Nur in der neu von Caesar aufgebauten persönlichen Verwaltung wurde
«die Herrschaft wie ein gewöhnliches Vermögensrecht des Herrn behandelt».[47] Wir befinden uns damit im Typus der traditionalen Herrschaft.
Nicht, als ob Caesars Herrschaft insgesamt als traditional oder «sultani-
stisch» bezeichnet werden könnte. Aber Elemente davon waren vorhanden, wurden von ihm verstärkt und finden sich wieder im späteren Prinzipat. Jedenfalls ist eindeutig, daß die Webersche Definition des
Verwaltungsstabs der charismatischen Herrschaft nicht auf Caesars
Kanzlei und Gefolgsleute zutrifft. Denn die Auslese des Stabs erfolgt in
diesem Fall ausschließlich nach persönlicher Hingabe. Maßgebend für
den Umfang der Legitimation des beauftragten Gefolgsmannes ist lediglich die Sendung des Herrn: «Der Verwaltung – soweit dieser Name adäquat ist – fehlt jede Orientierung an Regeln, sei es gesatzten, sei es traditionalen. Aktuelle Offenbarung oder aktuelle Schöpfung, Tat und

Beispiel, Entscheidung von Fall zu Fall, jedenfalls also – am Maßstab gesatzter Ordnungen gemessen – *irrational*, charakterisiert sie.»[48] Nicht ein Element dieser Bestimmung läßt sich auf Caesars Verwaltungs- und Gesetzgebungstätigkeit anwenden. Satzungen wie die *lex Iulia municipalis* prägten die Geschichte Italiens für Jahrhunderte. Caesar hat mit seinem «Kabinett», in der Regel zusammengesetzt aus Legaten aus dem Gallischen Krieg, auch keine neue Form der Regierung eingeleitet. Das läßt sich u. a. daran ablesen, daß zwei seiner hervorragendsten «Kabinettsminister» für das Jahr 43 zu Konsuln gewählt worden sind.

Caesars Diktatur vereinigt Elemente der verschiedenen Legitimitätstypen. Ihr Grundcharakter läßt sich als legales Herrschaftsverhältnis bezeichnen. Soweit dessen kurze Stabilität auch auf Legitimitätsglauben beruhte, rückten traditionale Eingewöhnung und «Prestige» (Charisma) mit dem Glauben an die Bedeutung der formalen Legalität zusammen. Nach welchem Verhältnis sich diese Mischung der Grundlagen dargestellt hätte, wenn Caesar nicht zwei oder vier, sondern zehn oder zwanzig Jahre regiert hätte, kann nicht aus dem Charakter der späteren augusteischen Herrschaft deduziert werden. Zum Zeitpunkt des Attentats gingen die Entwicklungstendenzen zu stark auseinander: charismatische Überhöhung des Monarchen bei gleichzeitiger Ausdehnung der patrimonialen Verwaltung und Weiterentwicklung des legalen Herrschaftssystems durch den mit der «Neukonstituierung des Staates betrauten» *dictator rei publicae constituendae*.[49] Die Ermordung des Konsuls und *dictator perpetuo* (so der neue Titel im Hinblick auf seine voraussichtlich mehrjährige Abwesenheit während des Partherkriegs) rief in Rom Panik hervor. Die Emotionen der Stadtbevölkerung und der Veteranen wurden bei Caesars Verbrennung und bei der Eröffnung seines Testaments geschickt von Antonius geschürt. Appians Bericht zufolge hat erst die Verlesung dessen, was Caesar dem Volk vermachte (seine Gärten und für jeden Bürger eine Summe von 300 Sesterzen), die Stimmung gegen die Caesarmörder umschlagen lassen.[50] Ein großer Komet, gedeutet als *sidus Iulium*, zeigte sich sieben Tage lang nach Caesars Tod, und das Sonnenlicht habe sich verdunkelt, berichten die späteren Geschichtsschreiber.[51] An der Verbrennungsstelle wurde ein Altar errichtet, an dem Caesar wie einem Gott geopfert wurde.[52] In den folgenden Jahren wurde die kultische Verehrung Caears durch den Prozeß seiner (schon zuvor für den Fall seines Todes beschlossenen) Divinisierung gefördert.[53] Jedoch zeigte sich hier noch einmal eindeutig, daß die «Anhänger» Caesars keineswegs eine charismatische Gefolgschaft bildeten und daß es keine Nachfolgekürung durch die «Jünger» gab: Ende April 44 ließ der Konsul Dolabella die Kultstätte auf dem Forum niederreißen und den Platz pflastern. Die kultischen und emotionellen Momente, verbunden mit den Schrecken der Proskriptionen und erneuten Bürgerkriege, erzeugten eine Situation, die der Ausnutzung des Erbcharismas durch Octavian, jetzt Caesar, zustatten kam.

Die charismatische Komponente aber war wiederum nur ein Moment unter anderen. Als das hungernde Volk von Rom Octavian und Antonius physisch bedrohte und den Frieden mit Sextus Pompeius forderte, schlugen die Triumvirn den Aufruhr brutal mit militärischer Gewalt nieder, so, wie Antonius es schon einmal als Stellvertreter Caesars im Jahr 47 getan hatte.

Die Eroberung der Macht verdankte Caesar zu einem nicht zu unterschätzenden Anteil seiner Kontrolle über seine Soldaten. Seine legale und charismatische Verfügungsgewalt über die Soldaten und deren Klientelverhalten (Treue und Versorgungserwartungen) sicherten seine Herrschaft, begründeten sie aber nicht. Die Heeresklientel hat er nicht in neue institutionelle Formen gegossen; aus der Gefolgschaft des Kriegsherrn konnte kein neuer Staat gebildet werden. Die römische Welt wollte Caesar rational beherrschen, nicht revolutionieren, und er suchte seine Legitimierung im traditionellen und legalen Rahmen, in der Anerkennung seines auf persönliche Verdienste und Qualitäten gegründeten Anspruchs auf Herrschaft durch seine Standesgenossen. Diese Akzeptanz wurde ihm teils verweigert, teils durch quasi übermenschliche Ehrungen in einer ganz neuen Weise zuteil, weit über die Anerkennung seiner *dignitas* hinaus, die er zu Beginn des Bürgerkrieges eingeklagt hatte. Er selbst baute an diesen Erhöhungen mit, so zum Beispiel durch die Ankündigung, er werde auf dem Marsfeld den größten Tempel der Welt errichten; dieser Marstempel sollte den Sieg über die Parther glorifizieren, so wie ein Venustempel die Eroberung Galliens. Die Konstruktion seiner neuen charismatischen Persönlichkeit stand somit am Ende seiner Herrschaft, nicht an deren Anfang, und wirkte wesentlich erst nach seinem Tod, unter stark veränderten Bedingungen, als Erbcharisma. Einer der treuesten Anhänger Caesars, C. Matius, gestand Cicero drei Wochen nach dem Attentat: «Wenn er mit seinem Genie schon keinen Ausweg fand, wer soll ihn jetzt finden?»[54] Caesars kurze Alleinherrschaft war Ausdruck einer Krise, welcher er seine politische und militärische Virtuosität, seine Macht und seine ganze reformerische Tätigkeit entgegensetzte, deren strukturelle Lösung sich zum Zeitpunkt seines Todes jedoch noch nicht abzeichnete. Charismatische Herrschaft dagegen, verstanden als Einbruch einer charismatischen Bewegung oder Persönlichkeit in die Geschichte, hätte eine eindeutige Alternative zur überkommenen Ordnung bedeutet.

Stefan Weinfurter

Friedrich II., staufischer Weltkaiser

«Groß ist sein Herr Großvater, denn er war römischer Kaiser, groß sein Herr Vater, denn er war Kaiser und König von Sizilien, am größten er selbst, denn er ist römischer Kaiser, König von Jerusalem und König von Sizilien. Diese drei Kaiser sind gleichsam die drei Weisen aus dem Morgenland, die mit Geschenken gekommen sind, um Gott und den Menschen zu verehren [...]. Sie sind wie die drei großmächtigen Patriarchen des Alten Testaments [...]. Der Großvater, Kaiser Friedrich seligen Angedenkens, dessen Namen jener unser Herr trägt, ist der Stab Aarons [...]. Das Herrschaftsszepter wird nicht mehr aus der Hand dieses unseren Herrn Friedrich genommen werden [...], das heißt die Herrschaft von seinen Erben, bis der kommt, der gesandt ist, nämlich Christus, zum Jüngsten Gericht. Dieses Geschlecht wird herrschen bis zum Ende der Welt.»

Mit diesen Worten wurde Kaiser Friedrich II. bei seinem Einzug in Bitonto Ende Juli oder Anfang August 1229 von Nikolaus, einem Domkanoniker von Bari, empfangen.[1] Wir können sicher sein, daß dies die Worte waren, die der Kaiser zu hören wünschte. Bitonto gehörte nämlich zu den Städten Apuliens, die von Friedrich abgefallen waren, als er sich auf seinem Kreuzzug ins Heilige Land befand. Nach seiner Rückkehr hatte er die Stadt wieder unterworfen, und nun wollte man den Herrscher versöhnlich stimmen. Man präsentierte ihm ein Bild des Kaisers, das den Vorstellungen Friedrichs II. entsprach.[2] Das staufische Haus wird mit dem Haus David gleichgesetzt. Aus ihm würden die Kaiser in alle Zukunft hervorgehen. Friedrich Barbarossa wird als die Wurzel Jesse des staufischen Hauses apostrophiert. Konrad IV., der Sohn Friedrichs II., erscheint gar in einer Parallele mit Jesus selbst: «Gegrüßet seist du, Herr Kaiser, voller Gnade Gottes, der Herr sei mit dir [...], gebenedeit sei die Frucht deines Leibes, das heißt, die schönste Frucht, König Konrad, euer heißgeliebter Sohn.»

Das sind Worte, die so grenzenlos überzogen scheinen, daß wir sie nicht leicht einzuordnen vermögen. Es drängt sich die Frage auf, in welchem Funktionszusammenhang ein so hochgesteigerter Anspruch eines Herrschers gestanden hat, wie er entstanden ist und welche Wirkungen er hatte. Dabei wird man nicht übersehen dürfen, daß dieses Selbstverständnis schon zu seiner Zeit auf sehr unterschiedliche Reaktionen gestoßen ist. So wurde Friedrich II. als «göttlicher» oder «allerheiligster Kaiser» (*divus imperator; sanctissimus imperator*) bezeichnet. Er wurde mit der Sonne, dem Symbol Christi, gleichgesetzt oder als «Herr der Welt» (*dominus mundi*) und Vollstrecker des göttlichen Willens angesprochen.[3] Er selbst sah sich als Herr der vier Elemente. Als er im März 1246 eine Verschwörung in Kampanien niedergeschlagen hatte, ließ er die Verräter demonstrativ durch die vier Elemente hinrichten: auf der Erde zu Tode schleifen, durch das Feuer verbrennen, in der Luft aufhängen und im Wasser ertränken. Seinen Gegnern freilich galt er als verabscheuenswertes Ungeheuer. Sie sahen in ihm das siebte Haupt des apokalyptischen Drachens, den Fürsten der Finsternis, den Vorläufer des Antichrist oder den Antichrist selbst. Göttlicher Herrscher hier – Inkarnation des Bösen dort! Wie konnten so extreme Positionen in der Einschätzung und Beurteilung entstehen?

Das normannische Erbe und die staufische Kaisertradition

Friedrich II. wurde in eine politisch überaus unruhige Epoche hineingeboren.[4] Am 26. Dezember 1194 erblickte er das Licht der Welt in Jesi bei Ancona. Jesi: Das klingt wie «Stadt des Jesus», und diese Namensähnlichkeit hat für die Herrscheridee Friedrichs II. später eine nicht geringe Rolle gespielt. Möglicherweise erhielt er zunächst den Namen Konstantin, sicherlich jedenfalls den Namen Roger. Seine Mutter Konstanze an der Spitze der normannischen Partei am Hof suchte mit der Wahl dieser Namen offenkundig die Tradition des normannisch-sizilischen Königshauses durchzusetzen. Sie war die Tochter König Rogers II. (1095–1154), des großen Baumeisters des sizilischen Normannenreichs, der Sizilien mit Kalabrien und Apulien vereinigt, ferner die Gebiete von Capua und Neapel hinzugewonnen hatte[5] und dem es 1130 sogar gelungen war, die Königskrone zu erlangen. Sein Aufstieg führte zu glanzvollen Demonstrationen herrscherlicher Hoheit. Ein Mosaik in der Kirche Santa Maria della Martorana in Palermo, dem Herrschaftszentrum des Normannenhofes, zeigt Roger II., wie er von Christus selbst gekrönt wird. Im Dom von Monreale entstand später ein ganz ähnliches Bild, auf dem Rogers Enkel, König Wilhelm II. (1166–1189), der Neffe von Konstanze, seine Krone aus den Händen Christi in Empfang nimmt. Konstanze, die Mutter Friedrichs II., war in diesem normannisch-königlichen Hausbewußtsein aufgewachsen und suchte dies auch ihrem Sohn zu vermitteln. Doch bei der Namengebung unterlag sie schließlich, denn die deutsche Partei setzte sich bei der Taufe am 1. November 1196 in Assisi mit dem Namen Friedrich durch.[6]

Mit diesem Namen knüpfte man an den Großvater väterlicherseits an: Kaiser Friedrich I. Barbarossa (1152–1190). Mit ihm war der atemberaubende Aufschwung der Staufer vom schwäbischen Herzogshaus über das deutsche Königtum bis zum Weltkaisertum verbunden. Als das Papsttum in seiner Zeit den Gedanken weiterentwickelte, daß der Kaiser seine Macht und Stellung allein aus der Hand des Papstes erhalte, und den Kaiser sogar in die Rolle eines Lehensmannes des Papstes drängte, setzte Friedrich Barbarossa die neue staufische Herrscherideologie dagegen. Er knüpfte an die alte, mit antikem Recht unterbaute Kaiseridee an, wonach das Kaisertum unabhängig vom Papst direkt von Gott verliehen sei, vermittelt durch die Wahl der Fürsten. Der Papst hatte nur noch die Aufgabe, Weihe und Kaiserkrönung auszuführen. Die Gottunmittelbarkeit wurde dadurch gesteigert, daß dem Reich selbst ein sakraler Rang zugewiesen wurde: 1157 erscheint erstmals die Bezeichnung «heiliges Reich» (*sacrum imperium*) und «göttlicher Staat» (*diva res publica*).[7] Wenig später findet sich auch die Formel «allerheiligstes Reich» (*sacratissimum imperium*).

Mit der Herleitung aus der Antike verknüpfte Barbarossa auch den Anspruch auf die Herrschaft über Italien, Rom und den Kirchenstaat. Dadurch sollte jede Forderung des Papstes, als Herr über Rom auch über die Kaiserwürde verfügen zu können, ausgeschaltet werden. Dieser Gedanke trieb den Staufer seither unausweichlich in eine «Italienpolitik», die zwingend auf eine kompromißlose Unterwerfung der päpstlichen und italischen Gegner hinauslief.

Im Kampf mit dem Papsttum wurde zudem um den Führungsanspruch über die gesamte Christenheit gerungen. Friedrich Barbarossa selbst demonstrierte diese höchste Autorität zuletzt 1189/1190, als er sich an die Spitze des Dritten Kreuzzugs setzte, auf dem er schließlich den Tod finden sollte. Gleichzeitig wurde die Idee vom uralten, bis in die griechisch-trojanische Geschichte zurückreichenden, gottgewollten Kaisertum weiter ausgestaltet, das über die Römer und Franken an das Stauferhaus gelangt sei. Der Hofhistoriograph Gottfried von Viterbo (gest. nach 1202) verfaßte in den 80er Jahren des 12. Jahrhunderts mehrere Werke (*Speculum regum, Memoria saeculorum, Pantheon*), mit denen die Vorstellung vom staufischen «Weltkaisertum» verbreitet werden sollte.[8] Vor allem die Schrift *Pantheon* von 1187 wurde weithin verschickt und zielte auf eine neue, vom Kaiserhof selbst ausgehende Begründung des staufischen Kaisertums.[9] Die Staufer erscheinen darin als das letzte Glied in der langen Kette der Kaiser von den Tagen Trojas an. Der Papst konnte demzufolge nicht der Urheber der Kaiserwürde sein. Ganz folgerichtig mußte sich daran die Überlegung knüpfen, ob die Staufer nicht überhaupt die letzten Kaiser der Weltgeschichte sein würden. Könnte es nicht sein, daß mit dem Untergang der Staufer auch die Welt untergehen würde? Gerade im ausgehenden 12. und beginnenden 13. Jahrhundert trat die Weissagung vom Weltkaiser der Endzeit stark in das Bewußtsein weiter Bevölkerungskreise und verlieh der staufischen Kaiseridee weiteren Aufschwung.[10]

Die Vorstellung, das staufische Haus sei mit dem Weltherrschertum fest verbunden, hat sich schon in den ersten Jahren Friedrichs II. politisch ausgewirkt. Sein Vater, Heinrich VI. (1190–1197),[11] versuchte im März 1196, die deutschen Fürsten zur Einwilligung in den sogenannten «Erbreichsplan» zu bewegen. Sie sollten auf einem Hoftag in Würzburg zustimmen, daß im römischen Reich – so wie in Frankreich oder in anderen Reichen – die Könige nach Erbrecht in ihrem Amt folgen. Sein damals etwa eineinhalb Jahre alter Sohn, der kleine Friedrich, sollte auf Grund dieses «neuen und unerhörten Dekrets», wie es genannt wurde, von vornherein als künftiger Herrscher feststehen.¹² Die Fürsten lehnten ein staufisches Erbkaisertum ab, ließen sich aber wenigstens darauf ein, den kleinen Friedrich zum künftigen König zu wählen.

Die Vorgänge zeigen, daß sich in diesen Jahren der Gedanke einer stärkeren Hierarchisierung in der Herrschaft entfaltete. Auch die Durchdringung der Herrschaftsstrukturen mit dem Lehnrecht, die zur sogenannten «Lehnspyramide» führte, gehört in diesen Zusammenhang. Schon Friedrich Barbarossa hatte damit begonnen, die Zuordnung aller Fürstentümer und Bistümer sowie aller weiteren Herrschaften und Stände lehnrechtlich zu ordnen. Damit wurde die Stellung des Königs als oberster Lehnsherr gestärkt, er wurde gleichsam der «Reichsoberlehnsherr». Nach Lehnrecht ging jede Belehnung und Übertragung von Rechten immer von oben aus. Damit konnte auch der Gedanke gestützt werden, daß dem obersten Lehnsherrn, dem König, sein Amt von niemandem in dieser Welt verliehen oder übertragen werden könne.

Schließlich gab es noch ganz konkrete Gründe, die Heinrich VI. dazu veranlaßten, das erbliche König- und Kaisertum dauerhaft einzurichten. Es ging um das Königreich Sizilien. Nach dem Tod des kinderlosen Königs Wilhelm II. 1189 machte er sich daran, das normannische Reich der staufischen Herrschaft einzuverleiben.¹³ Er begründete seinen Anspruch sowohl mit dem Erbe seiner Frau Konstanze wie auch mit dem «alten Recht der Kaiserherrschaft» (*antiquum ius imperii*), das bis auf Karl den Großen, ja bis auf die antiken Kaiser zurückreichte und die Herrschaft über ganz Italien umfaßte. Gegen große Teile der sizilischen Barone und den von ihnen gewählten König Tankred von Lecce konnte er sich schließlich durchsetzen und am 25. Dezember 1194 im Dom von Palermo die Königskrone empfangen. Sizilien aber hatte eine Erbmonarchie. Die dauerhafte Zusammenfügung der beiden Reiche (*unio regni ad imperium*) im Haus der Staufer verlangte daher im Grunde die Angleichung der königlichen Legitimation, und das bedeutete: die Erbmonarchie auch für das deutsche Reich.

Aber alle diese Ansätze brachen zusammen, als Heinrich VI., kaum 32jährig, am 28. September 1197 in Messina an den Folgen der Malaria starb. Im Dom von Palermo fand er sein Grab. Zu Recht gilt sein früher Tod als eines der Ereignisse mit den schwerwiegendsten Folgen in der mittelalterlichen Welt Europas.¹⁴ Im Reich brachen die Wirren des Thronstreits von 1198 aus, die schließlich dazu führten, daß der kleine Friedrich II., der eigentlich für die Königsnachfolge feststand, völlig übergangen

wurde. Sein Onkel, Philipp von Schwaben, konkurrierte mit Otto IV. aus
dem Welfenhaus und wurde am Ende, 1208, ermordet.
In dieser Situation blieb Konstanze, Friedrichs II. Mutter, nur der Weg,
die Anlehnung an den Papst zu suchen.[15] Zu Beginn des Jahres 1198 hatte mit dem 37jährigen Innocenz III. einer der tatkräftigsten Päpste das
höchste Kirchenamt übernommen. Ihm kam es darauf an, die Trennung
von Sizilien und deutschem Reich zu erreichen, um die drohende
Umklammerung des Herrschaftsgebietes des Papstes in Mittelitalien
(*Patrimonium Petri*) zu verhindern. Daher war er sogleich bereit, die
Lehnsherrschaft über den dreijährigen Friedrich II. zu übernehmen, der
am Pfingstsonntag (17. Mai) 1198 in Palermo zum König von Sizilien
gekrönt wurde. Vom Tod Konstanzes am 27. November 1198 bis zum 14.
Lebensjahr Friedrichs II. (1208) übte Innocenz III. auch die Vormundschaft und die Reichsverweserschaft aus. Das staufische Reich nördlich
der Alpen und das Kaisertum schienen in weite Ferne gerückt. So meinte der Papst, auch die staufischen Kaiservorstellungen unter Kontrolle zu
bekommen. Seine eigene Idee von der Übertragung der Kaiserherrschaft
(*translatio imperii*)[16] sollte damit freie Bahn erhalten; sie besagte, daß das
Kaisertum allein vom Papst verliehen werde.
    Diese Ereignisse aus der Kindheit Friedrichs II. lassen erkennen, wie
sehr sein Lebenshorizont auf das normannisch-sizilische Reich ausgerichtet wurde. Über seine Erziehung ist nicht viel bekannt. Elementare
Kenntnisse, auch das nötige Bibelwissen, hat ihm offenbar ein Magister
Wilhelm Franciscus beigebracht. 1201–1202 geriet er in Gewahrsam des
Reichsministerialen Markward von Annweiler, der die staufischen Interessen in Sizilien wahrzunehmen vorgab und Anfang November 1201
Palermo eroberte. Dann brachte der Söldnerführer Wilhelm von Cappa-
rone den jungen König in seine Gewalt, bis dieser 1206 befreit und der
Obhut des früheren Kanzlers Walter von Pagliara übergeben wurde. Man
kann schwer abschätzen, wie intensiv er in diesen Jahren mit der Ideen-
welt des staufischen Hofes vertraut gemacht wurde. Daß er dagegen die
kulturelle Vielfalt der byzantinisch-arabisch-normannischen Welt in Sizilien in vollen Zügen aufgenommen hat, zeigen seine späteren Interessen
deutlich. Das Königreich Sizilien besaß aufgrund seiner Lage eine Schlüs-
selposition im Austausch der Kulturen. Friedrich II. erlernte neben dem
Italienischen auch Latein, Griechisch, Arabisch, Französisch und Proven-
zalisch und zeichnete sich früh durch Wissensdrang und Intelligenz aus.
Wissenschaft jeder Art faszinierte ihn ein Leben lang. Über die arabischen
Gelehrten wurden ihm die antiken Philosophen bekannt. Mathematische
Fragen und das Studium der Rechte und der Natur beschäftigten ihn. Mit
dem berühmtesten Mathematiker des Mittelalters, Leonardo Pisano,
stand er in enger Verbindung und studierte dessen Rechenbuch.[17] Mit
dem gelehrten Schotten Michael besprach er naturwissenschaftliche Fragen über das Firmament, die Tiefe des Weltalls, die Anzahl der Himmel

und die Elemente. Er stellte Untersuchungen über die Sterblichkeit der Seele an, wollte wissen, weshalb das Wasser im Meer im Unterschied zum Wasser in Seen salzig ist, woher die Winde kommen und das Feuer, das in den Vulkanen aus der Erde hervorbricht. Seine wissenschaftliche Neugier wurde weithin bekannt. Daher übersandte ihm der Sultan von Damaskus 1232 ein ausgefallenes Geschenk: ein Zelt, in dem die Bilder der Sonne und des Mondes auf kunstvolle Weise in Bewegung gesetzt werden konnten, so daß ihr Lauf und die Stunden des Tages und der Nacht exakt angezeigt wurden. Auch für die Tierwelt entwickelte Friedrich II. großes Interesse. Gerne umgab er sich mit exotischen Tieren. Auf dem Hoftag von Ravenna 1231 erschien er mit Elefanten, Dromedaren, Kamelen, Panthern, Falken, Löwen und Leoparden. Nach Deutschland brachte er angeblich die erste Giraffe mit. Besondere Berühmtheit erlangte seine Beschäftigung mit der Jagd durch Falken. Sein «Falkenbuch», reich ausgestattet mit der Beschreibung und Darstellung verschiedener Vogelarten, ist immer wieder bestaunt worden.[18]

Schon der kleine Friedrich II. wird als überaus selbstbewußt dargestellt. Über den 12- oder 13jährigen gibt es eine zeitgenössische Schilderung, in der sein geschmeidiger und geübter Körper hervorgehoben wird, der geschulte Umgang mit Waffen und die gebieterische Majestät seiner Miene. Sein Antlitz sei von anmutiger Schönheit gewesen, mit heiterer Stirn und strahlender Heiterkeit der Augen. Aber auch sein Jähzorn und sein willkürliches Betragen werden nicht verschwiegen.[19] Später fielen die Urteile nicht mehr so vorteilhaft aus. Über den 35jährigen Friedrich II. schrieb ein arabischer Zeitgenosse: «Der Kaiser war rotblond, bartlos und kurzsichtig. Wenn er ein Sklave gewesen wäre, hätte man keine 200 Drachmen für ihn gegeben.»[20]

Mit 14 Jahren, am 26. Dezember 1208, wurde er für volljährig erklärt. Schon im Oktober 1208 hatte er auf Vermittlung des Papstes die Ehe mit der elf Jahre älteren Konstanze von Aragon, der Schwester König Peters von Aragon, geschlossen. Das sizilische Reich, das er übernahm, war ziemlich zerrüttet, die Barone und Städte hatten sich selbständig gemacht, zahllose Gruppen kämpften miteinander, und der deutsche Einfluß war weitgehend verschwunden. Die Möglichkeiten Friedrichs II., sich hier durchzusetzen, schienen gering. Nur der Rückhalt beim Papst stützte sein Auftreten.

Friedrich II. als deutsch-römischer König

Am 4. Oktober 1209 war der Welfe Otto IV. von Innocenz III. in Rom zum Kaiser gekrönt worden. Aber ein Jahr später ließ der neue Kaiser alle Rücksichtnahme gegenüber dem Papst fallen. Seine Versprechungen, so soll er vorgegeben haben, seien nicht bindend, weil ihnen die Zustimmung der Fürsten fehle. Im Jahr 1210 begann er, entgegen allen Zusagen und Eiden, das Königreich Sizilien zu erobern. Der Papst war schockiert. Wieder tauchte die Gefahr der Vereinigung Siziliens mit dem Reich (*unio regni ad imperium*) auf, diesmal in welfischer Hand. Die Lage schien aussichtslos. In dieser verzweifelten Situation spielte Innocenz III. seine letzte Trumpfkarte aus: Er ließ den jungen Staufer 1211 gegen den Welfen antreten. Ein ziemlich machtloser junger Mann, gerade 16 Jahre alt, sollte die Sache des Papstes retten.

Vieles, was sich später ereignete, ist mit diesen Vorgängen von 1211 und 1212 zu erklären. Vor allem bei Friedrich II. hat sich damals ganz offenkundig ein Sendungsbewußtsein gebildet, das ihn als Retter der Kirche und Beauftragten Gottes erscheinen ließ. Im September 1211 wählte ihn eine Gruppe von Stauferanhängern in Nürnberg nicht zum König, sondern zum künftigen Kaiser. Damit brachte man zum Ausdruck, daß der junge Staufer den Welfenkaiser Otto IV. in jeder Hinsicht ersetzen sollte.[21] Aber damit wurden sofort wieder die Vorstellungen belebt, nach der ein Stauferherrscher dem ewigen Kaisergeschlecht angehöre. Schlagartig wurden jetzt die Grenzen des Normannenreichs gesprengt und der Blick auf das Kaisertum gerichtet, das von den historischen und konzeptionellen Voraussetzungen her nur ein staufisches sein konnte.[22] Der junge Staufer hat diesen Gedanken geradezu begierig aufgegriffen, wie sich an den Einleitungsformeln seiner Urkunden ablesen läßt: «In uns richtete der König der Könige die Wunder seiner Macht auf, als er [...] den Mächtigen [Otto IV.] stürzte und uns erhob.»[23]

Das Bewußtsein der Auserwähltheit mußte sich bei Friedrich II. noch steigern, als er sich 1212 mit einem bescheidenen Ritterheer auf den Weg nach Norden machte und diese geradezu tollkühn erscheinende Aktion am Ende zum Erfolg brachte. Zunächst mußte er auf Geheiß des Papstes auf die sizilische Krone verzichten und seinen einjährigen Sohn, Heinrich, zum König von Sizilien krönen lassen. Das sizilische Reich sollte nicht mit dem deutschen Reich oder dem Kaisertum verbunden werden. Dann wurde Friedrich II. vom Papst und dem König von Frankreich, Philipp II. August (1180–1223), mit einer stattlichen Geldsumme (12 800 Goldunzen) versehen. So trat der 17jährige «Pfaffenkaiser», wie ihn die Gegner verächtlich nannten, im März 1212 ohne nennenswerten Anhang seine Reise in den Norden an.

Das «chint von Pulle» («Kind von Apulien») war in Oberitalien ständig auf der Flucht vor den Anhängern der welfischen Partei («Guelfen»). Den Mailändern entkam er im Eilritt durch den Fluß Lambro, was ihm den Spott einbrachte, er habe seine Hose im Lambro gebadet.[24] Nur raschem Handeln verdankte er sein Überleben. Die Brennerstraße war durch Feinde gesperrt, so daß er nach Westen abbiegen und sich durch wilde, kaum bewohnte Alpengegenden und über hoch aufragende Bergjoche begeben mußte, bis er im September 1212 schließlich nach Chur gelangte.[25] Von dort begleitete ihn ein militärisches Gefolge auf dem Weg nach Konstanz, wo ihn der aufgeschreckte Otto IV. abfangen wollte. Nur ein Vorsprung von wenigen Stunden entschied das waghalsige Unternehmen zugunsten Friedrichs II. Schon hatte sich die Bischofsstadt am Bodensee zur Aufnahme des Welfenkaisers gerüstet, der eben von Überlingen aus zur Überfahrt aufgebrochen war. Da traf der päpstliche Legat, Erzbischof Berard von Bari (später von Palermo, gest. 1252), in der Stadt ein, verkündete den Bann Innocenz' III. über Otto IV. und veranlaßte den Konstanzer Bischof, dem Staufer die Stadt zu öffnen.

In Windeseile verbreitete sich die Kunde, der Staufer sei zurückgekehrt, um von seinem Reich Besitz zu ergreifen. Die ersten Reichsfürsten, denen er begegnet sei, hätten ihm bereits gehuldigt. Sogleich begann der staufische Mythos wieder zu wirken. Der Weltkaiser schien in jugendlicher Dynamik auferstanden zu sein, bewundert, bestaunt und begeistert empfangen. Mit großzügig verteilten Geldern erweckte er den Eindruck kaiserlicher Freigebigkeit. Von Otto IV. dagegen ging das Gerücht um, er wolle eine neuartige, regelmäßige Grundsteuer einführen und den kirchlichen Besitz zu seinen Gunsten ausbeuten.[26] Seine Anhängerschaft schmolz dahin. Da er sich seiner militärischen Überlegenheit nicht mehr sicher war, zog er sich nach Breisach und von dort weiter an den Niederrhein zurück.

Friedrich stieß kaum mehr auf nennenswerten Widerstand, als er seinen Weg rheinabwärts fortsetzte. Am 5. Dezember 1212 versammelte sich schließlich eine große Zahl von Fürsten in Frankfurt, um ihn in Anwesenheit französischer und päpstlicher Gesandter noch einmal zum König zu wählen. Am Sonntag darauf (9. Dezember) krönte ihn Erzbischof Siegfried von Mainz mit nachgebildeten Insignien im Dom von Mainz. Die letzte Entscheidung fiel schließlich am 27. Juni 1214 in der Schlacht bei Bouvines. Otto IV. unterlag an der Seite Englands im Kampf gegen Frankreich, zog sich daraufhin auf seinen welfischen Besitz um Braunschweig zurück und starb fast unbemerkt 1218.

Nachdem sich auch Aachen vom Welfen abgewandt hatte, konnte Friedrich II. am 15. Juli 1215 endlich den Thron Karls des Großen besteigen. Er ließ die Gebeine des ersten abendländischen Kaisers in einen Silberschrein umbetten, der ringsum – Apostelbildern gleich – mit Kaisergestalten verziert war. Das letzte Kaiserbild stellte Friedrich II. selbst dar: Ohne die Kaiserkrönung schon erlangt zu haben, gehörte er doch zum einzigen und ewigen kaiserlichen Geschlecht! Gleichzeitig «nahm er das Kreuz», legte das Gelübde für einen Kreuzzug ab. Wie bei seinem Vater und seinem Großvater rückte damit Jerusalem, die Stadt des Weltkaisers, in das Blickfeld seiner politischen Ziele: Der «ideologische Aufbruch» war gewaltig.

Doch dann begann die Tagespolitik. Man muß sich nochmals vor Augen halten, daß Friedrich II. in ein ihm völlig fremdes Reich gekommen war und nicht einmal die dort gesprochene Sprache verstand. Vor allem mußte er sich mit der Vielfalt der Rechtsansprüche der weltlichen und geistlichen Fürsten, der aufsteigenden Stadtkommunen und der militärisch beherrschenden Gruppe der Ministerialen auseinandersetzen. Zudem waren die meisten der Königsrechte und große Teile des Reichsgutes in den Wirren des Thronstreits für immer verlorengegangen. Vor allem die Reichsbischöfe verweigerten im Hochgefühl ihrer Machtposition den Königsdienst. In diesem Geflecht konkurrierender Herrschaftsgewalten konnte der König nur in sehr begrenztem Maße eine dominierende Stellung erringen.

Friedrich II. blieb bis 1220 im Reich; seine Politik des Ausbaus königlicher Positionen in dieser Zeit war durchaus nicht erfolglos.[27] Er gründete eine ganze Anzahl von Städten auf kirchlichem Territorium. Damit entstanden militärische Stützpunkte, wurden Handel und Wirtschaftsleben belebt und vor allem Menschen aus den bischöflichen Gebieten angezogen. Doch der Widerstand der geistlichen Fürsten wuchs. 1220 leitete Friedrich II. daher eine völlige Wende seiner Politik ein. Das Reich schien ihm als Basis für sein Weltkaisertum nicht mehr tauglich. Es engte seine Möglichkeiten in unüberwindbarer Weise ein. Zudem blieben ihm die Strukturen und der gesamte kulturelle Hintergrund des Landes, in dem sich kleinräumige Territorialherrschaften durchzusetzen begannen, im Grunde fremd.[28]

Im Jahre 1220 stellte er die Weichen für ein Kaisertum, dessen Basis er nun im Königreich Sizilien zu errichten suchte. Da das Weltkaisertum nach der staufischen Herrscheridee nicht am Reich, sondern am staufischen Haus hing, war der Bezug zum deutsch-römischen Königtum unerheblich geworden. Im April 1220 konnte er die deutschen Fürsten dazu bewegen, seinen neunjährigen Sohn Heinrich, den er vier Jahre zuvor aus Sizilien hatte kommen lassen, an seiner Stelle zum deutschen König zu wählen. Das sizilische Königtum nahm Friedrich II. wieder selbst an sich.

Die geistlichen Reichsfürsten ließen sich ihre Zustimmung durch ein Abkommen (*Confoederatio cum principibus ecclesiasticis*) erkaufen, das ihnen vielfältige Privilegien garantierte.[29] Ihnen wurde damit das Recht auf die Errichtung von Münzen, Zöllen und Märkten, bis dahin im Prinzip ein königliches Vorrecht («Regal»), fest zugesichert. Vor allem versprach der König, künftig nicht mehr den Nachlaß geistlicher Fürsten einzuziehen («Spolienrecht») und in den geistlichen Territorien keine Zölle und Märkte ohne Zustimmung der Reichsbischöfe anzulegen oder deren Leute in seine Städte abzuziehen. Auch Burgenbau auf kirchlichem Boden durch die weltlichen Vögte wurde untersagt.

Von nun an stärkte Friedrich II. die Position der Fürsten. Entsprechende Vereinbarungen traf er später auch mit den weltlichen Reichsfürsten, nämlich 1231 / 1232 mit dem *Statutum in favorem principum*[30] und 1235 mit dem «Mainzer Reichslandfrieden».[31] Er erkannte damit die verfassungspolitischen Gegebenheiten im deutschen Reich an und schuf mit diesen

Gesetzen eine Grundlage, auf die man sich künftig berufen konnte. Keineswegs war damit eine Rettung der Königsrechte beabsichtigt, wie dies manchmal in der Forschung angenommen wird; vielmehr wurde das Verfassungssystem im Reich in der Art von Verfassungsurkunden beschrieben und damit festgelegt.³² Mit dieser Weichenstellung befand sich das Reich von nun an endgültig auf dem Weg zu einem «Fürstenreich».

Die Rückkehr nach Sizilien als Kaiser

Im August 1220 verließ Friedrich II. das deutsche Reich und überließ seinen Sohn Heinrich, der in der Geschichtsschreibung als der VII. in Klammern gezählt wird,³³ der fürstlichen Vormundschaft. Vormund wurde Erzbischof Engelbert I. von Köln (1216–1225), nach dessen Ermordung folgte Herzog Ludwig I. von Bayern (1183–1231). Die Fürsten gewöhnten sich daran, den «deutschen» König zu lenken. Als Heinrich (VII.) versuchte, eigenes Profil zu entwickeln, wurde er ausgeschaltet und 1235 von seinem eigenen Vater in Süditalien eingekerkert, wo er sich 1242 das Leben genommen haben soll.³⁴

Friedrich II. aber nahm die staufische Weltkaiseridee mit in die Welt des Südens. Alles war jetzt darauf ausgerichtet, von Sizilien und Italien aus ein mächtiges Kaisertum zu errichten. Auf seinem Weg in den Süden war seine Gemahlin Konstanze zu ihm gestoßen. Am 22. November 1220 zog er zusammen mit ihr auf der Via Triumphalis der Caesaren in Rom ein. Die Geistlichkeit empfing sie an der Porta Collina, huldigte ihnen und geleitete sie unter dem Jubel des Volkes zur Peterskirche. Dort wurde Friedrich II. von Papst Honorius III. (1216–1227) zum Kaiser gekrönt. Der Kaiser hatte sich dabei in rote Seide gehüllt wie ein byzantinischer Basileus. Seine Handschuhe und sein Krönungsmantel waren mit stilisierten Adlern – nach byzantinischem Vorbild das Zeichen der Weltherrschaft – geschmückt. Das Geschlecht der Staufer wurde unter Friedrich II. zum *Genus aquilae* («Geschlecht des Adlers») schlechthin. Das geflügelte Tier zierte bald die Münzen und Siegel des Herrschers, seine Gemmen und Bauten. Wieder tritt uns vor Augen, daß Friedrich II. sein Kaisertum als völlig eigenständig auffaßte, aus antiken Wurzeln gespeist und mit dem Stauferhaus verbunden. Das Wohlwollen der Kurie gewann er, indem er sein Kreuzzugsgelübde wiederholte und den Aufbruch für 1221 fest zusagte und indem er die Ketzerbekämpfung zu einem zentralen Punkt seines Herrschaftsprogramms machte.

Mit unglaublicher Energie ging der Kaiser – mit Hilfe der Kirche – an die Reform des Königreiches Sizilien,³⁵ das während seiner achtjährigen Abwesenheit weiter zerfallen und in viele Adels- und Fürstenherrschaften aufgesplittert worden war; in Apulien und Calabrien waren die Barone schon seit dem Tod Heinrichs VI. 1197 so gut wie unabhängig gewesen. Noch Mitte Dezember 1220 verkündete Friedrich II. als Rechts-

grundlage für sein Vorgehen die «Assisen (Gesetze) von Capua».³⁶ Damit
setzte er das Signal für den Aufbau eines straff zentralistisch organisierten «Staates». Es handelte sich um 20 Gesetzesverordnungen, die darauf
abzielten, den Rechtszustand wiederherzustellen, der unter dem letzten
legitimen Normannenkönig, Wilhelm II. (1166–1189), bestanden hatte.
Alle beanspruchten Rechte mußten zur Überprüfung am Hof vorgelegt
werden. Vor allem aber wurde die adlige Selbsthilfe (Fehde), sogar das
Waffentragen selbst, grundsätzlich verboten. Das ganze Rechtswesen
sollte allein in die Zuständigkeit der Gerichtsbehörden und der vom Kaiser eingesetzten Beamten (Justitiar, Kämmerer, Magistrate) fallen. Auf der
Grundlage dieser Bestimmungen zog der Kaiser innerhalb von zwei Jahren Ländereien, Lehen, Kastelle, Zölle und andere Rechte an sich. Daneben verstärkte er die Lehnsbindung der Barone, die nur mit seiner
Erlaubnis heiraten und Lehnsbesitz erben oder verändern durften. Mit
Hilfe der kleineren Adligen wurde die Macht der großen Herren gebrochen. Ihr Befestigungsrecht wurde abgeschafft und die Auslieferung aller
Kastelle verlangt, die in den letzten 30 Jahren errichtet worden waren. Die
eingezogenen Burgen wurden durch Neubauten auf insgesamt über 200
Anlagen ergänzt. Mit dem Bau einer Staatsflotte konnte der Handel Siziliens verstaatlicht werden. Die Errichtung einer «Staatsuniversität» in
Neapel 1224 sicherte die Ausbildung ergebener und hervorragend
geschulter Staatsdiener. Landeskinder durften an keiner anderen Universität studieren.

Auch die Erzbischofs- und Bischofsstühle begann der Staufer in seinem
sizilischen Reich nach eigenen Vorstellungen zu besetzen – es gab dort
immerhin 21 Erzbistümer und 124 Bistümer. Das war natürlich nicht im
Sinne der Kurie und führte zu ersten Konflikten mit dem Papst.³⁷ Gra-
vierendere Mißstimmung entstand in Rom freilich, als deutlich wurde,
daß Friedrich II. seine Residenz von Palermo nach Foggia in Apulien ver-
legen würde, also an die Nordgrenze seines Reiches. Sein Blick richtete
sich damit erkennbar auf ganz Italien, aber auch auf Rom, das von Foggia nicht weit entfernt lag. Die neue Hauptstadt mit ihren prächtigen
Palästen wurde in kürzester Zeit gleichsam aus dem Boden gestampft.
Wichtig wurde auch die nahe gelegene Stadt Lucera, von der aus der
Zugang nach Apulien kontrolliert werden konnte. Hier siedelte der Staufer seine Elitetruppen aus Sarazenen an, die er in mehreren Kriegszügen
von 1222 bis 1224 aus Sizilien evakuierte. An ihrem neuen Wohnsitz durften sie nach ihrer islamischen Religion leben, Moscheen und Minarette
bauen und ihre eigene Verwaltung und eigene Richter haben.

Noch heute registriert man mit Erstaunen diese Vorgänge und die
damit verbundenen Organisationsformen, die in wenigen Jahren aufgebaut wurden und so modern wirken, daß man sie gerne mit frühabsolu-
tistischen Strukturen in Verbindung bringt. Sicherlich konnte Friedrich II.
dabei auf Herrschaftsformen der Normannenkönige aufbauen. Bereits

König Roger II. hatte nach arabischem Vorbild in Sizilien eine Behörde eingerichtet, die als Diwan (*doana*) bezeichnet wurde und die gesamten Wirtschafts- und Finanzangelegenheiten lenkte. Schon in seiner Zeit gab es ein Netz von Provinzbeamten und Zöllnern. 1140 hatte er die «Assisen von Ariano» erlassen.[38] Dies war der erste Versuch im westeuropäischen Hochmittelalter, die gesetzgeberische Autorität im großen Stil einzusetzen, um die herrscherliche Hoheit unantastbar zu machen. Jedes Vergehen gegen den König sollte als Majestätsverbrechen mit dem Tod bestraft werden. «Es ist ein Verbrechen an Gott», so lautete eine Bestimmung, «wenn Urteile, Anweisungen und Entschlüsse des Königs kritisch diskutiert und Zweifel darüber geäußert werden, ob derjenige würdig sei, den der König auswählt oder bestimmt.»[39]

Diese Traditionen konnte Friedrich II. aufgreifen und ausbauen. Mit den Konstitutionen von Melfi vom August 1231, dem berühmten *Liber Augustalis* («Kaiserliches Buch»), hat er diese Ansätze dann geradezu perfektioniert.[40] In drei Büchern mit 219 Einzelgesetzen und 65 Novellen, in die auch das antike *Corpus Iuris Civilis* Kaiser Justinians einfloß, schuf er ein umfassendes Gesetzeswerk. Die Rechtspflege wurde einem Berufsbeamtentum übertragen. Der zuständige Richter mußte von sich aus, ohne auf eine Anzeige zu warten, bei einer Rechtsübertretung Ermittlungen aufnehmen (Inquisitionsverfahren). Die strengsten Gebote galten der Ketzerverfolgung. Ein ausgeklügeltes System von Einkommens-, Umsatz-, Verbrauchs-, Grund- und Vermögenssteuern, von Zöllen und sonstigen Abgaben brachte die Mittel für die Hofhaltung, für die Burgen und Prachtbauten, für die Beamten, die Reichsverwaltung und die Kriegsführung. Auch das Wirtschaftsleben wurde geregelt. Seide, kostbare Tuche, Kupfer, Eisen und Salz waren Staatsmonopole, überall mußte über Produktion und Umsatz Buch geführt werden. Alle anderen, im *Liber Augustalis* nicht aufgenommenen Rechtsbräuche waren damit für immer außer Kraft gesetzt und ungültig.

Dieses Buch gilt als das ureigene und größte Werk Friedrichs II. Aufschlußreich ist die philosophische Begründung, die das Prooemium enthält: Die «Erfordernis» (*necessitas*) der Natur mache es nötig, daß solche Gesetze für den Bestand eines Staates geschaffen würden. Diesen Begriff der *necessitas* hatte der Kaiser der aristotelischen Philosophie entnommen. Er besagte, daß der Staat nicht allein auf Gott gegründet sei, sondern auch auf die Vernunft und auf eine in der Natur waltende innere Gesetzmäßigkeit. Man erkennt hier Bezüge zu den neuen Wissenschaften mit ihren Diskussionen und Modellen hinsichtlich der «Naturgesetze», die in Albertus Magnus (um 1200–1280) ihren größten Vertreter hervorbrachten.[41] Friedrichs II. Staatsphilosophie verlieh dem Herrscher einen Rang, der geradezu im Metaphysischen wurzelte. Der Herrscher wurde zur überall wirkenden Kraft, von der die Ordnung des «Staates» gelenkt war. Dieses Gesetzeswerk entfaltete eine ungeheure Wirkung, was sich nicht zuletzt darin zeigt, daß der *Liber Augustalis* in Neapel und Sizilien bis zu Beginn des 19. Jahrhunderts in Geltung blieb. Man muß allerdings hinzufügen, daß sich in Friedrich II. mit diesen Rechts- und Verfassungstraditionen und den antiken, philosophischen und naturwissenschaftlichen Impulsen sein Sendungsbewußtsein und sein Absolutheitsanspruch verbanden, die sich aus der staufischen Weltkaiseridee speisten. Diese Idee erscheint wie die treibende Kraft all der rechtlichen und «staatlichen» Ausformungen. Nicht zuletzt wird man seine Persönlichkeit selbst zu berücksichtigen haben, die ihm eine achtungsgebietende Erscheinung verlieh.

Das messianische Kaisertum

Friedrichs II. höheres Ziel hieß «Jerusalem». Dabei dürfte er weniger von der Vorstellung geleitet gewesen sein, selbst der Endkaiser zu sein, dessen Einzug in Jerusalem die letzte Zeit einläuten würde.[42] Vielmehr faszinierte ihn die Idee vom «Erneuerer der Kirche», die der Zisterzienserabt Joachim von Fiore (gest. 1202) entwickelt hatte.[43] Dessen Schriften über das bevorstehende Zeitalter des Heiligen Geistes, das – von Liebe, Freude und Freiheit geprägt – mit dem «neuen König» (*novus dux*) beginnen würde, der die verderbte Kirche züchtige, hatte die Phantasie der Zeitgenossen einschließlich des Kaisers beflügelt. Friedrich II. bezeichnete sich selbst als *novus rex*, so im Schlußsatz der Konstitutionen von Melfi (1231).[44] Aus Jesi, seiner mit Bethlehem verglichenen Geburtsstadt, so schrieb er 1239, sei der *dux* hervorgegangen.[45] Zudem tritt stets sein besonderes Bemühen hervor, die Kirche zu fördern und sich selbst in der eigenen Frömmigkeit zu vervollkommnen.[46] Auf dem Sterbebett sollte er sich dereinst in das Gewand eines Zisterziensers hüllen lassen.

Seine erste Gemahlin, Konstanze, war 1222 gestorben. Die Eheschließung mit der 14jährigen Isabella von Brienne 1225 eröffnete neue Horizonte: Sie war die Erbtochter des Königs von Jerusalem, Johanns von Brienne (1210–1225; 1231–1237 Kaiser von Konstantinopel). Noch am Hochzeitstag legte sich Friedrich II. den Titel des Königs von Jerusalem zu. Die Kathedrale in seiner Hauptresidenz Foggia ließ er sogleich nach dem Vorbild des Heiligen Grabes mit einer oktogonalen Kuppel überwölben. Isabella starb zwar schon Anfang Mai 1228, zehn Tage nach der Geburt ihres Sohnes Konrad (des späteren Konrad IV.), aber sie hatte dem Staufer den Rechtsanspruch auf Jerusalem verschafft.[47]

Nun ging Friedrich II. daran, sein schon 1215 gelobtes und 1220 wiederholtes Kreuzzugsversprechen in die Tat umzusetzen. Als der erste Aufbruch 1227 an einer Seuche im Heer scheiterte, ergriff der neue Papst Gregor IX. (1227–1241) die Gelegenheit, der drohenden Übermacht des Staufers entgegenzutreten. Wegen angeblicher Kreuzzugsverweigerung belegte er ihn mit dem Bann. Doch Friedrich ließ sich nicht beirren. Im folgenden Jahr brach er erneut auf. Die durchaus schlagkräftige Truppe, die er mit sich führte,[48] und sein Verhandlungsgeschick veranlaßten den Sultan Al-Kamil von Ägypten zu einem zehnjährigen Waffenstillstand mit freiem Zugang zum Heiligen Grab. Gegen den Widerstand des Patriarchen von Jerusalem begab sich der Staufer am 18. März 1229, einem Sonntag, in die Grabeskirche und setzte sich eine Krone aufs Haupt, die man als Krone des Königs von Jerusalem deuten muß. Hermann von Salza, der Hochmeister des Deutschen Ordens (1210–1239),[49] verlas eine Proklamation, in der es hieß, nun sei auch Friedrich, so wie Jesus von Nazareth, ein Mitglied des Königshauses David geworden, und der ganze Vorgang sei von Wundern begleitet gewesen.[50] Schließlich riefen die Barone den einjährigen Konrad (IV.) zum König von Jerusalem aus.

Das staufische Haus war zum Haus David geworden. Das bedeutete: Niemals konnte ihm mehr die Herrschaft genommen werden bis ans Ende der Welt. Es ist das Programm, das auch die eingangs zitierte Predigt des Nikolaus von Bari und das Kanzelrelief von Bitonto bestimmte. In der Folgezeit nahm Friedrichs II. Selbstverständnis geradezu messianische Züge an. Als er 1236 zu einem Kriegszug gegen die lombardischen Städte rüstete, wurde er von Petrus de Vinea (gest. 1249), seinem künftigen Kanzleichef (Protonotar) und Sprecher (Logothet), den Einwohnern von Piacenza angekündigt mit den Worten: «Das Volk, das in der Finsternis wandelte, sieht nun ein großes Licht. Denen, die im Schatten des Todes wohnen, ist ein Licht erschienen!»[51] – eine Anspielung auf die Christus-Weissagung des Jesaias. Der Kaiser selbst, so überliefert der Chronist Saba Malaspina, «wünschte, gegen die Natur des Körpers unsterblich zu werden».[52] Er begann, grüne Kleider zu tragen: die Farbe der Hoffnung und der Unsterblichkeit.

Friedrich II. ging nun daran, die lombardischen Städte niederzuwerfen und seinem Reich, das ganz Italien umfassen sollte, einzugliedern. Am 27. November 1237 gelang ihm ein glänzender Sieg über das Lombardenheer bei Cortenuovo (südöstlich von Bergamo). Es bedeutete eine fürchterliche Demütigung für die Mailänder, daß er ihren Fahnenwagen (*carroccio*) als Siegestrophäe nach Rom schickte. Das Land wurde in Generalvikariate aufgeteilt und von kaiserlichen Statthaltern verwaltet. Aber die Stadtkommunen ließen sich nicht in die Knie zwingen und begannen, den Widerstand gegen das «apulische Joch» neu zu organisieren. Papst Gregor IX., der die drohende Umklammerung seines Territoriums durch eine Vereinigung von Nord- und Süditalien fürchten mußte, trat auf ihre Seite.

Auch auf Rom richtete sich die Politik des Staufers. Dort sahen sich Senat und Volk vom Regiment der Kurie zunehmend eingeengt und öffneten sich zunächst dem Werben Friedrichs II.[53] Geschickt sprach er ihr Selbstgefühl an. Die Stadt des Papstes sollte wieder die Stadt des Kaisers und das Haupt ganz Italiens werden, der Mittelpunkt des *Imperium Roma-*

num sein. Auch die Kardinäle suchte er zu gewinnen. Sie seien die wahren Vertreter der Kirche und Nachfolger der Apostel, teilte er ihnen in einem Brief vom 10. März 1239 mit.[54] Der Papst sei nur ihr Beauftragter, auch Petrus sei nur Sprecher, keineswegs der Herr der Apostel gewesen. Für Gregor IX. bedeutete dies eine ungeheure Herausforderung, denn damit wurde in seinen Augen die Schlüsselgewalt des Papstes in ketzerischer Weise bestritten. Er war zum endgültigen Bruch entschlossen und sprach am Palmsonntag, dem 20. März 1239, zum zweitenmal den Bann gegen den Kaiser aus.[55] Der fanatische Kardinal Rainer von Viterbo begann einen erbarmungslosen «Propagandakrieg» gegen den Staufer,[56] der mit dem Manifest *Ascendit de mari bestia* («Es steigt ein Tier hervor aus dem Meer») eröffnet wurde.[57] In Anspielung auf die Apokalypse des Johannes heißt es dort: «Aus dem Meer steigt ein Tier voller Zeichen der Lästerung, mit der Tatze des Bären und dem Rachen des Löwen wütend, am übrigen Leib von Leoparden-Gestalt, das sein Maul öffnet zur Lästerung des göttlichen Namens und nicht aufhört, auf Gottes Zelt und die Heiligen, die im Himmel wohnen, Speere zu schleudern [...]». Und am Ende stehen die Worte: «Hört auf mit dem Staunen [...], richtet eure Augen aufmerksam auf das Haupt, die Mitte und das Ende dieser Bestie: Es ist Friedrich, der sogenannte Kaiser!»

Der Staufer antwortete seinerseits im Juli 1239 mit dem Rundschreiben *In exordio nascentis mundi* («Zu Beginn der Erschaffung der Welt»).[58] Darin denunzierte er den Papst als Pharisäer, der, mit dem Öl der Bosheit gesalbt, selbst jener große Drache sei, der die Welt verführt, ein Fürst der Finsternis. Es werde jedoch der starke Löwe kommen mit schrecklichem Gebrüll, die Kirche auf den rechten Weg führen und die Hörner der Stolzen ausreißen und zerbrechen. So war die Auseinandersetzung in kürzester Zeit zu einem apokalyptischen Endkampf geworden. Zwar brachte der Tod des Papstes 1241 für den Staufer eine kurze Pause, doch der Nachfolger, Innocenz IV. (1243–1254), führte den Kampf fort.[59] Ein von ihm einberufenes Konzil in Lyon 1245 verkündete am 17. Juli die Absetzung Friedrichs II. als Kaiser und König wegen Meineids, Friedensbruchs, Gotteslästerung und Häresie.

Damit trat der Kampf in seine letzte, schreckliche Phase. Als Friedrich II. vom Urteil des Konzils erfuhr, soll er gesagt haben: «Noch habe ich meine Krone nicht verloren und werde sie weder durch die Anfeindungen des Papstes noch durch den Beschluß der Kirchenversammlung ohne blutigen Kampf verlieren. Sollte sich der niedrige Übermut wirklich zu solcher Unverfrorenheit erdreisten, daß es ihm gelänge, mich, den höchsten unter den Fürsten, den keiner überragt, ja dem keiner auch nur nahekommt, vom Gipfel der kaiserlichen Macht herabzustürzen?»[60] Er war entschlossen, nicht mehr Amboß (*incus*) zu sein, auf den man einschlage, sondern der Hammer (*malleus*), der Züchtiger von Welt und Kirche.[61]

Nun entwickelte er sein letztes Programm zur vollständigen Reform der Kirche. Der Kampf sollte nun nicht nur gegen den Papst, sondern gegen die gesamte Papstkirche geführt werden. In einem großen Manifest vom Februar 1246 teilte er allen christlichen Fürsten mit, er wolle künftig alle Kleriker, besonders aber die hohen Ränge, in den Zustand der Urkirche zurückführen.[62] «Damals», so schrieb er, «schauten sie die Engel, glänzten durch Wunder, heilten Kranke, erweckten Tote und gewannen sich Fürsten und Könige durch heiligmäßiges Leben. Jetzt aber schwelgen sie in Genüssen und vernachlässigen Gott, während die Frömmigkeit durch den Überfluß an Reichtümern erstickt. Den Geistlichen diese schädlichen Schätze wegzunehmen: Das ist ein Werk der Liebe!» Alle müßten sie wieder arm wie in der Urkirche werden.

Dieses «Werk der Liebe» mußte für den Papst Kampf auf Leben und Tod bedeuten. Der Konflikt ging nun nicht mehr um irgendwelche Rechte oder Gebietsforderungen, sondern darum, ob die Kirche als heilsvermittelnde Einrichtung, wie sie sich bis dahin in Recht und Organisation ausgeformt hatte, fortbestehen würde. In dieser Situation mußte der Papst alle Kräfte auf die totale Vernichtung des Staufers und seines Hauses richten.

Auf beiden Seiten wurde die Vorgehensweise härter. Immer häufiger ordnete Friedrich II. grausamste Bestrafungen an, um seine Gegner einzuschüchtern. Der Anführer einer Verschwörung, der Generalvikar und enge Vertraute des Kaisers, Tibald Franciscus, wurde vor seiner Hinrichtung im Land umhergeführt mit einer auf die Stirn genagelten Papsturkunde, die sein Verbrechen belegte. Petrus de Vinea, Friedrichs langjähriger politischer Berater, wurde der Konspiration verdächtigt und 1249 geblendet. Der Kaiser sah sich in seinen letzten Jahren von allen Getreuen verlassen und griff zu immer grausameren Mitteln, um seine Herrschaft zu retten. Einen verdächtigen Prokurator der sizilischen Bettelmönche ließ er ergreifen und über ihn achtzehn verschiedene Folterungen verhängen. Die Chronisten konnten sich nicht genug tun, die Untaten und Grausamkeiten zu schildern. Ohne Erbarmen wirkte der Staufer als Hammer der Welt.

Doch dies waren nur mehr Verzweiflungsschläge. Friedrich II. mußte mit ansehen, wie sein Lieblingssohn Enzio 1249 in Bologna in Gefangenschaft geriet und auch sonst die Strukturen seiner Herrschaft brüchig wurden. Ende November 1250 erkrankte er an einer fiebrigen Darmentzündung. Er ließ sich zur Burg Castel Fiorentino nördlich von Foggia bringen. Dort legte er seinen letzten Willen nieder, bevor er am 13. Dezember 1250, dreizehn Tage vor seinem 56. Geburtstag, starb. Sein Sohn Manfred, der designierte König von Sizilien, der sich bei ihm aufhielt, teilte seinem Bruder, Konrad IV., mit: «Untergegangen ist die Sonne der Welt, die über den Völkern geleuchtet hat, untergegangen die Sonne der Gerechtigkeit, der Hort des Friedens.» Mit dem Tod des Kaisers begann die völlige Vernichtung des Stauferhauses, an deren Ende 1268 die Enthauptung seines Enkels, des 16jährigen Konradin, auf dem Marktplatz von Neapel stand.[63]

Die außergewöhnliche Herrschaft Friedrichs II. stellt einen – letztlich gescheiterten – Versuch dar, ein Weltkaisertum, das sich aus der staufischen Tradition von Erb- und Amtscharisma herleitete und zunehmend eschatologische Züge angenommen hatte, mit moderner «Staatlichkeit» zu verbinden. Der Stauferkaiser beherrschte wie kein anderer die modernen Machtmittel staatlicher Organisation. Aber letztlich war es die einzigartige Steigerung seiner kaiserlichen Autorität, die Vollendung der Weltkaiseridee, die ihn noch einmal in die Lage versetzte, die Vorstellungen eines einheitlichen Friedensreiches in den Dimensionen des mittelalterlichen Kaisertums zu verwirklichen. Mit seinem Tod versank die Einheit Mitteleuropas. Die Vielfalt der päpstlich-kirchlichen, kommunalen und fürstlichen Herrschafts- und Staatsbildungen setzte sich unaufhaltsam durch. Doch der Mythos eines staufischen Friedenskaisertums bestimmte noch für lange Zeit die Hoffnungen und Sehnsüchte der Menschen. Friedrich II., so war man überzeugt, könne gar nicht gestorben sein, sondern halte sich im Ätna auf. Eines Tages aber kehre er wieder.[64]

Ferdinand Seibt

Karl IV. –
das Charisma der Auserwählung

Alle Kaiser des Heiligen Römischen Reiches vom 9. bis zum 19. Jahrhundert waren vom Bewußtsein ihrer besonderen Auserwählung erfüllt. Sie gaben das in ihrem Titel kund: nicht nur *Dei gratia* (von Gottes Gnaden) – wie alle Könige seit fränkischen Zeiten und bis 1918 – sondern auch *Augustus*, nach römischer Tradition. Das stand nur einem Kaiser zu. Allein die Lobgesänge auf Karl den Großen bezeugen die besondere Verehrung; ebenso das Münster zu Aachen, wo man sie aufführte. Dieser Prunkbau, der zu seiner Zeit nichts Vergleichbares nördlich der Alpen hatte, war nach byzantinischem Vorbild ausgeführt. In Byzanz konnte man lernen, was ein Kaiser ist und wie man ihm zu huldigen hatte. Der byzantinische Osten des zerbrochenen römischen Mittelmeerreiches hatte die römische Kaiserkultur ununterbrochen bewahrt und entwickelt, die erfüllt war von besonderem Erwählungsdenken. Der europäische Westen erhöhte sie dann allerdings noch um einen Schritt, als er sie mit Karl dem Großen in seine politische Kultur übernahm. Hier wurden die Kaiser fortan von den Päpsten gekrönt und bei dieser Gelegenheit auch gesalbt, ein Akt, den es im Osten nicht gab und der den westlichen Krönungen von Kaisern wie von Königen den besonderen Charakter eines Sakraments verlieh, eines achten Sakraments sozusagen, seit die Siebenzahl feststand.

Freilich hatte schon Karl der Große im Jahr 800 die Krönung durch den Papst nur ungern akzeptiert. Die Kaiser bevorzugten für sich ein unmittelbares Verhältnis zu Gott, ohne kirchliche Mittler. Bildliche Darstellungen der Ottonenkaiser zeigen einen persönlichen Umgang der Kaiser mit Gott, in den Illustrationen ihrer Handschriften und im Elfenbeinrelief, mit Frau und Thronfolger kniend, in Verehrung Gottes oder thronend, von Gott unmittelbar gekrönt.[1] Seither suchten die Kaiser immer wieder einmal, ihr Gottesgnadentum auf ihre Weise und ohne kirchliche Vermittlung zu deuten, vornehmlich die freilich nicht allzu zahlreichen auf dem Thron, die ihre Persönlichkeit überhaupt selbst zu erfassen verstanden und in die zeitgenössischen Formen politischer Kultur umsetzen wollten. Otto III., der in seinen Siegelbildern an die antiken Kaiser anknüpfte, bezeichnete sich gelegentlich als *Servus* (Diener) *Jesu Christi*, und Friedrich II., der letzte Staufer, griff in seiner mutmaßlichen Selbstdarstellung auf dem Brückentor von Capua wie auf seinen Münzen auf Konstantin den Großen zurück, um von den Päpsten unabhängig zu erscheinen.

Ludwig IV., «der Bayer», ließ sich vom Volk von Rom und dessen *capitaneo* erheben und von deren Beauftragten krönen, wenn auch gezwungenermaßen wegen seiner Feindschaft mit dem Papst. Ludwig war nicht gerade ein Intellektueller auf dem Thron. Noch die späten Kaiser wußten Salbung und Krönung in ihr religiöses Selbstverständnis einzuordnen. Denn immerhin blieben sie alle katholisch, konnten festhalten am sakramentalen Verständnis von Salbung und Krönung, blieben auch selber gewiß nicht ohne Eindruck von den alten Krönungsordnungen, den Gesängen und dem feierlichen Zeremoniell, die sich über die Jahrhunderte tradiert hatten wie die alten Reichsinsignien Lanze, Krone und Szepter. Selbst noch Joseph II., der «Aufklärer auf dem Kaiserthron», den Goethe als Augenzeuge eher scherzend unter dem alten Krönungsmantel durch die Krönungsstadt Frankfurt am Main ziehen gesehen haben will, verschloß sich der Feierlichkeit nicht.[2]

Das Erwählungsbewußtsein Karls IV.

Karl IV. (Regierungszeit 1346 bis 1378) steht etwa in der Mitte der langen Reihe römisch-deutscher Herrscher. Er war offensichtlich der Letzte, der sein Erwählungsgefühl bis in Einzelheiten mit dem sakralen und rechtlichen Verständnis einer Krönung verband. Er ließ nicht nur eine neue Krönungsordnung für sein Stammland Böhmen ausarbeiten, sondern ließ auch eine neue böhmische Krone anfertigen und ordnete besondere kultische Verbindungen an zwischen dieser Krone und den Reliquien des Landespatrons Wenzel. Nach seiner Weisung ruht die Krone noch heute im Prager Dom und nicht in einem Museum. Auch bewog ihn seine Vorstellung von Rechts- und Sakralordnung dazu, sich als römisch-deutscher Herrscher nicht nur zweimal in Deutschland und einmal in Rom krönen zu lassen, sondern auch in Mailand für den italienischen und in Arles für den gallischen («welschen») Reichsteil, der damals bis über die Rhône reichte.

Karl IV. pflegte besonders eine «Reichsfrömmigkeit» und verordnete für die Krone und den Gekrönten darin eine besondere Position zum Zeichen der Auserwählung. Er ließ die Reichsinsignien jährlich in seiner Residenzstadt Prag zur Schau stellen und für ihre fromme Betrachtung kirchliche Ablässe gewähren. Er ließ im Aachener Münster eine Büste Karls des Großen zur Verehrung aufstellen, ein Kopfreliquiar mit den entsprechenden Überresten im Innern, gekrönt mit einem edelsteingeschmückten Reif, den er selbst zu einer Krönung getragen hatte. Die Büste zeigte – wie der Schmuck eines Krönungsmantels – im Wechsel kleine Abbildungen des Reichsadlers und des Lilienwappens zum Zeichen der engen Verbundenheit Deutschlands und Frankreichs und des religiösen Charismas ihrer Herrscher durch ihre Abkunft von Karl dem Großen.

Karl IV. ließ in Aachen eine Seitenkapelle dem böhmischen Landesheiligen Wenzel weihen, um das Königreich Böhmen auch im sakralen Bereich mit dem Reich zu verbinden. Für Wallfahrer entstand auf halbem Weg zwischen Prag und Aachen in der Kaiserpfalz Ingelheim eine Wenzelskapelle, bei der vier Patres liturgischen Dienst taten, die auch des Tschechischen mächtig sein mußten. Wenzel und Karl – Karl, Sohn der letzten Tochter aus dem przemyslidischen Königshaus, war selbst auf den Namen Wenzel getauft, des Protomärtyrers des böhmischen Christentums; erst seine Erziehung am französischen Hof hatte dazu geführt, daß er den Firmnamen «Karl» annahm, den Namen des regierenden französischen Königs und des großen Ahnherrn seiner väterlichen Vorfahren.[3]

Auserwählt durch Krönung und Ahnen – wiederholt ließ Karl seinen Stammbaum mit den wirklichen und den mutmaßlichen Vorfahren väterlicherseits aus dem luxemburgischen Westen und den echten wie den sagenhaften Ahnen seiner Mutter aus Böhmen in großen Wandgemälden darstellen. Sie sind leider nicht oder nur in Kopie erhalten; man weiß daher nur, daß sie bis zu fiktiven biblischen Vorfahren reichten. Dergleichen Vorfahren aus der biblischen (oder der alten römischen) Geschichte beanspruchten damals auch andere große Familien, sie bildeten einen der Bausteine für den Mythos besonderer Auserwählung.

Karls Charisma sollte noch wachsen durch seinen Umgang mit dem Numinosen. Karl war kein Priester. Zwar standen seit Ottonenzeiten die römisch-deutschen Herrscher nach der Definition ihrer Würde in enger Verbindung zum Klerus, trugen als «Chorbischöfe» eine Mitra unter der Krone und gehörten zu den Gebetsgemeinschaften einzelner Domkapitel. Aber es war nur Priestern vorbehalten, die lebendigste Erinnerung an die Passion Christi als das Zentrum der christlichen Heilsgeschichte, das letzte Abendmahl, immer wieder durch Nachahmung zu erneuern. Könige und Kaiser hatten keine Weihegewalt. Generationen gekrönter Häupter hatten diese Beschränkung hingenommen, meist unbedacht, manchmal im Hinblick auf die seit dem 12. Jahrhundert besonders entwickelten Ideale des Kirchenschutzes. Der König von Frankreich konnte immerhin durch Berührung Skrofulose heilen. Am Sarg Kaiser Heinrichs IV. erbaten die Bauern durch Berührung Fruchtbarkeit für ihr Getreide. Karl IV. war der einzige, der nach einem aktiven spirituellen Ausweg suchte.

Er fand ihn in der Umsetzung einer besonderen Form christlicher Verehrung. Damit wandte er sich nicht Königen oder Päpsten zu. Karl war nicht nur ein kluger, sondern auch ein sehr skeptischer Kommentator seiner Zeitgenossen. Kaum einen hielt er für wert, mit ihm Beziehungen auf gleicher Ebene anzuknüpfen. Den rechten Umgang suchte er vielmehr bei den Heiligen. Diese Zuneigung kann man freilich nicht aus der modernen Gedankenwelt verstehen; in den letzten hundert Jahren hat sich bei Karls Biographen deshalb auch manches Mißverständnis eingestellt. Erst wenn

man sich die Mühe macht, die religiöse spätmittelalterliche Vorstellungswelt näher kennenzulernen und sich mit der Heiligenverehrung unter
ihren zeitgenössischen Voraussetzungen auseinanderzusetzen, eröffnet
sich ein Zugang zu Karls Religiosität. Erst auf den Wegen der modernen
Mentalitätsforschung finden wir zu seinen, aber eben auch zu den Auffassungen seiner Zeitgenossen, die uns tausendmal in ihren religiösen Zeug-
nissen überliefert sind, die aber wie die architektonische Hinterlassenschaft auch vielfach überdeckt und überbaut wurden, schließlich schierer
Verständnislosigkeit anheimfielen und selbst im konservierenden Rahmen der Katholizität heute nicht mehr ihre mittelalterliche Kraft und Far-
bigkeit, vor allem auch nicht mehr ihre theologische Rechtfertigung
bewahrt haben. Suchen wir einen solchen Zugang, so entdecken wir ein
Knochenstück, einen Kleidungsrest, einen Gebrauchsgegenstand aus
dem Leben eines Heiligen förmlich als Unterpfand ihrer Nähe.

Wir entdecken dabei auch den Sakralraum, gleich, ob Dom oder Kapelle, als einen Zugang zur Zeitlosigkeit, als irdische Kopie der himmlischen
Jenseitigkeit, wo man mit Ernst nicht nur seine Toten in besonderer Himmelsnähe begraben konnte – es wurde damals nur in oder um Kirchen
begraben, der Begriff «Kirchhof» erinnert noch daran –, sondern wo man
auch selbst heraustrat aus allen irdischen, zeitlichen Bindungen und dem
Überzeitlichen, der Welt der Toten, der Welt des gemarterten Christus
und seiner besonderen Nachfolger, der Märtyrer und Glaubenshelden,
unmittelbar begegnete. Aus diesem Anlaß unternahm die Christenheit
zu Karls Zeiten Wallfahrten und wollte «Heiltümer» sehen oder gar
berühren, wollte dem Wunderbaren begegnen in einer archaischen
Erwartung von Heil und Segen. Gerade in den nächsten Generationen
nach Karls Lebensspanne versank diese alte Glaubenswelt und wich dem
Tätigkeitsdrang strebsamer Bürger und Bauern in einer spätmittelalter-
lichen «Leistungsfrömmigkeit», die Gebetsleistungen, Askeseaufwand,
Pilgerwege oder Almosengaben nur mehr äußerlich maß und abwog und
den Himmel damit gleichsam «verdienen» wollte.[4] Gegen diese Frömmigkeit hat sich Luther zweihundert Jahre nach Karl gewandt und sie in
der Reformation ausgetilgt; auch sein Kaiser, nämlich der Habsburger
Karl V., enthielt sich in seiner Religiosität auffällig ihrer Inanspruchnah-
me, wiewohl er katholisch blieb.[5]

Um Karl IV. in seiner religiösen Welt zu begreifen, müssen wir von
reformatorischen und allen neueren religiösen Vorstellungen absehen
und uns unmittelbar auf eine sehr alte und längst vergangene Religiosität
verstehen, wie sie Karl vielleicht in seiner Jugend am französischen Hof
kennengelernt hatte. In den Resten der Sainte Chappelle in Paris hat sich
noch heute ihre Spur erhalten. Karl glaubte an die Strahlkraft des Heili-
gengedenkens, die unmittelbar einem jeden zuteil werde, der mit from-
mer Ehrfurcht ein körperliches Restchen dieses Märtyrers, jener heiligen
Jungfrau oder eines heiligen Königs in seiner Nähe wußte oder gar

berührte. Davon versprach er sich besondere Erhöhung seiner Person. Und darauf richtete er vornehmlich seine Aufmerksamkeit. Karl erbaute mit Umsicht und Geduld seinen eigenen Heiligenhimmel und wies ihm auch feste Orte zu: den Veitsdom inmitten seiner Residenz auf dem Prager Hradschin; den Karlstein, eine einsame Burg, einen Tagesritt von seiner Residenz entfernt; und wohl auch ein (heute nur noch in Resten erhaltenes) Schloß am Elbufer in Tangermünde, wo er die letzten Jahre wohnte. Im Zentrum des Reichsgedankens stand allerdings das Aachener Münster Karls des Großen, die Krönungskirche der Kaiser bis zu den Zeiten Karls V. Karl IV. versäumte es nicht, auch dieser Kirche seinen Stempel aufzudrücken. Er ließ der romanischen Rundkirche sozusagen ein gotisches Schiff anbauen, in höchster Kunst der Zeit als eine «Lichtgestalt», die Dürer später «das Glashaus zu Aachen» genannt hat. Dort sollte fortan Karl I. besonders geehrt und jeder seiner Nachfolger gekrönt werden.

In Nürnberg ließ er – zum Gedächtnis, vielleicht auch zur Sühne für den großen Judenmord von 1349 an diesem Ort – die Marienkirche errichten, deren Uhrwerk an die sieben Kurfürsten im Kreis des Kaisers erinnert. So sollte der Gegenwart des Reiches in dieser von ihm bevorzugten Bürgerstadt im frommen Sinn gedacht werden.[6] Diese und andere Sakralbauten stattete er mit sakramentalen Erinnerungs- und Weihestücken aus, deren Wirkung er und viele seiner Zeitgenossen so anders wahrnahmen als wir in unserer modernen Vorstellungswelt.

Es ist ganz unhistorisch zu sagen: Karl sammelte Reliquien. Karl begründete und vermehrte vielmehr sein Charisma, dessen Basis er als der Schutzherr der römischen Christenheit gar nicht anders als im religiösen Rahmen suchen konnte. Er ließ im Veitsdom, als einen Fremdkörper in dem von Matthias von Arras und Peter Parler wohlgeplanten Grundriß der Kathedrale, aber als besonderes Anliegen seiner Frömmigkeit, einen quadratischen Kapellenraum errichten, um ihn dem heiligen Wenzel zu weihen, seinem ursprünglichen Namenspatron und vornehmsten Schutzpatron des Landes. Er ließ diese Kapelle zum Symbol für ihre Ausnahmestellung in unserer irdischen Welt, gleichsam um sie herauszuheben aus Zeit und Raum, ringsum übermannshoch mit Edelsteinen verkleiden und mit einem erhabenen Schrein für die Überreste des Märtyrerherzogs aus dem zehnten Jahrhundert ausstatten, wo man ihm selbst, nicht nur im übertragenen Sinne, fortan sollte begegnen können.[7] Er sorgte für eine Burgkapelle als Anbau am neuen Königspalast auf dem Hradschin, dem Veitsdom unmittelbar gegenüber. Er ließ aber vornehmlich den Karlstein wie eine Gralsburg fern der Straßen im Wald ausführen, auf drei Ebenen, zur Wohnung, zum liturgischen Gebet und für sich und wenige Auserwählte in größter Himmelsnähe zur Verehrung des Allerhöchsten; dieser Bau ist wie ein Wunder durch die Jahrhunderte erhalten geblieben und hat kein Gegenstück im christlichen Europa.

Auf dem Karlstein wurden mehrere Räume mit Edelsteinen geschmückt wie die Prager Wenzelskapelle. Aber alles übertrifft die Kapelle zum heiligen Kreuz, hoch über den Wohngebäuden im höchsten Turm. Sie sollte dem Himmel am nächsten sein; mit ihrem Prunk entspricht sie einer Vorstellung davon. Sulpice Boisserè, der sie vor zweihundert Jahren für die gebildete Welt entdeckte, sprach vom Himmel seiner Kinderzeit. Die Kapelle zeigt eine Besonderheit: Wie die Wände aus Edelstein dem himmlischen Jerusalem nach der Johannesvision entsprechen, so sind darüber und bis in die Ansätze der Wölbungen die Heiligen versammelt, denn der Himmel ist auch – unzählige Fresken in Kirchengewölben bezeugen dies – die Versammlung der Auserwählten, die Heimat der Heiligen. Einhundertvierundvierzig, zwölf mal zwölf Heilige sollten wohl über den Edelsteinwänden in der Kapelle des heiligen Kreuzes auf dem Karlstein zusammenkommen. Auch diese Zahl der Auserwählten ist biblisch belegt. Sie ist an Ort und Stelle zwar nicht ganz erfüllt, aber die 129 Bilder, die zu sehen sind, bilden miteinander als lebensgroße Porträts eine stattliche Galerie von Tafelgemälden – die erste wohl überhaupt in Europa, wenn auch aus der Phantasie eines einzigen Künstlers geschaffen, heilige Könige, heilige Ritter, heilige Bischöfe, Äbte und Asketen, heilige Märtyrer, heilige Jungfrauen. Sie alle hat ein nicht näher bekannter Meister Theoderich mit festem Pinselstrich und einer unverkennbar expressionistischen Neigung auf das Holz gebannt, eine illustre Versammlung über den Edelsteinen und unter dem gepunzten Goldblech mit Bergkristallen, das über ihnen dann den Sternenhimmel markiert.[8]

Eine großartige Porträtgalerie aus einem Guß – und doch wieder nicht. Es ist eher eine Darstellung in großem Stil vom Glauben an die Magie der heiligen Überreste; denn einem jeden dieser Gemälde ist eine kleine Reliquie beigegeben, echt oder falsch, wie sie der Glaube der Zeit bewahrte und Karl auf seinen Wegen durch die Kirchen der Christenheit in seiner selbstgewählten quasipriesterlichen Passion gesammelt hatte. Wiederholt ist er in dieser Rolle auch abgebildet: wie er einen Dorn aus der Krone Christi vom französischen Dauphin entgegennimmt, wie er gemeinsam mit seiner Gemahlin ein Reliquienkreuz erhebt, eine Darstellung, die an Konstantin und Helena erinnert.

Eine vergleichbare «Reliquienburg» hat die Christenheit vorher und nachher nicht gekannt. Luthers Schutzherr, der sächsische Kurfürst Friedrich der Weise, zählte seinerzeit zwar ebenfalls zu den großen Reliquiensammlern, aber seine Kollektion ist nie in eine vergleichbare spirituelle Funktion getreten. Karl dagegen hatte einen eigenen Kultraum auf dem Karlstein geschaffen. Er verhalf ihm und den wenigen Auserwählten, die seine Kreuzkapelle je betreten durften, um vor Gold und Edelsteinen, ihrem irdischen Glanz und ihrer religiösen Strahlkraft in die Knie zu sinken, das Haupt vor den Reichsinsignien zu beugen und vor allem vor dem Splitter vom Kreuz Christi über dem Altar, zu einer Begegnung mit dem Allerheiligsten, wie sie der Papst (zu jener Zeit in Avignon) nicht anders vermitteln konnte. Solch eine Begegnung konnte sich messen mit dem Besuch der Apostelgräber in Rom.

Die Struktur der mittelalterlichen Religiosität vermittelte ein Charisma, das sich ohne sie nicht wiederholen und nicht kopieren ließ. Mehrere der römisch-deutschen wie der französischen Herrscher wußten es besonders gut einzusetzen. Manchen kam dabei die religiöse Geographie entgegen. Prag war nicht Rom mit den Apostelgräbern oder Reims, wo die Engel das heilige Salböl für die französischen Könige vom Himmel gebracht hatten. Es war auch nicht Aachen, wo die Karlstradition ihre eigene Sanktifizierung erwirkt hatte, selbst wenn die Kirche niemals der Kanonisierung Karls des Großen zustimmte. Prag war als auserwählter Ort erst noch zu erschaffen, «das Goldene Prag». Karl hat auf diesem Weg viel erreicht, zugleich zur Demonstration seines eigenen religiösen Charismas. Freilich war dieses religiöse Charisma auch zu seiner Zeit vielen Menschen unzugänglich, und es war wohl zu jeder Zeit im Kraftfeld der Politik nur unvollkommen wirksam. Wunder haben Politiker nur selten gewirkt, auch wenn man sie ihnen gern zugeschrieben hätte.

Die Selbstdarstellung des jungen Herrschers

Karl schrieb sie sich selber zu; dabei griff er zurück auf eine Reihe tatsächlicher und scheinbar ununterbrochener Erfolge. Dazu diente ihm die Propaganda aus seiner Kanzlei mit den Eröffnungstexten seiner auf stilistisch und kalligraphisch hohem Niveau abgefaßten Urkunden «für alle, die sie lesen oder lesen hören». Dazu dienten feierliche Umzüge und die Schaukunst seiner Bauten. Hinzu kam schließlich seine Autobiographie. Sie war auf höherem Niveau geschrieben als der Bericht vom Weißkunig, den der ruhmredige Kaiser Maximilian einhundertfünfzig Jahre später schreiben ließ. Sie war weniger detailliert und weniger nüchtern als die Rechenschaft über seinen Feldzug gegen die Protestanten, die Karls Namensnachfolger, der Habsburger Karl V., zweihundert Jahre später diktierte. Sie blieb freilich ebenso ein Torso wie diese und hatte annähernd den gleichen Umfang. Aber sie galt nicht einem Feldzug, sondern insgesamt den ersten dreißig Lebensjahren des Luxemburgers, und sie war im religiösen Gewicht ihrer Aussagen dem Karlstein ähnlich.

Bis heute weiß man nicht, wann die in den nachfolgenden Jahrzehnten einigermaßen verbreitete und früh gedruckte *Vita Caroli IV.* geschrieben worden ist: ob gleich nach ihrem Abschlußdatum 1346, wofür aber nur der erste Anschein spricht, oder ob sie der alternde Kaiser geschaffen hat. Offensichtlich entstand sie nicht aus einem Guß, sondern in mindestens drei Abschnitten, und das fördert wieder die Diskussion um Datierungsprobleme.[9] Wichtiger als eine solche freilich bemerkenswerte zeitliche Einsicht in seine persönliche Entwicklung bleibt jedoch die Gesamtaussage: Den Erwählten führt Gottes Hand! Die Lehre von seinem «Doppelthron», dem römischen wie dem böhmischen, der ihm fast gleichzeitig binnen weniger Wochen im Sommer 1346 zufiel, seinen Nachfolgern zu vermitteln, nennt Karl im ersten Kapitel als das Anliegen seiner Aufzeichnung, damit sie – so wie er auf dem «Doppelthron» – auch die «Doppelform» des Lebens erkennen und den falschen Schein meiden möchten. Mit diesem Wortspiel, *in thronis meis binis, binas mundi vitas agnoscere*, ist die stete Alternative eines rechten Lebens angesprochen. Karl hatte sie seit seinem Eintritt in die Politik als vierzehnjähriger Statthalter seines Vaters in Oberitalien vor Augen; er kann sich rühmen, sie immer beachtet und mit schnellen und oft wirklich kühnen Entschlüssen auch fast immer gehalten zu haben.

In großen Zügen kann man den Bericht seiner Abenteuer in den ersten drei Jahren seiner politischen Erfahrungen in verantwortlicher Position wohl als mehr oder minder wahrheitsgemäß ansehen. Karls rasche und klare Entschlußkraft, seine Standhaftigkeit, auch seine Begabung im militärischen Kommando sind auch auf Grund anderer Berichte anerkannt. Wichtig scheint, wie er sich seiner Umgebung darstellte: Dem Entscheidungsfreudigen und immer wieder Erfolgreichen galt der Gehorsam seines zunächst kleinen, mit den Aufgaben wachsenden Gefolges.

Er entdeckte mit ruhiger Umsicht einen Attentäter unter der Dienerschaft, er unterschied in Verhandlungen wiederholt vertrauenswürdige von falschen Offerten, er wußte Auswege aus verzweifelten Situationen; soweit sich aus den Begebenheiten Schlüsse ziehen lassen, setzte er sich immer wieder durch mit Geistesgegenwart und einem raschen Urteil, mit seinem Gedächtnis und seiner Kunst der Menschenführung. Dabei versäumte er in seiner Darstellung nicht, immer wieder seine Erfolge nicht seiner eigenen Fähigkeit zuzuschreiben, sondern der Hilfe von oben im rechten Augenblick – gleichgültig, ob es sich dabei um ein schon verloren geglaubtes Gefecht handelte oder um eine langfristige und schier übermächtige Verschwörung seiner Feinde. So behauptete er sich in Vertretung des Vaters gegen die listen- und ränkereichen oberitalienischen Städte, so kehrte er sechzehnjährig in sein Geburtsland zurück, um sich mit den widerspenstigen böhmischen Baronen auseinanderzusetzen. Er wandelte dabei die ursprüngliche Landfremdheit rasch um in eine besondere Verbundenheit, als Nachkomme des alten Königshauses der Przemysliden im Umgang mit dem alten Dienstadel, als Hüter der besonderen Landestraditionen in der Gemeinschaft der seit langem einer festen Königsherrschaft entwöhnten Magnaten, als unbestechlicher Richter im Anliegen der Gesamtheit.

Immer aktiv, immer darum bemüht, das Heft in der Hand zu haben, zog er im Auftrag seines Vaters nach Schlesien, nach Österreich wie nach Tirol und schaltete sich dabei mehr und mehr in die väterlichen Geschäfte ein. Was dem Vater in seiner frühen Jugend mißlungen war,

die Nachfolge auf dem römisch-deutschen Thron, das strebte er mit
allem Weitblick an. Und während er vor der Öffentlichkeit seines Stan-
des und seiner nächsten Umgebung gewiß als besonders agil und
geschickt erschien, wußte er sich in allen seinen Unternehmungen
immer wieder von Zufälligkeiten begünstigt, die er der himmlischen
Fürsorge zugute hielt. Sie warnte ihn in Träumen, die er allerdings für
sich behielt, in Vorhersagen, mit denen er Staunen erregte, oder in Visionen, die offensichtlich seine innere Zuwendung belohnten. Kein Zweifel, daß er mit seinen Gedanken ernst und einsam war. Seine junge Frau,
die er vor seinem Italienzug zurückgelassen hatte und erst nach seiner
Rückkehr in Böhmen wiedersah, kam in dieser Welt nicht vor. Nicht
mehr als ihre Herkunft aus der unmittelbaren Verwandtschaft des französischen Königshauses wird mitgeteilt.

Reichspolitik und Hausmachtpolitik

Karls Autobiographie endet in ein paar letzten, nicht mehr in der ersten
Person und in distanzierter Sprache geschriebenen Seiten – von dritter
Hand also, worin man seit langem übereinstimmt – über seine Wahl zum
römisch-deutschen König 1346. Von da an muß man seine Geschichte
nach anderen Quellen zur böhmischen, deutschen und europäischen
Geschichte verfolgen. Mit rascher Bedachtsamkeit führte ihn sein Weg
nach schwierigen ersten Schritten über alle Klippen, auch die scheinbar
schwierigsten, ob nun sein Widersacher, Ludwig der Bayer, plötzlich
starb, nachdem ihn die Kurfürsten als Gegenkönig gewählt hatten, ob er
rasch die Offerte einer Heiratsverbindung mit der gegnerischen Dynastie
ergriff und damit einen Nachfolgekrieg in Deutschland vermied oder ob
er durch einen raffinierten Romzug die Vorteile der Kaiserkrönung zu
nutzen wußte und die Nachteile vermied, an denen viele seiner Vorgän-
ger gescheitert waren.

Seine größte Sünde, die Preisgabe der deutschen Judenheit in der Spät-
phase der Pestpogrome 1347/48, um die zu seiner Anerkennung noch
nicht bereiten Reichsstädte durch sein Entgegenkommen zu gewinnen, ja
sogar, um die Beute mit ihnen zu teilen, tat seinem Ansehen bei den Zeitgenossen anscheinend keinen Abbruch. Im eigenen Land, in Böhmen,
Schlesien wie in Luxemburg, schützte er die Juden mit aller Strenge. Er
blieb immerhin der einzige deutsche Herrscher, der je die Judenverfol-
gung als Unrecht gebrandmarkt hat – freilich erst, als es galt, die Rückkehr vieler Geflohener in ihre alte und offenbar unentbehrliche Rolle in
der Finanzwirtschaft zu unterstützen.[10]

Die Erweiterung seiner Residenzstadt Prag,[11] die Gründung der ersten
Universität, der Ausbau seiner Residenz auf dem Hradschin, die Bauten
in Nürnberg, in Mühlberg, in Ingelheim, in Aachen, der Kurfürstenbrun-
nen in Nürnberg oder der denkwürdige Königsstuhl in Rhens am Rhein

lassen eine Ausstrahlung seiner Regierung erkennen, die kein anderer König oder Kaiser hinterlassen hat, es sei denn, man ginge bis in die Glanzzeit des ottonischen Hauses im alten Sachsen zurück.

Die kirchliche Personalpolitik, namentlich die Besetzung der Bistümer mit ihrer für Einkünfte und Dienste des Reiches wichtigen Funktion, hatte Karl der Kurie weitgehend aus der Hand gewunden.[12] Nicht ganz so, aber ähnlich mächtig war sein Einfluß in der Heiratspolitik, sowohl bei seiner eigenen Dynastie, zu der er selber mit seinen vier Frauen Erhebliches beitrug, wie auch bei weitgespannten Projekten zwischen fürstlichen Geschlechtern, mit denen er immer wieder die Interessen seines Hauses, seiner Bündnispolitik und die seiner Freunde stärkte.

In der «Hausmachtpolitik» war Karl so erfolgreich wie kein anderer deutscher Potentat vor oder nach ihm bis zu jenem wiederholt erwähnten Karl V. Dabei ist zu trennen zwischen Erwerbungen für die «Krone Böhmen» – ein Staatsbegriff, der in seinen Urkunden verbaliter und auch mit ausdrücklicher Definition als neues Staatsverständnis eingeführt wird – und der Mehrung des Hausbesitzes. Die böhmischen Länder, das Königreich und die Markgrafschaft Mähren, die untere und obere Lausitz und die unter Böhmen vereinigte Gruppe schlesischer Herzogtümer schloß Karl mit dem aus Frankreich übernommenen Begriff «ligischer Lehen» zusammen, tat dies jedoch eben als böhmischer König, nicht namens der luxemburgischen Dynastie – wenn auch in seiner Vorstellung eine Trennung bis zum Aussterben seines Hauses nicht mehr möglich war. Unmittelbar für die Dynastie erwarb er durch Kauf die Markgrafschaft Brandenburg, was bei einem so großen Komplex eine Seltenheit in der Reichspolitik darstellte. Beide konnten nun, gemeinsam mit der Markgrafschaft Mähren und den Lausitzen, der Versorgung von Nebenlinien dienen, wenn die unmittelbaren Erben Karls auf dem böhmischen Throne säßen. Zieht man die Landkarte heran, dann hat Karl seinen Erben die größte jemals im Rahmen des alten Reiches vererbte Ländermasse hinterlassen, von der unteren Elbe bis an die obere Oder.

Dabei fällt auf, daß er sein Stammland Luxemburg, anders als sein Vater, durchaus «stiefmütterlich» behandelte.[13] Das hatte Gründe. Seinen Halbbruder aus der zweiten Ehe seines Vaters mit der Herzogstochter Beatrix von Bourbon mochte er sichtlich nicht leiden. Ihm war Luxemburg zugesprochen, und Karl zögerte als Vormund nach dem Tod des Vaters lange, ehe er ihm das Erbe ausfolgte. Allerdings ernannte er ihn später zum Reichsvikar während seines zweiten Italienzuges. Aber als der Bruder bei einer unglücklichen Fehde in Gefangenschaft geraten war, zögerte er wieder lange, ihn auszulösen. Dennoch erhob Karl kraft kaiserlicher Autorität den Komplex von Grafschaften und sein Stammland zum Herzogtum; ohne diese Erhöhung auf «reichsfürstliches Niveau» wäre Luxemburg wohl heute kein souveräner Staat.

Im großen Rahmen seiner Politik war er freilich nicht auf Luxemburg fixiert. Er war der erste unter den römischen Kaisern und Königen, der nicht im Süden oder im Westen agierte, sondern der das östliche Mitteleuropa politisch «entdeckt» hat, Polen, Ungarn und voran die böhmischen Länder, und dort auch den Schwerpunkt für die Zukunft suchte. Das war sozusagen die Bühne, die später zum Aktionsfeld der Habsburger werden sollte, seiner und seiner Söhne Erben, nach einem wechselweisen Erbvertrag von 1364, der sich 1437 erfüllte. «Westpolitik» hat Karl demgegenüber mit deutlicher Zurückhaltung betrieben; auch seine Verpflichtungen gegenüber Frankreich aus der politischen Hinterlassenschaft seines Vaters erfüllte er lax, ja man hat den Eindruck, daß er den Hundertjährigen Krieg zwischen England und Frankreich, in den seine Regierungszeit fiel, geradezu als eine günstige Fügung ansah, um «Ostpolitik» zu betreiben, und Niederlagen seines französischen Bundesgenossen gelegentlich unmittelbar zu seinen Gunsten zu nutzen verstand.

Genug der Spekulationen um Karls Politik. Über Politik zu spekulieren, auch wenn ihre Schritte im einzelnen nicht näher in «Urkunden und Akten» festgehalten waren, gehört zu den Glanzstücken der älteren historischen Zunft; uns ist eher aufgetragen, diese Spekulationsfelder auf ein integrales Aussagenetz zu übertragen. Daraus kann, auch bei den spärlichen Quellen jener Zeit, ein Persönlichkeitsbild wachsen.

Der Kaiser und das Heilige Römische Reich

Karl wurde bereits in den 1920er Jahren in einem deutschen Sammelband als «Meister der Politik» apostrophiert.[14] Diese Meisterschaft muß nicht mehr verteidigt werden. Eher wäre seine sich mit dem Auserwählungsdenken verbindende «Reichsfrömmigkeit» zu erklären, die alles weit überstieg, was man seiner «Privatfrömmigkeit» zuschrieb.[15] Wirkliche «Privatfrömmigkeit», die zu Karls Zeit aus der Laienbewegung der *Devotio moderna* und vergleichbaren Strömungen entstand, drang erst in der Reformation in weitere Kreise. Ihr Weg ging vom katholischen Hausaltar zur evangelischen biblischen Hauslektüre. Bis dahin galten Kirche und Reich, und danach auch kirchliche und Reichsarchitektur im wörtlichen wie im übertragenen Sinne, als engstens verbunden.

Erst die Reformation, erst die Kaiser nach Karl V., lösten die Bande des alten «heiligen» römischen Reiches als eines sakralen Nachbarschaftsverbandes. Karl IV. hat, zweihundert Jahre vor dem fünften Karl, ein solches Reichsdenken erst einmal auf den Gipfel geführt, wenn man seine Nachfolger zum Vergleich heranzieht, und die reformatorische Frömmigkeit hat diese archaische Vorstellungswelt unter dem Deckmantel einer nüchterneren politischen Verbindung noch einmal für dreihundert Jahre am Leben erhalten.

Karl mochte seinen Zeitgenossen als jemand gelten, dem als Politiker alles gelang, was er in die Hände nahm. Diese Fama ist natürlich überzogen wie alle derartigen Mythen, aber sie entspricht in weiten Teilen der harten politischen Wirklichkeit einschließlich der Finten und Ränke, deren sich auch Karl mit gutem Erfolg zu bedienen wußte. Solange er lebte, hielt er jedenfalls die Reichsgewalt fest in der Hand, verlagerte den Schwerpunkt der europäischen Politik von dem seit langem im (mehr als) «hundertjährigen Krieg» kränkelnden Westen und den Machtkämpfen zwischen Städten und Fürsten in den beiden am dichtesten besiedelten Regionen, den Niederlanden und Oberitalien, in das Gebiet östlich des Rheins, trug dem Aufstieg Nürnbergs als Verkehrs- und Handelszentrale mit seinen Ostkontakten Rechnung und suchte immerhin Verbindungen zum prosperierenden nordostdeutschen Raum durch seine Beziehungen zum Hansevorort Lübeck. Aber das alles gedieh nur, solange er lebte. Sein noch in seinen letzten Lebensmonaten eingefädelter großer Plan, Polen im Osten gegen das Reichsvikariat im Südwesten einzutauschen, scheiterte nach seinem Tod. Auch die große Kirchenspaltung nach der Rückkehr der Päpste aus Avignon 1378, die durch den Streit zweier, zuletzt dreier Päpste bald die ganze Christenheit erschütterte, konnte er in seinen letzten Lebenswochen nicht mehr überwinden.[16] Die Krise des Spätmittelalters, aus der nach zweihundert Jahren die jüngere Monarchie und die neuere konfessionalisierte Christenheit hervorgingen, wußte er zu Lebzeiten aus seinem Reich zu bannen. Verhindert hat er sie nicht. Die Frage, was von seiner für die Zeitgenossen zweifellos faszinierenden Persönlichkeit zurückblieb – in den Grabreden im November 1378 in Prag zunächst mit dem Ruf nach seiner Heiligsprechung beantwortet –, ist auch für Kaiser Karl IV. nicht anders gelöst worden als für alle großen Politiker: Auch er hat seine Ära nicht überlebt. Allerdings bleibt ihm mit der Stadt Prag ein dauerhaftes Denkmal.

Hans-Christoph Schröder

Oliver Cromwell – das Werkzeug Gottes

Revolutionäre Umbrüche bieten befähigten, tatkräftigen und günstig plazierten Individuen besondere Aufstiegschancen, wobei sogar die Staatsführung dem Zugriff offen ist. Das wird in der Geschichte der westlichen Welt bereits an der Englischen Revolution um die Mitte des 17. Jahrhunderts, der Amerikanischen und der Französischen Revolution erkennbar. Diese großen Revolutionen haben neue Herrscher an die Stelle von legitimen Königen gesetzt: Oliver Cromwell, George Washington und Napoleon Bonaparte. Gemeinsam war diesen «Ersatzmonarchen», daß sie durch Revolutionskriege nach oben gelangten. Gemeinsam war ihnen ferner (wenn man den Pflanzer Washington etwas gewaltsam als Adligen einordnet) die Herkunft aus dem niederen Adel und schließlich, daß sie einerseits die «Überwindung der Revolution» vollzogen, andererseits revolutionäre Errungenschaften konservierten.

Oliver Cromwell wurde am 25. April 1599 in Huntingdon geboren. Er entstammte einer angesehenen Gentry-Familie. Sein Großvater und sein Onkel hatten beträchtliche Besitztümer. Als Sohn eines «younger son» und Sprößling einer ungemein fruchtbaren Familie war Oliver Cromwell jedoch wenig begütert und fiel 1631 vorübergehend sogar aus der Gentry heraus. Er mußte fast seinen ganzen Grundbesitz verkaufen und als Pächter selber Land bewirtschaften. Erst durch eine Erbschaft erhielt er 1636 wieder die ökonomische Grundlage für den Gentlemanstatus.

An Cromwell bestätigt sich somit die von der Sozialgeschichtsschreibung herausgearbeitete ökonomische Unsicherheit und Fluktuation bei den grundbesitzenden Schichten Englands im 16. und frühen 17. Jahrhundert. Ebenso läßt sich an ihm die von der historischen Forschung neuerdings wieder stark betonte Bedeutung erkennen, die der Religion bei dem Widerstand gegen das persönliche Regiment Karls I. und der Parteinahme in der Revolution zukam. Cromwell wurde offensichtlich weniger durch die rechtlich zweifelhaften Neuerungen als durch die kirchlichen «Innovationen» Karls I. provoziert. Er zahlte Schiffsgeld und die Strafgebühr für das Versäumnis, sich zum Ritter schlagen zu lassen; aber als er erstmals im Parlament von 1628/29 als Abgeordneter für Huntingdon saß, gab er der puritanischen Ablehnung des Arminianismus Ausdruck, der im Verdacht der Rekatholisierung stand.

Cromwell hatte ein nicht genau datierbares, aber ihn offensichtlich tief ergreifendes Konversionserlebnis. Er berichtete darüber in einem Brief aus dem Jahre 1638, in dem er erklärte, vor seiner Bekehrung ein Erzsünder gewesen zu sein: «I was a chief, the chief of sinners.»[1] Man hat dies vielfach als Beschreibung seiner Lebensführung mißverstanden und ihm die Rolle eines Wüstlings zugeschrieben, während es sich doch nur um die unter Puritanern verbreitete Tendenz handelte, den Zustand vor der Bekehrung in den düstersten Farben zu malen.

Sosehr die Selbstcharakterisierung als «chief of sinners» eine Übertreibung darstellte, so unverkennbar ist die Bedeutung der «Bekehrung» für Cromwell. Das Bewußtsein der Übereinstimmung mit Gott gab ihm Kraft und Entschlossenheit. Von Anfang an gehörte Cromwell, der 1640 als einer der beiden Abgeordneten für die Stadt Cambridge sowohl in das Kurze Parlament als auch in das Lange Parlament gewählt wurde, zu den Vertretern eines entschiedenen Kurses gegenüber dem König.

Cromwells Aufstieg im Bürgerkrieg

Noch bevor der Bürgerkrieg wirklich begonnen hatte, beschlagnahmte Cromwell im August 1642 mit einer Handvoll Soldaten das Waffenmagazin von Cambridge Castle und sorgte in einem handstreichartigen Vorgehen dafür, daß die von König Karl I. zur «Sicherstellung» geforderte Entsendung von Geld und kostbarem Tafelgeschirr der Universität Cambridge unterblieb. Das Unternehmen war für Cromwell durchaus riskant; er setzte sich der Gefahr einer Anklage wegen Raub und Hochverrat aus.[2]

In den folgenden Monaten wurde Cromwell zur treibenden Kraft des Kampfes gegen die Royalisten im Gebiet der *Eastern Association*, die vom Parlament im Dezember 1642 für die Zwecke der Kriegführung aus den Grafschaften Norfolk, Suffolk, Essex, Cambridgeshire und Hertfordshire gebildet wurde. (Später traten noch Huntingdonshire und Lincolnshire hinzu.)

Als Kavalleriekommandeur führte Cromwell 1643 nur kleinere Gefechte, bei denen er nicht immer geschickt operierte und sich nicht in die übergeordnete Strategie der Parlamentsseite einzuordnen vermochte.[3] Dennoch wurde seine Rolle von der Publizistik der Parlamentspartei stark herausgestrichen, um trotz der verzweifelten Lage im Osten Englands die Moral der eigenen Seite zu heben.[4] In der Schlacht von Marston Moor am 2. Juli 1644 hatte Cromwell zum ersten Mal ein hohes Kommando in einer größeren Schlacht inne und war am Sieg entscheidend beteiligt.

Selbst wenn man besonders für die Frühzeit Übertreibungen von Zeitgenossen und Historikern hinsichtlich der Führungsrolle Cromwells zurechtrücken muß, bleibt doch erstaunlich, wie rasch der Landedelmann ohne jede militärische Erfahrung zum Soldaten und Kommandeur wurde. Allerdings gab es eine starke Affinität der Puritaner zum Militärischen. Beten und Kämpfen lagen für sie dicht beieinander. Ihre vom Alten

Testament geprägte Sprache strotzte von militärischen Bildern. Die Puritaner, die sich selber «the godly» nannten, definierten sich geradezu
durch den Gegensatz zu den «ungodly» und führten unaufhörlich Krieg
gegen die Sünde. Den Konflikt mit dem Katholizismus deuteten sie als
Entscheidungskampf gegen den Antichrist. Schwert und Bibel waren,
wie Carlyle gesagt hat, die «wahren Embleme des Puritanismus». Selbst
das Verhältnis der Puritaner zu Gott, mit dem sie im Gebet «rangen» (das
Wort «wrestle» kommt auch in Cromwells Reden häufig vor), hatte eine
kämpferische Komponente.[5]

Der Kommandeur Cromwell war nicht nur selber primär religiös moti-
viert, sondern hat auch von Anfang an die Religion in den Dienst des
Krieges gestellt und bei der Rekrutierung sowie der Beförderung seiner
Soldaten «gottesfürchtige Männer» bevorzugt. Es war seine Überzeugung, «daß derjenige, der am besten betet, am besten kämpfen wird».[6]
Hinzu kam die Einsicht, den Mangel an Gentlemen in den eigenen Reihe
ausgleichen zu müssen. In einer späteren Rede erinnerte sich Cromwell
daran, zu Beginn des Bürgerkrieges gesagt zu haben, man müsse den jüngeren Söhnen der Gentry in der royalistischen Armee auf der eigenen Seite Männer mit «spirit» entgegensetzen, keine Söldnertypen. Er selber
habe gottesfürchtige Männer rekrutiert, «die sich ein Gewissen aus dem
machten, was sie taten».[7] Mit einer sozialen Vorurteilslosigkeit, die frag-
los mit seiner eigenen gesellschaftlichen Stellung vor dem Bürgerkrieg
zusammenhing, wählte er «fromme ehrliche Männer» unterhalb der Gentry als Offiziere für seine Kavallerie aus. Im August 1643 äußerte Cromwell: «Ich möchte eher einen schlichten, in derben Stoff gekleideten
Hauptmann, der weiß, wofür er kämpft, und der liebt, was er weiß, als
einen, den man Gentleman nennt und der nichts anderes ist.»[8] Die Anwesenheit von «Heiligen» würde außerdem, so seine Erwartung, Gottes
Wohlgefallen erwecken und ihn dazu bewegen, den frommen Soldaten
den Sieg zu schenken. Rückblickend urteilte Cromwell über seinen Entschluß zur Rekrutierung gottesfürchtiger Männer: «Und von diesem Tag
an… wurden sie niemals geschlagen; wo immer sie mit dem Feind
kämpften, schlugen sie ihn ununterbrochen.»[9]

Über Cromwells Kirchenzugehörigkeit und seine religiöse Praxis wis-
sen wir erstaunlich wenig. Es war ein intensiver, aber recht formloser
Glaube, der ihn erfüllte. Er war stets offen für Menschen, die «die Sache
Gottes in sich trugen»,[10] und das befähigte ihn dazu, religiös überzeugte
Männer verschiedener kirchlicher Richtungen in die Armee aufzuneh-
men.

Die Religion erwies sich jedoch auf der Seite des Parlaments nicht nur
als eine stärkende, sondern auch als eine spaltende Kraft; mit der Forderung nach Gewissensfreiheit kam sehr bald eine Frage auf die Tagesordnung, die das parlamentarische Lager tief zerklüftete. Zunächst setzte
freilich der im Sommer 1643 vom Parlament zum Befehlshaber der Armee

der *Eastern Association* ernannte Earl of Manchester ebenso wie sein Generalleutnant Cromwell auf die religiöse und moralische Qualifikation seiner Soldaten.[11] Dadurch wurde sein Heer zum Sammelpunkt von Sektenanhängern und Independenten, die im Unterschied zu den Presbyterianern die Autonomie der einzelnen Kongregationen forderten und eine religiöse Zwangsorganisation ablehnten. Einfache Soldaten predigten in Dorfkirchen und hielten ihre Versammlungen ab. Gegen sie gingen jedoch presbyterianische Offiziere vor. Den Anlaß lieferten gelegentliche Exzesse der Soldaten, die z. B. in einer Kirche ein Pferd mit Urin tauften.

Es war offenbar die Unduldsamkeit der Presbyterianer, die Cromwell zu dem Entschluß veranlaßte, presbyterianische Offiziere aus der Armee der *Eastern Association* herauszudrängen und einen entsprechenden Druck auf Manchester auszuüben. Manchester warf jedoch nun seinerseits Cromwell vor, Männer niederer Herkunft zu Offizieren gemacht und eine Menge Leute versammelt zu haben, die sich die «Frommen» nannten und von denen einige vorgaben, Offenbarungen zu haben.[12] Er war überdies aufgrund der religiösen Konflikte in seiner Armee im Herbst 1644 zu der Schlußfolgerung gelangt, daß der Krieg im Interesse des religiösen Friedens durch eine Verständigung mit dem König beendet werden müsse. Diese Haltung bestimmte fortab Manchesters Kriegführung, die sich durch Passivität auszeichnete. Der bewußte Verzicht auf einen entscheidenden Sieg überzeugte die Parlamentsmehrheit von der Notwendigkeit, eine neue, nationale Armee zu bilden.[13]

Diese *New Model Army*, die 1644 in einer für die Parlamentspartei kritischen Situation aus verschiedenen Armeen des Parlaments gebildet wurde, entsprach mit ihrer entschiedenen Kriegführung gegen den König den Vorstellungen Cromwells und wurde zur Grundlage seiner Machtstellung. Dabei hätte er ihr eigentlich gar nicht angehören dürfen. Eine *Self-denying Ordinance*, die Cromwell selber im Unterhaus unterstützt hatte, bestimmte nämlich, daß Angehörige des Parlaments keine Führungsstellungen in der Armee bekleiden durften. Diese Verordnung bot einerseits die Möglichkeit, sich inkompetenter oder den Krieg nur halbherzig führender Generale (wie der Mitglieder des Oberhauses, Essex und Manchester) zu entledigen; sie sollte andererseits den Vorwurf entkräften, Parlamentariern sei aus Eigeninteresse an der Fortführung des Krieges gelegen.

Das Erstaunliche ist, daß ausgerechnet Cromwell von dieser Vorschrift ausgenommen wurde. Es gehört zu den vielen Rätseln in Cromwells Laufbahn, daß man nicht weiß, ob er dies so gewollt hatte oder ob andere ihn wegen seiner militärischen Tüchtigkeit für unentbehrlich hielten. Jedenfalls wurde er, zunächst befristet, Generalleutnant der Kavallerie der *New Model Army* und Stellvertreter ihres Oberkommandierenden Fairfax. Einen Tag vor der Schlacht von Naseby (14. Juni 1645), die den

Ausgang des ersten Bürgerkriegs entschied, stieß er mit 600 Kavalleristen und Dragonern der Armee der *Eastern Association* zur *New Model Army*, was deren Moral wesentlich stärkte. Erst danach konnte der Widerstand des Oberhauses gegen seine unbefristete Ernennung überwunden werden.[14]

Die *New Model Army* erkämpfte für das Parlament Siege, entfernte sich jedoch in ihrem Geist immer mehr von der presbyterianischen Mehrheit des Parlaments. Auch wenn ihr anfangs viele gepreßte Soldaten angehörten, wurde sie rasch zu einer «betenden Armee». Der Geistliche William Dell sah in ihr sogar eine «gathered church», wie sie den Independenten als Kirchenideal vorschwebte. Der «fromme Eifer» der Soldaten wurde von independentischen Armeegeistlichen geschürt, die gewissermaßen die religiösen Politkommissare der *New Model Army* waren.[15]

Aus dieser Armee kam die Forderung nach Gewissensfreiheit, die besonders von ihrem stellvertretenden Oberbefehlshaber Cromwell vertreten wurde. Mit drohendem Unterton forderte er nach der Schlacht von Naseby das Parlament auf, denen, die ihr Leben für die Freiheit des Landes einsetzten, nicht die Freiheit des Gewissens vorzuenthalten.[16] Hier tat sich ein Gegensatz zur Parlamentsmehrheit auf, zu dem 1647 noch ein weiterer Konfliktstoff im Zusammenhang mit der geplanten Auflösung der Armee hinzukam. Die Majorität des Parlaments wollte ganz offensichtlich nicht nur die materiellen und rechtlichen Belange der Soldaten (ihre Forderung nach Zahlung des rückständigen Soldes und nach Straffreiheit für im Krieg begangene Handlungen wie die Beschlagnahme von Pferden) unberücksichtigt lassen, sondern suchte auch, Truppenverbände gegen die *New Model Army* zusammenzufassen.[17] Außerdem setzte Ende Juli 1647 eine konterrevolutionäre Bewegung in London das Parlament unter Druck und stärkte diejenigen Parlamentarier, die um jeden Preis einen Ausgleich mit dem König suchten. Die Armee sah sich aus Gründen ihrer eigenen Sicherheit gezwungen, gegen das Parlament vorzugehen. Sie besetzte am 6. August 1647 London und schloß 11 presbyterianische Abgeordnete aus dem Unterhaus aus.

Die Gegensätze und Konflikte dieser Periode englischer Geschichte erscheinen oft wie eine Bestätigung des Bildes vom Naturzustand, das Hobbes gezeichnet hat. Die Akteure wurden zum großen Teil von dem Streben nach Sicherheit geleitet, und man kann als Sicherheitsradikalismus bezeichnen, was die Englische Revolution von Anfang an vorangetrieben hat.[18] Das von praktischen Erwägungen bestimmte Handeln wurde jedoch jeweils durch eine radikale Ideologie ergänzt. Das gilt auch für die politische Intervention der Armee im Sommer 1647, die von einem unter dem Einfluß der demokratischen Levellers stehenden, von Soldatenräten verbreiteten Radikalismus begleitet wurde, der in den berühmten Debatten in der Kirche von Putney im Herbst 1647 seinen markantesten Ausdruck fand. In diesen Debatten wurden eine demokratische

Neuordnung Englands auf der Grundlage eines *Agreement of the People* anvisiert sowie die Abschaffung von Monarchie und Oberhaus gefordert. Daß die Verteidigung der materiellen Interessen der Armee so rasch ins Grundsätzliche umschlagen konnte, hatte mit der Rekrutierung und der Gesinnungspflege der *New Model Army* zu tun. Was von Cromwell und anderen Offizieren unternommen worden war, um die Kampfkraft der Armee zu steigern, trat ihnen nun in Form eines erheblichen Selbstbewußtseins selbst einfacher Soldaten gegenüber und schlug gleichsam gegen die «Grandees» (die «Großkopfeten»), wie die Levellers sie nannten, zurück.

Der im Frühjahr 1648 ausbrechende zweite Bürgerkrieg ließ die Gegensätze innerhalb der Armee vorübergehend in den Hintergrund treten, gab aber den Radikalen starken Auftrieb. Karl I. hatte nach einer unter den Soldaten weitverbreiteten Vorstellung das Gottesurteil des ersten Bürgerkrieges mißachtet. Er wurde als «Blutmensch» bezeichnet, dessen Bestrafung notwendig sei, wenn man nicht Gottes Zorn über das ganze Land heraufbeschwören wolle. In einer dem Unterhaus am 20. November 1648 überreichten Erklärung der Armee wurde gefordert, «daß König Karl als der hauptsächliche große Urheber unserer jüngsten Wirren rasch der Gerechtigkeit zugeführt werden möge».[19] Am 6. Dezember 1648 gingen die Militärs zum zweiten Mal – ungleich drastischer als das erste Mal – gegen das Parlament vor, indem sie durch Soldaten unter Führung des Obersten Pride mehr als 100 presbyterianische Abgeordnete am Betreten des Unterhauses hinderten. Diese Säuberung sollte den bevorstehenden Vertrag zwischen Parlament und König, der auf Kosten der Armee erfolgt wäre, verhindern und die Einführung eines presbyterianischen Kirchensystems unmöglich machen.

Cromwell, der seit September 1648 bei der Belagerung von Pontrefact im Norden Englands mitwirkte, war an den Beratungen der Armeeführung, die der Säuberung des Parlaments vorausgingen, nicht beteiligt gewesen. Er wurde Ende November 1648 von Fairfax aufgefordert, ins Hauptquartier zu kommen, und traf erst einen Tag nach «Pride's Purge» dort ein. Das ist eine der nicht seltenen Krisensituationen, in denen Cromwell «entweder abwesend war oder eine höchst unklare Rolle spielte».[20] Man hat diese auffällige Tatsache oft als Beweis für seine Perfidie angeführt, doch hing sie eher damit zusammen, daß Cromwell zumeist lange Zeit brauchte, bis er zu einem Entschluß gelangte. An der Jahreswende 1648/49 bestand dieser dann darin, unmittelbar gegen den König vorzugehen. Cromwell, der so lange zur politischen Zurückhaltung der Armee gemahnt hatte, wurde zur treibenden Kraft bei der Anklageerhebung gegen Karl I.

Der für Cromwell charakteristische Umschlag von langen Phasen des Zögerns zu abruptem Handeln läßt sich möglicherweise psychologisch erklären, wobei man sich auf die dem jungen Cromwell von einem Arzt gestellte Diagnose «valde melancholicus» stützen und in seinem Verhalten das Muster manisch-depressiven Handelns ausmachen kann. Nach Cromwells eigenem Selbstverständnis war jedoch dieser Rhythmus von Abwarten und Entscheiden durch den Blick auf Gott bedingt. Er gehörte zu dem unter Puritanern besonders verbreiteten Providentialismus, der den wichtigsten Schlüssel zum Verständnis dieses komplexen, in vieler Hinsicht so rätselhaften Mannes liefert.[21]

In Cromwells Providentialismus verknüpften sich verschiedene Elemente: die Überzeugung, daß England Gott besonders nahe stehe; die Gewißheit, daß die Armee sein Werkzeug sei und ihre Siege seine Siege darstellten; schließlich als eigentlicher Kern providentialistischer Sicht die Vorstellung, Gott mache durch Zeichen und insbesondere durch die Schaffung von Zwangssituationen die von ihm gewünschte Richtung deutlich. Eine Folge dieser transzendentalen Orientierung war nicht nur der bereits erwähnte, für Cromwell typische Wechsel von Abwarten und abrupten Entscheidungen, sondern auch ein fundamentaler Gestaltungsmangel, eine gewisse Gleichgültigkeit gegenüber politischen und religiösen Formen, eine Passivität und Offenheit für gottgewollte Wendungen und Veränderungen, die sich mit dem Begriff des providentiellen Attentismus charakterisieren läßt. Diese Haltung hat Cromwell 1657 selber auf die (schlechthin unübersetzbare) Formel gebracht: «I in all things wait as a person under the disposition of the providence of God.»[22]

Cromwell war unerschütterlich davon überzeugt, daß die Engländer ein von Gott auserwähltes Volk seien, Gott für dieses Volk einen Plan habe und er selber mit der Armee in diesem eine wichtige Rolle spiele. Es gelang ihm, der Armee diese Überzeugung weitgehend zu vermitteln, und für seine Anhänger wurde Cromwell der Führer in das Gelobte Land. Mit keiner biblischen Figur wurde er so oft verglichen wie mit Moses.[23]

Die Bestätigung für Cromwells Überzeugung und den Nährboden für ihre Verbreitung bildeten seine Siege. Daß Cromwell als Befehlshaber wohl kritische Situationen, aber nie eine Niederlage erlebte, mußte seine und seiner Anhänger Gewißheit stärken, ein Werkzeug Gottes zu sein. Als wirklicher Urheber dieser Siege wurde Gott betrachtet. Daß Gott allein der Ruhm für seine unaussprechliche Gnade gebühre, war das Leitmotiv der Schlachtenberichte, die Cromwell schrieb.[24] Gelegentlich erscheint Gott sogar als der eigentliche Befehlshaber. So erklärte Cromwell bei den Beratungen des Generalrats der Armee über die Entsendung von Truppen nach Irland im März 1649: «Es spielt keine Rolle, wer unser Oberkommandierender ist, wenn Gott es ist.»[25]

In der Bescheidenheit, die alle Verdienste an militärischen Erfolgen Gott zuschrieb, lag letztlich Anmaßung. Cromwell reklamierte Gott für sich und seine Armee. Die Selbsterniedrigung war in Wahrheit eine Selbsterhöhung, und man begreift bei der Lektüre mancher seiner

Demutswendungen, weshalb die Puritaner ihren Zeitgenossen so oft auf die Nerven gingen. Auch wurde der göttliche Beistand noch besonders betont, indem Cromwell die eigene militärische Stärke verschleierte. Dadurch rückten seine Siege in den Bereich göttlicher Wunder. So schrieb er zum Beispiel über die Schlacht von Naseby an einen Parlamentsabgeordneten: «... als ich den Feind sich formieren und in vorzüglicher Schlachtordnung auf uns zukommen sah, und wir ein Haufen armer unwissender Menschen..., da konnte ich nur Gott in Lobpreisungen und in der Gewißheit des Sieges anlachen, denn Gott würde durch Dinge, die nicht sind, Dinge, die sind, in Nichts verwandeln.»[26] Aus dieser Beschreibung der Schlachtenlage würde man kaum herauslesen, daß das Parlamentsheer aus nahezu 15 000 Soldaten bestand, die auf Vorschlag Cromwells auf einer Anhöhe günstig plaziert waren, und die Armee des Königs nur etwa drei Fünftel dieser Zahl umfaßte.[27] Es läßt sich in diesem Zusammenhang geradezu von einem artifiziellen Providentialismus Cromwells sprechen, da die Ereignisse in weit stärkerem Maße als übernatürlich und wundersam erscheinen, als sie es verdienen.

Durch die Minimierung der eigenen Stärke und den ständigen Bezug auf Gott, vor dem alles klein, dürftig und ohnmächtig erscheint, erhielt die Sprache Cromwells oft etwas Unwirkliches. Die Worte besagen im «Cromwellspeak» das Gegenteil dessen, was die Realität erdrückend erkennen läßt. Aus einer mächtigen, wohlausgerüsteten Armee werden eine «poor army», eine «company of poor men» oder «poor contemptible men» – ständig bei ihm wiederkehrende Formulierungen. Diese Art der Darstellung strich den Beistand Gottes heraus, entsprach aber auch einem puritanischen Topos, wonach Gott sich mit Vorliebe schwacher, kläglicher Instrumente für seine Werke bediente, um seine Macht um so deutlicher hervortreten zu lassen.

Die Absicht Gottes ließ sich nach Cromwell einerseits aus einer «chain of providences» ablesen. Aufeinanderfolgende und insbesondere gegen menschliches Ermessen erfochtene Siege enthielten eine klare göttliche Botschaft. Andererseits trat die Vorsehung auch in Zwangslagen in Erscheinung, in denen die Menschen zu ursprünglich unbeabsichtigten und unvorhergesehenen Handlungen gezwungen wurden. Eine solche Situation ergab sich für Cromwell durch die Notwendigkeit der Beseitigung Karls I., mit dem jeder Versuch eines Ausgleichs gescheitert war.

Noch im Herbst 1647 hatte Cromwell auf eindeutige Zeichen Gottes gewartet und vor Übereilung gewarnt. An diejenigen, die unmittelbar gegen den König und das Oberhaus vorgehen wollten, richtete er in Putney die Aufforderung, nichts anzustreben, was noch nicht klar als Wille Gottes erkennbar sei. Sie sollten warten, bis sie ihr Vorhaben ausführen konnten, ohne Sünde auf sich zu laden und den Namen Gottes zu beflecken: «Gott wird uns dahin führen, wo sein Weg sein wird.»[28] Ließ Cromwell mit seinen zögernden und abwägenden Worten damals bereits erkennen, daß er sich selber für radikale Lösungen offenhielt und ihnen zuneigte, so wurde er wie viele andere durch den zweiten Bürgerkrieg noch stärker in eine entschiedene Richtung gedrängt. Nach der Schlacht von Preston am 20. August 1648 richtete Cromwell an den Speaker des Unterhauses Worte, in denen die puritanische Ablehnung der Kreaturvergötterung vehement destruktive Formen annahm und in denen sich bereits ein Hinweis auf das Vorgehen gegen den König erkennen läßt. Cromwell schrieb über seinen Sieg: «Gewißlich, Sir, dies ist nichts als die Hand Gottes, und wo immer irgend etwas in dieser Welt erhöht wird oder sich selbst erhöht, Gott wird es niederreißen, denn dies ist der Tag, wo Gott allein erhöht sein will.»[29] Das Scheitern eines allerletzten Versuchs der Verständigung mit Karl I. scheint Cromwell dann schließlich von dem eindeutigen Willen Gottes überzeugt zu haben. Daß er selber der Beseitigung des Königs so lange widerstrebt hatte, rechtfertigte es in seinen Augen, sie jetzt um so entschiedener zu betreiben.

Die Levellers mit ihren demokratischen Ideen von der treuhänderischen Gewalt der Machtträger hatten keine Schwierigkeiten, den Prozeß gegen Karl I. mit politischen Argumenten zu begründen. Cromwell dagegen, der innerlich mit der bestehenden Ordnung verbunden und kein Demokrat war, blieb nur die Möglichkeit, einschneidende Neuerungen auf Gott zurückzuführen und das Vorgehen gegen den König providentiell zu rechtfertigen. Der Providentialismus, der sich seit 1648 mit chiliastischen Vorstellungen verband, war seine den Traditionalismus durchbrechende revolutionäre Ideologie – aber es war eine eigentümlich passive Ideologie. In einer Unterhausrede vor der Eröffnung des Prozesses gegen Karl I. erklärte er, wenn irgend jemand dies mit Absicht hätte herbeiführen wollen, würde er ihn für den größten Verräter der Welt halten, «aber da die Vorsehung und Notwendigkeit sie darauf geworfen» hätten, müsse er zu Gott beten, ihre Beratungen zu segnen.[30] Die Formulierung, die Cromwell benutzte, legte den Vergleich mit einem Schiffbrüchigen nahe, der den Elementen ausgeliefert ist und keinen Einfluß auf die Wahl des Ortes hat, wo er an Land getragen wird. Diese Sicht bedeutete eine erhebliche Entlastung von der Verantwortung für das eigene Handeln. Als der eigentliche Akteur erscheint hier, wie bei den Schlachtensiegen, Gott.

Es war nicht so, daß Cromwell die aus Gründen der Notwendigkeit unter dem Druck der Ereignisse vollzogenen Handlungen einfach religiös überhöhte, um ihnen einen höheren Rang zuschreiben zu können;[31] er glaubte vielmehr, daß sich im Handeln unter Zwang der göttliche Wille manifestierte. «Providence» und «necessity» gehörten zusammen. Je passiver und widerstrebender die an den Entscheidungen Beteiligten bis zuletzt gewesen waren, um so berechtigter war ihr Handeln und um so reiner trat die Absicht Gottes darin in Erscheinung. Genuine Zwangslagen kamen von Gott und waren eine Art göttlicher Wegweisung. Zwar war sich Cromwell der Tatsache bewußt, daß solche «necessities» auch von Menschen zu ihrem eigenen Vorteil und zur eigenen Erhöhung geschaffen werden konnten und man ihm vorwarf, das getan zu haben. Das zeigen zwei seiner Reden aus den Jahren 1654/55. Er wies jedoch diese Anklage zurück und drohte denen, die Gottes Tun als Menschenwerk denunzierten und seine «Revolutionen» auf menschliches Planen zurückführten, mit der göttlichen Strafe für Blasphemie. Immerhin scheint er sich frühzeitig des Potentials bewußt gewesen zu sein, das ungeplante Wendungen für seinen eigenen Aufstieg in sich bargen. Darauf verweist der ihm zugeschriebene Satz aus dem Jahr 1647: «Niemand steigt so hoch wie der, der nicht weiß, wohin er geht.»[32]

Der Vorsehungsglaube Cromwells war seine Stärke und zugleich seine Schwäche. Er gab ihm einerseits die Überzeugung, ein Werkzeug Gottes zu sein, dessen Willen zu vollstrecken und über den göttlichen Beistand zu verfügen. Er führte ihn jedoch andererseits dazu, stets auf die Zeichen Gottes zu achten, wodurch seine Politik etwas Planlos-Improvisiertes erhielt. Vorausschauende Planung wäre «fleischlich» und Eigenmächtigkeit gegenüber Gott gewesen. Die für Cromwell typische Improvisation nach eruptiven Handlungen war gleichsam ein Unschuldsbeweis und schützte vor dem Vorwurf egoistischer Interessenpolitik. Keinen Plan zu haben, bedeutete, Gott die Führung zu überlassen und als sein Instrument zu handeln. Damit wirkte der Providentialismus politischer Gestaltung entgegen – wie überhaupt die der Religion zugewiesene Priorität eine gewisse Distanz zur politischen Ordnung nahelegte. Waren nicht, so fragte Cromwell in den Putney-Debatten, Formen der Regierung nur «Unrat und Dung im Verhältnis zu Christus?»[33]

Cromwell und die Regime des Interregnums

Was immer seine persönlichen Ambitionen gewesen sein mögen, Cromwells Stellung wurde nach der Hinrichtung des Königs und der Einführung der Republik gestärkt. Er war der erste Vorsitzende des Staatsrates, der am 17. Februar 1649 vom Unterhaus eingesetzt wurde. Er wurde vom Parlament zum Oberkommandierenden eines Expeditionsheeres in Irland ernannt, nachdem er im Frühjahr 1649 – von den Levellers beeinflußte – Meutereien in der Armee niedergeschlagen hatte. Cromwells Kriegführung in Irland zeichnete sich durch eine für ihn untypische Grausamkeit aus. Sie erklärt sich daraus, daß der Krieg dort in besonderem Maß den Charakter eines Religionskrieges besaß und die Erbitterung der Engländer über die von den Iren bei ihrem Aufstand im Jahre 1641 verübten Greueltaten groß war. Auch glaubte Cromwell, durch einen gleich am Anfang erzielten Abschreckungseffekt den Krieg verkürzen zu können.

Nach seiner Rückkehr nach England im Juni 1650 wurde Cromwell auch zum Oberkommandierenden der Truppen im Krieg gegen die

Schotten ernannt, die den ältesten Sohn Karls I. als Karl II. zum König ausgerufen hatten. Fairfax, der bereits zu dem Prozeß gegen Karl I. auf Distanz gegangen war und es vermieden hatte, sich eidlich auf das neue Commonwealth ohne König und Oberhaus zu verpflichten, war nicht bereit gewesen, dieses Kommando gegen die ehemaligen Alliierten zu übernehmen.

Vor allem im Krieg gegen Schottland und Karl II. erwies sich Cromwell als einfallsreicher Stratege. Ihm und der Armee dienten spektakuläre Siege jedoch in erster Linie als Bestätigung der Überzeugung, Gottes Werkzeuge zu sein. Besonders die Schlacht von Dunbar am 3. September 1650 mußte als eine Art göttliches Wunder erscheinen. Sie wurde aus einer ungünstigen Position heraus gegen einen zahlenmäßig weit überlegenen Feind gewonnen; 3000 Toten und 10 000 Gefangenen auf schottischer Seite standen nur zwanzig Tote bei den Engländern gegenüber.[34]

Die Beendigung des Krieges mit der Schlacht von Worcester am 3. September 1651 bedeutete, daß Cromwell und die Armee sich wieder mehr den innenpolitischen Problemen zuwenden konnten. Dazu gehörten vor allem die Erneuerung des Parlaments und die Rechtsreform. Den Militärs mißfiel, daß die Parlamentarier einfach ihre Macht prolongierten und nichts taten, um das Recht einfacher, humaner und zugänglicher zu machen. Ihr Drängen auf Neuwahlen führte schließlich dazu, daß das Parlament zur Verabschiedung eines Wahlgesetzes schritt. Dies ging der Armee jetzt allerdings zu schnell; sie sah sich übergangen. Cromwell löste am 20. April 1653 das Rumpfparlament auf.

Die Vorgänge um die gewaltsame Auflösung des Parlaments sind nicht eindeutig geklärt, da die Vorlage des Wahlgesetzes nicht erhalten ist, die Cromwells Einschreiten provozierte. Klar ist nur, daß wiederum Sicherheitserwägungen den Ausschlag gaben. Die nur unzureichend kontrollierte Zulassung von Presbyterianern und Royalisten zu den Wahlen hätte die Armee und das von ihr verfochtene Prinzip der Gewissensfreiheit bedroht. Offenbar sollten nach dem Gesetzesentwurf überdies Militärs von der Mitgliedschaft im neuen Parlament ausgeschlossen sein und dachte man an eine starke Reduzierung des Heeres.[35] Unbestreitbar ist, daß mit dem abrupten Vorgehen Cromwells der letzte «Fetzen der Legalität» hinweggezogen wurde, mit dem die Armee «bis dahin ihr Handeln bedeckt hatte».[36]

Nach der Auflösung des Rumpfparlaments war Cromwell der auf die Macht der Armee gestützte Souverän.[37] Charakteristisch für den in England bereits eingeschliffenen Konstitutionalismus und die Selbstverständlichkeit parlamentarischer Versammlungen ist jedoch die Tatsache, daß er in diesem Augenblick und auch später immer wieder vor der Ausübung nackter Gewalt zurückscheute. Die Institution, die sich der Souverän Cromwell an die Seite stellte, war ein Nominiertes Parlament. Seine Mitglieder wurden vom Offiziersrat unter Mitwirkung independentischer Kirchen ernannt. Diese Versammlung wird auch oft als «Parlament der Heiligen» oder (nach dem Namen eines seiner Mitglieder) verächtlich als «Barebone's Parliament» bezeichnet. Ihr gehörten auch schottische und irische Mitglieder an, womit sie das erste britische Parlament darstellte.

Die Bildung des Nominierten Parlaments war eine durch den Druck der Umstände erzwungene Verlegenheitslösung. Mit ihr versuchten Cromwell und seine Offiziere, sich einerseits vor der Konfrontation mit einem ihnen feindlich gesinnten, gewählten Parlament zu schützen. Die Sache Gottes durfte, so Cromwell, nicht in die Hände böser Männer fallen. Andererseits wollte man «das Schwert von der Macht und Autorität in der Zivilverwaltung» befreien. Die Notlösung verband sich bei Cromwell, der zu diesem Zeitpunkt von Generalmajor Harrison und den chiliastischen Anhängern der «Fünften Monarchie» beeinflußt war, mehr noch als 1648/49 mit hochgespannten Erwartungen. «Necessity» schien diesmal sogar das Wort der Schrift zu erfüllen, das Tor zu den letzten Dingen aufzustoßen und die Rückkehr des Herrn vorzubereiten. Cromwell rief den Mitgliedern des Nominierten Parlaments zu: «Ihr seid wahrhaft durch Gott berufen, um mit ihm und für ihn zu herrschen»; «und warum sollten wir uns fürchten, zu sagen oder zu denken, daß dies die Tür sein kann, um Dinge einzuführen, die Gott versprochen und prophezeit hat...?» Man stehe an der Schwelle; noch nie habe man sich so zu Christus bekannt wie an diesem Tag. Cromwell zitierte aus dem 110. Psalm: «Dein Volk stellt sich willig an Deinem Heertag.»[38]

Das Unvorhersehbare an diesen Vorgängen ebenso wie die Passivität der an ihnen Beteiligten erschienen Cromwell auch in diesem Fall als Beweis für göttliches Wirken. Er erklärte: «Wenn jemand jeden einzelnen von euch fragen und einen Eid auf die Bibel darauf leisten lassen würde, so würdet ihr es wagen zu schwören, daß ihr weder direkt noch indirekt gesucht habt, hierherzukommen. Ihr seid passiv bei eurem Erscheinen hier gewesen..., bedenkt die Umstände, durch die ihr hierher gerufen wurdet, durch welche Schwierigkeiten, durch welches Ringen, durch welches Blut hindurch, ihr hierhergekommen seid – wo weder ihr noch ich noch irgendein Lebender vor drei Monaten gedacht haben würde, eine solche Versammlung zu sehen, die die oberste Autorität dieser Nation auf sich nimmt oder – genauer – die dazu berufen wurde.»[39]

Cromwells religiöse Radikalisierung hatte ihn auf eine vage Weise für Veränderungen offen gemacht. Der bestehenden Sozialordnung jedoch blieb er eng verhaftet. Man hat geradezu von einer «ideologischen Schizophrenie» (Blair Worden) gesprochen, wobei ein religiöser Radikalismus und ein sozialer Konservatismus nebeneinanderstanden. Das zeigt sich nirgendwo deutlicher als im Zusammenhang mit dem Nominierten Parlament. Als nämlich das mit überschwenglichen religiösen Erwartungen begrüßte Gremium daranging, in die Eigentumsrechte einzugreifen, war es mit Cromwells Begeisterung vorbei. Das Vorgehen einiger Mitglieder der Versammlung gegen den kirchlichen Zehnten ließ ihn mit den Konservativen des Nominierten Parlaments gemeinsame Sache machen. Er nahm am 12. Dezember 1653 die informelle Selbstauflösung der konservativen Mehrheit der Versammlung an und ließ die übrigen Mitglieder, die weitertagen wollten, auseinandertreiben.

Der nächste Versuch, Cromwells Herrschaft mit einem repräsentativen Element zu kombinieren und sie konstitutionell einzubinden, näherte sich wieder traditionellen Formen an. Cromwell nahm am 16. Dezember 1653 das von Generalmajor John Lambert ausgearbeitete *Instrument of Government* für das «Commonwealth von England, Schottland und Irland» an. Aufgrund dieser Verfassung wurde Cromwell auf Lebenszeit *Lord Protector* – ein Amt, das es in England dem Namen nach in der Vergangenheit in Zeiten der Minderjährigkeit von Monarchen gegeben hatte. Ihm zur Seite standen ein *Council* und befristete Parlamente, in denen der Einfluß der Regierung geringer war und das Wahlrecht sowie die Sitzverteilung rationaler gestaltet waren als zu irgendeinem anderen Zeitpunkt der englischen Geschichte vor 1832.

Die Neuordnung vom Dezember 1653 erfolgte in Form einer oktroyierten Verfassung, wobei das Bewilligungsrecht des Parlaments eingeschränkt und die Finanzierung einer Armee von 30 000 Mann sowie einer ausreichenden Zahl von Schiffen ohne parlamentarische Zustimmung vorgesehen war. Auch wurde eine feste Summe in Höhe von 200 000 Pfund für die Zivilverwaltung festgesetzt. Ein Parlament sollte wenigstens alle drei Jahre gewählt werden und mindestens fünf Monate tagen. Politische Beschränkungen beim aktiven und passiven Wahlrecht sowie eine zusätzliche Kontrolle durch die Exekutive bei der Zulassung gewählter Abgeordneter sollten verhindern, daß dem Regime ein feindlich gesinntes Parlament gegenüberstand.

Das erste Protektoratsparlament, das Anfang September 1654 zusammentrat, begab sich jedoch sogleich an die Demontage des *Instrument of Government* und machte dabei auch nicht vor den von Cromwell für unverzichtbar erklärten «fundamentals» halt. Die Auseinandersetzung war so heftig, daß Cromwell die Parlamentarier sogar verdächtigte, sie verweigerten der Regierung Geldmittel, um die Armee zu zwingen, direkt aus dem Land zu leben und sich damit bei der Bevölkerung verhaßt zu machen. Nach seinen Erfahrungen mit dem ersten Protektoratsparlament, das kein einziges Gesetz verabschiedete und von Cromwell am 22. Januar 1655 zum verfassungsmäßig frühestmöglichen Zeitpunkt aufgelöst wurde, fand er sogar lobende Worte für das Lange Parlament und schien dessen Auflösung zu bereuen.[40]

Der Parlamentsauflösung vom Januar 1655 folgte eine Phase kaum verschleierter Militärherrschaft. Cromwell teilte das Land in elf Distrikte auf, die er jeweils Generalmajoren als «kommissarische(n) Diktatoren» unterstellte.[41] Sie wachten über die Moral der Bevölkerung, befehligten die neugebildete Miliz und trieben die zu deren Finanzierung eingeführte zehnprozentige Sondersteuer auf das Eigentum von Royalisten ein, die nicht nur bei den Betroffenen weithin verhaßt war.

Daß Cromwell von dem Versuch eines konsensorientierten Konstitutionalismus abging, hatte mehrere Ursachen. Die mangelnde Kooperationsbereitschaft des ersten Protektoratsparlaments, ein royalistischer Aufstand in Wiltshire, vor allem aber die Mißerfolge eines militärischen Unternehmens in der Karibik, das an eine dreißigjährige antispanische Politik der Puritaner anknüpfte, trugen zu diesem Entschluß bei.[42] Cromwell war durch diesen Fehlschlag erschüttert und erblickte in der Niederlage von St. Domingo eine Strafe Gottes für englische Sündhaftigkeit. Er zog daraus den Schluß, die «godly reformation» nicht nur bei den Truppen an Ort und Stelle, sondern auch in England durchsetzen zu müssen; dies erklärt die Einsetzung der Generalmajore, die u. a. Hahnenkämpfe sowie Pferderennen verboten und gegen Wirtshäuser vorgingen.[43]

Cromwells Entscheidung erfolgte in einer Atmosphäre, in der die Furcht vor den Machenschaften des Papsttums und die Erwartung eines allgemeinen europäischen Religionskrieges verbreitet waren. Auch dies trug dazu bei, daß Cromwell mit einer Rücksichtslosigkeit handelte, die ihm gemeinhin fremd war. Seine Erklärung aus dieser Zeit, «der oberste Magistrat» dürfe «nicht an die gewöhnlichen Regeln gefesselt» sein,[44] erinnert an das persönliche Regiment Karls I., nur daß Cromwell ungleich größere Machtmittel zur Verfügung standen, als sie der König je besessen hatte.

An dem Punkt der stärksten Annäherung an eine Militärdiktatur zeigten sich jedoch die prägende Kraft der englischen Verfassungstradition und die konservative Seite Cromwells. Er schwenkte von einem minoritären Reformautoritarismus zurück zu dem Versuch eines konsensorientierten Konstitutionalismus. Cromwell distanzierte sich von dem System der Generalmajore und steuerte Ende 1656 wieder ein «settlement» an. Den versammelten Offizieren erklärte er in einer Rede am 17. Februar 1657, es sei an der Zeit, das willkürliche Vorgehen, das der Nation so inakzeptabel sei, zu beenden.[45] Dieser Kurswechsel stieß auf Verständigungsbereitschaft bei Teilen der Oberschichten, die sich nicht nur der politischen Mitsprache im Zentrum der Macht beraubt sahen, sondern durch die Herrschaft der Generalmajore auch in ihrer dominierenden Stellung in den Grafschaften bedroht waren.

Die politischen Schwierigkeiten des Protektoratsregimes hatten zu gänzlich gegensätzlichen Schlußfolgerungen geführt. Auf der einen Seite wurde aus ihnen die Konsequenz gezogen, eine Republik zu errichten, die diesen Namen wirklich verdiente. Quentin Skinner bezeichnet das Jahr 1656 als den «Kulminationspunkt in der Entstehung einer entwickelten republikanischen Theorie der Freiheit und der Regierung in England».[46] Ihre reflektierteste Ausprägung erhielt diese Theorie mit Harringtons Utopie «Oceana», in der Cromwell die Rolle eines Gründers im Sinne Machiavellis zugedacht wurde – wodurch er zugleich erhöht und beiseite geschoben werden sollte. Die zweite, politisch sehr viel gewichtigere Konsequenz bestand darin, die Rückkehr zur Monarchie anzustreben. Eine Mehrheit von Abgeordneten des zweiten Protektoratsparlaments, das am 17. September 1656 zusammentrat und wegen der Nichtzulassung zahlreicher gewählter Abgeordneter weniger intransigent war als das erste, trug Cromwell die Krone im Zusammenhang mit einem neuen Verfassungsprojekt an. Dahinter stand vor allem die Absicht, wieder die Übereinstimmung zwischen Herrscher und Common Law herzustellen. Das englische Recht, gab man Cromwell zu verstehen, kenne keinen Protektor. Ein solcher könne sich stets einer rechtlichen Festlegung entziehen und jede Neuordnung bei nächster Gelegenheit wieder verändern. Ein König sei dagegen an das Recht gebunden.[47]

Gegenüber einer Erhebung Cromwells zum König scheinen Legitimitätsskrupel keine große Rolle gespielt zu haben. Besonders die Auseinandersetzung um das Gelöbnis auf das Commonwealth, in der dessen Verteidiger sich auf die De-facto-Herrschaft einer Regierung sowie den durch sie gewährten Schutz berufen hatten, hatte den Nexus von Legalität und Legitimität gelockert. Auch war der Gedanke an einen König Cromwell nicht neu. Bereits 1651 war davon gesprochen worden, Cromwell zum Monarchen zu machen.[48] Der ihm nahestehende Bulstrode Whitelocke berichtet von einem Gespräch im November 1652, in dem Cromwell gefragt habe: «Was, wenn jemand es auf sich nähme, König zu sein?»[49] Der oft gut unterrichtete schwedische Gesandte Coyet meldete im Frühjahr und Sommer 1655 aus London, Cromwell denke daran, sich zum König oder Kaiser machen zu lassen. Der Titel Kaiser bot sich Coyet zufolge an, da der Königstitel durch Gesetz abgeschafft worden war. Der venezianische Gesandte, der im November 1655 ebenfalls von Kaiserplänen berichtete, hielt den Kaisertitel auch deshalb für angebracht, weil Cromwell sich wie die römischen Imperatoren auf die Armee stütze und dieser Titel der Macht seiner Staaten entspreche.[50]

Cromwell entschloß sich im Mai 1657 zwar zur Annahme der *Humble Petition and Advice*, aber zugleich zur Ablehnung der ihm angebotenen Königskrone. Für diese Entscheidung haben Historiker verschiedene Gründe angeführt. Man sah sie vor allem durch die Rücksichtnahme auf die Armee bestimmt, in der die republikanische Idee Wurzeln geschlagen hatte. Nach Ansicht von Barry Coward sollte dagegen die Ablehnung der Krone vor allem signalisieren, daß Cromwell sich bei seinem Drang zur sittlichen Reform im Sinne des Puritanismus keine konstitutionellen Fesseln anlegen lassen wollte.[51] Cromwell selber hat vor dem Parlament am 13. April 1657 zwei Gründe angegeben. Zum einen führte er an, er wolle nicht die «godly» vor den Kopf stoßen, und es sei nun einmal so, daß diese überwiegend den Königstitel nicht «schlucken» könnten. Die Nation müsse auf die «guten Menschen» Rücksicht nehmen, denn sie sei auf deren aufrechte Gesinnung angewiesen. Zum anderen verwies Cromwell auf das Walten der Vorsehung. Gott habe nicht nur die Person und die Familie des Königs, sondern auch den Königstitel «beiseite geschoben», ja «vernichtet». Nach zehn oder zwölf Jahren blutigen Bürgerkrieges habe es die Vorsehung so gefügt. Und diese sei zwar ohne oder gar gegen das Wort Gottes nicht richtungsweisend, aber sie diene in vielen Fällen doch sehr gut zur Auslegung seines Wortes. Was Cromwell mit dieser einschränkenden Bemerkung genau sagen wollte, ist nicht ganz klar. Offensichtlich hatte er jene 1648/49 bei der Abschaffung der Monarchie oft angeführte Bibelstelle aus dem Buch Samuel im Sinn, wonach Gott den Israeliten nur auf deren ausdrückliches Verlangen – und im Zorn – einen König gegeben hatte.[52]

Schließlich darf vermutet werden, daß die providentialistische Begründung, mit der Cromwell im Winter 1648/49 das Vorgehen gegen den König gerechtfertigt hatte, schon mit Rücksicht auf seine Glaubwürdigkeit und Integrität eine Annahme der Krone ausschloß. Sie hätte den Vorwurf seiner Gegner bestätigt, er sei von persönlichem Ehrgeiz geleitet gewesen. Es traf ihn dann ohnehin schwer, daß einige der ihm am nächsten stehenden Offiziere sich von ihm wegen seines Verrats an der «guten alten Sache» abwandten, nachdem er die *Humble Petition and Advice* in modifizierter Form, ohne den Königstitel, angenommen hatte.[53]

Mit dieser Entscheidung setzte sich Cromwell zwischen alle Stühle. Einerseits entzog ihm die Weigerung, die Krone anzunehmen, die Unterstützung derer, die in der Wiedereinführung der Monarchie das Herzstück der Neuregelung gesehen hatten. Andererseits führten die Konzessionen, die er ihnen machte (vor allem die Wiedereinführung eines Oberhauses), zu einem verstärkten Widerstand der Republikaner und zur Abkehr von Gefolgsleuten in der Armee. Auch bedeutete die Schaffung eines Oberhauses eine Schwächung seiner Position im Unterhaus, da viele seiner Anhänger von dort ins Oberhaus transferiert wurden. Die Folge waren eine neuerliche Konfrontation zwischen Parlament und Protektor und die letzte seiner zornigen Parlamentsauflösungen (am 4. Februar 1658).

Cromwell, der in Krisensituationen zu psychosomatischen Störungen neigte, seit mehreren Jahren ohnehin gesundheitlich geschwächt war und von dem Tod seiner Lieblingstochter hart getroffen wurde, erkrankte schwer. Er starb am 3. September 1658 – dem Tag seiner Siege von Dunbar und Worcester. Unter seinem von ihm als Nachfolger bestimmten Sohn Richard zerbrach die Verbindung von Protektor und Armee. Nach einer chaotischen Phase von Regimewechseln, in der sich einzelne Teile der Armee gegeneinander gewandt hatten, erfolgte schließlich die Rückkehr der Stuarts. Am 8. Mai 1660 wurde Karl II. zum König proklamiert. Am 25. Mai landete er mit dem 1655 gebauten Kriegsschiff «Naseby», das rasch in «Royal Charles» umgetauft worden war, in Dover. Drei Wochen später zog er unter dem Jubel der Bevölkerung in London ein.

Die Eigenart der Herrschaft Cromwells

Es bleibt zu fragen, welche Art von Herrschaft Cromwell ausgeübt hat. Dieser Frage nähert man sich am sinnvollsten über den Vergleich mit den eingangs erwähnten «Ersatzmonarchen», die in den großen frühneuzeitlichen Revolutionen an die Spitze gelangten. Man hat bereits Ende des 18. Jahrhunderts Parallelen zwischen dem Regime Napoleons I. und demjenigen Cromwells gezogen. Von Napoleons Herrschaft unterschied sich diejenige Cromwells jedoch durch das Fehlen einer plebiszitären Komponente. Cromwell appellierte nicht an das Volk, sondern an Gott. Das Rumpfparlament schickte er mit den Worten nach Hause: «Im Namen Gottes, geht.» Bei der Auflösung des letzten Protektoratsparlaments erklärte er ausdrücklich, Gott – nicht etwa die Wählerschaft – möge der Richter zwischen ihm und den Parlamentariern sein.[54]

Allerdings werden bei Cromwell bereits Elemente eines «Caesarismus» erkennbar, die später Napoleon I. und Napoleon III. zur Grundlage ihrer Herrschaft machten. So versuchte Cromwell, durch seine außenpolitischen Erfolge, die England auf einen seit dem Mittelalter nicht mehr gekannten Höhepunkt seiner Machtstellung führten, Unterstützung zu gewinnen. Besonders sein Unternehmen in der Karibik stellte einen Versuch dar, innenpolitische und finanzielle Probleme durch Expansion zu lösen.

Als «caesaristisch» ist ebenfalls Cromwells Tendenz zu bezeichnen, sich als Hüter des Eigentums und Retter der Gesellschaft darzustellen. In dem Eid, den er als Protektor ablegte, verpflichtete er sich ausdrücklich zur Eigentumssicherung.[55] Bei der Eröffnung des ersten Protektoratsparlaments erklärte er mit einer Spitze gegen die Levellers, das alte Recht und die gesellschaftliche Ordnung seien in Gefahr gewesen. Männer mit gleichmacherischen Prinzipien hätten Stand und Rang abschaffen, alles einebnen, den Pächtern dasselbe Vermögen verschaffen wollen wie den Grundherren. Cromwell nahm für sich in Anspruch, alles das, was «armen Menschen gefallen» habe und «bösen Menschen nicht unwillkommen» gewesen sei, rechtzeitig beendet zu haben. Die Parlamentarier sollten bedenken, was er ihnen damit erspart habe.[56] Bei der Eröffnung des zweiten Protektoratsparlaments verwies Cromwell wiederum auf die Machenschaften der Levellers, der Republikaner und der Anhänger der «Fünften Monarchie», die auf ein Ende «in Blut und Verwirrung» abzielten.[57]

Cromwell ist es jedoch nicht gelungen, wie Napoleon überzeugend die Rolle eines «Sauveur gegen die Anarchie» (Burckhardt) zu spielen und sich damit eine breite Unterstützung bei den Besitzenden zu verschaffen. Das lag vor allem daran, daß die Englische Revolution im Unterschied zur Französischen Revolution keinen Versuch einer terroristischen Erzwingung der Utopie erlebte. Die Ansätze zu einer radikalen Entwicklung, die es in der Levellerbewegung und in der Armee gab, waren unter führender Beteiligung Cromwells frühzeitig erstickt worden. Cromwell ersparte nach dem Urteil Jacob Burckhardts dem Land «die tiefste Erschütterung und Terreur». Dadurch aber sei er «sich selbst im Wege» gewesen. Er habe damit der Furcht entgegengearbeitet, die der Species Revolutionsgeneral zugute komme und die, «um sich vor sich selbst zu rechtfertigen», so oft in Bewunderung umschlage.[58]

Cromwell konnte auch deshalb nur wenig überzeugend die Rolle eines Retters der Gesellschaft und Beschützers der Besitzenden spielen, weil die von ihm befehligte Armee überwiegend nicht von anderen Ländern, sondern vom englischen Steuerzahler finanziert wurde, ausschließlich ein Produkt der Revolution darstellte und eine Sammelstätte der Sektierer bildete. Gerade diese aber betrachtete man – ihre Bedeutung und Radikalität stark übertreibend – weithin als eine soziale Gefahr. Außerdem garantierte Napoleon die Erhaltung der Revolutionsgewinne der Bourgeoisie in Form des konfiszierten Kirchen- und Adelseigentums. Cromwell dagegen garantierte in erster Linie als Ergebnis der Revolution die Gewissensfreiheit und Tolerierung der Sekten, unter denen die Baptisten und die (damals noch wenig friedfertigen) Quäker am zahlreichsten waren. Die Sektierer aber wurden von der Mehrheit der Bevölkerung abgelehnt.

Zeitgenossen wie Historiker stimmen weitgehend in dem Urteil überein, daß Cromwells Herrschaft insgesamt nur geringe Unterstützung erfuhr. Der schwedische Gesandte Bonde berichtete 1656, als die Popularität des Regimes besonders gering war: «... es gibt in diesem Land wenig – oder genauer: keine – Zuneigung für diese Regierung.»[59] Die Zustimmung, die Cromwell fand, galt zumeist nur dem kleineren Übel, das er darstellte. Diese Art von utilitaristischer Unterstützung beruhte kaum auf Charisma. Wenn charismatische Herrschaft bedeutet, daß außeralltägliche Fähigkeiten oder die Zuschreibung solcher Fähigkeiten Gehorsam verschaffen, so ist das Regime Cromwells kaum als eine solche zu bezeichnen. Cromwell verfügte in der Bevölkerungsmehrheit allenfalls in bestimmten Notlagen, während der Kriege gegen Irland und Schottland, über ein «situationsgebundenes Charisma».[60]

Allerdings war Cromwell unverkennbar bemüht, sich als Vollstrecker eines göttlichen Auftrags und als Inhaber einer von Gott abgeleiteten Gewalt zu legitimieren. Dabei versuchte er das Charisma des Kriegshelden mit dem einer besonderen Beziehung zum Heiligen zu verbinden. Mindestens in einem Fall läßt sich sogar eine Art Manipulation von Charisma konstatieren. Cromwell hätte die Schlacht von Worcester gegen

Karl II. und die Schotten auch am 2. September 1651 schlagen können, aber er wartete noch einen Tag, um sie am Jahrestag der Schlacht von Dunbar zu eröffnen.[61]

Statt Webers Begriff der charismatischen Herrschaft sollte man wegen der begrenzten Reichweite seines Charismas auf Cromwell eher den engeren Begriff der charismatischen Führung anwenden, den Reinhard Bendix geprägt hat. Denn sowenig sie offenbar auf die allgemeine Öffentlichkeit Eindruck machte, in der Armee und unter den «Saints» wirkte frühzeitig die charismatisch-providentialistische Aura, die Cromwell umgab; hier erscheint der Begriff des Charismas wegen seiner ursprünglichen religiösen Bedeutung sogar in besonderem Maße gerechtfertigt.

Auch als Protektor hat Cromwell, wie Hume in seiner Geschichte Englands anschaulich beschrieb, die Verbindung zu den «Heiligen» aller protestantischen Glaubensrichtungen nicht abreißen lassen. Er stellte sich als einer der Ihren dar, der nur aus Gründen der Notwendigkeit die Bürde der Herrschaft auf sich genommen habe.[62] Man fragt sich sogar, ob Cromwells Entschluß, die Krone abzulehnen, nicht auch von dem Bestreben bestimmt war, diese charismatische Beziehung zu den «Frommen» aufrechtzuerhalten. Die Rückkehr zur Monarchie hätte die Rückkehr zur traditionalen Herrschaft bedeutet und die Gefahr mit sich gebracht, das Charisma, das er für seine Anhänger besaß, zu verlieren. Cromwell hatte eine unverkennbare Sympathie für das allen institutionellen Verfestigungen widerstrebende «Volk Gottes» (Eric Voegelin). Die religiös bewegten Menschen waren ihm wichtig und kostbar, weil über sie Offenbarungen und Anstöße Gottes erfolgen konnten.

Findet sich bei Cromwell trotz einiger Ansätze kein ausgebildetes caesaristisches Herrschaftssystem napoleonischer Art, so unterscheidet er sich andererseits von George Washington vor allem darin, daß er seine Stellung nicht einem genuin partizipatorischen Verfassungssystem unterordnete. Washington verzichtete trotz mancher Aufforderungen darauf, seine militärische Macht unmittelbar in politische Macht umzusetzen; er zog sich am Ende des Revolutionskrieges ins Privatleben zurück, unterstützte dann die Bewegung für eine neue Unionsverfassung und ließ sich zum ersten Präsidenten der Vereinigten Staaten wählen.

Daß Cromwell zu einer solchen Zurücknahme seiner Person nicht fähig war, hatte in erster Linie religiöse Gründe. Die Zielsetzungen, die am Anfang der Amerikanischen Revolution standen oder von ihr hervorgebracht wurden, waren trotz erheblicher Akzentunterschiede kompromißfähig und in einem demokratisch-repräsentativen System integrierbar. Für die Gewissensfreiheit gab es dagegen in England keine Mehrheit und kaum eine Kompromißlösung – und ausgerechnet sie war das Ergebnis der Revolution, an dem Cromwell um jeden Preis festhalten wollte. Dabei galt ihm auch hier wieder das Unvorhergesehene als Beweis dafür, daß es von Gott gewollt sei. Cromwell erklärte: «Religion (d. h. Gewissensfreiheit; H.–C. S.) war nicht die Sache, um die es zunächst ging, aber Gott brachte es schließlich zu diesem Ausgang und gab sie uns zusätzlich, und am Ende erwies sie sich als das, was uns am teuersten war.»[63]

Cromwell fühlte sich den «people of God», den «godly honest men» verpflichtet. Er trat für ihre Freiheit ein, «Gott nach ihrem Gewissen zu verehren». Er beteuerte, daß er ihretwegen an der Macht bleibe und diese aufgeben würde, falls das Parlament deren Freiheit gewährleiste.[64] Als sich jedoch mit der *Humble Petition and Advice* die Möglichkeit eines Ausgleichs auch in Glaubensfragen eröffnete, lehnte Cromwell die Königskrone als die dafür notwendige Voraussetzung aus religiösen Gründen ab. Er wurde zum Gefangenen seines Providentialismus.

Neben der Gewissensfreiheit und dem Providentialismus stand Cromwells vage Vorstellung einer «reformation of manners» als drittes religiöses Hindernis einer konsensuellen Neuordnung entgegen. Sie war gleichsam die «offizielle» puritanische Utopie der Englischen Revolution, der er stets verhaftet blieb. Der Gedanke, daß der Staat für die Unterdrückung der Sünde zuständig sei, implizierte die Anwendung von Zwang durch eine Minderheit. Das Diktatorische an Cromwells Regime läßt sich nicht zuletzt auf dieses puritanische Element zurückführen.

Eine abschließende Definition von Cromwells Herrschaft könnte lauten: Cromwell war ein partiell von Zustimmung aufgrund von politischem Kalkül oder von charismatischer Wirkung getragener Herrscher, dessen weitgehend auf die Armee gegründete Macht auf dem Weg selbstauferlegter Beschränkung durch verschiedene Ratsgremien sowie Repräsentativversammlungen eingegrenzt und überwiegend für religiöse Zwecke festgehalten wurde.

Die Eigenart seiner Herrschaft spiegelt sich auch in der historischen Wirkung Cromwells. Das Militärregime hat einen traumatischen Eindruck in der englischen Gesellschaft hinterlassen, zumal zu einer heftigen Abneigung gegen stehende Heere geführt. Das erzwungene Offenhalten für die religiöse Betätigung der Sekten hat die Entstehung einer nonkonformistischen Kultur ermöglicht, die zu einem besonderen Merkmal Englands werden sollte. Der providentiell-charismatische Aspekt von Cromwells Herrschaft schließlich fand im Zweiten Weltkrieg einen erstaunlichen Widerhall.

Hans-Ulrich Thamer

Napoleon –
der Retter der revolutionären Nation

«Ich bin die Revolution», versicherte Bonaparte nach dem Staatsstreich
vom 18. Brumaire 1799 und verkündete zugleich, daß die Revolution
beendet sei. Die Errichtung des Kaiserreichs schließlich bedeutete für kritische Zeitgenossen den Verrat Napoleons an der Revolution. Das Bild,
das Napoleon Bonaparte von sich vermittelte und das Zeitgenossen wie
Nachwelt sich von ihm machten, ist voller Widersprüche. Den Royalisten
galt er als Usurpator, den Jakobinern als Tyrann, für Karl Marx bestand
seine historische Leistung in der Abschaffung der Feudalherrschaft und
der Förderung der Emanzipation der Juden. Sehr bald wurde die Legende um Napoleon zum Mythos, ganz wie Chateaubriand vorhergesagt
hatte: «Nachdem wir den Despotismus seiner Persönlichkeit hingenommen haben, müssen wir nun den Despotismus seines Andenkens auf uns
nehmen.»[1] Wie geschichtsmächtig dieser Mythos im Moment der Krise
und des Machtvakuums sein konnte, zeigten Aufstieg und plebiszitäre
Herrschaft Napoleons III., der als Retter der Nation erneut versprach,
Ordnung mit Freiheit in Einklang zu bringen, und am Ende die Herrschaft des Säbels errichtete.

Die moderne Geschichts- bzw. Politikwissenschaft tut sich schwer
damit, Napoleons Herrschaftsform zu definieren. War das Kaiserreich
bloß eine Unterbrechung der parlamentarischen Entwicklung in Frankreich? Eine Militärdiktatur oder eine Form des aufgeklärten Absolutismus am Ende des Revolutionszeitalters? Häufig wurde Napoleon unter
dem Eindruck der Diktaturen des 20. Jahrhunderts als Vorläufer faschistischer Führer bezeichnet. Gleichzeitig wurde ihm aber auch eine Art
Wiederbelebung des Caesarismus des antiken Roms zugeschrieben bzw.
ein «Kompromiß» zwischen den Notwendigkeiten einer Wohlfahrtsre-
gierung, die sich im Kampf mit ganz Europa befindet, und den aus der
Revolutionszeit überkommenen Empfindlichkeiten gegenüber der monarchischen Gewalt. François Furet nennt ihn den Washington der Französischen Revolution, den Vollender der in der Revolution geborenen
Nation, der mit der Einführung der Monarchie sich von den Grund-
sätzen entfernt, die seine politische Notwendigkeit ausmachten.[2] Jean
Tulard charakterisiert ihn als den Retter, der von der Nation herbei-
gesehnt war und seine Herrschaft allein auf sein Charisma gründen
konnte.[3]

Die Wechselwirkung zwischen kollektivem Bewußtsein und den Qualitäten eines individuellen Akteurs, aber auch die Beobachtung einer Versachlichung bzw. Verstetigung dieser Herrschaft in einer neuen bürokratischen bzw. monarchischen Ordnung führen uns zurück auf Max Weber,
der in seiner Herrschaftstypologie Napoleon als Muster einer plebiszitären charismatischen Herrschaft erwähnt und die Legitimität dieser
Herrschaft im «emotionalen Charakter der Hingabe und des Vertrauens
zum Führer» begründet sieht, «aus welchem die Neigung, dem Außeralltäglichen, Meistversprechenden, am stärksten mit Reizmitteln Arbeitenden als Führer zu folgen, hervorzugehen pflegt».[4]

Die Suche nach dem neuen Caesar

Die Frage nach dem Charisma bietet die Möglichkeit, die sozialen, kulturellen und individuellen Voraussetzungen der Macht Napoleons und das
Wechselverhältnis von Person und Herrschaftsstruktur systematisch zu
fassen. Charisma beruht auf einer Beziehung zwischen einer Person, der
ein Charisma eigen ist, und den Anhängern, die daran glauben und ihre
Erwartungen der charismatischen Figur zuschreiben. Der Blick Webers
richtet sich nicht auf die Persönlichkeitsstruktur des Charismatikers
selbst, sondern «auf die Struktur der sozialen Beziehung» zwischen
«Charismaträger und Charismagläubigen.»[5] Diese Beziehung wird durch
die Bereitschaft zur «Hingabe an Offenbarung, zur Heldenverehrung und
zum Vertrauen zum Führer» von seiten der Beherrschten hergestellt. Das
Bedürfnis nach dem Helden und Retter, nach der Verkörperung der Prinzipien der Revolution und ihrer Vollendung zugleich, war schon lange
vor Bonaparte im revolutionären Frankreich vorhanden. Seit 1791 wurde
der politische Diskurs mehr und mehr von der Forderung nach einer
Beendigung bzw. Stabilisierung der Revolution geprägt. Da die Figur des
Monarchen als Träger der Souveränität verfassungsrechtlich und -poli-
tisch verschwand oder als royalistische Alternative ins Abseits geriet,
tauchte das Dilemma auf, daß das Kollektivsubjekt «Nation», das nun
Träger der Souveränität war, sich nur mühsam als «dauerhafte bildliche
Darstellung der Legitimität»[6] in einem Individuum personifizieren ließ.
Gleichwohl gab es zur selben Zeit das Bedürfnis nach Personifizierung
der Macht. Eine der Lösungen dieses Dilemmas orientierte sich an dem
Muster des römischen Caesarentums. Edmund Burke hatte in seinen
Reflections on the Revolution in France (1790) bereits die Voraussage gewagt,
daß am Ende der Revolution ein siegreicher General die unumschränkte
Macht erobern würde, nicht nur, weil allein die Armee intakt aus den Wir-
ren hervorgehen würde, sondern auch, weil dies die «historische Analogie der Cäsarenherrschaft» nahezulegen schien.[7] Mit dem Diktator in
seiner antiken Ausprägung stand mithin eine «gedachte Ordnung zur
Verfügung, ein Herrschaftskonstrukt, das den Übergang zur persön-

lichen Herrschaft herbeiführen konnte».[8] Mit diesem Konzept, das dem
Geist der Verfassung eigentlich widersprach, verband sich neben allen
Befürchtungen durchaus auch die Erwartung, daß man durch die vorübergehende Machtübertragung auf einen neuen Caesar die Verfassung
langfristig sichern könne. Solche Überlegungen waren dem Marquis de
La Fayette, dem «Helden zweier Welten» und Befehlshaber der National-
garde, nicht fremd, bzw. sie wurden ihm unterstellt. Das Idol der Menge
war er im Jahre 1790 gewiß, aber es blieb bei politischen Wunschträumen,
und die Gegner, allen voran Marat, polemisierten heftig gegen ihn als den
bloßen «Hausmeier». Günstiger für eine persönliche Diktatur zur Festigung der Revolution waren die Voraussetzungen im Falle Robespierres.
Die von Machtkämpfen, Aufständen und sozialen Konflikten zerrissene
erste französische Republik verlangte nach einer starken Hand. Was
Robespierre in der Krise anbot, waren weniger konkrete politische Konzepte, sondern revolutionäre Ideologie und Rhetorik, die Beschwörung
von Prinzipientreue und die Warnung vor dem ideologischen Feind und
dessen Verschwörungsabsichten. Die Herrschaft von Vernunft und
Tugend durch die *Terreur* war das Konzept, das Robespierre mit seiner
persönlichen moralischen Autorität verband. Die Politik des Wohlfahrtsausschusses war der Versuch, revolutionäre Ideologie und Macht in eins
zu setzen und sich das Charisma des «Unbestechlichen», das sich auf die
Hingabe an die «gemeinsame Sache» der Prinzipien der Revolution gründete, zunutze zu machen. Das Charisma Robespierres zerbrach freilich,
als sich die äußere und innere Bedrohung der revolutionären Nation
abschwächte, sich die Lage normalisierte.[9] Die Methoden seiner Herrschaft im Namen einer revolutionären Idee waren nicht länger akzepta-
bel bei der Suche nach einer rechtmäßigen Ordnung.

Der Retter aus der Fremde: *die Widersprüche des Bürgers Bonaparte*

Im Sommer 1799 gelang es Napoleon Bonaparte, sich in der politisch-
sozialen Dauerkrise nach dem Sturz Robespierres zum Schiedsrichter im
Machtkampf und zum Retter der Nation zu machen. Nichts in seiner korsischen Abstammung, die ihn lange zum Fremden machte, bestimmte ihn
dazu und auch nicht allein seine militärischen Erfolge als General des
Direktoriums. Er war in den Worten von Chateaubriand eine «Existenz,
die vom Himmel gefallen ist und die allen Zeiten und allen Ländern
angehören konnte».[10] Daß er die Macht der Propaganda und der Legen-
den erkannte, die von militärischen Siegen ausging, war eine Voraussetzung dafür, daß er die Rolle des Retters übernehmen konnte.[11] Der erste
Feldzug nach Italien 1796/97, in dessen Verlauf er diese Entdeckung
machte, brachte auch seine erste Erfahrung mit einer selbst zu verant-
wortenden politischen und administrativen Praxis mit sich, nachdem er

zuvor immer nur im taktischen Geplänkel der Pariser politischen Fraktionen auf die eigene Karriere bzw. das eigene Überleben bedacht gewesen war. Schließlich wurde die Ausbildung der napoleonischen Legende und seines Charismas dadurch begünstigt, daß man spätestens seit dem Sturz Robespierres Ordnung im Lande wollte. «Jeder hatte erkannt», schrieb Stendhal, «daß es einer starken Regierung bedurfte; und man bekam eine starke Regierung.»[12] Seit dem Feldzug nach Italien hatte sich in dem jungen Divisionsgeneral mit dem fremdartigen Aussehen und dem autoritären Charakter, der sich vom Anhänger Robespierres zum Parteigänger des mächtigen Mannes des Direktoriums, Barras, gewandelt hatte und der sich damit endlich auf der Seite der Sieger befand, der Drang zur politischen Macht und das Wissen um die Macht der Legende entfaltet. «Nach [der Schlacht bei] Lodi [Mai 1796]», so Napoleon später, «sah ich in mir nicht mehr einfach den General, sondern den Führer, der das Schicksal eines Volkes beeinflussen kann. Mir wurde klar, daß ich eine führende Rolle auf unserem Schauplatz einnehmen konnte.»

Was brachte Napoleon Bonaparte an persönlichen Qualitäten, politischen Ideen und Erfahrungen mit, so daß er sich nach dem Staatsstreich vom 18. Brumaire (9./10. November) 1799 im politischen Poker mit dem erfahrenen Abbé Sieyès, der alle revolutionären Stürme durchgestanden und teilweise gelenkt hatte, behaupten und mit der stärkeren Hervorhebung des plebiszitären Charakters der neuen Verfassung instinktsicher das Element herausstellen konnte, das den eigenen Aufstieg zur Macht entscheidend beförderte? Sicherlich hatte der am 15. August 1769 in Ajaccio als Franzose geborene Sproß einer Familie aus dem korsischen Kleinadel, die über ein bescheidenes Vermögen verfügte, eine gute Ausbildung zuerst im Seminar von Aix, dann im Collège von Autun und schließlich seit 1779 in der königlichen Militärschule von Brienne genossen und dort auch viel gelesen. Auch wenn er nicht eben ein «Mann von Kultur war, so doch ein Mann von umfassendem Wissen».[13] Immerhin hatte er, von der Langeweile des Garnisonslebens abgestoßen, einige kleine Schriften verfaßt, die ihn als Leser der Aufklärungsphilosophen Rousseau und Raynal (beide Verfechter der Unabhängigkeit Korsikas), aber auch der Schriften von Voltaire, Mirabeau und Necker auswiesen. In einer Abhandlung vom Oktober 1788 bekannte er sich zu einer antimonarchischen Position, die damals auch unter Offizieren umging. «Es gibt kaum einen König», hieß es da, «der es nicht verdient hätte, entthront zu werden.»[14] Zunächst schöpfte er aus dem Verfall der monarchischen Autorität seit 1789 die Hoffnung, seinen Traum von der korsischen Unabhängigkeit verwirklichen zu können. Die revolutionären Ereignisse in Frankreich selbst interessierten ihn weniger, nur aus seiner Abneigung gegen die Beteiligung der Unterschichten, des «Gesindels», an der Revolution machte er keinen Hehl. Im Sommer 1792 soll er seine Verachtung gegenüber Ludwig XVI. damit begründet haben, daß dieser nicht auf die Aufständischen vom 20. Juni habe schießen lassen. Endgültig auf der Seite Frankreichs und der Revolution stand er erst, nachdem seine Familie nach inneren Machtkämpfen aus Korsika vertrieben worden war. Im Sommer 1793 wurde er als Kapitän der Artillerie, der sich trotz seines vielfachen Engagements in Korsika immer eine Tür zur Rückkehr in die französische Armee offengehalten hatte, Parteigänger nicht der «Bergpartei», wohl aber Robespierres. Er gab im Herbst 1793 eine Gelegenheitsschrift, *Le Souper de Beaucaire*, heraus, die ihn als Gegner der Föderalisten zu erkennen gab, weil diese den Bürgerkrieg im Süden angezettelt hatten. Zugleich aber setzte er sich, im Gegensatz zur «Bergpartei», auch für eine Politik der allgemeinen Versöhnung ein, wie er sie dann nach dem Brumaire vertreten sollte. Weitere Zeichen einer politischen Bewußtseinsbildung oder Aktivität sind nicht bekannt. Noch unter Robespierre begann sein militärischer Aufstieg, der ihm am 24. März 1794 das Kommando der Artillerie der Italien-Armee brachte, bald darauf allerdings auch – als Anhänger des am 9. Thermidor (27. Juli) 1794 gestürzten Robespierre – zu einem Haftbefehl wegen «freiheitsmörderischer Konspiration» führte, die ihm freilich nicht nachgewiesen werden konnte. Der Karriereknick war nur von kurzer Dauer; über die militärische Unterstützung der neuen Machthaber um Barras in deren Kampf gegen Royalisten und Jakobiner setzte Bonaparte seine militärische Laufbahn fort, geriet aber auch in die Innenpolitik. Nach seinem Militäreinsatz im Bürgerkrieg zugunsten des Konvents am 13. Vendémiaire (5. Oktober) 1795 war er der «General Vendémiaire», der angeblich auf Aufständische in der Pariser Innenstadt mit Kanonen hatte schießen lassen, sich aber damit ein tadelloses Zeugnis als Republikaner erworben hatte.

Die Entstehung einer Legende: General Bonaparte in Italien

Als militärisches Genie präsentierte sich der junge General Frankreich und Europa mit dem ersten Italien-Feldzug. Aber ebenso wichtig waren die Erfahrungen, die Bonaparte in Politik, Diplomatie und Verwaltung machte und die er bald unter Beweis stellen konnte. In Italien gelang ihm 1797 die Bildung der Transpadanischen, der Cisalpinischen und der Ligurischen Republik, ganz nach dem Muster der Französischen Republik, aber auch in geschickter Anpassung an die bestehenden Machtverhältnisse. Hier hat er zum ersten Mal eine ungeheure Fülle von militärischer, politischer und administrativer Gewalt auf sich vereinigt und es zugleich verstanden, die Finanzkrise des Direktoriums vorübergehend zu beheben und auch sein eigenes Vermögen zu mehren. Sichtbares Zeugnis dafür war sein Schloß Monbello, wo er Gefallen an Luxus und einer prachtvollen Hofhaltung fand. Der Krieg machte ihn auf einen Schlag zu einer «tonangebenden Persönlichkeit im Rahmen der französischen Politik und veränderte ihn auch als Mensch».[15] Die politische Dauerkrise in Paris und im ganzen Land war die Voraussetzung für den weiteren Aufstieg zur Macht.

Napoleon war, was seine Förderer in Paris nicht vorhergesehen hatten, zu einer politischen Kraft geworden, denn er verfügte über eine Armee, eine beachtliche Kriegsbeute und mehrere Zeitungen.[16] Er hatte es verstanden, die Soldaten an sich zu binden, und dies nicht nur durch materielle Anreize, sondern durch die beiden Blätter, die er mit dem von den Italienern erpreßten Geld gründete. Sie berichteten nicht nur über die Siege des Generals, sondern wurden auch nicht müde, dessen Natürlichkeit, einfache Lebensweise und Entschlossenheit herauszustellen. «Er fliegt wie der Blitz und schlägt zu wie der Donner. Er ist überall und sieht alles», pries ihn sein *Courrier de l'armée d'Italie*, der von dem ehemaligen radikalen Jakobiner Jullien redigiert wurde, der an der Verschwörung des Babeuf teilgenommen hatte, bevor er in den Dienst Bonapartes trat. Die Zeitung wurde kostenlos unter den Soldaten verteilt. In dem anderen Blatt im Dienste des jungen Halbgottes wurde dessen asketische Lebensweise gefeiert, dessen «Geist meistens von einer großen Idee besessen ist, die ihn oft am Essen und am Schlafen hindert».[17] Die «Reinheit des Generals wird der Korruption der Männer im Direktorium»[18] gegenübergestellt, deren Anweisungen er sich ohnehin nicht mehr unterordnete, indem er Krieg und Politik in Italien auf eigene Faust betrieb. Gleichzeitig versäumte er es nicht, sich in die von heftigen Fraktionskämpfen, Verschwörungen und Staatsstreichsplänen gekennzeichnete französische Innenpolitik einzumischen. Wie es zur Strategie des charismatischen Führers gehörte, drohte er mit seinem Rücktritt, um sich bestätigen zu lassen, wie unentbehrlich er für die Thermidorianer in ihrem Kampf gegen die Royalisten war. Den Frieden von Campo Formio schloß er eigenmächtig (18. Oktober 1797); die Öffentlichkeit sah in dem General, nicht in der Regierung, den Sieger über Österreich sowie den Friedensstifter auf dem Kontinent. Das erregte den Unwillen des Direktoriums, dessen Mitglieder er als «Advokaten» und «kleine Geister» verspottete, die «nichts von der Regierung»[19] verstünden. Zugleich wuchs Bonapartes Wille zur Macht: «Ich habe die Lust am Herrschen verspürt und kann nicht mehr darauf verzichten.» Der Moment zum Staatsstreich war freilich noch nicht gekommen, obwohl in volkstümlichen Abbildungen, Liedern und Gedichten das Bild vom unbesiegten General verbreitet wurde, der offenbar warten konnte und darum nach wie vor loyal zur Republik stand. Der Plan zur militärischen Eroberung Ägyptens (in der Begleitung von Wissenschaftlern) war der Versuch, sich «vom Schauplatz Frankreich zu entfernen, um sein errungenes Prestige nicht zu verlieren».[20] Erst als sich die Verhältnisse in Paris gegen ihn entwickelten und die Bilanz des Direktoriums in wirtschaftlicher und politischer Hinsicht immer düsterer wurde, eilte er überstürzt nach Hause.

Die Krise und der Retter

In seinem Bemühen um die Sicherung der Ergebnisse der Revolution hatte Sieyès über einen militärischen Coup nachgedacht, mit dem er die inneren Gegner, Royalisten und Jakobiner, sowie die äußeren Kräfte in Schach halten könnte. Der Staatsstreich, der Bonaparte schließlich an die Macht bringen sollte, wurde nicht von dem populären jungen General und auch zunächst nicht zu seinem eigenen Vorteil durchgeführt,[21] sondern von Vertretern einer mittlerweile konservativen Bourgeoisie vorbereitet, deren Sinnen und Trachten ganz darauf gerichtet war, der Ohnmacht und Instabilität des Regimes ein Ende zu bereiten, um die eigenen ökonomischen und sozialen Erfolge und die Positionen, die man durch das Engagement für die Revolution gewonnen hatte, dauerhaft zu sichern. Zu einem Staatsstreich hatte sich diese «brumairianische Elite» entschlossen, weil die Verfassung vom August 1795 auf legalem Wege einstweilen nicht zu ändern war, ohne daß man die Herrschaftsordnung als solche gefährdete. Es sollte ein parlamentarischer Staatsstreich werden, mit dem Militär allenfalls als Drohpotential im Hintergrund. Man suchte nach einer stärkeren Exekutive. Es war eine lange geplante, in der Durchführung vor allem durch den kläglichen Auftritt Napoleons vor den Abgeordneten beinahe gescheiterte Gewaltaktion auf der Suche nach einer neuen Regierungsform, nach einem Kompromiß zwischen den Errungenschaften der Revolution und der stabilen Ordnung des *Ancien régime*, nur ohne König und Adel. Die neue Ordnung, die einem «Großwähler» (*Grand Électeur*) und zwei Konsuln die ausführende Gewalt verleihen und daneben eine Legislative mit drei Kammern setzen sollte, die ausschließlich aus den Listen der Notabeln zu wählen waren, besaß einen «cäsarischen Charakter»,[22] den ihr Schöpfer Sieyès so ausdrückte: «Von oben kommt die Autorität, von unten das Vertrauen.» Napoleon mißtraute trotz dieser caesarischen Elemente diesem Konzept, da es einerseits mit dem Festhalten an einer parlamentarischen Versammlung noch zu sehr an die Idee der Volkssouveränität gebunden war, andererseits allzu offenkundig die Absicht der Brumairianer durchschimmern ließ, den jungen Helden und Retter wieder in ihre Abhängigkeit einzubinden. Darum weigerte er sich, die Funktion des *Grand Électeur* auf Lebenszeit anzunehmen. Sein Konzept ging vielmehr von einer doppeldeutigen Verteilung der Macht zwischen einem Ersten Konsul, der an die Stelle des Großwählers treten sollte, und einer nun in vier Kammern zersplitterten Legislative aus, deren komplizierter Mechanismus die parlamentarische Komponente wirkungslos machen mußte. Dagegen sollte sich die Macht des Ersten Konsuls steigern, obwohl seine Amtszeit auf zehn Jahre beschränkt wurde. Diese Wirkung erwartete Napoleon von dem plebiszitären Element, das zwar in Übernahme früherer Bestimmungen lediglich zur Annahme der Verfassung eingesetzt werden sollte, tatsächlich aber die Macht Napoleons stärken würde, wenn dieser das Plebiszit nicht nur zur einmaligen Bestätigung der neuen Verfassung, sondern zu einer leicht wiederholbaren Abstimmung über seine Person machte. Das war der Weg zur absoluten Macht, der zwar nur in Etappen verlief, aber dafür dem charismatischen Führer eine eigene Legitimität unabhängig von den Brumairianern verlieh. War die Durchführung des Staatsstreichs alles andere als professionell und führte zu einer folgenreichen Stärkung des militärischen Elements, so bewies der Bruder des Ersten Konsuls, Lucien Bonaparte, der den Staatsstreich durch Militäreinsatz gerettet hatte, bei der Durchführung der anschließenden Wahlen alle manipulativen Fähigkeiten, die (wie erst moderne Nachforschungen gezeigt haben)[23] durch ein fingiertes Plus von über 900 000 Stimmen aus der drohenden Niederlage einen Erfolg machten.

Der Bonapartismus: Staatsstreich und Plebiszit

Nicht nur das Charisma des Helden, auch die charismatische Beziehung hat außeralltäglichen Charakter; sie erlaubt es, die bisher geltenden normativen Standards und Organisationsformen aufzulösen und im Namen dieses revolutionären Bruches neue Strukturen sozialer Beziehungen und neue Führungspositionen zu begründen.[24] Der Staatsstreich gehörte zum Kernbestand bonapartistischer Herrschaft und verwandelte den tradierten Caesarismus in einen spezifischen Bonapartismus. Dieses Muster sollte später von Napoleon III. perfekt imitiert werden, nicht aber vom General Boulanger, der sich im parlamentarischen System der Dritten Republik verheddere und von diesem einfangen ließ. Begründet wurde das Spiel mit dem Staatsstreich mit der drohenden Anarchie, die dann zum Anlaß für die einfache, aber publikumswirksame Parole genommen wurde: «Ich oder das Chaos». Im Interesse der Sicherung der gesellschaftlichen Hierarchie nahm das bürgerliche Publikum den Verfassungsbruch und die Methoden zur Machtsicherung hin. «Mein Name ist das Unterpfand für eine starke, stabile Regierung und eine gute Verwaltung»,[25] pries sich 1851 Louis Napoleon als Retter nach dem Vorbild seines mythenumrankten Onkels an.

Das andere Merkmal bonapartistischer Herrschaft war der «Appell an das Volk». Hinter dem Vorhang einer konstitutionellen Ordnung versteckte sich eine Politik, die ganz auf plebiszitäre Unterstützung angewiesen war. Der Rückgriff auf das allgemeine Wahlrecht war verbunden mit einer Vielzahl von Manipulationen auf Grund des Systems der offiziellen Kandidatur, der Wahlfälschungen und der verschiedenen Pressionen, denen Wähler und Kandidaten ausgesetzt waren. Doch alles führte einstweilen zu dem gewünschten Ergebnis: zur Befestigung der bürgerlichen Macht und zum Beweis, daß das allgemeine Wahlrecht eine konservative Wirkung haben kann.

Ausdruck des Konzepts der Sicherung der Revolution wurde die Reorganisation der Institutionen; diese wurden langfristig gleichsam zum Markenzeichen der Politik Napoleons und nach dem Urteil von Alexis de Tocqueville zum wichtigsten Element der Kontinuität in der neuzeitlichen Geschichte Frankreichs, das Revolution und Kaiserreich mit dem *Ancien régime* verband. Die neue zentralisierte Verwaltung war aber nicht ein genuines Werk Napoleons, sondern stand in einer längeren Tradition der Vereinheitlichung von Verwaltung und Recht. Sie diente als Instrument der nationalen wie der sozialen Integration, indem sie zur Versöhnung zwischen bürgerlichen und adeligen Führungsgruppen beitrug. Sie verhinderte nicht Napoleons Sturz, sondern verselbständigte sich, als sein Charisma verlorenging.

Die Reorganisation der Institutionen oder die Veralltäglichung des Charismas

Gleichwohl zeigten die Etablierung der neuen Verfassung, die er ganz auf sich zugeschnitten hatte, wie der Ausbau der Verwaltung die deutliche Handschrift des Ersten Konsuls, des Bürgers Bonaparte. Er setzte nicht nur seine Erfahrungen als Administrator in Italien ein, sondern suchte auch den Rat von Experten und berücksichtigte, zumindest anfangs, ihre Empfehlungen. Dabei ging er völlig undogmatisch vor, zeigte Gespür für das Machbare. Wie sehr er sich dabei dank seiner großen Arbeitskraft lange auch um Details, um die Auswirkung einmal getroffener Maßnahmen kümmerte, zeigt seine Korrespondenz.

Das Verfassungs- und Verwaltungssystem suchte dort anzuknüpfen, wo nach dem Urteil von François Furet die Revolution 1791 «vom Wege abgekommen» war. Absolutismus und *Ancien régime* gehörten auch nach dem Urteil der Notabeln der Vergangenheit an. Die terroristischen, die soziale Polarisierung fördernden Herrschaftsformen der Jahre 1792–1794 sollten für immer verbannt bleiben. Das erforderte einen Ausgleich zwischen Volkssouveränität und Autorität, die Sicherung der neuen Institutionen durch den Konsens des Volkes. Vermittelt wurde dieser durch ein gestuftes Wahlrecht, das keine freie Wahl ermöglichte, sondern nur das Recht gab, an einer Erstellung von Listen mitzuwirken, aus denen dann von der Exekutive die erwünschten Abgeordneten oder Verwaltungsbeamten ausgesucht wurden. Nur das Plebiszit war ein wirklicher Wahlakt, allein auf die charismatische Führerfigur bezogen, dem Ankerpunkt der gesamten Ordnung und Garanten für die Stabilität dieses komplizierten Systems. Die beiden gesetzgebenden Körperschaften, die aus der eingeschränkten Wahl hervorgingen, verfügten nur über begrenzte Mitwirkungs- und Entscheidungsmöglichkeiten und mußten vor allem immer mit dem politischen Gewicht Napoleons rechnen, der sich auf Grund des Plebiszites als einziger auf den Willen des Volkes berufen konnte und sich überdies die Legislative durch ständige Verfassungsänderungen immer wieder gefügig machen konnte. Entscheidungsträger im Dienste des Herrschers war der Staatsrat, der die Gesetzesvorschläge entwickelte, die dann von den beiden Kammern abgesegnet werden durften. Unabhängiger war – in der Theorie – der Senat, eine neue Körperschaft, der auch die Konsuln und Mitglieder der Kammern ernennen konnte. In der Verfassungsrealität hat diese «Hochburg der Brumairianer»[26] sich jedoch von dem «Helden» und «Genie» Napoleon domestizieren lassen. Jeder Zuwachs an Popularität des Ersten Konsuls bzw. Kaisers bedeutete eine Schwächung der Legislative und Stärkung der Exekutive, auch in ihrem Verhältnis zum Senat. Sein Charisma war zum entscheidenden Faktor in einem komplizierten Verfassungs- und Verwaltungssystem geworden, es allein entschied über die politische Macht.

Nach der Umgestaltung der Verfassung erfolgte die Reorganisation der Verwaltung. Auch hier gingen die Wahlmöglichkeiten lokaler Gremien immer weiter zurück, wurden nur die Aufstellung von Listen und die Mitwirkung bei der Steuerbemessung zugelassen. Mit dem Weg zum *Empire* und einer veränderten Politik Napoleons wurden diese Einrichtungen zugleich zum Hort des Zentralismus und Autoritarismus. Die eigentlichen Herren der Provinz und der Gemeinden waren die Präfekten, ganz so wie einst im Absolutismus die Intendanten, nur mit einer viel rationaler geordneten Kompetenz und Organisation, ohne lästige Konkurrenzinstanzen. Das System der Präfekten, nach Max Weber ein «Rückstand der charismatischen Verwaltung der revolutionären plebiszitären Diktatur»,[27] wurde zum Inbegriff der Zentralisierung von Herrschaft und Verwaltung. Die neuen Institutionen hatten weitreichende Steuerungs- und Kontrollmöglichkeiten im Bereich der allgemeinen Verwaltung und der Wirtschaft, aber auch bei der Einberufung zum Militärdienst. Das war der endgültige Verlust der Autonomie der Kommunalverwaltung, die ihren Höhepunkt 1790 erreicht, sich seither im ständigen Rückzug befunden hatte. So abhängig die Präfekten als Vertreter des Herrschers vor Ort von diesem auch waren, so verkörperten sie doch zugleich die Tendenz zu einer «Veralltäglichung» der charismatischen Beziehungen. Es bildeten sich Strukturen, die auch fortbestanden, als der Herrscher an Charisma verlor. Kein Wunder, daß Senat und Verwaltung auch Napoleons militärische Niederlage überlebten und an seinem Sturz beteiligt waren, indem sie ihm die Gefolgschaft aufkündigten.

Erfolg und Propaganda

Die plebiszitäre Machtsicherung war immer von der Bewährung des charismatischen Herrschers abhängig. «Bleibt die Bewährung dauernd aus, zeigt sich der charismatisch Begnadete von seinem Gott oder seiner magischen oder Heldenkraft verlassen, bleibt ihm der Erfolg dauernd versagt, vor allem bringt seine Führung kein Wohlergehen für die Beherrschten, so hat seine charismatische Autorität die Chance zu schwinden.»[28] Für die Franzosen lag die Zustimmung zu Napoleon in den Erfolgen seiner ersten beiden Konsulatsjahre begründet, in denen die öffentliche Meinung sich entscheidend zu seinen Gunsten verändert hatte. Den Bürgern, die von der Revolution durch den Kauf von Nationalgütern oder durch sozialen Aufstieg profitiert hatten, aber auch den Bauern, die sich ihren eben erst zu vollen Rechten erworbenen Parzellenbesitz dauerhaft sichern wollten, gab er die gewünschte Sicherheit; bei denjenigen, die wieder nach Frankreich zurückkehrten, auch bei den Rentiers, die endlich Bargeld erhielten, erwarb er sich Dankbarkeit; bei den Arbeitern Vertrauen durch die Bekämpfung der Teuerung, vor allem beim Brotpreis, aber auch durch die Schaffung von Arbeitsplätzen (vor allem im Baugewerbe).

Der Sieg des Ersten Konsuls über Hunger und Arbeitslosigkeit war für die Bevölkerung wichtiger als der – von der bonapartistischen Propaganda hochgespielte – Sieg von Marengo über die Österreicher (1800). Wichtiger für die kollektive Psyche der Franzosen und ihre Anerkennung des erfolgreichen Feldherrn war die Unterzeichnung des Vertrages von Amiens am 27. März 1802, der Europa, das zehn Jahre lang vom Krieg heimgesucht worden war, in der Hoffnung auf Frieden wiegte, wo es sich doch in Wirklichkeit nur um einen Waffenstillstand handelte.

Der Frieden war und blieb populär, nicht aber der Krieg, vor allem als sich bald nach Amiens herausstellte, daß er zu einer Dauererscheinung von Napoleons Herrschaft werden sollte. Nur die militärischen Erfolge konnten die Popularität steigern; die ständig zunehmenden Aushebungen von Soldaten für die *Grande Armée* weckten immer neue Unzufriedenheit und Widerstände, wie sich schließlich auch an der wachsenden Zahl von Deserteuren zeigte. Nicht etwa eine sozial-imperiale Ablenkungs- und Integrationsstrategie war die Ursache für die erneuten Kriegszüge, sondern die Sorge um die Erhaltung der Errungenschaften der Revolution und um die ökonomische Behauptung Frankreichs gegen die führende Wirtschaftsmacht England.

Verstärkt wurde die Zustimmung zum neuen Heroen durch eine massive Propagandaarbeit, in die schöne Künste, Museen und Industrieausstellungen, Architektur, Dekorationskünste, Mode und Musik eingespannt wurden oder sich einspannen ließen, da sie durch Staatsaufträge gefördert wurden. Sicherlich läßt sich das vielfältige Kunstschaffen nicht auf reine Propagandakunst reduzieren; dazu waren die Künste stilistisch und inhaltlich zu vielgestaltig und auch um einen eigenen Stil bemüht im Sinne des seit dem Revolutionsjahrzehnt dominanten Neo-Klassizismus, aber auch der Romantik. Vor allem aber gab es im Unterschied zum populären Schrifttum in der großen Literatur genügend Widerspruch und

Kritik. So wird Napoleon die Klage darüber in den Mund gelegt, daß er nur die «kleine Literatur auf seiner Seite» habe und die «große gegen mich.»[29] Mit dem Übergang zum Kaiserreich wuchs freilich auch die Tendenz zur Schmeichelei und Heldenverehrung, bis Napoleon schließlich sich selbst gefordert sieht, diesem übertriebenen Kult, der schon längst vom Erhabenen ins Lächerliche abgedriftet war, Einhalt zu bieten.

Die Errichtung des Kaisertums – Verrat an der Revolution

Wieder griffen bei diesem Schritt zur dauerhaften Machtsicherung plebiszitäre Zustimmung und taktische Manöver von oben zusammen. Die Öffentlichkeit verlangte nach Amiens eine Umgestaltung der Machtbefugnisse des Ersten Konsuls. Angeregt und durch Bestechungsgelder gefördert wurde diese Stimmung durch die Umgebung Bonapartes. Die Zielrichtung ging auf eine Verlängerung der Konsulatszeit auf Lebenszeit, was 1802 erreicht wurde, und stufenweise dann auf die Proklamation des Kaiserreichs, die zwei Jahre später erfolgte. Der Frieden sollte, so hieß es, durch eine Stärkung der Exekutivgewalt sicherer gemacht werden. Dazu sollten nur die äußeren Erscheinungsformen der Exekutive geändert werden, während der Geist der Revolution, so das Versprechen bei der Krönung, respektiert werden sollte. Abgesichert wurde das Konsulat auf Lebenszeit wieder durch ein Plebiszit am 2. August 1802, das 3,6 Millionen Ja-Stimmen gegen 8374 Nein-Stimmen brachte. Zwar hatte der Held mehr als 500000 Stimmen dazugewonnen, verloren hatte er jedoch die Stimmen der Republikaner. La Fayette sprach die Bedenken der Opposition deutlich aus: «Ich kann eine solche Obrigkeit erst wählen, wenn die öffentliche Freiheit ausreichend gesichert ist; dann werde ich Napoleon Bonaparte meine Stimme geben.»[30] Anzeichen für die Willkürherrschaft, die La Fayette anprangerte, gab es genug, und sie sollten bald zunehmen. Eine Verfassungsreform auf der Grundlage des erfolgreichen Plebiszits vom August 1802 schränkte die persönliche Freiheit ein, nahm den Kammern wesentliche Elemente ihrer Macht, löste die Geschworenengerichte und die Gesetzgebende Körperschaft bzw. das Tribunat auf, schuf ein System der indirekten Wahlkontrolle. Die Rückkehr zur Herrschaftsform der Monarchie, die sich hier ankündigte, wenngleich noch der Namen fehlte, zeichnete sich bald in den Zeremonien der Macht ab. Im Unterschied zum Konsul des Brumaire zog Bonaparte bereits als Monarch in das Palais Luxembourg ein: Livreen tauchten wieder auf, das revolutionäre «Du» verschwand, ein Hof mit einer festen Etikette und Kleiderordnung entstand, an dem das Militär das Bild beherrschte. Dagegen wurden im Bildungs- und Rechtswesen die Errungenschaften der Revolution befestigt, unter anderem, indem der Gymnasialunterricht für die Notabeln geöffnet wurde. Mit dem *Code Civil* von 1804 wurden die Abschaffung der feudalen Aristokratie wie die Grundrechte von 1789 bestätigt, wenn auch in manchen Bereichen ein Rückschritt gegenüber den revolutionären Gesetzen zu beobachten war. Aber das war an die Interessen der neuen Notabelnschicht angepaßt. Nur den Arbeitern wurde das Koalitionsrecht entzogen, dafür garantierte ihnen der Erste Konsul einen niedrigen Brotpreis. Die Gefahr der sozialen Unzufriedenheit sollte damit immerhin gebannt bleiben.

Dieses Kalkül bestätigte sich bei den Verschwörungen der Jahre 1803 und 1804, die scheiterten, weil sie keine Massengefolgschaft fanden, da die materielle Lage der städtischen Unterschichten im Vergleich zu früheren Krisenjahren relativ erträglich war. Die von der bonapartistischen Propaganda zusätzlich angefachte öffentliche Empörung über die Verschwörungen ließ Napoleon den entscheidenden, letzten Schritt zur Verfassungsumgestaltung wagen. Es fand sich ein Mitglied des Tribunats, ein ehemaliger Revolutionär, der unter Berufung auf massenhafte Bittschriften dem Senat vorschlug, Napoleon Bonaparte zum Kaiser der Franzosen zu erheben und die kaiserliche Würde in seiner Familie für erblich zu erklären. Die Monarchie wurde schon deswegen ohne große Widerstände akzeptiert, weil man sich davon eine Sicherung der Machtverhältnisse versprach. Mit der Erblichkeit sollten potentielle Verschwörer entmutigt werden, da der Fortbestand der Monarchie auch nach einem möglichen Attentat gesichert war, freilich ohne die stärkste Legitimations- und Integrationsgrundlage des Regimes, das persönliche Charisma, das ein Nachfolger aus dem Kreis der kaiserlichen Familie nicht ohne weiteres besaß. Umgekehrt schien die Begrenzung der Macht gewährleistet, denn der Kaiser hatte bislang keine Kinder.

Das Kaisertum war vor allem «eine Wohlfahrtsdiktatur, die die revolutionären Errungenschaften sichern sollte» (Tulard). Das wurde auch von den brumairianischen Eliten, den wichtigsten Verbündeten und Stützen des Regimes, akzeptiert; auch die Krönung mit dem Krönungseid Napoleons sollte dies demonstrieren. Das Zeremoniell war sorgfältig vorbereitet und Ausdruck der Kompromißcharakters des Herrschaftssystems, aber vor allem der persönlichen Macht Napoleons. Am 2. Dezember 1804 fand in Notre-Dame von Paris eine dreifache Zeremonie statt: Mit einem traditionellen Ritual wurde Napoleon vom Papst gesalbt und damit zum Gesalbten des Herrn; danach krönte Napoleon als Ausdruck seiner souveränen Macht sich selbst und anschließend seine ihm zuvor nun christlich angetraute Ehefrau Josephine. Nachdem der Papst die Kathedrale verlassen hatte, um nicht durch seine Anwesenheit die «organischen Gesetze» Napoleons über die Stellung von Kirche und Klerus indirekt anzuerkennen, folgte das Gelöbnis des Kaisers, mit dem er die Bedenken der alten Revolutionäre zerstreuen und das Bündnis zwischen Kaiser und Notabeln bekräftigen wollte. Durch seinen Eid bestätigte er sich «als gekrönter Vertreter der siegreichen Revolution» und versprach gleichzeitig, daß er den «Interessen der besitzenden Klasse, die 1789 entstand, dienen wolle».[31] Das bedeutete umgekehrt die Verpflichtung der Notabeln, das Regime zu stützen.

Balzac schrieb später: «Er erschien als der Mann, der den Besitz der Nationalgüter garantiert, seine Krönung wurde als Bestätigung dieser Ideen verstanden.»[32] Bald aber verstärkten sich die Anzeichen für eine Wiederherstellung des Adels, die von den Notabeln als Verstoß gegen die Gleichheit verstanden wurde und die propagierte Verschmelzung von alten und neuen Eliten gefährden mußte. Als sich im Gefolge des Krieges, der erneut vom Zaune gebrochen worden war, 1810 auch eine wirtschaftliche Depression einstellte, wandten sich die Notabeln vollends von Napoleon ab. Es bedurfte nur noch einer militärischen Niederlage, um den Bruch endgültig zu machen.

Die kaiserliche Regierung wurde 1804 zur persönlichen Diktatur; auf die Formen der Legalität nahm der Kaiser immer weniger Rücksicht. Die Minister waren nur noch ausführende Organe, das Gewicht der Kammern wurde vollends geschwächt. Der Staatsrat verlor seinen Einfluß, es wuchs das Gewicht der Präfekten, was aber zugleich den Zerfall des Reiches in verschiedene kleinere Einheiten von Departements und Kommunen bedeutete. Der Kaiser regierte nur noch mit seinen Verwaltungsräten, seinen Technikern der Macht. Vor allem aber veränderte sich das Persönlichkeitsprofil des Herrschers. Es wuchsen in ihm Egoismus, Menschenverachtung und ein Hang zur Gewalttätigkeit. Sein wachsendes blindes Selbstvertrauen führte dazu, daß er den Sinn für das Machbare verlor und sich zu überstürzten und unklugen Unternehmungen hinreißen ließ. Auch die Sensibilität gegenüber der Stimmung im Volk, die ihn einst ausgezeichnet hatte, ging zunehmend verloren.

Der Despotismus wirkte sich auch auf die Lenkung der Gemüter aus. Die Propaganda steigerte sich zu einem Kaiserkult. Die Feste der Revolution wurden endgültig in einen Kalender mit kaiserlichen Feiertagen umgedeutet; der Besuch des Kaisers und seiner Familie in der Provinz verlief nach einem festen Ritual, das von Napoleon III. ebenfalls imitiert werden sollte: Gottesdienst, Bankett mit den Notabeln, Spiele unter freiem Himmel, Verteilung von Hilfsgütern an die Armen, Lampionbeleuchtung und Feuerwerk.[33]

Auf Kritik aus der Öffentlichkeit reagierte der Kaiser mit einer verschärften Pressezensur. Seit 1807 wurde die Regierung zunehmend zum persönlichen Instrument eines Einzigen, der eine Schar von Getreuen und Familienangehörigen um sich scharte, die mittlerweile alle zu Fürsten, Grafen und Marschällen ernannt und mit ansehnlichen Dotationen versehen worden waren. Die Einführung des Adels stieß die öffentliche Meinung vor den Kopf und verfehlte ihren Zweck, denn die neue Elite erwies sich nicht als Stütze der Dynastie, sondern als eine Clique von Revolutionsgewinnlern und Schmeichlern, die um die Bewahrung ihres Vermögens besorgt waren. Den Realitätssinn des Kaisers hat das nicht gerade befördert, und als dieser ihn verließ, stellten sich Mißerfolge im Wirtschaftskrieg wie bei den militärischen Operationen allzu rasch ein.

Von der Legende zum Mythos

Gleichwohl verfestigte sich während des Exils auf Elba bzw. Sankt Helena die Erinnerung an den Helden sehr bald zum Mythos, getragen von Künstlern und den Erzählungen alter Soldaten, genährt von den frustrierten bäuerlichen Schichten, die zum Kernbestand eines ländlichen sozialradikalen Bonapartismus gehörten, wie den Soldaten, die in der Restauration auf den halben Sold gesetzt wurden. Höhepunkt war die feierliche Überführung der Gebeine des Kaisers nach Paris 1840, eine Konzession der krisengeschüttelten Julimonarchie an den populären Bonapartismus. Das waren die Voraussetzungen, unter denen der Neffe 1840 seinen ersten, vorerst jämmerlich gescheiterten Putschversuch starten konnte. Die Kraft des Mythos wurde erst dann politisch erfolgreich, als das Kräftegleichgewicht zwischen der Ordnungs- und Bewegungspartei nach dem Wendepunkt der Revolution im Juni 1848 zu einem Machtvakuum führte, in das der neue Retter und Ordnungsstifter hineinstieß, immer wieder vor dem Chaos warnend.

Bonapartismus in der Neuauflage

Legende und Mythos mußten von Napoleon III. gar nicht mehr geschaffen werden; sie waren schon längst eine geschichtsmächtige Kraft, die zwar in der zeitgenössischen europäischen Publizistik heftig karikiert und auch nicht immer ernst genommen wurde, die aber ausreichte, um dem Zweiten Kaiserreich eine längere Dauer zu verleihen als dem ersten.

So, wie die Revolutionen von 1830 und 1848 die Wiederkehr der Revolution als geschichtlicher Erscheinung in Permanenz zu bestätigen schienen, hat auch der Staatsstreich von 1851 den Bonapartismus zumindest in der französischen Geschichte zu einem eigenständigen Politik- und Herrschaftstypus gemacht, der vor allem im Augenblick der Krise einer demokratischen Verfassungsordnung als Verheißung der Rettung und Ordnung auftaucht. Die Formen der Machteroberung, der Einsatz des persönlichen Charismas (auch wenn es mehr geborgt als selbst erworben war), der Appell an das Volk, der Einsatz und die Manipulation des allgemeinen Wahlrechts, die Schaffung neuer zentralistisch-autoritärer Institutionen und die gleichzeitige Rechtfertigung der Diktatur mit der *volonté générale* bis hin zur Einführung des Kaisertums und der Erblichkeit, alles folgte dem bekannten Vorbild. Nur der Durchführung fehlte der Glanz.

Freilich hatten sich die Formen der Gefahren, vor denen der Held Rettung bringen wollte, erweitert, indem nun die soziale Bedrohung durch die Arbeiterbewegung und den Sozialismus hinzukam. Entsprechend erweitert waren auch die Gegenstrategien und Lösungsangebote des Retters: die verstärkte Hinwendung zur sozialen Frage und zur Förderung der Industrialisierung durch eine Wohlfahrts- und Modernisierungsdiktatur. Damit verbreiterte sich auch das Spektrum der Herrschafts- und Mobilisierungselemente, die zu einer Verbindung von Tradition und Moderne führen sollten.

Ökonomische Erfolge und der schöne Schein von Masseninszenierungen bzw. einem höfischen Zeremoniell, das historistisches Pathos mit Formen der Verbürgerlichung verband, daneben die Propagierung von moderner Technik und bürgerlicher Sekurität bildeten zusammen mit anfänglichen außenpolitischen und militärischen Erfolgen das Fundament plebiszitärer Zustimmung. Als den Kaiser der Erfolg verließ, griff er auf Strategien einer Konsenspolitik zurück, die auch von seinem Onkel während der Hundert Tage zwischen Elba und Sankt Helena praktiziert wurden: die Transformation des Regimes zum *Empire libérale*, die Zulassung von Opposition sowie die Verstärkung sozialer Angebote.

Das Scheitern von 1870 verdeutlichte noch einmal die Unfähigkeit des bonapartistischen Konzepts, auch im zweiten Anlauf das Grundbedürfnis der französischen Gesellschaft und Politik im Zeitalter der Revolutionen zu erfüllen, nämlich Ordnung und Freiheit miteinander zu versöhnen. «Die französische Revolution hat eine Gesellschaft geschaffen, sie sucht noch immer ihre Regierung», hat Prevost-Paradol später festgestellt. Nach dem Urteil von François Furet hat sie diese nach langen Geburtswehen schließlich in der Dritten Republik gefunden.

Jörg Nagler

Abraham Lincoln
und die «Nation unter Gott»

Das Abraham-Lincoln-Memorial nimmt in der Bundeshauptstadt der Vereinigten Staaten, Washington, einen zentralen Platz ein; die Persönlichkeit des 16., von 1861 bis 1865 amtierenden amerikanischen Präsidenten steht im Zentrum des kollektiven amerikanischen Gedächtnisses. In bisher mehr als 16 000 Artikeln und Büchern ist untersucht worden, worin die Größe dieses Staatsmannes bestand, der in der größten Krise der nationalen Geschichte, dem Bürgerkrieg zwischen Nord und Süd, nicht nur die Bewahrung der Republik sicherstellte, sondern darüber hinaus durch die Abschaffung der Sklaverei eine «Wiedergeburt» der amerikanischen Nation einleitete. Von amerikanischen Historikern wird Lincoln bei der Bewertung der Präsidenten der Vereinigten Staaten noch vor George Washington regelmäßig auf Platz eins einer Rangliste gesetzt.[1]

Das Urteil der Nachwelt beweist noch nicht, daß Lincoln in seiner Amtszeit auf Grund charismatischer Führungsqualitäten Erfolg hatte; bevor diese Frage beantwortet werden kann, ist zunächst zu klären, ob in der amerikanischen Verfassung ein spezifisches Amtscharisma des Präsidenten institutionalisiert ist. Zur Verdeutlichung muß kurz auf die Rolle der Präsidentschaft im politischen System der Vereinigten Staaten eingegangen werden.[2]

Die Stellung des Präsidenten in der Verfassungsordnung

Die amerikanische Nation war ursprünglich aus einem Krieg hervorgegangen. Angesichts der Erlebnisse während des Unabhängigkeitskampfes und der Amerikanischen Revolution wurde ein solcher Krisenfall bei der Ausgestaltung der Verfassung bewußt in Rechnung gestellt. Im Kriegsfall wird dem Präsidenten der Oberbefehl über Heer, Flotte und die Staatsmilizen, wenn sie in den Dienst der Union gestellt werden, zugesprochen. Um einer möglichen präsidentiellen Allmacht im Krieg vorzubeugen, wird das Aufstellen der Streitkräfte sowie die Aktivierung der Staatsmilizen ebenso wie die Entscheidung über Krieg und Frieden dem Kongreß überlassen. Über die Auslegung der präsidentiellen *war powers* kann es zu erheblichen Konflikten mit der Legislative kommen. Hervorzuheben sind die außerordentlichen Befugnisse eines Präsidenten, die in zwei Bereichen außerhalb der geschriebenen Verfassung zu suchen sind:

zum einen in der von Locke begründeten Auffassung, daß dem Monarchen im Falle eines Versagens der Regierungsautorität eigenes Handeln zugestanden wird; dieser Lockesche Standpunkt war den Verfassungsvätern bekannt, und obwohl nicht explizit in der Verfassung erwähnt, werden dem Präsidenten im Falle eines nationalen Notstandes oder innerer Unruhen doch «prärogative» Befugnisse zuerkannt, die zur Sicherheit und zum Erhalt der Nation zunächst ohne Zustimmung des Kongresses eingesetzt werden können. Die Expansion präsidentieller Macht und Autorität in Kriegen ist durch eben diese Grauzone zu erklären. Zum zweiten ist diese Notfallkompetenz auf die in der Unabhängigkeitserklärung betonten Grundwerte von «Leben, Freiheit und Streben nach Glück» zurückzuführen. Sollten diese ernsthaft gefährdet sein, kann der Präsident zu Mitteln greifen, die im Widerspruch zu verfassungsrechtlichen Verankerungen stehen.

Die amerikanische Demokratie beruhte jedoch zugleich auf Skepsis gegenüber Autoritäten und auf der Betonung der Volkssouveränität. Die Gewaltenteilung, die die Machtusurpation eines einzelnen oder einer bestimmten Gruppe verhindern sollte, wurde fest in der Verfassung verankert. Das Amt des Präsidenten ist innerhalb der auf Gewaltenteilung beruhenden Ordnung allerdings einzigartig, da ein Individuum allein einen Regierungszweig repräsentiert. Das Konzept eines solchen – auch von Zeitgenossen so bezeichneten – «Wahlkönigs» war bewußt flexibel gehalten, um eine pragmatische Anpassung dieses Amtes an zukünftige Situationen zu gewährleisten, ohne bei unvorhergesehenen Konstellationen jedesmal Verfassungsänderungen vornehmen zu müssen; die daraus folgende vage Definition der Aufgaben der Exekutive im Krisenfall bedingte, daß in einer konkreten Situation oft mehr von den persönlichen Qualitäten des Präsidenten abhing als von präzise definierten Verfassungsregeln. Zu betonen ist ferner die nationale Integrationskraft des Präsidentenamtes in einem Land, das durch starke Dezentralisierung gekennzeichnet ist, wodurch ein Verlangen nach emotionaler Bindung an den Präsidenten gefördert wird.[3]

Lincoln in der amerikanischen Politik bis zum Bürgerkrieg

Eine Beurteilung von Lincolns Präsidentschaft läßt sich nicht adäquat ohne eine knappe Darstellung der politischen Entwicklungen vor dem Bürgerkrieg und eine kurze Würdigung seines Lebensweges bis zu seiner Wahl in das höchste Amt im Jahre 1860 vornehmen.

Der 1809 geborene Lincoln repräsentierte durch seine *Frontier*-Herkunft, seine harte Jugend und sein Autodidaktentum den Typus des «selfmade man»; außerdem bot er das Bild eines quasi «überregionalen» Amerikaners: ein Mann des Westens, geboren im Süden und doch ein typischer Yankee.[4] Onkel und Großonkel besaßen Sklaven; der Vater, ein überzeugter Baptist, lehnte dieses System strikt ab, wenn auch nicht ausschließlich aus ethischen Gründen; er hatte als einfacher Arbeiter erfahren, was es hieß, mit Sklavenarbeit in Konkurrenz zu treten. Lesestoff des jungen Lincoln waren die Bibel, wie bei so vielen Pionierfamilien das einzige Buch im Haus, und die wenigen Werke, die er sich anderweitig beschaffen konnte – darunter *Robinson Crusoe*, *Pilgrim's Progress* und Aesops Fabeln. Seine intime Kenntnis der Heiligen Schrift stammt aus jener Zeit, in seinen späteren Reden klingen neben der den Fabeln entlehnten figurativen Sprache daher häufig biblische Töne an.

Die Größe und Weite der damaligen USA, zugleich auch die Defizite ihrer Infrastruktur, wurden Lincoln durch die Reisen verdeutlicht, die er auf der Suche nach Gelegenheitsjobs unternahm. Seine einzige militärische Erfahrung sammelte er, als er sich 1832 beim Ausbruch des *Black-Hawk*-Indianerkriegs freiwillig meldete. Seine Dienstzeit war kurz und verlief ohne kriegerische Konfrontation; durch seine Funktion als Captain war aber sein Selbstvertrauen derart gestärkt worden, daß er noch im gleichen Jahr für das Repräsentantenhaus von Illinois kandidierte. Nach dem Scheitern dieses ersten Anlaufs erreichte Lincoln sein Ziel zwei Jahre darauf und behauptete seinen Platz als Angehöriger der Whigs bis 1842. Nach einem zielstrebigen Selbststudium der Rechtswissenschaft gelang ihm 1836 die Zulassung zur Anwaltskammer von Illinois. Im Jahr darauf siedelte er nach Springfield über, der neuen Hauptstadt seines Bundesstaates, wo er Partner eines überregional bekannten Rechtsanwalts wurde. So hatte Lincoln schon mit Ende Zwanzig einen in Anbetracht seiner Herkunft beeindruckenden Weg zurückgelegt.

Der Lynchmord an dem abolitionistischen Zeitungsherausgeber Elijah Lovejoy 1837, ein vom Repräsentantenhaus von Illinois nur halbherzig verurteiltes Verbrechen, wurde zu einem Wendepunkt in Lincolns politischem Leben, da er den Anlaß zu seiner ersten Grundsatzrede lieferte, die er kurz darauf in einem College in Springfield hielt. Sie ging auf die Grundwerte der amerikanischen Demokratie und die Gründungsväter der Nation ein. Die Gesetzgebung sollte zu einer Art «politischer Religion» erhoben werden; zügellose Herrschaft des Pöbels – wie im Falle der zunehmenden Lynchjustiz – durfte niemals den nationalen Konsens in Frage stellen. Abolitionismus erschien Lincoln jedoch nicht der richtige Weg, dem Problem der Sklaverei zu begegnen. Diese Rede ist in vielerlei Hinsicht bedeutend, wirft sie doch ein frühes Licht auf Lincolns Auseinandersetzung mit der Zukunft der Nation. Seine Warnung vor einem machtbesessenen und gleichzeitig charismatischen Führer – mit Lincolns Worten einem «towering genius» –, der, von Ehrgeiz besessen, vor nichts zurückschrecken würde, um seine persönlichen Ziele zu erreichen, gibt darüber Aufschluß, wie Lincoln zu diesem Zeitpunkt über machthungrige Führungsgestalten dachte. Seine Ansprache endete mit der Feststellung, der Aufstieg eines solchen Demagogen könne nur durch das Festhalten am Regierungssystem der Gründungsväter verhindert werden. Lincoln war der Auffassung, daß die Herrschaft des Mobs die Demokratie untergrabe und damit letztlich einer Diktatur den Boden bereite.[5] Lincoln war sich von Jugend an der Fragilität der Union bewußt gewesen. Er beobachtete aufmerksam das Auseinanderdriften von Nord- und Südstaaten. Mit dem *Missouri-Kompromiß* von 1820, wonach künftig nördlich eines bestimmten Breitengrades (mit Ausnahme von Missouri) Sklaverei nicht erlaubt sein sollte, war für nahezu eine Generation ein Burgfrieden zwischen den Regionen geschlossen worden. Seitdem war aber immer wieder das Dilemma sichtbar geworden, das sich aus der Zulassung zweier unterschiedlicher Gesellschaftssysteme bei gleichzeitiger Ausdehnung der Union ergab. John Quincy Adams hatte von einer «Präambel» zu einer großen Tragödie gesprochen,[6] und Thomas Jefferson hatte prophezeit, diese geographische Grenze werde zu einer Vertiefung der politischen und moralischen Gegensätze zwischen Nord und Süd führen.[7]

In dieser gespannten Atmosphäre ging Lincoln 1847 für zwei Jahre als Whig-Kongreßabgeordneter seines Staates nach Washington und engagierte sich im Jahr darauf für die Präsidentschaft Zachary Taylors. Da er nach dessen Sieg nicht den erhofften Regierungsposten erhielt, konzentrierte er sich vorerst auf seine florierende Anwaltskanzlei in Springfield, Illinois.

1854 zeigte sich erneut, wie sehr die Institution der Sklaverei eine organische nationale Weiterentwicklung verhinderte. Das von den Demokraten vorgeschlagene *Kansas-Nebraska-Gesetz* sollte neugegründeten Staaten das Recht geben, über die Zulassung von Sklaverei autonom zu entscheiden. Es sollte indessen auch für die 1820 im *Missouri-Kompromiß* «für alle Zeiten» als sklavenfrei erklärten Gebiete gelten, womit diese Regelung hinfällig geworden war. Im Mai 1854 wurde dieses Gesetz nach langen Diskussionen vom demokratischen Präsidenten Franklin Pierce (1853–1857) unterzeichnet. In der Folge kam es im Norden zu einer Neuformierung der Parteienlandschaft. Die Whigs, deren nördlicher Flügel eine eher reformfreudige Haltung in der Sklavereifrage vertrat, verloren die Unterstützung im Süden, und die Partei zerfiel. Im Norden formierte sich der Widerstand gegen das *Kansas-Nebraska-Gesetz* in der neu begründeten Republikanischen Partei, deren Namensgebung bewußt an den Egalitarismus Jeffersons anknüpfte. Die Konflikte motivierten auch Lincoln zu neuerlichem Engagement; 1856 stieß er zu den Republikanern und organisierte die Partei in Illinois.

Die neue Partei stand für wirtschaftliche Modernisierung und eine verbesserte Infrastruktur, die die Teile des wachsenden Landes effektiver miteinander verbinden sollte. Ihre Programmatik trug allerdings zur Verschärfung des Nord-Süd-Gegensatzes bei, da der Süden aufgrund seiner ökonomischen Monokultur weniger Interesse an der Entwicklung eines Binnenmarktes hatte und die Republikaner ausschließlich die Interessen des industrialisierten Nordens vertraten und mit ihrem Prinzip der freien Arbeit und des unabhängigen Kleinunternehmertums das Sklavereisystem der Südstaaten in Frage stellten. Die höchst heterogen zusammengesetzte Partei stimmte nur darin überein, die weitere Ausbreitung der Sklaverei zu verhindern. Während die nationalen Parteien zuvor bemüht gewesen waren, innerparteiliche Kämpfe zwischen nördlichen und südlichen Gruppen zu schlichten, demonstrierte das Wahlergebnis von 1856, daß ein Zweiparteiensystem entstanden war, das die durch die Sklavereifrage ausgelöste Spaltung reflektierte. Die Demokraten gewannen ihre politische Stärke durch den Süden, die Republikaner durch den Norden.

Lincolns persönliche Ansichten ließen sich mit der Programmatik seiner Partei verknüpfen. 1858 trat er als republikanischer Kandidat bei den Senatswahlen für Illinois gegen den landesweit bekannten Demokraten Stephen A. Douglas an, den Initiator des *Kansas-Nebraska-Gesetzes*. Im Wahlkampf forderte er ihn zu öffentlichen Debatten heraus, die Zehntausende anzogen. Zwar verlor Lincoln diese Wahl, doch gewann er durch die Wortgefechte, die hauptsächlich um die Sklaverei kreisten und deshalb nationale Aufmerksamkeit erregten, eine überregionale Reputation als Wortführer der Republikaner. Er hat hier seine erste berühmte Rede gehalten, deren dem Neuen Testament (Matthäus 12, 25) entnommenes Motto, «A House Divided Against Itself Cannot Stand», sich auf die zunehmende Spaltung der Nation bezog; er sagte voraus, daß die Vereinigten Staaten nicht permanent ein Nebeneinander von Sklaverei und freier Gesellschaft ertragen könnten.

Im Oktober 1859 sorgte John Browns Versuch, durch den Überfall auf ein US-Waffenarsenal in Harper's Ferry, Virginia, im Süden eine Sklavenrebellion zu entfachen, für gesteigerte Unruhe. Der Anschlag schlug fehl, Brown und seine Leute wurden bald darauf gehängt. Auch Lincoln gehörte zu denjenigen, die diese Aktion der abolitionistischen Untergrundkämpfer wegen ihrer Gewaltsamkeit verurteilten, jedoch mit erhobenem Zeigefinger in Richtung Süden: Sollte sich dieser nach der verfassungsmäßigen Wahl eines republikanischen Präsidenten abspalten und damit die Union zu zerstören suchen, so Lincoln am Tag nach der Hinrichtung, würde mit ihm ebenso verfahren werden wie mit John Brown.

Lincoln, mittlerweile ein professioneller Politiker, verfolgte seinen Weg innerhalb der neuen Partei und vermochte zwischen 1854 und 1860 wie kein anderer in 175 öffentlichen Reden ihr Programm zu verdeutlichen.[8] Nach intensiver Vorbereitung auf den republikanischen Nominierungskonvent wurde er im Mai 1860 im dritten Wahlgang als *dark horse* zum Präsidentschaftskandidaten ernannt. Als Kompromißkandidat hatte er sich geschickt gegen seine national noch bekannteren Konkurrenten durchsetzen können. Das Wahlprogramm der Republikaner unter dem altbekannten Slogan, «Free Soil, Free Speech, Free Men, Free Labor», implizierte die Ablehnung der Sklaverei in den neuen Territorien, nicht aber ihre Abschaffung in den Südstaaten; es verurteilte die Regierung des amtierenden Präsidenten Buchanan – wegen des «Interessenausver-kaufs» an den Süden – und forderte freizügigere Einbürgerungsbestim-mungen und eine Verbesserung der Infrastruktur. Beide Parteien führten ihren Wahlkampf nicht so sehr um konkrete Inhalte als vielmehr um generelle Werte, die von den Kandidaten verkörpert wurden. Lincoln oder «Honest Abe» wurde dabei mit den Qualitäten identifiziert, die sei-nen Mythos noch heute ausmachen: Fleiß, Arbeitsethos und die Beschei-denheit des Pioniers, der sich aus ärmlichen Verhältnissen hocharbeitet und schließlich sogar für das höchste Amt des Landes kandidiert. Er repräsentierte nicht nur soziale Mobilität, sondern auch persönliche Inte-grität und hob sich damit deutlich von dem Amtsinhaber Buchanan ab, dessen Regierung durch Skandale und Korruption belastet war.

Es konnte nicht verwundern, daß Lincoln, der von den südlichen Demokraten als Abolitionist dargestellt wurde, seine Wahl ausschließlich dem Votum des Nordens zu verdanken hatte. Die auf ihn entfallenen knapp 40 Prozent der landesweit abgegebenen Stimmen stammten fast ausnahmslos aus den bevölkerungsstarken Nordstaaten. Sein Gegen-spieler Douglas hatte 29 Prozent der Wähler gewonnen. Noch nie hatte es eine derart hohe Wahlbeteiligung von über 80 Prozent gegeben.

Die Wahl Abraham Lincolns am 6. November 1860 zum 16. Präsiden-ten stellte ein deutliches Signal an die Südstaaten dar, und schon die Zeit bis zu seiner Amtseinführung Anfang März sollte sich für die ganze Na-tion als schicksalhaft erweisen. Bereits zuvor hatten einige Sklavenstaaten für den Fall eines republikanischen Sieges mit Sezession gedroht. Genau dies trat noch vor Weihnachten ein: South Carolina war der erste alte Bun-desstaat, der seine Union mit den übrigen Staaten aufkündigte. Bis zum 1. Februar 1861 folgten Mississippi, Florida, Alabama, Georgia, Louisiana und Texas. Der noch amtierende Präsident Buchanan ließ zu, daß die abgefallenen Südstaaten auf ihrem Gebiet befindliche Bundeseinrichtun-gen wie Forts und Waffenlager übernahmen; nur noch zwei Forts, dar-unter Fort Sumter in South Carolina, blieben in Bundesbesitz. Anfang Februar 1861 riefen die Sezessionisten ihre *Konföderierten Staaten von Ame-rika* mit Richmond in Virginia als Hauptstadt und dem ehemaligen Sena-tor und Kriegsminister Jefferson Davis als ihrem Präsidenten aus.

Der Akt der Sezession war zunächst Ausdruck des ultimativen Wider-standes eines Teiles der Nation gegen eine republikanische Präsident-schaft, wie zuvor von den südstaatlichen Demokraten für den Fall einer solchen Wahl angedroht worden war. Die Aufspaltung der Nation stellte gleichzeitig das Amtscharisma der Präsidentschaft in Frage, das national integrierend wirken sollte. Vor seiner Wahl tauchten in der Kritik der Süd-staaten geradezu dehumanisierte Bilder Lincolns auf, die ihn als bloßes

Rad der republikanischen Parteimaschinerie darstellten, die die Säule der Gesellschaft – die Sklaverei – zerstören wollte.

Im Bemühen um die Wiederherstellung der nationalen Einheit und im Bewußtsein, daß sich die Einzelstaaten des «Oberen Südens» bislang noch loyal verhalten hatten, vermied Lincoln in seiner Inaugurationsrede am 4. März scharfe Töne. Zwar setzte er Sezession mit Anarchie gleich – einem gesellschaftlichen Zustand, der gegen das von ihm verfochtene Ordnungsprinzip der «politischen Religion» verstieß. Sein Versprechen dem Süden gegenüber, die Einrichtung der Sklaverei nicht dort in Frage zu stellen, wo sie bereits existierte, war Ausdruck seines Glaubens an dieses von der Verfassung vorgegebene Ordnungsprinzip. Deutlich gab er zu verstehen, daß das Schicksal der Nation nun in den Händen des Südens liege; er als Präsident habe einen Eid geleistet, sie zu beschützen und zu verteidigen.

Die Konföderierten gingen auf sein Angebot nicht ein. Als Lincoln sich weigerte, auch noch Fort Sumter an den Süden abzugeben, reagierte South Carolina am 12. April mit der Beschießung dieses Forts. Der Bürgerkrieg hatte begonnen. Umgehend gesellten sich vier weitere Staaten zur Konföderation: Tennessee, Arkansas, North Carolina und Virginia. Die Grenzstaaten Kentucky, Missouri, Delaware und Maryland – sämtlich Sklavenstaaten – waren zunächst unentschlossen und blieben nach einigem Zögern und inneren Auseinandersetzungen in der Union. Somit standen dreiundzwanzig Unionsstaaten (mit einer Bevölkerung von etwa 22 Millionen) elf konföderierten Staaten (mit 9 Millionen Einwohnern einschließlich rund 3,5 Millionen Sklaven) gegenüber.

Der Präsident im Bürgerkrieg

Lincoln reagierte prompt mit demonstrativer Entschlossenheit. Bevor der Kongreß im Juli zusammentreten sollte, mußte der Präsident schnell und unabhängig von der Legislative handeln. Er tat dies auf Grund seiner prärogativen Befugnisse, aus der Verpflichtung heraus, Wohl und Sicherheit der Nation in jenen Fällen zu bewahren, die nicht von Verfassung oder Gesetzgebung erfaßt wurden.

Mitte April erließ Lincoln einen Aufruf, worin er von den Unionsstaaten die Mobilisierung 75 000 Freiwilliger zur Unterdrückung der «Rebellion» forderte; die Bevölkerung im Norden kam dem Appell mit Enthusiasmus nach. Gleichzeitig beraumte Lincoln eine Krisensitzung des Kongresses an – allerdings erst auf den symbolträchtigen Unabhängigkeitstag, den 4. Juli 1861. So hatte er noch etwa zweieinhalb Monate freie Hand, in denen er das weitere Schicksal der Union allein bestimmen konnte. Als in dieser Zeit die Übernahme des wichtigen Grenzstaats Maryland durch Sezessionisten drohte, verfügte Lincoln die Abschaffung des Rechts auf richterliche Anhörung – des *Writ of Habeas Corpus* – zwischen Philadelphia und Washington, D. C., und ließ in diesem Gebiet Zivilgerichte durch militärische ersetzen. Die Aufhebung eines demokratischen Grundrechts durch eine Art «Notstandsgesetz» war eine höchst umstrittene Maßnahme. Zwar läßt die Verfassung (Artikel I, Sektion 9) eine solche Maßnahme im Falle einer Rebellion oder Invasion zu, um die öffentliche Sicherheit zu gewährleisten; sie macht jedoch keine Angaben darüber, ob Präsident oder Kongreß dafür zuständig seien. Lincoln hatte die Bestimmungen in seinem Sinne ausgelegt; dies löste großen Protest in der Bevölkerung aus und führte zu einer Überprüfung durch ein Bundesgericht in Maryland, welches feststellte, daß nur der Kongreß ein solches Grundrecht aufheben dürfe. Lincoln setzte sich jedoch über diese Entscheidung hinweg und argumentierte, in Abwesenheit des Kongresses habe er als Präsident das Recht, diese Notstandsmaßnahme anzuordnen. 1863 bestätigte der *Supreme Court* in einer knappen Abstimmung, daß der Präsident zwar keinen Krieg initiieren dürfe, es im Falle einer Provokation jedoch seine Pflicht sei, umgehend zu reagieren, ohne dabei auf die Entscheidung des Kongresses warten zu müssen.[9]

Eine Rebellion gefährdete den Bestand der Vereinigten Staaten als Nation; der Präsidenten mußte darauf entsprechend reagieren. Nur so läßt sich Lincolns weite Auslegung seiner präsidentiellen Macht interpretieren. Während der Krisensitzung am Unabhängigkeitstag 1861 rechtfertigte er in seiner Botschaft an den Kongreß sein Vorgehen damit, daß nur die Anwendung von Kriegsgewalt die Auflösung der Union verhindert habe. In der ersten Fassung dieser Rede hatte er bezeichnenderweise noch von «militärischer Gewalt» geschrieben, diesen Ausdruck in der endgültigen Fassung dann aber gegen «Kriegsgewalt» (*war power*) ausgetauscht und damit seine Verfügungsgewalt zu Kriegszeiten eindeutig weiter gefaßt als lediglich mit dem Oberfehl über die Streitkräfte; dies wohl auch in der Vorahnung, daß sich aus diesem Kampf weitaus mehr entwickeln könnte als nur ein begrenzter militärischer Konflikt, nämlich ein Krieg, der die Involvierung und Mobilisierung der Zivilbevölkerung notwendig machen würde. Signifikanterweise sprach Lincoln in dieser Rede bereits von einem *People's Contest*, also einer Art Volkskrieg.[10]

Da der Kongreß in beiden Häusern von der Republikanischen Partei beherrscht wurde, wurden die präsidentiellen Verfügungen angesichts der großen Krise stillschweigend post festum abgesegnet. In seinen Reden während der frühen Phase des Bürgerkrieges hatte Lincoln für die (gesamten) Vereinigten Staaten überwiegend den Terminus *Union* und nur selten den Begriff *Nation* verwendet.[11] Wenn er in seiner Kongreßbotschaft vom 4. Juli 1861 dreimal von der *Nation* sprach, so unterstrich er, daß das Überleben dieser Nation auf dem Spiel stand, die aus dem Freiheitsideal der Unabhängigkeitserklärung entstanden und der Tatsache verpflichtet war, daß alle Menschen gleich geschaffen seien. Symptomatisch für seine auch später immer wieder betonte Auffassung war eine

Passage dieser Rede, in der er betonte, der Bürgerkrieg sei nicht nur ein amerikanisches Problem; es gehe letztlich darum, ob eine Minderheit aus einer vom Volk legitimierten Ordnung ausbrechen dürfe und das Ende einer freien Regierung herbeiführen könne. Diese Betonung eines Prinzips von universaler Geltung sowie Lincolns wiederholt erhobener Anspruch, seine Politik sei zugleich Ausdruck des Kampfes für die Demokratie in der Welt, schirmten ihn zum Teil von der innenpolitischen Kritik ab. Der Präsident knüpfte damit an das puritanische Erbe an, das mit dem aus dem Ideal eines *Neuen Kanaan* hergeleiteten Sendungsbewußtsein auch noch die Generation der Amerikanischen Revolution geprägt hatte. Zugleich verlieh er dem Bürgerkrieg damit eine nahezu religiöse Bedeutung.

Nur kurze Zeit später wich infolge der ersten verheerenden Niederlage der Union (nach der Lincoln weitere 500 000 Freiwillige anforderte) die allgemein verbreitete Vorstellung eines begrenzten Konflikts der realistischen Einschätzung, daß ein längerer Krieg bevorstehe. Für dessen Ausgang waren natürlich die militärischen Kräfteverhältnisse und die Entwicklung einer erfolgversprechenden Strategie maßgebend, für Lincoln war es jedoch ebensowichtig, ein kohärentes politisches Konzept zu finden, mit dem in diesem «Volkskrieg» der Bevölkerung und den Truppen der eigentliche Sinn ihres Einsatzes verdeutlicht werden konnte. Seine Vision, die sich aus religiösen und politischen Elementen zusammensetzte, mußte gleichwohl mit seiner Partei abgestimmt werden. Von Anfang an war er daher bemüht, den Konsens innerhalb der republikanischen Fraktionen, deren Spektrum von konservativ bis radikal reichte, aufrechtzuerhalten. Im Gegensatz zu den «Radikalen Republikanern» trat Lincoln mit dem Mehrheitsflügel der Partei für eine graduelle Sklavenemanzipation ein und sah den Kampf um die Einheit der Nation im Vordergrund. In der Erkenntnis, daß es nur vereint gelingen würde, gegen die Demokratische Partei zu bestehen, gelang es Lincoln auf bemerkenswerte Weise, die unterschiedlichen Gruppierungen durch Kompromisse zusammenzuhalten.

Der Auszug der Südstaatenrepräsentanten aus dem Kongreß stärkte im Norden die Machtposition der Republikanischen Partei. Sie war nun in der Lage, in den Regionen, in denen sie besonders stark war, größtmöglichen Einfluß auszuüben und gleichzeitig die Entscheidungen des Kongresses in einem weit höherem Maße zu beeinflussen, als ihr auf Grund des Wahlergebnisses von 1860 möglich gewesen wäre. Den Republikanern gelang es, die Ressourcen des Nordens effektiv zu bündeln und einzusetzen. Die Mobilisierung des Nordens bestand in der kollektiven Anstrengung einer straff organisierten «sektionalen» Gruppierung, die in der Politik des Präsidenten nur ein Element des gemeinsamen Kampfes sah.[12]

Viele Zeitgenossen trauten dem Präsidenten die Bewältigung seiner immensen Aufgabe nicht zu; Lincolns Stellung war auch innerhalb seiner eigenen Partei durchaus nicht unangefochten, die interne republikanische Kritik an seiner Person war den kritischen Tönen von seiten der Demokratischen Partei oft vergleichbar. In Anspielung auf Lincolns Anwendung seiner prärogativen Befugnisse wurde er verschiedentlich als Diktator bezeichnet; ferner attestierte man ihm vielerorts eine hoffnungslose Inkompetenz; ungeachtet der Bürgerkriegssituation nahm diese Kritik an Vehemenz noch zu. Wie aber läßt sich Lincolns relative Immunität gegenüber den Angriffen aus den eigenen Reihen interpretieren? Während seiner Präsidentschaft schaffte er es, zu den verschiedenen Flügeln seiner Partei auf eine Art Äquidistanz zu gehen. Auch auf Grund seiner eindrucksvollen Rhetorik gewann er eine Autorität, die ihn über die Partei stellte.[13] Die Republikanische Partei gewann zunehmend an Einfluß; sie wurde noch mächtiger, als sie im Laufe der Ereignisse die Ausweitung der präsidentiellen Führungskompetenzen mittrug.

Doch nicht die Politik allein konnte diesen Krieg entscheiden. Eine neue Stufe des Krieges war erreicht, als Anfang April 1862 in Shiloh am Tennessee-Fluß an die 11 000 Konföderierte und über 13 000 Unionssoldaten fielen. Die Siegeszuversicht des Nordens war dahin; bei Generälen, Soldaten und Politikern des Nordens setzte sich zunehmend die Einsicht durch, daß eine revolutionäre Kriegführung für den Sieg über die Südstaaten unabdingbar sei.[14] Allerdings entsprach dies keineswegs der einhelligen Meinung der Bevölkerung. Demokratische Politiker gewannen mit ihrer Forderung nach einem Friedensschluß angesichts der nicht mehr zu rechtfertigenden Zahl der Opfer merklich an Boden. Im Kern des verschärften Konfliktes stand nun eindeutig das Junktim zwischen dem Erhalt des *status quo ante* der Union einerseits und der Zerschlagung des südstaatlichen Gesellschaftssystems durch die Abschaffung der Sklaverei andererseits. Ab Mitte 1862 bewegte sich der von den Republikanern beherrschte Kongreß – entsprechend der Stimmung seiner Wähler – zunehmend in Richtung der Abolitionisten. Einen wichtigen Schritt unternahm er im Juli mit der Verabschiedung eines Gesetzes, das vorsah, den Besitz von Konföderierten zu beschlagnahmen und damit auch deren Sklaven in die Freiheit zu entlassen. Obwohl die Zielrichtung dieses Gesetzes revolutionär erschien, war es die Durchsetzung nicht: Es hatte nämlich eine bundesgerichtliche Instanz im Einzelfall zu entscheiden, ob ein Südstaatler sich der offenen Rebellion schuldig gemacht hatte oder nicht. Dies bedeutete, daß die etwa 350 000 Sklavenbesitzer der Südstaaten einzeln zur Rechenschaft hätten gezogen werden müssen. Zu Recht bemerkte Lincoln nach der Verabschiedung des Gesetzes, das er nur widerwillig unterzeichnet hatte, daß dadurch «nicht einmal ein einziger Sklave auf unsere Seite gekommen wäre».[15]

Mit seiner Proklamation zur Befreiung der Sklaven veränderte Lincoln entscheidend den Kriegsverlauf. Die berühmte Erklärung war

allein seine Idee gewesen; nicht einmal die wichtigsten Mitglieder seines Kabinetts hatten etwas von ihrer Vorbereitung geahnt. Als Lincoln
sie am 22. Juli 1862 mit ihnen diskutierte, gab er ihnen offen zu verstehen, daß die Entscheidung zu diesem gravierenden Schritt bereits fest-
stehe. Allein den geeigneten Zeitpunkt für die Bekanntmachung stellte
er zur Diskussion. Am 22. September 1862, als sich die Südstaaten-
truppen nach der Schlacht von Antietam aus Maryland zurückziehen
mußten, sah Lincoln den Moment gekommen. In der Erklärung wurde
nunmehr verfügt, daß nach dem 1. Januar 1863 alle Sklaven in «Rebel-
lenstaaten» als frei gelten sollten. Davon ausgenommen waren Grenzstaaten und bereits besetzte Gebiete, ein Entgegenkommen des Präsidenten an gemäßigte Wähler im Norden, für die die Abschaffung der
Sklaverei kein Kriegsmotiv darstellte, die aber einsahen, daß dieser
Schritt Lincolns wesentlich zu einem Unionssieg beitragen konnte. Karl
Marx, ein aufmerksamer Beobachter des Amerikanischen Bürgerkrieges, erblickte in Lincolns Emanzipationsproklamation «das bedeutend-
ste Aktenstück der amerikanischen Geschichte seit Begründung der
Union, die Zerreißung der alten amerikanischen Verfassung...».[16] Teile
der radikalen Republikaner kritisierten die Proklamation mit der
Begründung, sie verspreche die Sklavenbefreiung dort, wo sie momen-
tan tatsächlich nicht stattfinden könne, nämlich auf feindlichem Gebiet,
und gelte gerade dort nicht, wo ihre Verwirklichung möglich sei, nämlich in besetzten Gebieten und in den Grenzstaaten, die sich der Union
angeschlossen hatten. Dieses sicherlich zutreffende Argument änderte
jedoch nichts an der Sprengkraft einer Erklärung, die das Ende der
Sklaverei auf amerikanischem Boden einläutete. Für eine bestimmte
gesellschaftliche Gruppe kam die Emanzipationserklärung einer messianischen Botschaft gleich: Den insgesamt über vier Millionen Afro-
Amerikanern galt ihr Verfasser, den sie in Anlehnung an die Sprache
der Bibel ehrfürchtig «Vater Abraham» nannten, seitdem als der «Great
Emancipator», als Messias der Befreiung; sein Bildnis hing in nahezu
allen Haushalten schwarzer Amerikaner. Unterstützt wurde diese
Wahrnehmung durch Lincolns Dialogbereitschaft mit Repräsentanten
dieser Gruppe, die er des öfteren im Weißen Haus empfing – ein
Novum in der Geschichte der amerikanischen Rassenbeziehungen. Frederick Douglass, der bekannteste Afro-Amerikaner des 19. Jahrhunderts, war als regelmäßiger Besucher des Weißen Hauses beeindruckt
von Lincolns «Farbenblindheit» gegenüber Angehörigen anderer Ras-
sen.[17]

In der Nordstaaten-Bevölkerung war nach anfänglich breiter Unterstützung des Krieges eine spürbare Skepsis aufgrund seines Verlaufs eingetreten, so daß die Friedens-Demokraten langsam an Rückendeckung
gewannen. Eine gespaltene Union jedoch hatte keine Aussicht auf Sieg.
Als Ende 1862 die *Midterm*-Kongreßwahlen näherrückten, war es für Lin-

coln politisches Gebot, die Loyalität der Bevölkerung zu stärken und für mehr Solidarität zu sorgen. Im September, kurz nach der Bekanntgabe der Emanzipations-Proklamation, hob er daher den Anspruch Verhafteter auf richterliche Anhörung nunmehr landesweit auf – eine Maßnahme, die es juristisch ermöglichte, Unruhestifter an der Heimatfront, vor allem Deserteure und Kollaborateure, umgehend aus dem Verkehr zu ziehen. Bereits mit der Emanzipationserklärung hatte Lincoln den Demokraten genug Sprengstoff für die anstehenden Kongreßwahlen geboten. Die jüngsten Niederlagen der Unionstruppen sowie die Rezession und eine rasch ansteigende Inflation führten zu schweren Verlusten der Republikanischen Partei. Die Demokraten hatten mit ihrem Wahlkampfslogan, «Für die Verfassung, wie sie ist, und die Union, wie sie war», gegen die ihres Erachtens willkürliche Verfassungsinterpretation Lincolns protestiert, die Wiederzulassung der abgefallenen Südstaaten ohne Infragestellung der Sklaverei gefordert und damit wichtige Wahlen gewonnen. Doch obwohl der republikanische Vorsprung im Repräsentantenhaus nun von 35 auf 18 Sitze reduziert wurde, reichte es in beiden Kammern des Kongresses für die erforderliche Mehrheit.

In der Tat transformierte die Emanzipationserklärung, die am 1. Januar 1863 in Kraft trat, den Krieg des Nordens gegen die abgefallenen Teile der Union nun auch zu einen Kampf für die Abschaffung der Sklaverei. Sie revolutionierte den Einsatz der Nordstaaten, da ihr Sieg jetzt mit der Umstrukturierung des südlichen Gesellschaftssystems identisch wurde, und die Bereitschaft, verstärkt darauf hinzuarbeiten, stieg merklich an. Eine besonders einschneidende Konsequenz der Proklamation war die Rekrutierung von Schwarzen für die Nordstaatenarmee. So sollten bis Kriegsende noch fast 180000 Afro-Amerikaner in die Unionstruppen eintreten, womit ein Alptraum des Südens Realität wurde. Ihr Einsatz erwies sich auch militärisch als wichtiger, ja zum Teil kriegsentscheidender Schritt.

Der Präsident war sich darüber im klaren, daß die Emanzipationserklärung verfassungsrechtlich auf schwachen Beinen stand. Nur ein korrekt verabschiedeter Verfassungszusatz konnte das Schicksal der Sklaverei auch nach Beendigung des Krieges besiegeln, da Sklavenhalter ansonsten rechtlich ihr «Eigentum» – die befreiten Sklaven – zurückverlangen konnten, weil die Proklamation lediglich als Kriegsmaßnahme Geltung besaß. Im Bewußtsein dessen tat Lincoln alles in seiner Macht Liegende, den Verfassungszusatz über die endgültige Abschaffung der Sklaverei in den Vereinigten Staaten voranzutreiben, ein Unterfangen, bei dem ihn die Republikanische Partei unterstützte.

Die erfolgreiche Durchsetzung des 13. Verfassungszusatzes und damit der rechtmäßigen Abschaffung der Sklaverei war auf Lincolns persönliches Einwirken zurückzuführen. Dieser große Schritt war indessen nur möglich geworden, weil der Süden rebelliert und damit die Abschaffung des Althergebrachten eingeläutet hatte.[18] Trotz größter Bemühungen war der Norden noch nicht in der Lage, dem Süden empfindliche Niederlagen beizufügen und so den Emanzipationsgedanken in die Realität umzusetzen. Die Wende kam im Juli 1863 mit der Schlacht von Gettysburg in Pennsylvania, wo die beiden Heere mit 160 000 Soldaten aufeinanderprallten und nach drei Tagen über ein Viertel von ihnen gefallen war. Nach diesem Sieg der Union auf eigenem Gebiet zogen sich die Konföderierten unter General Lee nach Virginia zurück. Am 19. November hielt Lincoln am Schauplatz dieser blutigen Auseinandersetzung bei der Einweihung des großen Soldatenfriedhofes seine berühmteste Rede, die *Gettysburg Address*. Er nutzte die Gelegenheit, um seine Überzeugung vom Sinn dieses Krieges zum Ausdruck zu bringen. An den Gräbern der Gefallenen definierte er die Bedeutung des Bürgerkrieges in nur zehn Sätzen; mit knappen, treffenden Worten ging er auf die Gründungsphase der Nation und die demokratischen Grundwerte ein, für die die Vereinigten Staaten standen: die Gleichberechtigung aller Menschen, ihr Recht auf Freiheit und eine Volksregierung. Er vermied es, den Süden zu verurteilen; die letzten Zeilen seiner Rede machten deutlich, welchen tieferen Sinn er diesem Konflikt zuwies: «Wir wollen hier feierlich erklären, daß diese Toten nicht umsonst gestorben sein sollen, damit die Nation durch Gottes Hilfe eine Neugeburt der Freiheit erlebt und die Regierung des Volkes durch das Volk und für das Volk nicht wieder aus der Welt verschwindet.»

Wie sehr sich der Krieg gewandelt hatte, läßt sich auch der sprachlichen Gestaltung von Lincolns Reden während der Kriegszeit entnehmen. Während er für die Vereinigten Staaten zu Beginn des Kampfes überwiegend den Terminus *Union* angewandt hatte, tauchte dieser Begriff zum Zeitpunkt der *Gettysburg Address* nicht mehr auf und war durch *Nation* ersetzt worden. Signifikanterweise bezog sich Lincoln in der Rede von Gettysburg auf das Erbe und die Grundwerte der Unabhängigkeitserklärung, nicht auf die Verfassung, die die Sklaverei bekanntermaßen nicht in Frage gestellt hatte. Lincolns Evokation einer «neuen Geburt der Freiheit» und der «Nation unter Gott» implizierte ein neues Verständnis von Freiheit im positiven Sinne. Während das Prinzip der negativen Freiheit in der amerikanischen Verfassung eine Machtkonzentration verhindern sollte und die Rechte des Einzelnen gegenüber staatlicher Gewalt festschrieb, so stellten der 13. und die ihm folgenden Verfassungszusätze erstmalig ein positives Konzept von Freiheit dar. Gleichzeitig erfolgte aber auch eine Machtzuweisung an die Zentralgewalt; ein Prozeß, der durch die organisatorischen Notwendigkeiten des Bürgerkrieges ausgelöst worden war.[19]

Während Lincoln fest an das Prinzip der individuellen Freiheit glaubte, fühlte er sich ebenso dem Gesellschaftsvertrag verpflichtet, der seiner Ansicht nach durch die Unabhängigkeitserklärung zustande gekommen war. Durch diesen Vertrag delegierte das Individuum die Befugnis an den Staat, sozialer Anarchie entgegenzuwirken. Lincoln war der festen Überzeugung, daß sein Einsatz der staatlichen Macht das Prinzip der positiven Freiheit – d.h. die Befreiung der Sklaven – erst ermöglicht hatte und daher gerechtfertigt war.

Mit Jefferson teilte Lincoln die Auffassung, daß die amerikanische Nation eine höhere Bestimmung habe, als deren Vollstrecker er sich während des Bürgerkrieges empfand. Um «eine Nation» sein zu können, mußte diese «unter Gott» gestellt sein. Die Verknüpfung von Religiösem und Politischem in der *Gettysburg Address* war dem Anlaß angemessen; schließlich sprach Lincoln auf einem Friedhof für Tausende von Gefallenen, angesichts derer der Nation der tiefere Sinn dieses Krieges vermittelt werden mußte. Wie kein anderer Präsident vor oder nach ihm hat Lincoln mit der Verknüpfung von religiösen und politischen Wertvorstellungen die Zivilreligion der amerikanischen Nation verkörpert.[20]

Sicherlich trifft zu, daß die eigentliche Bedeutung der *Gettysburg Address* erst in den folgenden Jahrzehnten zutage trat. Bei den Zeitgenossen erfuhr sie unterschiedliche Reaktionen. Einige Kommentatoren waren überzeugt, daß die Worte des Präsidenten in die Annalen der Menschheit eingehen würden. Allerdings gab es auch negative Einschätzungen, nach denen der Präsident den feierlichen Anlaß mißbraucht habe; dies war allerdings eindeutig eine Minderheitsposition, die größtenteils der Demokratischen Opposition zuzurechnen war.[21]

Der Bürgerkrieg hatte eine Wende genommen, war aber noch lange nicht entschieden. Mit der Ernennung von Ulysses S. Grant zum Oberbefehlshaber der Nordstaatenarmee im März 1864 fand Lincoln nach drei Kriegsjahren schließlich den richtigen Mann mit einem fähigen Stab für dieses Amt. Lincoln hatte ein für die Vereinigten Staaten vollkommen neues Konzept des Oberkommandos erarbeitet, in dem sein Generalstabschef (Halleck), der Kriegsminister (Stanton hatte Cameron abgelöst) und der *General in chief* (Grant) von ihm die Anweisungen bekamen. Vielfach ist ihm später ein militärischer Genius nachgesagt worden, der sich in einer undogmatischen Herangehensweise an neuartige Probleme zeigte, die in dieser Form noch in keinem Krieg zuvor aufgetreten waren.

Es ist aber auch Lincoln zuzuschreiben, daß die Demokratie weiterhin funktionierte, so daß auch jetzt die Wähler über das Schicksal der Nation entscheiden konnten. Es war Lincolns Überzeugung, daß eine Demokratie selbst während eines Krieges an geordneten politischen Abläufen festhalten müsse. So war es 1864 an den Wählern, über das weitere Schicksal ihres Landes zu bestimmen: Die Präsidentschaftswahl dieses Jahres kann als eine der entscheidendsten in der amerikanischen Geschichte gelten. Das Volk hatte darüber zu befinden, ob der Krieg weitergeführt werden sollte oder nicht – eine demokratische Administration würde dem Süden ein Friedensangebot machen.

Eine Spaltung innerhalb der Republikanischen Partei und das Auftreten anderer republikanischer Aspiranten auf die Präsidentschaft deuteten
zunächst nicht darauf hin, daß Lincoln ohne weiteres wiedergewählt werden würde. Auch noch nach seiner im Juni erfolgten erneuten Nominie-
rung zum Kandidaten der Unions-Partei, wie jetzt der Zusammenschluß
der «Kriegsdemokraten» und der Republikanischen Partei genannt wurde, zweifelte Lincoln an seiner Wiederwahl, da die Stimmung im Norden
vielerorts zunehmend zu einer Kompromißlösung neigte.

Letztlich entschied eine gewonnene Schlacht über die Wahl: Atlanta
war nach schweren Kämpfen Anfang September 1864 von den Unionstruppen unter Sherman eingenommen worden; ein Sieg, der die
öffentliche Stimmung schlagartig veränderte, die parteiinternen Auseinandersetzungen bei den Republikanern beilegte und die Demokratische
Partei mit den von ihr propagierten Friedensangeboten politisch isolierte.

Das Blatt hatte sich zu Lincolns Gunsten gewendet, im November wurde er ein zweites Mal mit einer hohen Wahlbeteiligung zum Präsidenten
gewählt; mit 55 % der Wählerstimmen lag das Ergebnis sogar noch deutlich höher als bei seiner ersten Wahl. Über dreiviertel der Soldaten hatten
für Lincoln votiert, ein eindeutiges Mandat für die Fortführung des Krieges und, wie der Präsident verlauten ließ, eine klare Entscheidung für den
zur Sklavenemanzipation erforderlichen 13. Verfassungszusatz, den er
nun umgehend im Kongreß einbrachte und durchsetzte, wenn auch die
erforderliche Zweidrittelmehrheit nur knapp erreicht wurde.

Lincolns Selbstwahrnehmung hinsichtlich seiner Führungsqualitäten
spricht aus einer Bemerkung vom April 1864: «I claim to have controlled
events, but confess plainly that events have controlled me.»[22] Diese Aussage reflektiert die Eigendynamik eines Krieges, der Züge eines totalen
Krieges angenommen hatte.[23] In dieser Konstellation die richtigen Entscheidungen treffen zu müssen, hatte Lincoln belastet und zu dieser
Selbsteinschätzung veranlaßt. Sicherlich ist sie zu bescheiden ausgefal-
len. In der ersten Phase des Krieges, als es vordringlich um die Erhaltung
der Union ging, mögen ihn die Ereignisse mehr getrieben haben, als daß
er sie selbst geprägt hätte. Nach der Emanzipationserklärung indessen
bestimmte er entscheidend die Zielrichtung und damit letztlich den Ausgang dieses Krieges. Auf die sich permanent verändernden Umstände
reagierte er mit einem auf festen Prinzipien beruhenden Pragmatismus.
Im Gegensatz zu anderen zeitgenössischen politischen Führern suchte er,
wo irgend möglich, den Dialog mit der Bevölkerung und ihren politischen Repräsentanten über Ziel und Mittel des nationalen Überlebens-
kampfes. Dabei war er weder moralisierender Idealist noch politischer
Opportunist.[24] Allerdings waren die Möglichkeiten direkter Kommunikation mit dem Volk noch begrenzt. Lincoln vermied improvisierte
öffentliche Reden und zog länger vorbereitete Ansprachen vor, in denen
er Abstand von sonst üblichen Topoi wie militärischer Heldenverehrung

nahm. Sein Bild in der Öffentlichkeit wurde hauptsächlich durch die Presse transportiert, die je nach politischer Richtung zu eher positiven oder negativen Urteilen über seine Präsidentschaft neigte.[25] Zum Zeitpunkt seiner erneuten Amtseinführung war der Bürgerkrieg so gut wie gewonnen. In seiner Inaugurationsrede vom 4. März 1865 griff Lincoln die Themen der *Gettysburg Address* wieder auf und streckte dem Süden bereits eine versöhnende Hand entgegen: «Mit Groll gegen niemanden und Nächstenliebe für alle, fest im Recht stehend, so wie uns Gott das Recht erkennen läßt, laßt uns weiter danach streben, unser begonnenes Werk zu Ende zu bringen; die Wunden der Nation zu verbinden...». Damit war seine Haltung hinsichtlich einer Wiedereingliederung der Südstaaten umrissen: Nachsicht und Versöhnung, nicht Bestrafung und Abrechnung sollten im Zentrum der Nachkriegsphase stehen. Diesem neutestamentarischen Vergebungsdenken sollte nach Lincolns Vorstellungen allerdings erst nach einer bedingungslosen Kapitulation des Feindes entsprochen werden, ein Prinzip, das Lincoln seit der Emanzipationsproklamation konsequent vertreten hatte. Diese vergleichsweise konziliante Haltung folgte aus Lincolns Auffassung, daß beide Kontrahenten durch den Krieg für ihre Sünden gebüßt hatten, der Norden für die langjährige Akzeptanz der Sklaverei, der Süden für deren Aufrechterhaltung und Verteidigung.

General Shermans berüchtigte Zerstörungszüge durch den Süden mit Plünderungen und Verwüstungen sorgten nunmehr für eine ungeheure Demoralisierung der Südstaaten und leiteten schließlich deren Niederlage ein. Lincoln hatte Shermans Plänen anfänglich skeptisch gegenübergestanden, unterstützte sie aber schließlich, da sie im Einklang mit seinem Ziel der bedingungslosen Kapitulation des Südens standen. In der Einsicht, diesen Krieg nicht weiterführen zu können, kapitulierte die Armee der Konföderierten am 9. April 1865 in Appomattox, Virginia, und einige Wochen später gaben die restlichen Streitkräfte des Südens auf.

In seiner letzten Rede sprach sich Lincoln wie schon zuvor eindringlich für die friedliche Wiedereingliederung der Südstaaten aus. Ihre *Reconstruction* beinhaltete nicht nur die Aufgabe eines nationalen Heilungsvorgangs, sondern den Beginn eines längerfristigen Prozesses, dessen Auswirkungen hinsichtlich der gesellschaftlichen Stellung der befreiten Schwarzen bis in unsere Zeit reichen. Nun mußte es darum gehen, wie ihre wahre Emanzipation verwirklicht werden konnte. Lincoln war sich dieses fundamentalen Auftrags bewußt, sah aber wie seine Zeitgenossen und auch nachfolgende Generationen die Inkompatibilität zwischen einem nicht zu leugnenden Rassismus im Süden – und auch im Norden – und der Durchsetzung der Maßnahme, die die Emanzipation einleiten würde: des Wahlrechts für Schwarze.

Amtscharisma und Zivilreligion

Nur wenige Tage nach Kriegsende, am Karfreitag 1865, fiel Lincoln während eines Theaterbesuchs in Washington als erster amerikanischer Präsident einem Attentat zum Opfer, durch die Hand eines fanatischen, möglicherweise geistesgestörten Südstaatlers, des Schauspielers John Wilkes Booth. Der Zeitpunkt dieses Ereignisses hat viel zu Lincolns Stilisierung als Märtyrer beigetragen. Die Apotheose seiner Person hatte sich in Ansätzen bereits zu seinen Lebzeiten abgezeichnet und war hauptsächlich von Afro-Amerikanern getragen worden, die ihn als neuen Messias betrachteten.

Der Bürgerkrieg war in dieser stark religiös geprägten Gesellschaft von vielen als gottgewolltes Drama wahrgenommen worden; für sie war der Präsident stellvertretend für die Sünden der Nation gestorben. Die schon zu seinen Lebzeiten verwendete alttestamentarische Bezeichnung «Vater Abraham» verband sich nunmehr mit der neutestamentarischen Christus-Figur. George Washington wurde als heilige Vaterfigur, als Moses der Amerikanischen Revolution verehrt; Lincoln hingegen wurden Christus-Züge verliehen, da er zum Märtyrer der zweiten Amerikanischen Revolution erklärt wurde. Diese Parallelen wurden bei öffentlichen Reden während der größten Trauerprozessionen der amerikanischen Geschichte anläßlich seines Todes immer wieder gezogen.[26]

Die posthume zivilreligiöse Heiligsprechung Lincolns verband sich mit dem bereits existierenden institutionellen Charisma des Präsidentenamtes. Das Amtscharisma wurde durch die Persönlichkeit und den Erfolg des Bürgerkriegspräsidenten aufgewertet. Lincoln hatte die ideologischen und religiösen Wertvorstellungen der nordstaatlichen politischen Kultur in einer Weise verkörpert, daß sie seitdem nicht nur untrennbar mit seiner Person, sondern auch mit dem Amt des Präsidenten in Verbindung gebracht werden. Das Präsidentenamt hat durch ihn zusätzliche amtscharismatische Konturen zu jenen erhalten, die bereits durch George Washington und Thomas Jefferson geprägt worden waren. Erst mit der durch den Bürgerkrieg bewirkten «Wiedergeburt der Nation» ist dieses Charisma jedoch institutionell fest verankert worden.

Abgesehen von den Afro-Amerikanern, die ihre Befreiung der Person – nicht dem Präsidenten – Lincoln zuschrieben, haben die meisten Zeitgenossen Lincoln nicht als charismatische Führergestalt wahrgenommen; die Zuschreibung dieser Qualität war erst eine Folge der posthumen Verklärung seiner Person. Lincolns Führungsqualitäten hatten sich in der Herausforderung durch den Bürgerkrieg voll entfaltet. Zwar war er davon überzeugt, das Instrument einer höheren Macht zu sein, und glaubte fest an die Kräfte der Vorsehung. Der Erfolg seiner Präsidentschaft beruhte jedoch wesentlich auf seiner Kompetenz als professionel-

ler Parteipolitiker. Eine charismatische Führungspersönlichkeit hätte vermutlich die politische Polarisierung verschärft und somit den Konsens
innerhalb der Nordstaaten gefährdet, so daß der Sieg über die Südstaaten
eher unwahrscheinlich geworden wäre.

Jens Petersen

Mussolini –
der Mythos des allgegenwärtigen Diktators

«Seit zwanzig Jahren erscheint mir ... jeden Abend vor dem Einschlafen der Gedanke, ja der Alptraum an *ihn*. Quasi physisch erlebe ich seine erdrückende Gegenwart. Es handelt sich um eine fixe Idee, die mir jeden Abend das Tagesende vergällt. ... Ein Gedanke jedenfalls tröstet mich. Er ist vierzehn Jahre älter als ich. ... Es muß der Tag kommen, an dem er nicht mehr existiert. Und ich müßte noch Jahre des Lebens haben nach seinem Tode, ohne diese Alpträume, die meine besten Jahre vergiftet haben.»[1] Diese Zeilen wurde im August 1942 geschrieben; sie galten Benito Mussolini. Dem Autor dieser geheimen Tagebuchnotizen, Ranuccio Bianchi Bandinelli (1910–1975), Patrizier aus Siena, Kunsthistoriker und bedeutendster Archäologe seiner Zeit, waren noch dreißig Arbeits- und Lebensjahre nach dem Tod des Tyrannen vergönnt.

Mussolini war und bleibt – ob mit haßerfüllter Ablehnung, emphatischer Zustimmung oder wohlwollender Neutralität – die zentrale Bezugsfigur in der Nationalgeschichte Italiens in diesem Jahrhundert. Alle demoskopischen Umfragen nach den «großen» Namen der Nationalgeschichte zeigen, daß Mussolini nach wie vor die Negativskala mit großem Abstand anführt, zugleich aber auf Platz drei oder vier der Beliebtheitsskala aufgerückt ist.

Wie sehr die Erinnerung an den Diktator auch heute noch die Gemüter erregt, zeigte 1997 eine Mussolini gewidmete Kunstausstellung «L'uomo della Provvidenza. Iconografia del *Duce* 1923–1945»[2] in einem kleinen Ort in der Toskana, deren Eröffnung wegen der Proteste von kommunistischer und antifaschistischer Seite mehrfach verschoben werden mußte.[3] Mussolini als Porträtgegenstand in Malerei, Zeichnung, Plakat oder Skulptur löst, auch wenn es sich um Werke bedeutender Künstler wie Balla, Carrà, Graziosi, Conti, Rosai, Sironi oder Wildt handelt, auch heute noch beim italienischen Betrachter völlig unterschiedliche Empfindungen aus, die weit stärker politischer als ästhetischer Natur sind. Die gleiche Beobachtung konnte man 1993/94 machen, als die *Galleria Nazionale d'Arte Moderna* in Rom dem faschistischen Star-Maler Mario Sironi eine umfangreiche Gesamtausstellung widmete. Nach Ansicht der Museumsleiterin Augusta Monferrini «ist die Zeit gekommen, Mario Sironi mit jener entspannten Distanz zu betrachten, mit der wir die Meister der Vergangenheit beschauen. Bei deren Arbeiten sind wir bereit, die politisch-

zelebrativen Absichten dieses oder jenes Auftraggebers zu vernachlässigen.»[4] Das Gelingen dieser Ausstellung war dem Umstand zu verdanken,
daß bei den präsentierten Werken die politischen Bezüge weitgehend
ausgespart blieben.[5]

Vom Sozialisten zum Führer der Faschisten

Mussolini machte – noch nicht dreißigjährig – seine erste große Karriere
innerhalb der sozialistischen Partei.[6] Beeinflußt durch Schriften von Stir-
ner, Nietzsche und Sorel, vertrat er einen voluntaristisch überformten
Sozialismus, in dem nicht die «ehernen» Gesetze der Ökonomie, sondern
Momente von Klassenkampf und gewalttätiger Aktion im Vordergrund
standen. Als Führer des revolutionären Flügels des *Partito Socialista* und
Chefredakteur der Parteizeitung *Avanti* nahm er ab 1912 eine Schlüssel-
rolle ein. Nach seiner Entlassung aus dem Gefängnis im Frühjahr 1912
wurde er auf dem Ehrenbankett mit den Worten empfangen: «Du, Benito, bist ab heute nicht mehr nur der wichtigste der Sozialisten der
Romagna, sondern der Führer (*Duce*) aller revolutionären Sozialisten
Italiens».[7] Georges Sorel nannte den Jungpolitiker «einen Italiener des
15. Jahrhunderts, einen Condottiere... Mussolini ist kein gewöhnlicher
Sozialist. Eines Tages werdet Ihr ihn an der Spitze eines heiligen Batail-
lons sehen, wie er mit dem Degen das italienische Banner grüßt.»[8] Die auf
vulkanischem Temperament, enormem Ehrgeiz und ungewöhnlicher
journalistischer und oratorischer Begabung beruhende Anziehungskraft
Mussolinis ist vielfach bezeugt. Früh war er fähig, in freier Rede große
Massen zu faszinieren. Schon damals sprachen die Genossen gelegentlich
von dem «unerschrockenen *Duce*» in ihrer Mitte,[9] der vor allem die sozialistische Jugend mit seiner Umsturz- und Gewaltpredigt zu faszinieren
verstand. Der Ausbruch des Ersten Weltkrieges erwies sich als Zer-
reißprobe für die Sozialistische Partei. Bei seiner abrupten Hinwendung
zu einem nationalrevolutionären, interventionistischen Sozialismus im
Herbst 1914 gelang es Mussolini nicht, größere Teile der Partei mitzu-
reißen. Neu aber war, die Mobilisierung der «Straße» auf die Rechte zu
übertragen. Die interventionistische Minderheit okkupierte mit ihren
Protestmärschen und Demonstrationen die Plätze der italienischen Städte. Dies war ein Lernprozeß, der welthistorische Folgen haben sollte.[10] Die
Gründung der an die Tradition Mazzinis anknüpfenden Tageszeitung *Il
Popolo d'Italia* bot Mussolini eine neue Plattform, von der aus er seine weitere Karriere organisiert hat. Im Krieg in der Anonymität des Soldaten-
seins untergetaucht, galt er seinen Freunden doch weiterhin als politische
Potenz und als ein «kommender Mann». L. Bissolati, einer der Führer des
reformistischen Sozialismus, nannte ihn 1916 «eine große Kraft und Hoffnung für das italienische Volk». «Eine Energie wie die seine brauchen wir
jetzt und werden wir noch mehr nach dem Kriege benötigen.»[11] In den am

23. März 1919 auf Initiative Mussolinis gegründeten «Faschistischen Kampfbünden» besaß der von der Linken als «Verräter» verfemte Ex-Sozialist eine schwer bestreitbare Führungsstellung. Ein Polizeibericht vom Juni 1919 nannte ihn «äußerst ehrgeizig. Er wird getragen von der Vorstellung, eine beträchtliche Macht für die zukünftige Geschichte Italiens darzustellen, und er ist entschlossen, diese Macht zu nutzen. Er ist ein Mann, der nicht mit zweiten Rängen zufrieden ist. Er will an der Spitze stehen und dominieren. ... Ein Mann des Gedankens und der Tat, schlagkräftiger und mitreißender Journalist, temperamentvoller und zugkräftiger Redner, könnte er ein Kondottiere und ein furchterweckender Führer werden.»[12]

Italien befand sich damals im Umbruch und im Übergang zur Massengesellschaft. Das Land war zwar als Sieger aus dem Krieg hervorgegangen, aber die weitgespannten nationalen und imperialistischen Aspirationen hatten sich teilweise nicht erfüllt. Die Überanstrengungen infolge der Beteiligung am Weltkrieg, die breite Schichten erfassende und künstlich geschürte Enttäuschung über den «verlorenen Sieg», das Hereinströmen der Massen in die Politik mit der Mobilisierung der bäuerlichen, proletarischen und kleinbürgerlichen Schichten hatten zu einer tiefen Krise des politischen Systems geführt, das sich aufgrund der wechselseitigen Lähmung der großen Parteien nicht mehr fähig zeigte, eine handlungsfähige Exekutive hervorzubringen. Der Handstreich Gabriele d'Annunzios 1919 auf Fiume, der durch das stillschweigende Einverständnis großer Teile der politischen und militärischen Eliten Italiens ermöglicht worden war, hatte eine tiefe Krise der Staatsautorität offenbart. Staatsstreichs- und Diktaturpläne standen seit 1919 bei der sich konterrevolutionär einfärbenden Rechten auf der Tagesordnung. Auf den Spuren von Nietzsche hatte d'Annunzio, der wortgewaltigste Prophet der europäischen Décadence, den Mythos des Übermenschen und die Umwertung aller Werte propagiert. Der süditalienische Aristokrat Giustino Fortunato warnte 1921, Italien drohe in den Bürgerkrieg, «diesen ewigen Schicksalsfluch seiner Bewohner», abzugleiten. «Wie in den Augenblicken höchster Gefahr erflehen daher alle das von der Vorsehung getragene Eingreifen eines MANNES, der endlich dem Land die Ordnung zurückzugeben versteht.»[13] Der Aufstieg des Faschismus und seines *Duce* vollzog sich so in einer teils gegebenen, teils selbst geschaffenen Situation gesellschaftlicher Unruhe, der verbreiteten Illegalität, institutioneller Schwäche und bürgerkriegsähnlicher Gewalt. In seiner anarchischen Hilflosigkeit schrie das Land nach Führung und Autorität. «Der Faschismus», so schrieb rückblickend der deutsch-italienische Soziologe Robert Michels, «war absolut carlylisch. Selten hat die ... Geschichte ... ein so prototypisches Beispiel für die inneren Bedürfnisse der Massen zu hero-worship gegeben. ... Der Faschismus [hat] in Benito Mussolini eine Führernatur großen Stils gefunden. ... Italien lechzte politisch nach einer starken

Hand. Nun da die Fascisten am Ruder sind, heißt es vorläufig in weiten Kreisen mit tiefem Aufatmen: ‹Endlich eine Regierung!›»[14]

Mussolini und die faschistische Bewegung

Mussolinis dominierende Stellung innerhalb der anfangs zahlenmäßig kleinen und politisch bedeutungslosen Bewegung ist nur einmal ernstlich in Gefahr geraten, und zwar in der ersten Hälfte des Jahres 1921, als die «Kampfbünde» sich innerhalb weniger Monate verfünffachten und breite Teile der Po-Ebene eroberten. Im Konflikt mit den Führern des Agrarfaschismus scheiterte Mussolini im August 1921 bei der Durchsetzung des mit den Sozialisten vereinbarten Befriedungspaktes. Im Streit um die Befehls- und Gehorsamsstruktur der Bewegung drohte er mit Rücktritt und Spaltung. «Wenn der Faschismus nicht mir folgt, so kann mich keiner verpflichten, daß ich dem Faschismus folge.» «Ich bin ‹Duce› nur dem Namen nach. Mir gefiel der Begriff nicht. Ich verachte hochtrabende Worte und Haltungen. Ich habe dieses Wort zirkulieren lassen, weil es den anderen gefiel. ... Ich kann ohne den Faschismus auskommen. In Italien ist Platz für alle: auch für dreißig Faschismen, was dann heißen würde, für keinen.»[15] Mit dem Rücktritt von allen Ämtern erzwang Mussolini eine Machtprobe. Die «Rebellen» versuchten vergeblich, den «Kommandanten» d'Annunzio zur Übernahme der Führung zu bewegen. Der Konflikt endete äußerlich mit einem Kompromiß, faktisch aber mit dem Sieg Mussolinis. Mit der Umformung der Bewegung zu einer Partei, dem Ausbau der Organisation und der Schaffung eines neuen Programms übernahm der *Duce* Ende 1921 endgültig die Macht im Faschismus. Nicht ohne triumphierende Genugtuung konnte Mussolini damals vorschlagen, die Bewegung müsse sich «entmussolinisieren». Sie sei «großjährig» geworden und könne «auf eigenen Beinen» gehen. «Ihr müßt von meiner Krankheit gesunden.»[16] In Wirklichkeit aber zeigten der triumphale Empfang und die minutenlangen Ovationen auf dem Parteitag, daß er zu einer unersetzbaren Integrationsfigur avanciert war. Nach großen Vorbildern – wie Augustus oder Napoleon – hüllte sich hier brennender Ehrgeiz in die Attitüde der Pflichterfüllung, des Verzichts und der sachbezogenen Bescheidenheit. «Ich wünschte dringend, unsere Partei von dem persönlichen Charakter zu befreien, den ich ihr aufgeprägt hatte», äußerte sich Mussolini später. «Aber alle meine Wünsche und Versuche, der Partei eine autonome Organisation zu geben, überzeugten mich auf Grund der Ergebnisse immer mehr, daß die Partei nicht ... leben und triumphieren konnte, wenn sie nicht unter meinem Befehl, meiner Führung ... und meinen Sporen stand.»[17]

Nach Überwindung der letzten, von Anhängern d'Annunzios inszenierten Revolte im März 1922, die sich gegen die «unheilvolle Hegemonie *eines* Mannes» richtete,[18] ist die Spitzenposition Mussolinis niemals mehr ernsthaft in Frage gestellt worden, und er hat in den folgenden Jahren alles getan, um potentielle Rivalen frühzeitig kaltzustellen oder auszuschalten. Spätestens seit diesem Moment galt Mussolini innerhalb der Bewegung als *Capo* und als *Duce*, und dieser schon für Garibaldi verwendete Begriff[19] mit all seinen Bedeutungsnuancen des in Italien weitverbreiteten Heroenkults umgab Mussolini nach und nach mit der Gloriole des Außergewöhnlichen. Mussolini hatte besser als irgendein anderer italienischer Politiker begriffen, welche Strukturveränderungen das Auftauchen der Massen in der Politik bewirken mußte. Er war ein aufmerksamer Leser und Adept von Gustave Le Bon, der in seiner *Psychologie der Massen* verkündet hatte: «Die Stimme der Massen ist entscheidend geworden. Sie befiehlt den Königen. Das Schicksal der Nationen entscheidet sich nicht mehr in den Fürstenräten, sondern in der Seele der Massen.» Die Massen suchten nach Le Bon instinktiv nach Autorität und Führung. Wer ihnen einfache Wahrheiten und Glaubensgewißheiten zu geben verstand, gewann ihre Unterstützung. Das galt um so mehr jetzt, als mit Kriegsende ein Großteil der großen kontinentaleuropäischen Monarchien verschwunden war und die Formen traditionaler Herrschaftslegitimierung entscheidende Einbußen erlitten hatten. An ihre Stelle traten Mythen. Mussolini hatte sich intensiv mit dem Werk von George Sorel und seiner Lehre vom Mythos des Generalstreiks auseinandergesetzt. «Der Mythos», so sagte Mussolini im Oktober 1922, «ist ein Glauben, eine Leidenschaft. Er braucht keine Wirklichkeit zu sein. Er schafft Wirklichkeit dadurch, daß er vorantreibt und Hoffnung, Glaube und Mut wird.»[20] Mythen in diesem Sinne wurden für den Faschismus der Blick auf die Vergangenheit, das erste und das zweite Rom, das römische Imperium, Renaissance und *Risorgimento*, die faschistische «Revolution». Machiavelli hatte den *Principe* erhofft, als Einiger und Befreier Italiens. Die Figur des *Principe-Duce* Mussolini rückte bald in das Zentrum des neuen Mythenfirmaments.

Im Umkreis des *Popolo d'Italia* agierte eine Gruppe enger Mitarbeiter Mussolinis, die ihn – zum Teil schon seit seiner sozialistischen Zeit – bei seinem Aufstieg begleitet hatte. Hier lagen die Anfänge der «Duce-Fabrik»,[21] d.h. der Versuche einer gezielten Instrumentalisierung des Mussolini-Bildes zu Herrschaftszwecken. Die Lektüre des *Popolo d'Italia* in den Jahren nach 1920 zeigt, daß hier eine bewußte Regie im Sinne der Lehren von Sorel und Le Bon am Werke war. Aber nicht nur die Entourage Mussolinis, sondern auch die sich in den «heroischen Jahren der Kampfzeit» 1919–1922 zusammenfindende faschistische Führungsgruppe sah sich bald in persönlicher Treue an den *Duce* gebunden. In welchem Mischungsgrad sich dabei Glauben, Autosuggestion, Unterwerfungsgestik, Machtkalkül und theatralischer Schein befanden, ist schwer zu entscheiden. Giuseppe Bottai, einer der bedeutendsten Köpfe der Bewegung, sagte 1928 von sich: «Ich traf Mussolini, und mein Leben hatte sich entschieden, wie das einer ganzen Generation.»²² Der gleiche Bottai schrieb 1924, Mussolini sei «der geistige Führer unserer Generation»; «der einzige…, der absolute Disziplin von ihr verlangen» könne.²³ Italo Balbo, Mitanführer der «Rebellen» von 1921 und einer der wenigen wirklichen Gegenspieler Mussolinis, schrieb Mitte 1922 in sein Tagebuch: «Alle 14 Tage bin ich bei Mussolini in Mailand. Unvergeßliche Begegnungen. … Sein Vertrauen ist meine Wegzehrung. Man kann nicht kämpfen, ohne die absolute Gewißheit zu besitzen.» Und an anderer Stelle: Mussolini ist «das einzige Zentrum im politischen Leben Italiens in der Nachkriegszeit. … Das Schicksal hat es gut mit uns gemeint, als es uns in seine Nähe stellte. … Ich würde mit ihm bis an das Ende der Welt gehen – und darüber hinaus.»²⁴ Ähnlich äußerte sich 1923 Roberto Farinacci: «Was ist die faschistische Partei? Sie ist für uns B. Mussolini, nicht der Mann allein, sondern etwas Übernatürliches, der reinste Ausdruck der Nation. Diesen unseren Führer wünschen wir uns als Diktator. Möge er ohne Gnade handeln und über seine Gefolgsleute nach Belieben verfügen. Wir… sind bereit, Befehle zu empfangen und zu gehorchen, auch wenn wir das Exekutionskommando für die Säuberung unserer eigenen Reihen bilden sollten.»²⁵

Dino Grandi, Außenminister 1929–1932, schreibt in seinen Memoiren, er sei niemals «dem von der Person Mussolinis ausgehenden Charisma» erlegen. «Ich habe ihn aber immer als eine außergewöhnliche Macht betrachtet, wie sie seit vielen Jahrhunderten in der Geschichte Italiens nicht erschienen war, betrachtet als eine lodernde Flamme.»²⁶ Mit diesen Bekenntnissen war man in einen Wettlauf um eine möglichst eindeutige und wirksame (und vom Diktator entsprechend honorierte) Darstellung des *sacrificium intellectus* eingetreten.

Der Duce und die italienische Nation

In dem Verhältnis des *Duce* zu seiner Gefolgschaft innerhalb der faschistischen Bewegung war schon vor 1922 das Modell ausgebildet, nach dem sich die Beziehungen zwischen Mussolini und dem italienischen Volk entwickeln sollten. Mit der Bildung der Regierung Mussolini im Oktober 1922 und noch stärker mit dem Durchbruch zum totalitären Staat 1925/26 gelangten die Faschisten in den Besitz viel weiter reichender und effizienterer Instrumente der Meinungsbildung, als sie bis dahin besessen hatten: Presse und Film, Schule und Universität, Jugenderziehung und Massenorganisationen der Partei (Gewerkschaften, Sport, Freizeit, Frauen, Berufsverbände usw.). Vom Parteiführer und *capo del fascismo* avancierte Mussolini nach 1922 zum «Ministerpräsidenten», «Regierungschef», Führer der Nation, *DUCE* (offizielle Schreibweise seit 1933) und DUX. Die monumentalste Form bildete ein der napoleonischen Initiale nachempfundenes lateinisches «M». *Duce*, Partei und Nation traten jetzt in ein neues Verrechnungsverhältnis. In großen Teilen der italienischen Gesellschaft, so im Heer, in der Verwaltung, in der Wirtschaft und in der Kirche, gab es Gruppen, die dem Faschismus mit Distanz, ja mit Ablehnung gegenüberstanden, die aber zugleich entschiedene Anhänger Mussolinis waren. Hier schätzte man an ihm gerade die Züge, die auf die scharfe Kritik des intransigenten Faschismus stießen: seine «Zähmung» der Gewalt der Schwarzhemden, seine Fundamentalkompromisse mit den traditionellen Führungseliten, speziell sein Bündnis mit Monarchie und Kirche, seine Bereitschaft, den Staat der Partei überzuordnen. In den Augen dieser «Mussolinisten» erschien der Faschismus kaum mehr als ein lästiges Anhängsel der *Duce*-Diktatur. In diesem Sinne schrieb 1924 der Schriftsteller Giuseppe Prezzolini: «Ohne den Willen, die Energie, die organisatorischen Fähigkeiten, die Faszinationskraft und das feine politische Gespür Mussolinis hätte... die faschistische Bewegung... niemals die historische Bedeutung erlangt, die sie besitzt. ... Der Faschismus verdankt Mussolini fast alles. Mussolini verdankt dem Faschismus fast nichts, denn ohne ihn würde er sicherlich an der Spitze irgendeiner anderen Bewegung stehen.»[27] Der *Duce*-Kult überwölbte beide, Faschismus und Mussolinismus, und erleichterte deren Koexistenz.

Welches waren die Richtungen, in die das *Duce*-Bild sich entwickelte? Auch hier gibt es die wechselseitige Beeinflussung von Planung, Instrumentalisierung und Spontaneität. Eine wichtige Quelle bilden die Presse-Anweisungen, die darauf zielten, der Öffentlichkeit die All-Gegenwart Mussolinis zu vermitteln. Die Presse hatte täglich über seine vielfältigen Aktivitäten in Staat, Partei und Gesellschaft zu berichten, und zwar bei wichtigeren Anlässen auf der Frontseite in großer Aufmachung. Schon 1926 hätte der Chefredakteur des *Corriere della Sera* beinahe seinen Posten verloren, als er den Bericht über einen Mussolini-Besuch in Genua zwar auf der ersten Seite, aber nur dreispaltig gebracht hatte.[28] Die Erfolge des Regimes sollten möglichst als Werk des *Duce* erscheinen: «Immer gegenwärtig halten: alles, was jetzt in Italien geschieht, die wirtschaftlichen Anstrengungen..., die militärische und geistige Vorbereitung usw., alles das geht vom *Duce* aus und trägt seine unverkennbare Handschrift», hieß es in den Instruktionen des staatlichen Presseamtes vom 22. 4. 1940.[29] Die Hervorhebung seiner Stellung wurde auch durch die Abtönung der übrigen Berichterstattung erreicht. Lobeshymnen auf faschistische Unterführer galten als verpönt; Informationen über das Königshaus und über Viktor Emanuel III. wurden bezüglich Umfang und Tonlage deutliche Grenzen gesetzt. Ebensowichtig waren Tabus: die Krankheiten Mussolinis, sein Alter, seine Geburtstage, seine Rolle als Großvater, seine Auftritte bei mondänen Anlässen. Weitgehend ausgespart blieb auch sein Familienleben. Bevorzugte Gegenstände der Aufmerksamkeit waren seine Jugendlichkeit und Vitalität, seine Kaltblütigkeit und Gelassenheit allen Gefahrensituationen gegenüber, seine Sportlichkeit (als Skifahrer, Schwimmer,

Fechter, Reiter usw.) und sein vertrauter Umgang mit der modernen Technik (als Autofahrer und Flugzeugpilot). Auch das militärische Image – der *Duce* als Ehrenkorporal der Miliz, Sturmtruppführer, Marineoffizier, Marschall des Imperiums – spielte eine bedeutende Rolle und wurde seit dem Abessinienkrieg vorherrschend. Ab 1933 durfte die Presse keine Bilder mehr von Mussolini in Frack und Zylinder publizieren. Ebenso als «unfaschistisch» verpönt wurde das Händeschütteln. Ein typischer Arbeitstag wurde geschildert als eine dichte Folge von Lektüren, Audienzen, Gesprächen, Besuchen, Einweihungen, Ministerratssitzungen, Inspektionen und Paraden, bei denen immer noch Zeit blieb für die Kinder, die Jugend und die Menschen «wie Du und ich». Hier bot Mussolini eine Fülle von Identifikationsmöglichkeiten. Kaum eine Rolle, in die er nicht hineinschlüpfte: Vom Akkordarbeiter bei der Weizenernte verwandelte er sich in den Bergmann mit Kluft, den Maurer mit Spitzhacke und Kelle, den Schweißer, den Werftarbeiter. Wie in einem Theaterstück der tausend Verkleidungen tauchte er in immer neuen Rollen auf, jeweils von einem begeisterten Publikum umgeben. Die Presse hatte zu illustrieren, «welche innigen, tiefen und herzlichen Bindungen das Volk zum *Duce* besitzt». «In den Italienern hat sich die begründete Überzeugung gebildet, daß es ein so extrem harmonisches Ensemble von physischer und moralischer Kraft nicht ein zweites Mal auf der Welt gibt.»[30] Neben dem Wort spielten bei der Verbreitung des *Duce*-Kults das Bild, die Photographie, der Film eine große Rolle. Eine kaum beachtete Form der Sympathiewerbung wurde erst vor kurzem untersucht: die Postkarte. Nach Schätzungen zirkulierten in Italien in den zwei Jahrzehnten nach 1925 zwischen 10 und 30 Millionen Postkarten in über 2000 verschiedenen Typologien, die in der einen oder anderen Weise dem Thema Mussolini gewidmet waren. Interessant ist dabei, daß dieses Genre sich weitgehend ohne staatliche Steuerung entfaltete.[31] Auch die bildenden Künste, speziell die Malerei und Plastik, fanden in den in allen Kunststilen praktizierten *Duce*-Darstellungen ein reiches Betätigungsfeld. Die Wirkungen dieses mit den vielfältigsten Instrumenten arbeitenden Personenkults erreichten die italienische Gesellschaft bis in ihre feinsten Verästelungen. In den Worten eines französischen Augenzeugen: «Wohin man geht und wohin man blickt, man findet Mussolini, nochmals Mussolini und immer Mussolini. Nicht nur … die Zeitungen und ihre Aushänge, die Regale der Buchhandlungen, sondern auch die Häuserwände und Mauern und Bauzäune verkünden unaufhörlich seinen Ruhm. … Das Bild des *Duce* wird Teil der Existenz, es beherrscht jeden Augenblick des täglichen Lebens.»[32]

Die Verantwortlichen waren sich bei einer solchen Forcierung des *Duce*-Kults durchaus bewußt, welche Gefahren eine superlativische Berichterstattung für die Glaubwürdigkeit des Dargestellten bot und wie schnell sie durch Wiederholung oder Übertreibung Desinteresse erzeugen konnte oder gar in Lächerlichkeit umzuschlagen drohte. So galt ein beträchtlicher Teil der Anweisungen an die Presse dem Abbremsen der Übereifrigen,[33] der Selbstkritik und der Abwechslung. Daß offen geäußerte Kritik an der Person Mussolinis auf wachsende gesellschaftliche und rechtliche Sanktionen stieß – abgestuft nach der sozialen Stellung des Betroffenen –, ist fast selbstverständlich. Ein Witz oder abfällige Bemerkungen über den *Duce* oder ein Fluch auf ihn konnten Hausangestellte für Monate und verdiente Parteigenossen für Jahre ins Gefängnis oder in die Verbannung bringen. Die Akten des Sondergerichtshofes sprechen hier eine deutliche Sprache. Die Diktaturgesetze von 1925/26 stellten die Verleumdung von König oder *Duce* unter eine hohe Strafandrohung.[34]

Als Kern des Mussolini-Mythos erwies sich die auf vielen Ebenen realisierbare Ineinssetzung des *Duce* mit der Partei und der Nation. Der Volkswille hatte nur einen Repräsentanten: Ihn. Die *volonté générale* schien verwirklicht in den plebiszitären Wahlen, aber auch in den großen Massenveranstaltungen, den «ozeanischen Aufmärschen», so wenn 20 Millionen Italiener auf den öffentlichen Plätzen am 2. 10. 1935 die Entfesselung des abessinischen Krieges miterlebten. Mit den Worten Mussolinis: «Niemals sah man in der Geschichte der Menschheit ein gigantischeres Schauspiel – 20 Millionen –, ein einziges Herz, ein einziger Wille, eine einzige Entscheidung.» Oder an anderer Stelle: «Ich fühle mich in Euch, Fleisch von Eurem Fleisch, Geist von Eurem Geist.»[35] *Homme-peuple* nannte man Napoleon, *homme-peuple* war Mussolini. Die Wirksamkeit dieses Identitätspostulats beruhte auch auf konkreten persönlichen Erfahrungen. In einer Rede im März 1929 ließ Mussolini verlauten, er habe seit dem Oktober 1922 über 60 000 Gespräche und Interviews gewährt und 1 886 112 Eingaben und Briefe von italienischen Bürgern beantwortet. Spötter haben damals rasch errechnet, daß der unermüdlich tätige *Duce* durchschnittlich 26 Gespräche und 813 Eingaben pro Tag hätte erledigen müssen, um diese Ergebnisse zu erreichen. Der berechtigte Spott sollte nicht darüber hinwegtäuschen, daß tatsächlich ein unmittelbarer Kontakt zwischen dem Diktator und dem italienischen Volk bestand, der mit den Jahren ständig an Bedeutung gewann. Unter dem Titel «Briefe an Mussolini» schrieb der *Corriere della Sera* am 3. 11. 1936, es gäbe zahllose Italiener, die sich in Momenten der Ratlosigkeit oder der Not direkt an den *Duce* wendeten. «Der *Duce* weiß, daß, wer ihm schreibt, wirklichen Schmerz trägt, wirkliche Hilfe benötigt. Er ist der Vertraute von allen. Er wird, soweit er kann, allen helfen.» Der Text endete mit einer Imitatio Christi: «Und der *Duce*, wo ist er? (...) Er ist überall. Er ist (...) auch hier, in diesem halbdunklen Kämmerchen, während Du von Deinen Schmerzen sprachst. Hast Du nicht gespürt, daß er Dir zuhörte?» Anfangs Zehntausende, dann Hunderttausende von Italienern wandten sich jährlich unmittelbar an den Diktator. Im Jahr XV der faschistischen Ära z. B. (Oktober 1936 – Oktober 1937) erhielt Mussolini ca. 220 000 Briefe mit Bitten um Empfehlungen (vor allem bei Einstellung in den Staatsdienst), um finanzielle Hilfe, Arbeit, Wohnungsbeschaffung, Steuernachlaß, Begnadigung usw., mit Klagen über Behördenwillkür und Parteiquerelen. Alle diese Korrespondenz wurde von dem persönlichen Sekretariat Mussolinis beantwortet oder an andere Staats- und Parteiämter weitergegeben. In etlichen Fällen wurden kleinere Geldsummen (zwischen 50 und 500 Lire) überwiesen, die im Sonderfall, so bei verdienten Parteigenossen und deren Angehörigen, auch weit über 10000 Lire liegen konnten. Für derartige Zwecke wurden z. B. 1937 bis 1941 31,7 Mio. Lire ausgegeben. Weitere 36,3 Mio. gingen in der gleichen Zeit an Körperschaften und Institutionen.[36] Die kumulativen Wirkungen einer solchen mit Hilfe und Wohltätigkeit gepaarten Aufmerksamkeit sind leicht vorstellbar. «Das Volk, auch die (...) vergessenen kleinen Leute, sollen erfahren, daß die Regierung aus Leuten besteht, die Verständnis zeigen, die helfen und die sich nicht erhaben dünken über den Rest der Menschheit» – so Mussolini 1929.[37]

Die Überhöhung Mussolinis findet sich in der viele Tausende von Titeln zählenden Buch- und Zeitschriftenliteratur[38] in sehr viel reicherer und differenzierterer Form ausgeführt. Je nach Bildungsstand, Erwartungshorizont und Aufnahmebereitschaft des Leserkreises wurden unterschiedliche – und häufig auch sich widersprechende – Rollen angesprochen. Mussolini ist das vollständigste Exemplar des *homo sapiens* im 20. Jahrhundert, er ist das Genie der lateinischen Rasse und die Inkarnation des italienischen Volkes. Er ist zugleich auch der große Intellektuelle, der in allen Bereichen des menschlichen Geistes, in Literatur, Kunst, Technik und Naturwissenschaften, zu Hause ist. Er ist der hinreißende Redner, der Millionen in seinen Bann zwingt. Er wird zum Vorbild und Erzieher des ganzen Volkes, zum Vater der Nation und Paten der italienischen Kinder. Als neuer Caesar und neuer Augustus repräsentiert er die dritte weltgeschichtliche Periode der römisch-italienischen Geschichte. Die Ausstellung von 1937/38 anläßlich des zweitausendsten Geburtstags von Augustus trug das Motto Mussolinis: «Italiener, macht, daß die Ruhmestaten der Vergangenheit übertroffen werden durch die Ruhmestaten der Zukunft.»[39] Bei der für 1942 in Rom geplanten Weltausstellung sollte ein *Palazzo della Civiltà Italiana* mit einer monumentalen Mussolini-Statue im Lichthof das Zentrum bilden. Im Programm hieß es: «Mussolini symbolisiert die tiefsten Bestrebungen der (italienischen) Rasse. ... In ihm strömen zusammen und realisieren sich zweitausend Jahre Geschichte. Nach Augustus repräsentiert Rom erst heute wieder eine universale politische Mission.»[40] Laut dieser Interpretation besitzt der Marsch auf Rom weltgeschichtliche Perspektiven. Er bildet das Jahr 1 einer neuen Zeitrechnung, nämlich der faschistischen Ära. Einem Heros wie Mussolini fehlt auch die religiöse Weihe nicht. Er gilt als Gottgesandter, als Auserwählter, als «Mann der Vorsehung» (so Papst Pius XI. 1929 nach Abschluß der Lateranverträge), als Retter Italiens vor dem Bolschewismus. Er wird zum neuen Messias Italiens, dem das Land seine geistige und materielle Wiedergeburt verdankt. Er ist der *spiritus rector* der faschistischen Revolution, die unter seiner Führung die «neue Ordnung» und den «neuen Menschen» hervorbringen wird. Er ist mit den Attributen der Unfehlbarkeit ausgestattet: «Mussolini hat immer recht.» Ihm gegenüber werden Räsonnement und Widerspruch zum Sakrileg. ‹Glauben, gehorchen, kämpfen› lauten deshalb die Kardinaltugenden des *homo fascisticus*.

Zur Wirkungsgeschichte des Mussolini-Mythos

Bei den Fragen nach den sozialpsychologischen Voraussetzungen wie auch nach der Wirkungsgeschichte des Mussolini-Kults steht man methodisch noch immer auf unsicherem Boden. Einen kleinen wirkungsgeschichtlichen Ausschnitt bieten Urteile von neun- bis elfjährigen Jungen und Mädchen aus dem 3. bis 5. Grundschuljahr. Gesammelt hat sie in den Jahren 1926 und 1927 eine Lehrerin, begeisterte Mussolini-Verehrerin, in den Dorfschulen der Romagna.[41] «Mussolini war ein großer Held, der den Marsch auf Rom gemacht hat, (...) danach war Italien viel freier, und wir Kinder haben am 28. Oktober immer schulfrei.» – «Er war der Sohn von einem Schmied, aber jetzt ist er fast der Tüchtigste von Italien.» – «Mussolini ist ein geheimnisvoller Mann. Er macht alles, versteht alles, weiß alles. Wenn er mit Wissenschaftlern über die schwierigsten Dinge spricht, ist er immer der Beste. (...) Er ist wirklich wie ein anderer Gott. Er arbeitet immer und schläft nie, oder fast nie.» – «Wenn es Mussolini 1848 gegeben hätte, (...) dann wären die Österreicher gleich ausgerissen.» – «Bevor die anderen Staaten Italien etwas antun (...), sollen sie sich das zweimal überlegen. Unser *Duce* kennt keinen Spaß.» – «Alle wir Italiener sind geschaffen, um den *Duce* vor jeder Gefahr zu retten und (...) für ihn unser Leben zu geben.» – «Er ist der Vater von uns allen, ein guter und liebender Vater mit den wahren Italienern, und streng mit denen, die keine richtigen Italiener sind. Und er tut gut daran.» – «Eines Tages (...) hat ein 15jähriger Junge auf ihn geschossen. (...) Zum Glück hatte Mussolini einen Körper aus Stahl. Die Leute sagen, auch wenn die Kugel trifft, geht sie nicht durch, weil er einen Körper aus Stahl hat.» – «Mussolini ist auch (...) nach Afrika gegangen, weil er unsere Kolonien verbessern will, und er hat einen Pflug mitgenommen, weil er sehen wollte, ob die Erde gut ist.» – «Alle Völker möchten gerne einen Mann wie unseren Benito haben, aber es hat ihn nur Italien.» – «Er liebte die Felder und die Vögel. Im Frühling verbrachte er häufig Stunden um Stunden, um die Schwalben zu befragen, die von jenseits des Meeres kamen.» – «Vor einem Fest oder einer Rede betet er wie der bescheidenste Christ.» – «So hat er uns die Religion, die vorher verboten war, wiedergegeben, und jetzt können alle gehen und zu Gott beten, der ihn uns immer beschützen möge.»

In diesen kindlichen Texten finden sich viele Bestandteile des Mussolini-Kults. Der Mann der bescheidensten Herkunft, ein neuer Franzis-
kus, der die Natur und die Vögel liebt, aber zugleich auch der Mächtige,
der All-Wissende, der liebende und strafende Vater, der Schöpfer des
neuen Italien, der von Gott Gesandte, der selbst Attentate nicht zu
fürchten braucht; ein neuer Aeneas, der das koloniale Imperium und die
Landnahme organisiert, ein neuer Konstantin, der die Feinde der Kirche
besiegt und den Glauben wiederhergestellt hat, ein neuer Caesar und
Augustus, der das von aller Welt beneidete Italien wieder groß und
mächtig machen wird. Diese Kinder hatten schon das Lesen gelernt mit
einer Fibel, in der es bei den Buchstaben «B» und «M» hieß: «BENITO
MUSSOLINI liebt die Kinder sehr. Die Kinder Italiens lieben den *Duce*
sehr. VIVA DER *DUCE*!»[42]

Das Mussolini-Bild im Ausland

In den Texten klingt auch an, wie stark das Urteil Europas und der Welt
auf die Gesamtstimmung einwirkte. Die Wirkung des Mussolini-Mythos
auf das Ausland wäre einer ausführlichen Betrachtung wert. Hier müssen wenige Hinweise genügen. Mit dem Zusammenbruch der Monarchien in Europa 1917/18 schien der Siegeszug des demokratischen
Gedankens und des liberalparlamentarischen Systems unaufhaltsam. An
die Stelle des alten Gegensatzes zwischen monarchischem Prinzip und
Demokratie trat die Alternative von Demokratie und gewaltgestützter
Minoritätsherrschaft des faschistischen oder bolschewistischen Typs. Der
Faschismus wurde so «zum Sammelpunkt aller früher von dem Legiti-
mismus garantierten und gehegten geistigen Kräfte und Besitzinteres-
sen» und zum «modernen Quidproquo der gesamten konservativen
Lebenseinstellung».[43] Dies zeigte sich nicht nur in den allenthalben ent-
stehenden proto- und philofaschistischen Bewegungen, sondern auch an
der Faszination, die Mussolini und sein Regime auf die liberal-konserva-
tiven Führungseliten in Europa und darüber hinaus ausübte. Seit Mitte
der 20er Jahre entstand – unter kräftiger Mitwirkung von italienischer
Seite – ein internationales *Duce*-Bild mit jeweils schichten- und länder-
spezifischen Nuancen. In den USA, deren politische und kulturelle Tradition die Ablehnung eines autoritären, diktatorialen Regimes hätte
erwarten lassen, überwogen in der Öffentlichkeit bei weitem Zustimmung und sympathisierendes Vertrauen. Die Ausschaltung der «roten
Gefahr», die Garantie sozialer und politischer Stabilität (und damit der
Sicherheit der amerikanischen Kapitalinvestitionen) wie auch der Eindruck, man habe es bei Mussolini mit einem realistischen, modernen Politiker großen Formats zu tun, wirkten bei diesem positiven Urteil zusammen. Mussolini erschien – zumindest bis zum Abessinienkrieg 1935 – als
«demokratischer Heroe». «Der größere Teil der Amerikaner (...) bewun-

derte nicht so sehr den Faschismus wie den Mussolinismus, nicht so sehr die reaktionäre Ideologie wie den Kult der Persönlichkeit.»[44]

Auch in England erweckten die Machtergreifung und Konsolidierung des Faschismus – vor dem Hintergrund eines von anarchischen Konvulsionen und bürgerkriegsähnlichen Zuständen erschütterten Landes – weitgehend Sympathien. Vor allem den Konservativen galt der Faschismus als antibolschewistisches Bollwerk, als Garantie für die freie Entfaltung der privatkapitalistischen Initiative, als politisch-sozialer Modellversuch. Auch hier genoß Mussolini als «neuer Cromwell» und als «Diktator-Patriot» weit größeres Ansehen als seine Bewegung. Er erschien als Mann der Tat und zugleich der Reflexion, als Bändiger der Extremisten in seiner eigenen Partei und als Garant für die Zukunft der freundschaftlichen Beziehungen zwischen beiden Ländern. Bei den Liberalen waren die Reserven größer und schlugen in den kritischen Jahren 1924/25 zum Teil in offene Kritik um. Doch so, wie man die italienischen Verhältnisse einschätzte, sah man keine Alternative zum faschistischen Regime.[45] «Der Faschismus», schrieb die *Times* 1923, «bildet das einzige Band, das Italien zusammenhält.» «Ein Scheitern des Faschismus wäre ein wahres Unglück für Italien.»[46] An dieser Einstellung hat sich bis 1935 wenig geändert.

Im Deutschland der Weimarer Republik fand Mussolini als Vorkämpfer des antidemokratischen Denkens vielfältige Bewunderung und ein exzeptionelles Interesse. Hier verkörperte der *Duce* das «Männermachen-die-Geschichte!» (so Mussolinis Standard-Widmung für deutsche Besucher[47]) und die «Größe der schöpferischen politischen Persönlichkeit».[48] Schon Ende der 20er Jahre umfaßte die Bibliographie der deutschsprachigen Veröffentlichungen über den Faschismus mehr als tausend Titel. Konservativ-restaurative und revolutionäre Rechte wiesen triumphierend auf die beispielgebende Entstehung eines autoritären Führerstaates hin, wobei je nach Standort mehr konstitutionell-normalisierende (zeitgemäße Erneuerung des monarchischen Gedankens) oder revolutionär-modernisierende Aspekte stärker in den Vordergrund geschoben wurden. In der Krise der parlamentarischen Demokratie zeigte sich ein existentielles Interesse am italienischen Vorbild. Das «Italia docet» (Moeller van den Bruck) stand unter der Frage: «Wer wird Deutschlands Mussolini?» Carl Schmitt lobte die plebiszitäre Diktatur des Italieners als reinsten Ausdruck der Demokratie, Robert Michels sah in ihm den «typisch charismatischen Führer im Max Weberschen Sinne», Oswald Spengler schilderte ihn als Inkarnation des vorausgesagten caesaristischen Zeitalters.[49] Bei einer Meinungsumfrage 1929/30 über die großen Persönlichkeiten in der Geschichte kam Mussolini bei deutschen Rechtswählern – ranggleich mit Bismarck – auf den ersten Platz.[50] In dem Ringen um Demokratie oder Diktatur schien die rechte Antwort aus Italien zu kommen.

Schon diese knappen Hinweise lassen deutlich werden, wie stark der Mussolini-Mythos das Bild des modernen Diktators in der Weltöffentlichkeit geprägt hat. In den Umbruchsjahren der Weltwirtschaftskrise (die das faschistische Italien vergleichsweise glimpflicher durchstand als die hochindustrialisierten Nachbarstaaten) stieg Mussolini in den Augen vieler zum bedeutendsten Staatsmann Europas auf. Er wurde zum «Retter des neuen Italien» (Gandhi 1931), zur Verkörperung des römischen Genius und zum «größten Gesetzgeber der Gegenwart» (Churchill 1933), zum «Heros der Kultur» (Sigmund Freud 1933). Diese Sympathiewelle hatte erhebliche systemstabilisierende Wirkungen in Italien selbst. Die Propaganda des Regimes gab solchen Urteilen eine möglichst weite Verbreitung, um zu zeigen, daß – mit den Worten des Dorfjungen aus der Romagna – «alle Völker (...) gerne einen Mann wie unseren Benito» gehabt hätten.

Mussolini im italienischen Geschichtsbild

Welche historische Gesamtbedeutung hat man dem Mussolini-Mythos zuzumessen? Die psychologischen Wirkungen des *Duce*-Kults auf das italienische Volk und auf Mussolini selbst sind schon früh Gegenstand besorgter und kritischer Kommentare gewesen. Der Mussolinismus galt vielen als «ein viel gravierenderes Ergebnis als der Faschismus selbst». «Er hat» – so P. Gobetti – «im Volk die Höflingshaltung gefördert, das geringe Bewußtsein der eigenen Verantwortung weiter geschwächt und die schlechte Angewohnheit verstärkt, das eigene Heil vom *Duce*, vom Dompteur, vom deus ex machina zu erwarten.»[51] Ähnlich sah G. Bottai Faschismus und Mussolinismus in einem verdeckten, spannungsreichen Konflikt, der mit der «Ausplünderung» aller positiven Energien der Bewegung und ihrer Bürokratisierung zugunsten der Festigung der persönlichen Herrschaft Mussolinis endete, der damit die großen Ziele des Faschismus – die Heranbildung der neuen Elite, die Erziehung der neuen Jugend und die Lebensfähigkeit der neugeschaffenen Institutionen – «verraten» habe.[52] Ähnliche Urteile durchziehen die faschistische Memoirenliteratur.

Das prominenteste Opfer des *Duce*-Kults war nach Meinung vieler jedoch Mussolini selbst. «Der Mythos Mussolinis», schreibt der Philosoph A. Del Noce, «wurde Stück für Stück von den Intellektuellen der neuen italienischen Kultur aufgebaut. (...) Nicht er hat seinen Mythos geschaffen – er *glaubte* daran.»[53] «Sklave des eigenen Mythos» nennt ihn auch der Historiker Renzo De Felice.[54] «Die eigentümliche und hochpersönliche Beziehung Mussolini – italienisches Volk» bildete «den wirklichen Schwerpunkt des gesamten Systems». «In der Gesamtökonomie des faschistischen Regimes überstieg der *Duce*-Mythos sehr bald die eigentlich politische Funktion Mussolinis.» «Beide Faktoren zusammen machten die Rolle Mussolinis absolut entscheidend» für den Faschismus.[55] Der aus dem *Duce*-Mythos folgende Zwang zu einer ständigen Aktivität, die die Massen in emotionaler Hochspannung halten sollte, bedingte nach dieser Deutung den Weg in die Katastrophe.

Der Faschismus als «das eindrucksvollste Beispiel von Kollektividolatrie» der modernen Geschichte?[56] Mussolini als «Sklave der künstlich um ihn geschaffenen Heldensage»?[57] Die Deutung ist so neu nicht. Schon in seinen Beiträgen der späten 20er und frühen 30er Jahre hat der große antifaschistische Historiker Gaetano Salvemini den italienischen Diktator als «Genie der Propaganda» geschildert. «Mussolini übertraf Potemkin und wird von niemandem übertroffen werden in der Kunst, leere Fassaden aufzurichten.» Eines Tages aber werde er das Opfer seiner systembedingten Kriegsrhetorik und Drohpolitik werden. «In der Politik sind Worte Taten. Nicht der erste Schuß löst den Krieg aus. Es ist das erste herausfordernde Wort jener kriegstreiberischen Mentalität, das eines Tages den ersten Schuß auslösen wird.»[58]

Wie eingangs gezeigt, strahlen die Person und die Wirkungsgeschichte Mussolinis auch heute noch auf die politische Landschaft Italiens starke Wirkungen aus. Die *damnatio memoriae* nach 1943/45 hat in Mittel- und Norditalien große Teile der schriftlichen, bildlichen, figürlichen und ornamentalen Mussolini-Überlieferung vernichtet. Die großen Fresken wurden übermalt, überhängt oder zugemauert, die Statuen und Büsten verschwanden in den Erzschmelzen oder den Magazinen der Museen. Die Mauersprüche wurden übertüncht und erscheinen manchmal jetzt wieder als verblichene Geisterschrift. Eine bislang nicht aufgehobene Verfassungsklausel von 1948 stellt auch heute noch die Verherrlichung des Faschismus unter Strafe. Gleichwohl sind in Süd- und Mittelitalien manche Teile des faschistischen Erbes inklusive der Inschriften und des figürlichen Schmucks wiederhergestellt worden. Das gilt z. B. in Rom für den großen Marmorobelisken mit der Inschrift DUX, der das Zentrum des *Foro Olimpico* (früher *Foro Mussolini*) bildet. In den einschlägigen Buchhandlungen und auf Flohmärkten findet ein ausgedehnter, von Abzeichen, Dolchen, Uniformen, Bildern und Schallplatten bis zu Filmen reichender Handel mit den Devotionalien aus der Zeit des zwanzigjährigen faschistischen Regimes statt. Auch über die Verfassungsdebatten 1946/47 und über die Diskussionen der 80er und 90er Jahre in Sachen Verfassungsreform hat die Erinnerung an Mussolini einen langen Schatten geworfen. Eine schwache Exekutive und die indirekte Wahl der Spitzenpositionen von Staats- und Regierungschef schienen die beste Garantie gegen jede mögliche Rückkehr eines Caesarismus oder Bonapartismus.

Die linke Zeitgeschichtsforschung in der Tradition der *Resistenza* hat niemals einen wirklichen Zugang zu dem Phänomen Mussolini gefunden. Für Antonio Gramsci war Mussolini «der auf seinen Kern reduzierte Typus des italienischen Kleinbürgers, voller Ranküne, eine schauerliche Mischung aller Überreste, die Jahrhunderte von Fremdherrschaft und Priestermacht auf italienischem Boden zurückgelassen hatten».[59] Eine solche Figur verdiente keine biographische Aufmerksamkeit. So sind fast alle um die Person und die Funktionen des Diktators kreisenden Themen nicht von dieser antifaschistisch orientierten Geschichtsschreibung aufgearbeitet worden. Nach R. De Felice «hat sich die italienische Kultur über viele Jahre hinweg einer Diskussion darüber verweigert, welchen Einfluß die Persönlichkeit in der Geschichte besitzt». Ohne Hitler, Mussolini oder Stalin wäre die Geschichte der großen Diktaturen im 20. Jahrhundert völlig anders gelaufen. «Sie wären gleichwohl entstanden, hätten aber keine große Bedeutung erlangt.»[60] Noch in den letzten großen Beiträgen der aus der *Resistenza*-Tradition hervorgegangenen Zeitgeschichtsschreibung[61] ist die Rolle Mussolinis weitgehend ausgespart geblieben. Selbst in dem kürzlich erschienenen dreibändigen Werk über *I luoghi della memoria* hat die Figur Mussolinis keine angemessene Darstellung erfahren.[62] Der Faschismus war in seinem Kern eine politische Religion. «Das symbolische Universum der faschistischen Religion besaß sein Zentrum im Mythos und dem Kult des *Duce*.»[63] Seine Wirkungsgeschichte ist auch heute noch in guten Teilen zu erforschen.[64]

Ludolf Herbst

Der Fall Hitler –
Inszenierungskunst und Charismapolitik

Die Analyse des nationalsozialistischen Herrschaftssystems und der Rolle, die der «Führer» Adolf Hitler darin spielte, ist maßgeblich durch Adaptationen der Herrschaftssoziologie Max Webers beeinflußt worden. Im Vordergrund des an Weber orientierten zeitgeschichtlichen Forschungsinteresses steht der Begriff der charismatischen Herrschaft.[1] Hitler erscheint aus dieser Perspektive als erfolgreicher charismatischer Führer, dessen Diktatur eine charismatische Legitimation und mithin eine Fundierung im Glauben der Beherrschten besaß. Führer-Gefolgschafts-Beziehungen – charismatische Stäbe – seien im «Dritten Reich» in zunehmendem Maße an die Stelle rationaler bürokratischer Strukturen getreten. Der moderne Staat habe sich infolgedessen im Chaos wetteifernder Herrschaftsansprüche, konkurrierender Institutionen und unklarer Kompetenzen aufzulösen begonnen und einer Struktur Platz gemacht, die als «Polykratie» bezeichnet wird.[2]

Diese Forschungsmeinung, deren erste Anfänge in die 30er und 40er Jahre zurückreichen,[3] orientiert sich nicht nur an Webers Charismabegriff, sondern auch an dessen Vorstellung vom modernen Anstaltsstaat, der durch eine rationale bürokratische Verwaltung geprägt sei. Weber war allerdings der Überzeugung, daß es möglich sei, in einer «plebiszitären Führerdemokratie» rationale Bürokratie und Charisma zu einer fruchtbaren Synthese zu vereinen.[4] Die nationalsozialistische Diktatur erscheint unter diesen Prämissen als ein Herrschaftssystem, in dem das Gleichgewicht zwischen rationaler Bürokratie und Charisma nicht gewahrt wurde und das somit gewissermaßen aus dem Ruder lief. Was lag näher, als dies dem Prinzip des Charismas anzulasten? Hatte nicht auch Weber sein revolutionäres Potential betont?

Es können allerdings Zweifel an der Validität der vorwaltenden Forschungsmeinung aufkommen: Die Mehrzahl der Autoren, die sich auf Weber berufen, hat ihn nur oberflächlich rezipiert, und kaum einer hat es für nötig befunden, die Kategorien der Herrschaftssoziologie präzise auf den Untersuchungsgegenstand zu beziehen.[5] Man tut der Forschung daher nicht unrecht, wenn man in Anknüpfung an ein Urteil, das Wolfgang Schluchter über den alltäglichen Umgang mit dem Begriff Charisma fällte, von «Bedeutungsschrumpfung» spricht: Die Beliebtheit des Begriffs verhält sich umgekehrt proportional zur Bereitschaft, seine «theoretische und historische Leistungsfähigkeit zu entfalten».[6] So blieb etwa unbemerkt, daß Weber für die Strukturanalyse bestehender Herr-schaftssysteme von der Veralltäglichung des Charismas ausgegangen war und sich demzufolge in *Wirtschaft und Gesellschaft* sehr viel intensiver mit dem Problem der Umbildung bzw. der Veralltäglichung des Charis-mas beschäftigt hatte als mit dem Idealtypus der charismatischen Herr-schaft. Schluchter hat auch hierauf hingewiesen und für die Soziologie kritisch vermerkt, eine «angemessene Fassung des Charismabegriffs» erhalte man nur, «wenn man den Begriff aus der Perspektive der Umbil-dungs- bzw. Veralltäglichungsproblematik» deute.[7] Dies trifft auch auf die historische Analyse zu.

Mit den Begriffen «Inszenierungskunst» und «Charismapolitik» wird an die soziologische Debatte über die Veralltäglichungsproblematik[8] und an Einzelbefunde der historischen Forschung angeknüpft, in denen – mit oder ohne Bezug auf Weber – die Propagandafassade des «Dritten Rei-ches» und ihre strukturelle Relevanz kritisch thematisiert worden sind.[9] Mit dem Begriff «Inszenierungskunst» wird insbesondere auch Anschluß an die zeitgenössische Perspektive[10] gesucht, die in einer Reihe früher historiographischer Deutungsversuche noch präsent ist.[11] Sie hat den Vorteil des Blicks des Zeitgenossen, der die Anfänge kennt und der noch die Spannung sieht, die zwischen der Nichtigkeit der Person Hitlers und seiner theatralischen Kunstfertigkeit im Dienste der Massenpropaganda bestand, die später hinter jener Bilderfassade der offiziellen NS-Propa-ganda verschwand, von der sich nur zu viele Historiker haben blenden lassen. Nach der Machtergreifung wurde diese Inszenierungskunst durch gezielte politische Maßnahmen abgestützt. Sie werden mit dem Begriff «Charismapolitik» bezeichnet. Gemeint sind solche Maßnahmen, die der Errichtung des Führerstaates dienten und die daraufhin zu befragen sind, ob und gegebenenfalls wie sie dem Zweck zugeordnet werden können, Charisma bei Hitler zu akkumulieren.

Adolf Hitlers nichtcharismatische Persönlichkeit und das Charisma der Rede

Weber versteht unter Charisma eine als außeralltäglich geltende «Qua-lität einer Persönlichkeit». Dabei ist die Perspektive der Anhänger ent-scheidend: Das Charisma findet «die Quelle seiner Wirksamkeit in dem Glauben der Beherrschten».[12] In der charismatischen Herrschaft konsti-tuiert sich also eine Sozialbeziehung,[13] die zwei Pole hat: die Persönlich-keit des «Herrn», der charismatische Eigenschaften besitzt, und die «Beherrschten», die an das Charisma des Herrn «glauben», weil und solange es sich bewährt.

Die spärlichen Quellen über die ersten Lebensabschnitte Adolf Hitlers bis zum Jahre 1919 lassen keine außergewöhnliche Persönlichkeit erkennen.[14] Am 20. April 1889 in Braunau am Inn als Sohn eines österreichischen Zolloberoffizials geboren, verbrachte Hitler seine Kindheit in materiell gesicherten, aber bedrückend engen kleinbürgerlichen Familienverhältnissen, denen er zu entfliehen suchte. Er wollte Künstler, genauer Maler, werden. Ohne die mittlere Reife erlangt zu haben, verließ er die Realschule und ging, nach einer Zeit des Müßiggangs in Linz 1908, zuerst nach Wien und dann 1913 nach München, angezogen von der kulturellen Ausstrahlungskraft dieser beiden Metropolen. Nachdem er mit dem Versuch, an der Akademie für Bildende Künste in Wien Malerei zu studieren, gescheitert war und nach einem halbherzigen Schritt, Bühnenbildner zu werden, lebte er bis zum Ausbruch des Krieges mehr oder weniger ziellos vor sich hin. Er war gleichwohl nicht ohne Interessen. Er besaß eine Vorliebe für Musik, vor allem für die Oper und insbesondere für Richard Wagner. Außerdem ging er viel ins Theater, durchstreifte die Gemäldegalerien in Wien und München und bewunderte die Prachtarchitektur beider Residenzstädte. Er las sehr viel und suchte zu diesem Zweck auch Leihbüchereien und Bibliotheken auf.

Läßt man spätere Selbststilisierungen beiseite und liest man spätere Erinnerungen Dritter kritisch,[15] so ergibt sich das Bild eines jungen, wenig talentierten, glücklosen Künstlers, der ärmlich, zeitweise sogar am Rande zur Verwahrlosung lebte, der durchaus eine gewisse kulturelle und wohl auch intellektuelle Neugier besaß, auch wenn er diese in ausschließlich konventionelle und gelegentlich wohl auch obskure Bahnen lenkte. Zweifellos verschaffte er sich auf diese Weise ein gewisses Maß an Bildung, doch blieb er reiner Autodidakt.

Bei Ausbruch des Ersten Weltkrieges meldete sich Hitler freiwillig zum Kriegsdienst. Er hat den ganzen Krieg an der Westfront verbracht, erst als Infanterist, dann als Meldegänger. Hitler fühlte sich im Sozialmilieu der unteren Dienstgrade der Truppe offenbar wohl. Er fand in der Armee etwas, was er bisher aus eigener Kraft nicht hatte aufbauen können: ein intaktes zwischenmenschliches Umfeld, einen geregelten Unterhalt, klare Aufgaben und gesellschaftliche Anerkennung. Weder als gescheiterter Künstler noch als einfacher Soldat ließ Hitler persönliche Eigenschaften erkennen, die ihm in den Augen Dritter den Nimbus des Außeralltäglichen oder gar Übermenschlichen hätten verschaffen können. Er war einfach niemandem aufgefallen. Als der Krieg zu Ende ging, klammerte sich Hitler verständlicherweise an die Armee. Es gelang ihm, der Demobilisierung zunächst zu entgehen; denn nun «entdeckte» ein Offizier der Reichswehr Hitlers Redetalent, ließ dieses Talent schulen und ihn als Redner zur Bekämpfung bolschewistischer Tendenzen in der Truppe und in der Öffentlichkeit einsetzen. In dieser Funktion besuchte Hitler am 12. September 1919 die Veranstaltung einer kleinen völkischen Gruppierung, der «Deutschen Arbeiterpartei» in München, der er kurz darauf beitrat.[16]

Hitlers Einstieg in die Politik entbehrt jeder Dramatik und jedes noch so kleinen Zuges des Außergewöhnlichen. In dem Brief, mit dem er um die Aufnahme in die Deutsche Arbeiterpartei bat, schrieb er: «Mein Beruf ist Kaufmann, möchte aber Werberedner werden, man spricht mir diese Begabung zu.»[17] Damit ist der Befund, der sich auf der Suche nach Hitlers Charisma herauskristallisiert, auf seine einfachste Formel gebracht: An der Reaktion der anderen, des Reichswehr-Aufklärungskommandos, der Kameraden und des völkisch-nationalkonservativen Münchener Publikums, lernte Hitler zu begreifen, daß er reden konnte und daß er dies besser konnte als die anderen, die in seinem engen Horizont auftauchten. Da er wußte, daß er nichts anderes besser konnte, jedenfalls nichts, was sich im Frieden zum Broterwerb hätte nutzen lassen, entschied er sich für diese Option.

Das Charisma der Rede bewährt sich in der Fähigkeit des Redners, ein Publikum zu finden, und im Falle des Parteiredners, die Versammlungssäle zu füllen.[18] Hitler besaß diese Fähigkeit. Bereits im Februar 1920 schaffte er den Einstieg in die Massenversammlung; es gelang ihm, den Festsaal des Hofbräuhauses mit 2000 Personen zu füllen. Die Zahlenangaben sind wie immer in solchen Fällen unsicher und differieren zum Teil erheblich; zudem waren die Zuhörerzahlen enormen Schwankungen ausgesetzt. Am generellen Befund ist jedoch kein Zweifel möglich: Die Zeit bis zum Novemberputsch 1923 stand für Hitler im Zeichen erfolgreicher Massenversammlungen. Mehrfach sprach er im Zirkus Krone. Zwar gelang es nicht immer, den Raum zu füllen, aber zwischen 4000 und 7000 Menschen vermochte er regelmäßig anzuziehen, und immer häufiger war der Andrang so groß, daß der Raum nicht ausreichte. Dazwischen sprach Hitler in den großen Sälen der Bierschwemmen, in denen er meistens jeweils zwischen 2000 und 4000 Zuhörer versammeln konnte. Selten kamen weniger als 2000. Hitlers Anziehungskraft strahlte längst auch in die bayerische Provinz aus. Am 29. Mai 1923 sprach er in der Sängerhalle in Augsburg vor 10 000 Zuhörern.[19]

Hitlers Redetalent steigerte erheblich die Bedeutung der «Deutschen Arbeiterpartei», die sich am 24. Februar 1920 den Namen «Nationalsozialistische Deutsche Arbeiterpartei» (NSDAP) gab. Sie gewann nun allmählich eine Struktur, die den Namen Partei verdient. Die Zahl der Mitglieder stieg von 190 im Januar 1920 auf über 50 000 am Vorabend des Putsches vom November 1923.[20] Dies hatte erhebliche Auswirkungen auf die Parteifinanzen; denn neben den Spenden, über die wir wenig wissen, kam das meiste Geld über Mitgliedsbeiträge, Eintrittsgelder und Klingelbeutelsammlungen in den Veranstaltungen zusammen.[21] Hitler konnte aus dieser Beziehung zwischen seiner Massenanziehungskraft und den Parteifinanzen Kapital schlagen. Er lebte nicht nur von der Partei, sondern diese war auch auf ihn angewiesen. Auf Grund dieser Schlüsselstellung konnte Hitler im Juli 1921 den Parteivorsitz übernehmen. Dies geschah nicht ohne innerparteilichen Konflikt und führte zu einer ersten Umstrukturierung der Partei, die nun zu einer Art von Führerpartei wurde.[22]

Erstmalig trat nun in der Partei auch eine Clique von Hitler-Anhängern in Erscheinung, die aus Hitlers Rednertalent weitergehende politische Konsequenzen zog. Neben Rudolf Heß und Hans Frank gehörten zu den ersten Anhängern und Bewunderern Hitlers Alfred Rosenberg, Max Erwin von Scheubner-Richter, Hermann Esser, Max Amann, Gottfried Feder und Dietrich Eckart. Man traf sich jeden Montagabend im Café Neumaier in München. In diesem Kreis engster Gefolgsleute wurde der auf Hitler zielende Führermythos geboren, dessen Modell der italienische Faschistenführer Benito Mussolini geliefert hatte. «Deutschlands Mussolini», so verkündete Hermann Esser am 3. November 1922 auf einer der Massenveranstaltungen im Hofbräuhaus, «heißt Adolf Hitler».[23]

Es wäre jedoch verfehlt, wollte man sich die NSDAP vor dem Novemberputsch 1923 ohne weiteres als charismatische Führerpartei vorstellen. Gewiß war eine Parteibürokratie noch nicht entwickelt, so daß persönliche Beziehungen eine wichtige Rolle spielten. Doch der praktisch in Permanenz geführte Wahlkampf schuf durch die dichte Folge der Massenversammlungen, die einen hohen organisatorischen Aufwand erforderten, einen erheblichen Zwang, eine effiziente Organisationsstruktur aufzubauen. Seit Dezember 1920 besaß die Partei eine Zeitung, den *Völkischen Beobachter*. Sie ging mit deren Erwerb erhebliche finanzielle Verpflichtungen ein, die getilgt werden mußten und zum Aufbau einer geregelten Finanzwirtschaft zwangen. Um diese drei Kernbereiche Massenveranstaltungen, Zeitung und Finanzen herum entwickelten sich notgedrungen die Anfänge bürokratischer Strukturen.[24]

Innerhalb weniger Jahre war Hitler zu einer bayerischen Lokalgröße aufgestiegen. Dies verdankte er ganz ausschließlich seinem Redetalent. Was machte seine Reden so anziehend? Ihr Inhalt, ihre rhetorische Struktur und ihre Darbietungsform sowie der äußere Rahmen der Bierlokale verraten ein hohes Maß von Anpassung an den Geschmack des kleinbürgerlichen, nationalkonservativen, völkisch-antisemitischen Publikums in Bayern. Hitler sprach an, was diese Leute politisch bewegte, spielte erfolgreich auf der Klaviatur ihrer Vorurteile, appellierte an ihren Chauvinismus, predigte Fremdenhaß und Gewalt und wies gerade durch diese Verbalradikalität emotionale Wege aus den weitverbreiteten Ohnmachtsgefühlen. Zudem bot er eine gekonnte Gaudi für einen bierseligen Abend, indem er dicht an die Tradition der Büttenreden im Karneval anschloß, auch wenn er eine weniger harmlose Variante bot.

Auffällig ist die konsensstiftende Kraft antisemitischer Parolen. Zweifellos kam der Antisemitismus dem Redestil Hitlers besonders entgegen. Einen wesentlichen Teil der Wirkung erzielte er bei diesem Thema durch Lächerlichmachen, durch Sarkasmus, Witz und Ironie.[25] Hitler knüpfte erfolgreich an die lange Tradition eines zur Karikatur verzerrten Judenbildes an, das in der damaligen Öffentlichkeit weit verbreitet war. Es beruhte auf dem Stereotyp des arbeitsscheuen, auf Rassereinheit bedachten, nicht kreativen, zur Staatsbildung nicht befähigten, von der Geldleihe lebenden, die Presse beherrschenden, für ein Geschäft alles verratenden Juden. Viel Stoff bezog dieses Klischee aus dem Ariermythos, in dem der «häßliche Jude» den Gegentypus zum Arier darstellte.[26]

Der Demagogie Hitlers fehlte in diesen Jahren jede außerordentliche Perspektive. Von irgendeiner Mission war nicht die Rede, und wenn Hitler Heroen beschwor, dann waren dies historische Figuren wie Friedrich der Große oder Bismarck. Zwar war auch er – wie viele im völkischen und nationalkonservativen Lager – ein Anhänger des politischen Geniekultes, doch wenn er davon sprach, daß Deutschland einen Diktator brauche, «der ein Genie ist», erwähnte er nicht sich, sondern Ludendorff und Hindenburg. Erst nach Mussolinis Marsch auf Rom im Oktober 1922 begann sich Hitlers Selbstverständnis zu wandeln. Er bewunderte Mussolini; dem Novemberputsch 1923 lag offenkundig das faschistische Machtergreifungsmodell zugrunde.[27] Aber noch immer bestand eine erhebliche Diskrepanz zwischen dem Bild des charismatischen Führers, das in der Öffentlichkeit vorherrschte, und dem Erscheinungsbild des bayerischen Lokalmatadors Adolf Hitler.

Das Selbstbildnis des charismatischen Führers

Für Adolf Hitler gab es während seiner Haftstrafe, die er als Folge des mißglückten Novemberputsches bis zum Dezember 1924 in Landsberg verbüßte, ganz praktische Gründe, über sein Image nachzudenken. Als Werberedner war er zwar erfolgreich gewesen, aber doch nur im bayerischen Bereich und auch dort nur in einem eng begrenzten Sozialmilieu. Als Politiker hingegen war er völlig gescheitert. Wollte Hitler seine berufliche Zukunft für die Zeit nach der Haftentlassung sichern, mußte er sich politisch profilieren. Da ihm eine zweite Gelegenheit für einen Putsch nicht gegeben werden würde und da er nichts anderes gelernt hatte, als zu reden und zu agitieren, blieb ihm kaum etwas anderes übrig, als die Basis der Propaganda zu verbreitern und zu versuchen, mit diesem Instrument in Zukunft stärker in das politische Feld hineinzuwirken. Für einen Propagandisten bestand damit die Versuchung, den Führer aus dem Bild des Führers entstehen zu lassen. Doch besaß Hitler die hierfür erforderliche Fähigkeit zur Selbstreflexion?

Mit Nachdruck hat Georg Lukács bereits in den 40er Jahren darauf hingewiesen, daß Hitlers *Mein Kampf*, dessen erster Teil in der Landsberger Haft entstand, von hoher propagandistischer Professionalität zeuge. Die Methoden und Tricks der Massenbeeinflussung seien das einzige gewesen, was Hitler «eingehend und gewissenhaft studiert» habe. Hitlers Originalität bestand für Lukács darin, daß er «als erster die amerikanische Reklametechnik» auf die politische Propaganda in Deutschland anwandte.[28] Hitler selbst hat die Propaganda nicht nur als «Werbekunst» und «politische Reklame» bezeichnet, sondern sie auch explizit an den Methoden der Seifenreklame orientiert.[29]

Das Design, das Hitler für den Zweck der Selbstvermarktung wählte, war das Bild des charismatischen Führers, das in der Öffentlichkeit weit verbreitet war, das Hitlers eigenem Geschichtsbild entsprach, das er als Typus des klassischen strahlenden Helden vor grandioser Kulisse bei seinen zahlreichen Besuchen der Opern Wagners und der Theaterstücke Schillers, die er bevorzugte, schon in Linz, Wien und München internalisiert hatte und das seine Entourage bereits auf ihn zu projizieren begann.

Hineinverwoben in diese Typologie des charismatischen Führers wird die eigene Biographie in *Mein Kampf* präsentiert. Hitler war davon überzeugt, daß die Begnadung des charismatischen Führers schon in der Kindheit in Erscheinung treten müsse, und so stilisierte er sich ungeniert zum frühreifen Genie.[30] Das Genie ist freilich ein verkanntes Genie. Das Scheitern in der Schule und später in Wien und München als Kunstmaler wird auf die Ignoranz seiner Mitmenschen und die widrigen Umstände zurückgeführt. Um ihm den Weg zu ebnen, bedarf es übermenschlicher Kräfte. So übernimmt denn das «Schicksal» bzw. die «Vorsehung» seine Erziehung[31] und formt ihn zum Führer, indem ihm jene Läuterungsprüfungen auferlegt werden, die aus Erziehungsromanen und Märchen bekannt sind. Die «Weisheit der Vorsehung» erweist sich z. B. darin, daß sie den späteren Führer der Armut aussetzt, damit er «sein Volk» kennenlernt.[32] Hitler stilisiert seine «Stadtstreicherjahre» in Wien als ein mystisches Zurück- oder Eintauchen in das Volk.

Hitler stellt sich in *Mein Kampf* als außeralltägliche, genial begnadete, frühreife Führerpersönlichkeit dar, die sich nicht mit Menschen im Dialog befindet, sondern mit dem Schicksal, mit dem er hadert, das ihm Antworten gibt, Fragen vorlegt und ihn erprobt. Als wichtigstes Ergebnis dieses fiktiven transzendenten Dialogs präsentiert Hitler seine Weltanschauung. Sie schlummert, da er sich als begnadetes Genie sieht, natürlich in ihm und muß durch das Schicksal nur geweckt werden. Den für seine Weltanschauung konstitutiv wichtigen Antisemitismus führt Hitler als «Damaskus-Erlebnis» in seine Selbstbiographie ein. In Wien habe sich seine «schwerste Wandlung überhaupt» vollzogen, seine Bekehrung «vom schwächlichen Weltbürger zum fanatischen Antisemiten». Um dies glaubwürdig zu machen, zieht er alle Register. Er beschreibt die Bekehrung als «lange[n] innere[n] Seelenkampf», ja als größte «Umwälzung» in seinem «Innern» überhaupt. Er habe sich, so wird suggeriert, die Sache nicht leichtgemacht. Erst nach langen inneren Kämpfen habe schließlich der Verstand über das Gefühl gesiegt.[33]

Der Gesinnungswandel wird schließlich durch die Berufung auf das Schicksal, den Himmel und die «ewige Natur» als Gnadenakt der

Erleuchtung stilisiert, aus dem er seine historische Mission ableitet, die Welt aus dem Elend der jüdischen Gefahr zu erretten und sie vor der Apokalypse zu bewahren: «Siegt der Jude mit Hilfe seines marxistischen Glaubensbekenntnisses über die Völker dieser Welt, dann wird seine Krone der Totentanz der Menschheit sein... So glaube ich heute im Sinne des allmächtigen Schöpfers zu handeln: Indem ich mich des Juden erwehre, kämpfe ich für das Werk des Herrn.»[34] Besonders verräterisch an dieser Formulierung ist das kleine Wort «heute». Es deutet das Stilmittel an, mit dem Hitler seine Weltanschauung zu legitimieren und sich selbst zum Propheten zu stilisieren sucht: die Rückprojektion und die rückwärtsgewandte Prophetie.

Diese Zeitfigur hat noch eine andere Funktion: Sie soll unter Beweis stellen, daß der «Führer» Hitler unwandelbare Auffassungen vertritt, die eng mit seiner historischen Mission und deren transzendenter Legitimation zusammenhängen. Damit wird zugleich suggeriert, daß diese Auffassungen nicht verändert werden dürfen und nicht Teil der alltäglichen Politiksphäre sind; denn was göttlichen Ursprungs ist, soll der Mensch nicht ändern. Erst durch eine «grundlegende Weltanschauung» gewinne der Führer das erforderliche Maß an «Stetigkeit der eigenen Betrachtungsweise gegenüber den Fragen des Tages». Ändere er dagegen seine Auffassungen, verunsichere er seine Anhänger und degeneriere zum «Politiker». Einen Irrtum in grundlegenden Fragen der Weltanschauung hielt er daher für ein Sakrileg, das den Führer unbedingt zum Rücktritt zwinge, da es beweise, daß er nicht «auserwählt» sei.[35] Es verwundert daher nicht, wenn Hitler die Unwandelbarkeit, die «geradezu granitene Grundlage» seiner Weltanschauung immer wieder betonte und allenfalls einzuräumen bereit war, daß sie hier und da «vertieft» oder «ergänzt» worden sei.[36] Die These von der Unveränderbarkeit gehört zur Vermarktungsstrategie. Wie zweckrational und zynisch kalkuliert Hitler in diesem Zusammenhang dachte, läßt sich an seinem erfolgreichen Versuch zeigen, das mehr als dürftige Parteiprogramm der NSDAP vom Februar 1920 zum unumstößlichen Glaubensbekenntnis zu stilisieren.

Dem gleichen Zweck diente auch das Prinzip der Einfachheit. Glaubensbekenntnisse bestehen in der Regel aus wenigen, einfachen Geboten. Sollte das Parteiprogramm seine Rolle als «politisches Glaubensbekenntnis» spielen, mußte es diesem Anforderungsprofil entsprechen. Aus diesem Grund sei das Parteiprogramm der NSDAP «in wenigen, insgesamt fünfundzwanzig Leitsätzen zusammengefaßt», die auch dann auf gar keinen Fall geändert werden dürften, wenn einige Punkte erkennbar überholt seien. Hitler verweist in diesem Zusammenhang explizit auf das Vorbild der katholischen Kirche.[37] Der charismatische Aspekt des Glaubens, die göttliche Aura des Dogmas wird bei Hitler allerdings nahezu vollständig funktionalisiert; denn er hat vorwiegend die Massenanziehungskraft im Sinn. Die Masse ist seiner Auffassung nach völlig außerstande, Veränderungs- und Differenzierungsprozessen zu folgen. Man müsse ihr immer dasselbe in unermüdlicher Wiederholung einhämmern, wolle man bei ihr Erfolg haben.

Dieser funktionale und manipulative Umgang mit Weltanschauungsfragen tritt beim Feindbild am deutlichsten hervor. Man dürfe, so führt Hitler schon im ersten Band von *Mein Kampf* aus, «der Masse niemals zwei oder mehr Gegner zeigen», da dies «zu einer vollständigen Zersplitterung der Kampfkraft» einer Bewegung führe. «Magnetische Anziehungskraft» gewinne sie nur, wenn sie sich auf einen Gegner konzentriere.[38] Hitler zielte mit dieser Maxime auf die gesamte nationalsozialistische Weltanschauung. Seiner Auffassung nach mußte sie ebenso wie die großen Weltreligionen streng manichäischen Charakter haben. Er griff zu diesem Zweck auf den Rassemythos vom «guten» Arier und «bösen» Juden zurück. Hitler war sich offenbar dessen bewußt, daß das politische Spektrum der Gegner der NSDAP sich diesem Klischee nicht so ohne weiteres einfügen lasse. In der Lösung dieses Problems sah er seine genuine Aufgabe: «Es gehört zur Genialität eines großen Führers, selbst auseinanderliegende Gegner immer nur als zu einer Kategorie gehörend erscheinen zu lassen. ... Dies stärkt den Glauben an das eigene Recht und steigert die Erbitterung gegen den Angreifer.» Wenig später ist dann vom Kampf gegen die Juden die Rede.[39]

Die «Idee», die nationalsozialistische Weltanschauung auf ein geschlossenes Feindbild zu fixieren und zu diesem Zweck an die Tradition des Antisemitismus anzuknüpfen, lag für den Propagandisten Hitler aus verschiedenen Gründen nahe. Neben dem Führermythos,[40] den er gerade dabei war aufzubauen und dessen Integrationskraft noch nicht erprobt war, gab es kein zweites Element der Konsensstiftung, das es im völkischen Milieu mit dem Antisemitismus aufnehmen konnte. Wollte der im Gefängnis sitzende Führer Hitler die Kontrolle über seine Partei zurückgewinnen und den erfolgreich begonnenen Versuch der NSDAP fortsetzen, völkische Splittergruppen aufzusaugen, konnte er auf den Antisemitismus nicht verzichten. Zudem gab es im nationalistischen politischen Spektrum kein zweites Modell für eine manichäische Weltsicht, das es mit dem rassistischen «Ariermythos» aufnehmen konnte, der seit der Mitte des 19. Jahrhunderts über eine beträchtliche literarische und populäre Tradition verfügte.[41] Für einen Propagandisten wie Hitler, der viel las und eine rasche Auffassungsgabe besaß und der wußte, wonach er suchte, lag alles bereit. Er mußte die Elemente nicht einmal zusammensetzen, sondern nur in die Form der säkularisierten «Weltreligion» bringen, die ihm als Propagandakonzept vorschwebte.

Die Inszenierung des Charismas

Die Inszenierung des Nationalsozialismus als politische Religion,[42] die
darauf hinauslief, den Führer der NSDAP in der Öffentlichkeit als Messias, die Partei als Glaubensgemeinschaft und ihr Programm als Glaubensbekenntnis darzustellen, wurde seit 1925 zum wesentlichsten Mittel
der Integration der nationalsozialistischen Bewegung.

Vor allem für Hitler selbst stand die Inszenierung im Vordergrund; die
Organisation der Partei war nur Mittel zum Zweck. Noch am Ende der
«Kampfzeit», als die NSDAP längst eine moderne Parteimaschine im
Weberschen Sinne geworden war, hielt er den direkten Kontakt zwischen
Führer und Volk «ohne organisatorische Zwischenleitung» für das Ideal.[43] Doch dies darf nicht darüber hinwegtäuschen, daß es eine unmittelbare, spontane Beziehung zwischen Volk und Führer in der Wirklichkeit
nicht gab, sondern nur deren Inszenierung und Vorspiegelung. Paradoxerweise bedurfte die NSDAP hierzu einer stärker ausgefeilten Organisationstechnik und Organisationsstruktur, als sie die anderen Parteien in
der Weimarer Republik besaßen. Um als charismatische Partei zu erscheinen, wurde sie zur Partei des neuen, bürokratischen Typs und zum Vorläufer der modernen Volkspartei.

Das Inszenierungskonzept[44] und die von ihm ausgehenden organisatorischen Veränderungen durchliefen drei Phasen. Die erste Phase begann
mit dem Wiederaufbau der NSDAP nach Hitlers Haftentlassung im
Dezember 1924 und endete mit dem Beginn der großen Krise der Weltwirtschaft 1929/30. In dieser Phase war der Wirkungsradius der NSDAP weitgehend auf das völkische Milieu begrenzt. Hitler gelang es zwar, seinen
Führungsanspruch durchzusetzen und die NSDAP in diesem Milieu zur
einzigen politischen Kraft von Bedeutung zu machen, aber der Ausbruch
aus diesem politischen Ghetto gelang nicht. Bei den Reichstagswahlen im
Mai 1928 erlangte die NSDAP lediglich 2,6 % der Stimmen, was ihren Charakter als politische Sekte unterstreicht.[45] In dieser Phase wurden die
Rituale der politischen Glaubensgemeinschaft entwickelt und eingeübt,
wurde die Anhängerschaft auf den «blinden fanatischen Glauben»[46] an die
Führung eingeschworen. Begünstigt wurde diese Formierung und Ritualisierung durch die zahlreichen, zum Teil lang andauernden Redeverbote,
die in den Jahren 1925 bis 1928 in den meisten Ländern des Reichs gegen
Hitler ausgesprochen wurden.[47] Hitlers Hauptwaffe, die Rede, wurde auf
diese Weise nahezu vollständig auf die Partei konzentriert; denn geschlossene Parteiversammlungen waren von den Verboten nicht berührt. Hitler
reiste daher notgedrungen von Ortsgruppe zu Ortsgruppe, was erhebliche
organisatorische Schubkräfte auslöste und die liturgische Ritualisierung
seiner Redeauftritte begünstigte; denn er sprach ja ausschließlich zur
Gemeinde der Gläubigen, die bereitwillig die mythische Führer-Gefolgschafts-Beziehung und ihre Symbole und Riten internalisierten.

Die zweite Phase, die mit der Staats- und Wirtschaftskrise der Weimarer Republik einsetzte und mit dem Durchbruch der NSDAP zur Massenpartei im September 1930 erkennbar wurde, stand im Zeichen der Mobilisierung größerer Wählerschichten. Sie endete mit den Wahlen im November 1932, in denen sich der Aufwärtstrend der NSDAP in der Wählergunst brach und Hitlers Charisma erstmals seit 1923 wieder eine ernste Bewährungsprobe zu bestehen hatte. Organisatorisch stand diese Phase im Zeichen des Ausbaus des Apparats der NSDAP und des Aufbaus neuer, meist berufsständisch orientierter Gliederungen, die locker mit der Partei verbunden waren und ihr eine plurale, dem Charakter der Volkspartei angenäherte Struktur gaben.[48] Die Selbstdarstellung der NSDAP und ihres Führers Adolf Hitler zielte nun stärker, als dies bisher der Fall gewesen war, in die Öffentlichkeit hinein. Die Massenversammlung wurde wichtiger als die Parteiversammlung.

Die dritte Phase begann mit der Ernennung Hitlers zum Reichskanzler und stand im Zeichen der Gleichschaltung der intermediären Strukturen, der reichsweiten Etablierung des Personenkults um Hitler und der Verschmelzung der Propagandainstrumente des Staates mit jenen der Partei. Diese Phase war mit der staatsrechtlichen Absicherung von Hitlers Führerposition nach Hindenburgs Tod im August 1934 im wesentlichen abgeschlossen. Auch in dieser Phase dienten die Inszenierungskünste der nationalsozialistischen Führung in erster Linie der Integration der Parteimitglieder und Anhänger und zielten erst in zweiter Linie auf die breitere Öffentlichkeit.

Von nun an wurden die Kulissen für die nationalsozialistischen Inszenierungen immer gigantischer und die technischen Mittel immer raffinierter, an den Ritualen und Liturgien änderte sich aber nur noch wenig. Der entscheidende Unterschied zu den früheren Phasen lag in der Technik der Multiplikation der einzelnen Inszenierung durch Rundfunk und Film und in der seit dem 30. Januar 1933 gegebenen Möglichkeit, alle Winkel der deutschen Öffentlichkeit in den Bann der nationalsozialistisch ausgerichteten Medien zu ziehen. Der technische Fortschritt und die politische Macht ergänzten sich in diesem Prozeß auf das wirksamste. Für die NS-Propaganda, die auf der theatermäßigen Inszenierung basierte, die in breitem Umfang nur medial in die Öffentlichkeit hinein kommunizierbar ist, stellte der Zugriff auf die staatlichen Medien und den Film einen Quantensprung dar; denn nun erreichte die Inszenierung erstmals das Volk. Der charismatische Führer wurde als Kultfigur einer politischen Religion in immer neuen Bildern präsent gemacht; so konnte eine Beziehung zwischen Volk und Führer medial inszeniert werden, die sich im Bewußtsein der Menschen als unmittelbare Beziehung zum Führer manifestierte und Gemeindecharakter annahm, jedenfalls dort, wo sie auf Gläubigkeit traf.

Die Ritualisierung seiner Auftritte schützte Hitler vor der Veralltäglichung oder genauer vor der Alltäglichkeit seiner Person und damit vor der Auflösung seines Führungsanspruchs. Dies erscheint auf den ersten Blick paradox; denn Ritus ist ja veralltäglichtes Charisma. Doch wir haben es hier mit der Konstruktion und der Inszenierung von Charisma zu tun. Wie soll sie sich anders vollziehen als über den Zugriff auf in der Form aufgehobenes, veralltäglichtes Charisma, auf Mythos und Ritus und auf Kulthandlungen? Form und Inhalt näherten sich in Hitlers Reden daher weitgehend an. Die inszenierte Rahmenhandlung und die Kernhandlung der Rede waren eng miteinander verbunden und gingen bei bestimmten Anlässen, wie den Reden zum 9. November oder auf den Parteitagen, gänzlich ineinander über, verbunden durch rituelle Handlungen wie Aufmärsche, Fahnenweihen, Vereidigungen, Einschwörungen und Verpflichtungen aller Art.

Die Verschmelzung von Choreographie und Rhetorik läßt sich am Thema der «Gemeinschaft» am besten zeigen. Da jede Versammlung, in der Hitler sprach, prinzipiell aus «Parteigenossen» und «Volksgenossen» zusammengesetzt war, auch wenn die Parteigenossen überwogen, ließ sich der Korpus der Versammelten bei entsprechender Inszenierung ebenso als Modell der verschworenen Parteigemeinschaft wie der Volksgemeinschaft begreifen. Der Akzent lag eindeutig auf dem Versuch, die Versammlung als Querschnitt des Volkes zu behandeln. Auch wenn Hitler vor Parteiversammlungen sprach, wählte er daher die Anrede: «Deutsche Volksgenossen und -genossinnen!»[49] Das Stück, das aufgeführt wurde, hieß «Führer und Volk», es war eine Gemeinschaftsaufführung, an der jeder im Raum mehr oder weniger freiwillig mitwirkte. Unterstrichen wurde dies durch die Aufhebung des Unterschiedes zwischen Zuschauerraum und Bühne. Hitler selbst löste die Differenz zwischen sich und den Zuhörern dadurch auf, daß er kein Katheder benutzte. Er stand scheinbar «ungeschützt» auf einem Podium im Raum und agierte mit lebhaften Körperbewegungen in diesen Raum hinein. Zudem war er auf dem Podium nicht allein. Dort befand sich in der Regel eine Staffage aus SA- oder SS-Leuten sowie aus Parteiprominenz und anderen Honoratioren.[50] Die Übergänge zum Publikum waren fließend. Dafür sorgte auch der uniformierte Ordnerdienst der Partei und die Gepflogenheit, an ihren Abzeichen erkennbare Parteimitglieder gleichmäßig auf den Raum zu verteilen. Dies wirkte disziplinierend auf das Publikum. Oppositionelle wagten sich meistens nicht zu rühren. Taten sie es dennoch, schritt der Ordnerdienst ein.

Diese Inszenierung der disziplinierten Gemeinschaft konnte auch deshalb gelingen, weil das Publikum durch das rigide Einlaßreglement in seiner großen Mehrheit handverlesen war. Juden waren generell ausgeschlossen und wurden, wenn sie dennoch hineingeschlüpft waren und erkannt wurden, in spektakulären Aktionen hinausgeworfen. Da die Eintrittsbillets relativ teuer waren, wurde auch so für eine Vorauswahl

gesorgt; denn in der Regel waren nur Anhänger und Sympathisanten
bereit, dieses Opfer zu bringen. Hitler sprach vor einem auf manipulative
Weise zusammengesetzten Publikum, das in seinen Reaktionen keineswegs frei war, sondern eine erhebliche Disposition für die Akklamation
aufwies und für die Ressentiments, den Haß und die Leidenschaften empfänglich war, in die Hitler sich im Laufe einer Rede hineinzusteigern pflegte. Vor diesem Hintergrund sollte man die das Publikum oder Teile davon
mitreißenden, orgiastischen Rausch- und Verzückungswirkungen sehen,
die auch kritische zeitgenössische Beobachter dem Redner Hitler immer
wieder attestiert haben.[51] Hitler verfügte also über ein Auditorium, das
das Ideal der verschworenen Gemeinschaft bereits repräsentierte und das
Gefühl vermittelte, daß die Zukunft des totalen Staates bereits begonnen
habe. Die NSDAP, so wurde Hitler nicht müde zu betonen, sei keine nor-
male Partei, sondern eine «machtpolitische Erscheinung».[52] Dies deutlich
zu machen, war der Zweck einer jeden Hitler-Versammlung.

Die Inszenierung setzte sich nach der Rede in rituell-symbolische
Handlungen um. Dazu gehörte der «Rundgang» Hitlers, der der Vertiefung der Beziehung zwischen dem Führer und seiner Gefolgschaft diente. Ohne mit dem Einzelnen ein Wort zu wechseln, machte Hitler bei einer
repräsentativen Auswahl von Parteigenossen die Runde, gab jedem die
Hand und sah ihm betont intensiv in die Augen.[53] Von dieser stummen
Einschwörung, die auf den Topos abhob, Hitler habe magnetische Augen,
und an Reichsparteitagen mit der Fahnenweihe verbunden wurde, ging
eine erhebliche Sogwirkung aus.

Die Verbindung zum öffentlichen Raum außerhalb des Versamm-
lungssaals wurde durch die Marschkolonne hergestellt.[54] Die Rahmenhandlung des An-, Auf- und Abmarsches uniformierter Kolonnen, mit
der Hitlers Redeauftritte in den öffentlichen Raum eingebunden waren
und in diesen Raum hineinwirkten, wurde am perfektesten auf den
Reichsparteitagen inszeniert. Wie die Spinne im Netz zog das Reichspar-
teitagsgelände die Marschkolonnen, die die Gliederungen der Partei auf-
zubieten und nach Nürnberg zu schicken hatten, aus dem ganzen Reich
an und entließ sie wieder dorthin, nachdem sie die massenchoreogra-
phische Kulisse für Hitlers Auftritte gestellt und in der Architektur der
Menschenkolonnen die gemeinschaftstiftende Kraft der Partei ebenso
demonstriert hatten wie ihre Fähigkeit, das ganze Volk mit Hilfe parami-
litärischer Formationen auf die Beine zu bringen und zur Akklamation zu
bewegen.

Doch auch in diesem Fall ging es nur um die – allerdings ins Giganti-
sche gesteigerte – Inszenierung der Volksgemeinschaft mit Hilfe der Parteigänger und Anhänger. Der Raum der Inszenierung war nur scheinbar
offen. In den inneren Kreis der Kolonnen konnte kein Fremder hinein-
kommen, und die Öffentlichkeit wurde nur in homöopathischer Dosis in
die Zuschauerränge der hermetisch nach außen abgeschlossenen Arenen

und Versammlungsräume gelassen. Durch eine Vielzahl äußerer Mittel wurden die Räume zudem geschlossen. Das begann mit den engen Straßen und Plätzen Nürnbergs, setzte sich fort mit den Bauten, Fahnen, Tribünen und Kulissen aller Art, die die Versammlungsplätze im Freien umsäumten, und reichte bis zu den Fackelzügen und Lichtdomen der nächtlichen Veranstaltungen.

Das wirksamste Mittel, den Raum der Inszenierung zu schließen, war die Bildmedienauswertung und hier insbesondere die Verfilmung. Leni Riefenstahls Film *Triumph des Willens*,[55] der den Reichsparteitag von 1934 zum Gegenstand hatte, zeigt dies in exemplarischer Weise. Der Film vermag alles Alltägliche wegzulassen oder in die «richtige» Kameraperspektive zu rücken. Die Ästhetisierung der Politik erreicht den Gipfel ihrer Möglichkeiten. Die Handlung wird gerafft, die Abläufe werden in eine neue stringentere Form gegossen und an einem Thema orientiert.[56] Riefenstahls Film zeigt den Idealtypus der Inszenierung des Charismas. Kein Topos wird ausgelassen. Gottähnlich schwebt der «Führer», aus dem Himmel über den Wolken kommend, im Flugzeug in Nürnberg ein. Im offenen Wagen stehend, durchfährt er wie ein Triumphator die von jubelnden Menschen umsäumten Straßen Nürnbergs, um dann der auf dem Parteitagsgelände in geometrischer Choreographie aufmarschierten Gefolgschaft gegenüberzutreten und ihr aus größter räumlicher Distanz, gottgleich über alle erhoben, die Epiphanie des Messias beschwörend, die mystische Vereinigungsformel zuzurufen: «Das ist das Wunder unserer Zeit, daß ihr mich gefunden habt... unter so vielen Millionen! Und daß ich euch gefunden habe, das ist Deutschlands Glück!»[57] Auf dem Reichsparteitag schlüpfte Hitler nacheinander – von Redeauftritt zu Redeauftritt – in alle Rollen, die der Führer-Mythos ausgebildet hatte, in die des Messias und Propheten, in die des Hohen Priesters, des Obersten Richters, des Ideologen und Rassetheoretikers, des Feldherrn, des Kunstzensors usw.

Charismapolitik nach der Machtergreifung

Die Nationalsozialisten betrieben nach 1933 nicht mehr nur die Inszenierung des Charismas, sondern daneben auch eine Politik der Akkumulierung von Amtscharisma, die eng mit der Etablierung der Führerdiktatur verknüpft war. Es seien zwei Bereiche herausgegriffen, die in diesem Zusammenhang besonders signifikant sind: der aktive Versuch Hitlers, das Charisma Hindenburgs für sich zu vereinnahmen und das Amtscharisma des Reichspräsidenten auf den Führer überzuleiten, sowie die Etablierung eines effizienten, wenn man so will, immediaten und verkürzten Regierungshandelns.

Im Unterschied zu Ludendorff, dessen Rolle in der Politik mit dem gescheiterten Putsch vom 9. November 1923 im wesentlichen ausgespielt war, stellte Hindenburg seit seiner Wahl zum Nachfolger Eberts als Reichspräsident im Jahre 1925 im völkisch-konservativen Lager eine direkte Herausforderung für Hitler dar. Hindenburg zeichnete sich aus durch den Ruhm des erfolgreichen kaiserlichen Feldherrn, eine vornehme, traditional geprägte Herkunft, Unabhängigkeit und Besitz, Würde des Alters sowie Integrität des Charakters, kurz: er war eine gestandene, in mancher Hinsicht sogar charismatische Persönlichkeit. Obgleich Hitler durch seine Kandidatur bei der Reichspräsidentenwahl im März/April 1932 Hindenburg offen und gar nicht so erfolglos herausgefordert hatte, blieb er im Vergleich zu Hindenburg eine blasse Figur. Selbst Nationalsozialisten trauten ihm das Reichspräsidentenamt nicht zu.[58]

Nach der Ernennung zum Reichskanzler setzte Hitler alles daran, sein Image durch das Prestige Hindenburgs aufzubessern und sich mit Hindenburgs Hilfe in die Traditionslinie der großen Deutschen zu stellen. Den Ausgangspunkt stellte der sorgfältig inszenierte «Tag von Potsdam» dar, an dem die preußisch-deutsche Militärtradition und ihre politischen Repräsentanten, allen voran Hindenburg, in der Garnisonskirche für das Amtscharisma des Reichskanzlers in Dienst genommen wurden. Das Bild vom Handschlag des Reichskanzlers im Smoking und des Reichspräsidenten in voller ordensgeschmückter kaiserlicher Uniform, das Hitler in höflicher Verneigung vor Hindenburg zeigt, wurde zum Symbol der Versöhnung und wirkte wie ein moderner Ritterschlag. Es wurde zu einem der beliebtesten Postkartenmotive im «Dritten Reich».[59]

Letztlich aber konnte der Führeranspruch mit dem Reichskanzleramt nicht befriedigt werden, und so bot Hindenburgs Tod am 2. August 1934 den willkommenen Anlaß, das Charisma des Reichspräsidentenamts und seines Inhabers auf Hitler zu übertragen. Die Art und Weise, wie dies vollzogen wurde, zeigt, wie unsicher sich Hitler seines eigenen Charismas noch immer war. Er wagte es nicht, sich zum Nachfolger Hindenburgs wählen zu lassen, sondern ließ das Reichspräsidentenamt erlöschen und sich die «bisherigen Befugnisse des Reichspräsidenten» übertragen.[60]

Der «Führer und Reichskanzler» – wie Hitler im offiziellen Schriftverkehr nun genannt wurde[61] – hatte in seiner Person allerdings mehr vereinigt als die Ämter des Reichskanzlers und des Reichspräsidenten: Er war zum charismatischen Führer mit souveränen Rechten geworden, der mit seinem Volk nun direkt kommunizierte. Ausdruck fand dies in der Einschwörung der Soldaten und Beamten auf Hitler und in der plebiszitären Akklamation, die dem Staatsakt folgte. Soldaten und Beamte pflegen in modernen Staaten auf die Verfassung vereidigt zu werden, und so war dies auch in der Weimarer Republik gewesen. Die Soldaten der Reichswehr und die Staatsbeamten waren jedoch schon seit Dezember 1933 nicht mehr auf die außer Kraft gesetzte, wenn auch nicht aufgehobene Weimarer Reichsverfassung vereidigt worden, sondern auf «Volk und

Vaterland». An diese Stelle trat Hitler als souveräne Verkörperung des
Volkswillens.[62] Die Vereidigung auf den Führer war von nun an eine der
vielen mythisch-weihevollen Zeremonien, in denen das nationalsozialistische Regime sich öffentlich inszenierte.

Der Akt der Übertragung souveräner Volksrechte auf den Führer, der
durch das «Gesetz über das Staatsoberhaupt des Deutschen Reiches»
vom 1. August 1934 geregelt worden war, wurde durch plebiszitäre
Akklamation legitimiert. Er sollte, wie Hitler formulierte, «die aus-
drückliche Sanktion des deutschen Volkes» erhalten. Dabei wurde Hitler von kryptischen Vorstellungen einer Vertragstheorie geleitet, wie sie
für caesaristische Regime typisch ist. Das für den 19. August anberaum-
te Plebiszit zeigte, den totalitären Wahlbedingungen zum Trotz, mit
10, 1 % gültigen Nein-Stimmen und 2 % ungültigen Stimmen ein
beträchtliches Oppositionspotential.[63] Die souveräne Stellung des Führers kam nun auch darin zum Ausdruck, daß Hitler durch ein geheimes
Reichsgesetz vom 13. Dezember 1934 das Recht erhielt, «für den Fall seines Todes oder sonstiger Erledigung der in seiner Person vereinigten
Ämter» seinen Nachfolger selbst zu ernennen. Er übte diese Befugnis
am 19. Dezember 1934 aus, indem er Hermann Göring zu seinem Nachfolger bestimmte.[64] Die Regelung hielt bis in die Apriltage des Jahres
1945, als Hitler in einer letzten Aufbäumung ohnmächtigen Zorns den
«Verräter» Göring durch Dönitz ersetzte. Hitlers Recht dazu war auch
jetzt völlig unangefochten.

Ein wesentliches Mittel der Akkumulierung von Macht beim Führer
auf charismatischem Wege stellt auch der Terror gegen vermeintliche
Volksfeinde dar. Er bedarf in der Regel der Rechtfertigung durch eine
außerordentliche Notsituation, die entsprechende, das heißt außerrecht-
liche Maßnahmen des Führers erfordert, der sich dadurch als Retter in der
Not bewährt. Auch in diesem Fall entsteht eine imaginäre Immediat-
beziehung zwischen Führer und Volk: Der Führer handelt einerseits als
Oberster Richter und genuine Rechtsquelle im Namen des Volkes und des
«gesunden Volksempfindens» an allen etablierten Rechtswegen vorbei,
und er rettet andererseits durch dieses Handeln das Volk aus einer realen,
meist aber nur real scheinenden Notlage.

Eine der Grundfiguren, mit denen Notlagen während der nationalsozialistischen Ära zum Zwecke der Rechtfertigung außerrechtlicher
Gewaltmaßnahmen konstruiert wurden, war das Komplott. Schon die
sogenannte «Reichstagsbrandverordnung» vom 28. Februar 1933, die die
Grundrechte der Weimarer Verfassung «bis auf weiteres» außer Kraft
setzte, arbeitete mit der Fiktion eines kommunistischen Umsturzes.[65] Sie
wurde zur Grundlage des Terrors, der nun nach Belieben gegen «Staats-
feinde» gerichtet werden konnte, deren Couleur die Regierung bzw. die
Nationalsozialisten in und außerhalb der Regierung bestimmten. Die Fiktion der außerordentlichen Situation, die außerordentliche Maßnahmen

erfordere, ist in der Rechtfertigung für den Terrorapparat, den das NS-Regime zu diesem Zweck aufbaute, überall nachweisbar.

Das Paradebeispiel stellt der sogenannte Röhmputsch[66] dar, ein von Hitler, Göring und Himmler glaubhaft vorgetäuschtes Komplott, das dem Zweck diente, die Liquidierung der SA-Führung zu rechtfertigen. Obgleich Reichsjustizminister Gürtner den Versuch machte, das dem Recht hohnsprechende Vorgehen Hitlers und seiner Schergen mit Hilfe des Begriffs der «Staatsnotwehr» im Sinne rechtsstaatlicher Normen anschlußfähig zu machen, bekannte sich Hitler nicht nur offen zu seinen Taten, sondern auch zu deren außerordentlichem und außerlegalem Charakter, und zwar unter ausdrücklichem Bezug auf seine Rolle als Führer und «oberster Gerichtsherr».[67]

Das Selbstverständnis des Führers als Oberster Richter schritt nach der Zäsur des Sommers 1934 rasch voran. Dabei spielten die Berufung auf das sogenannte «gesunde Volksempfinden» und den «Geist» der nationalsozialistischen Weltanschauung die entscheidende Rolle bei der Veränderung des Rechtsbewußtseins. Hitler als Führer war der autoritative Interpret sowohl des Volkswillens als auch der NS-Weltanschauung. Dies kam in der Änderung des Strafgesetzbuchs vom 28. Juni 1935 zum Ausdruck, die es Richtern zur Pflicht machte, vom Buchstaben des Rechts abzuweichen und zu prüfen, ob eine Tat «nach dem Grundgedanken eines Strafgesetzes oder nach gesundem Volksempfinden Bestrafung verdient».[68] Was das in der Praxis hieß, machte der «Reichsrechtsführer» Hans Frank unmißverständlich deutlich: «Grundlage der Auslegung aller Rechtsquellen ist die nationalsozialistische Weltanschauung, wie sie insbesondere in dem Parteiprogramm und den Äußerungen unseres Führers ihren Ausdruck findet.»[69] Gelegentlich griff Hitler auch in laufende Verfahren ein und machte auf diese Weise deutlich, daß er die letzte Rechtsinstanz zu sein beanspruchte. Im Krieg – am 26. April 1942 – ließ sich Hitler dann sogar per Akklamation des Reichstages das Recht bestätigen, Richter aus ihren Ämtern zu entfernen, die «ersichtlich das Gebot der Stunde nicht erkennen».[70]

Die Aura, die Hitler als Oberster Richter des deutschen Volkes aufbaute und die mit dem Charisma der in seiner Hand vereinten Ämter zusammenfloß, ist ambivalent. Auf der einen Seite kam die Attitüde des persönlich eingreifenden Diktators, der an schwerfälligen Rechtswegen vorbei rasch zu handeln vermochte und «die Schuldigen bestrafte», populistischen Vorstellungen vom harten und schnellen Durchgreifen entgegen. Andererseits wußte jeder, daß die Gleichheit vor dem Gesetz im «Dritten Reich» aufgehoben war, Bagatellvergehen unproportional hart bestraft wurden und neben dem Rechtsweg, der unsicher genug geworden war, außernormative terroristische Vollzugsorgane und Einrichtungen wie die Konzentrationslager bestanden, die eine Willkür übten, die dem Amtscharisma Hitlers etwas despotisch Unberechenbares verlieh. Jeder, der Hitler persönlich gegenübertrat, besaß eine Disposition zur Angst, die ihm einen Schauer über den Rücken jagte, den «heilig» zu nennen, es erheblicher Verdrängungskünste bedurfte.

Charismapolitik läuft zu wesentlichen Teilen darauf hinaus, in einer unübersichtlichen, differenzierten, weithin komplexen Welt den Eindruck der Unmittelbarkeit bzw. der uneingeschränkten Handlungsfähigkeit in bestimmten Notlagen zu suggerieren. Der in modernen Staaten wohl wichtigste und populärste Grund für Unübersichtlichkeit, Mittelbarkeit und zeitraubende Differenzierung ist die Bürokratie. Keine Herrschaft kann auf Dauer ohne bürokratische Strukturen auskommen. Auch die charismatische Herrschaft benötigt, um für Befehle Gehorsam zu finden, auf Dauer, d. h. im Prozeß ihrer Veralltäglichung, einen Verwaltungsstab. Weber war klar, daß real vorfindliche Herrschaftssysteme – gemessen an seinen Idealtypen – in der Regel «Mischformen» ausbilden und daß in der Moderne zudem der Typus der legalen, bürokratischen Herrschaft vorherrscht. Die Frage, die sich bei einer Anwendung der Weberschen Kategorien auf die NSDAP bzw. auf das nationalsozialistische Herrschaftssystem stellt, lautet daher, ob deren Strukturen nennenswerte charismatische Prägungen aufwiesen.

In lockerer Anknüpfung an Weber hat Martin Broszat die These aufgestellt, die politisch-charismatische Sphäre habe die bürokratischen Abläufe im «Dritten Reich» durch ihr revolutionäres Veränderungspotential und durch den zur Permanenz gebrachten Veränderungswillen generell in Frage gestellt. Broszat macht dies am Scheitern der Reichsreformbestrebungen fest: Es gibt nicht nur eine Veränderung des geltenden Rechts, der Prozeß der Rechtsveränderung wird vielmehr durch keine Kodifizierung gestoppt: «Der Mangel solcher Fixierung erlaubte es jederzeit, die Schleusen der nur gestauten Dynamik wieder zu öffnen.»[71] Letzte und einzig verläßliche, wenn auch nicht sicher vorauszukalkulierende Rechtsquelle blieb der «Führer». Die von diesen charismatischen Strukturelementen ausgehende Veränderungsdynamik hat Hans Mommsen als «kumulative» Radikalisierung, als fortschreitende Auflösung des Staates zu fassen versucht.[72] Dieses Urteil erweist sich bei näherem Hinsehen als reine Deduktion aus den Prämissen der Herrschaftssoziologie Webers. Richtig ist, daß sich im «Dritten Reich» andere Strukturen entwickeln, als mit Webers Idealtypus der legalen bürokratischen Herrschaft analysierbar sind. Will man auf dem Boden der Weberschen Theorie bleiben, liegt es nahe, diese Strukturen einfach charismatisch zu nennen. Doch auf diese Weise unterstellt man Weber einen Strukturbegriff von charismatischer Herrschaft, den dieser nicht hat.

Will man hier weiterkommen, muß man sich von Webers Herrschaftssoziologie verabschieden und vor allem jene Blickverstellung beseitigen, die darin liegt, Bürokratie generell im Sinne Webers zu verstehen und den Begriff «Staat» auf zweckrationale Verwaltungssysteme einzuengen, was selbst Weber nicht tut. Daß sich der «Staat» im «Dritten Reich» aufgelöst habe, stellt angesichts der mörderischen Kraft, über die die Exekutivgewalt des NS-Systems bis in die letzten Apriltage des Jahres 1945 hinein verfügte, keinen analytisch sinnvollen Zugang zur Problemlage dar. Moderne Theorieansätze wie die allgemeine Systemtheorie und das Theorem der Selbstorganisation[73] führen hier weiter. Sie ermöglichen es erstens, den von Neumann[74] bereits bemerkten und von den Anhängern der Polykratie-These wie von der Forschung insgesamt sträflich vernachlässigten allgemeinen Bürokratisierungsprozeß im «Dritten Reich», der vor allem durch den staatlichen Interventionismus hervorgerufen wird, als Konsequenz des Verlustes von Selbstorganisationsfähigkeit zu analysieren und präzise dort zu lokalisieren, wo dieser Verlust als Folge der Beseitigung von Freiheits- und Bewegungsrechten vor allem eintritt, nämlich im Bereich der Informationsmedien, der Verfolgungsbehörden und der von der Aufrüstung beeinflußten Wirtschaftssektoren. Dieser Prozeß der Bürokratisierung, der Substitution von Selbstorganisation durch Lenkungsbehörden, wird durch kettenartig aufeinanderfolgende und miteinander verhakte Interventionen vorangetrieben, die Systeme nach dem Prinzip des exponentiellen Wachstums bürokratisieren, sofern sie durch Beseitigung ihrer freien Beweglichkeit aus ihrem selbstregulativen Gleichgewicht gebracht werden.[75]

Die allgemeine Systemtheorie ermöglicht es zweitens, die von der Forschung zu Recht festgestellte mangelnde Durchorganisation des NS-Herrschaftssystems, das weder ein Zentralverwaltungsstaat war noch eine Zentralverwaltungswirtschaft besaß, mithin nur teiltotalisiert war, aus der Perspektive der Effizienz als Vor- und nicht als Nachteil zu beurteilen. Durchorganisierte totalitäre Systeme, das zeigt spätestens das Beispiel der Ostblockstaaten, sind komplexen Umweltbedingungen und diversifizierten Binnenanforderungen nicht gewachsen. Historiker (wie die Verfechter der Polykratie-These), die das nationalsozialistische Herrschaftssystem wegen seiner mangelnden Durchbürokratisierung für ineffizient halten, irren. Das NS-System konnte sich ein hohes Maß an Effizienz bewahren, weil es nicht perfekt durchorganisiert war; es schneidet im Vergleich zu den Westmächten unter Effizienzgesichtspunkten schlechter ab, weil es infolge der Teiltotalisierung über weniger Selbstorganisationskräfte verfügte.

Die allgemeine Systemtheorie ermöglicht es drittens, die Dynamik des nationalsozialistischen Herrschaftssystems genauer als bisher zu beschreiben. Sie resultierte einerseits aus der exponentiellen, durch die Komplexität der Verhältnisse vorangetriebenen Ausweitung des Interventionismus und den sich daraus ergebenden Spannungen; denn exponentielles Wachstum stößt schnell an die Ressourcengrenze, vor allem dann, wenn es um die knappe Ressource Mensch geht. Typisch für das System sind daher Situationen der Ressourcenaufzehrung, aus denen sich das Regime durch Feuerwehraktionen aller Art zu befreien suchte. Aus ihnen resultierte andererseits erneut Dynamik, weil sie entweder nur durch Ressourcenumschichtung oder durch partielle Rückkehr zur Selbstorganisation oder durch beides erfolgreich sein konnten. Die «Sonderbehörden» und das Prinzip der Führerunmittelbarkeit spielen in diesem Zusammenhang ebenso eine vorantreibende Rolle wie die mangelnde Kompetenzenabgrenzung und der Machtdarwinismus. Dies sind primitive Formen der Selbstorganisation in einem System, das die freien Spielräume und die Märkte eingeengt hatte.

Dynamik resultierte also auch aus Korrekturen, zu denen es kam, weil die Regierung bzw. die jeweilige Führung durch ebenso leichtsinnige wie willkürliche, in ihren Folgen nicht absehbare Interventionen in komplexe Systeme mit Knappheitswirkungen konfrontiert wurde, die aus Legitimationsgründen überwunden werden mußten. Das Problem der Intervention in komplexe Systeme und der Zerstörung von Selbstorganisationskapazitäten durch die Beseitigung von Freiheitsrechten und freien Spielräumen war in den 30er Jahren relativ unbekannt und daher für die Nationalsozialisten nicht so leicht zu verstehen. Zu Hilfe kam ihnen paradoxerweise ihre Abneigung gegen die Bürokratie. Sie ermunterte sie dazu, die Ursache der Schwierigkeiten in den Bürokratien zu sehen, was zwar nur die Symptome diagnostizierte, dies aber zumindest richtig. Das Aushilfsmittel, an den Bürokratien vorbeigehende, alle Instanzen überspringende führerunmittelbare Sonderbehörden zu schaffen, funktionierte daher in der Regel zumindest kurzfristig und in manchen Fällen – wie der Speerschen Rüstungsorganisation – auch mittelfristig, wenn es nämlich gelang, auf diesem Wege Selbstorganisationskräfte zu restituieren.

Das aus allen diesen Prozessen resultierende organisatorische Chaos, das in der Forschung im großen und ganzen phänomenologisch richtig beschrieben ist, darf daher nicht als Auflösung des Staates oder der Bürokratie als Verwaltungsprinzip begriffen werden. Vielmehr ist es eine Folge des verzweifelten Versuchs eines interventionistischen Diktaturstaates, die Lähmungsfolgen seines Interventionismus zu überwinden. Das Charismakonzept kann an dieser Stelle durchaus fruchtbar in die Theorie eingefügt werden, und zwar als bürokratiefeindlicher voluntaristischer Handlungsimpuls des Führerprinzips. Es erleichterte die Symptombekämpfung von Dysfunktionen im System, die durch leichtsinnige Interventionen hervorgerufen worden waren, und ermöglichte es, eine verfahrene Situation als Herausforderung zu begreifen, in der sich das Charisma bewähren müsse.

Hitler bewies unter solchen Konstellationen nicht nur besondere intuitive Führungsqualitäten; seine Bürokratieskepsis kam den selbstgeschaffenen Situationen in besonderer Weise entgegen und besaß vor dem Hintergrund moderner Theorien mehr Wirklichkeitssinn, als die an Webers

Bürokratiebegriff geschulten Historiker ihn bei der Analyse des nationalsozialistischen Herrschaftssystems bewiesen haben: «Zu bedenken» sei,
so führt Hitler 1932 in einer Denkschrift zu Organisationsfragen aus, «daß
jeder zu umfangreiche Organisationsapparat... einen großen Teil der
Aktivität... im Getriebe des eigenen Räderwerks» verbraucht. Deshalb
sei «derjenige Organisationsapparat der beste, der auf kürzestem Wege
dank weniger Zwischenschaltungen die Erkenntnisse und den Willen
einer Führung der Masse vermittelt».[76] Ordnet man diese Maxime seinem
späteren Handeln als Führer und Reichskanzler zu, so kann man sagen,
daß Charismapolitik schließlich mit einigem Erfolg zur Bekämpfung der
Folgewirkungen ins Spiel gebracht wurde, die der totalitäre Interventionismus hervorrief. Charismapolitik rief die chaotische Veränderungsdynamik nicht hervor, sondern diente ihrer Eindämmung.

Dietmar Rothermund

Mahatma Gandhi –
Charisma als Erfahrung und Eigenschaft

Charisma ist eine Eigenschaft, die sich nur in der Erfahrung bewährt. Schönheit kann man sehen, Charisma läßt sich nur durch seine Wirkungen erfahren: die Durchsetzung des Willens, die Treue der Gefolgschaft, die Mobilisierung von Massen. Doch gibt es noch eine weitere Beziehung von Charisma und Erfahrung. In den seltensten Fällen ist der Mensch, dem man Charisma zuschreibt, von vornherein durch diese Eigenschaft ausgezeichnet. Oft prägt sie sich erst durch Erfahrungen aus, die der Betreffende mit seinen Mitmenschen macht. Er wächst mit diesen Erfahrungen. Man könnte geradezu von Charisma als Ergebnis eines Rückkopplungsprozesses sprechen.

Das Leben des Mohandas Karamchand Gandhi, den man in Indien schließlich *Mahatma* (die große Seele) nannte, ist ein hervorragendes Beispiel für eine solche Heranbildung von Charisma durch Erfahrung. Gandhi wurde am 2. Oktober 1869 in dem kleinen Fürstenstaat Porbandar in Gujarat geboren. Sein Vater war Minister dieses Fürstenstaats und wurde später Richter an einem Schiedsgerichtshof, der für alle Fürstenstaaten Gujarats zuständig war. Er bewährte sich dort als weiser Vermittler, eine Tugend, die Gandhi an ihm bewunderte und die ihm zum Vorbild wurde. Seine Mutter war fromm, sie hielt sich strikt an Fastengelübde. Von ihr lernte er die selbstverpflichtende Kraft von Gelübden, die er später einmal mit dem Lot verglich, mit dem der Baumeister den rechten Winkel mißt. Mit 18 Jahren wurde er von der Familie zum Jurastudium nach London entsandt. Man hoffte, er werde später einmal einen Posten von der Art bekommen, wie ihn sein Vater innegehabt hatte. Der Vater hatte zwar seinerzeit nicht studiert, aber man wußte, daß in Zukunft solche Qualifikationen erforderlich sein würden.

Gandhi war ein schüchterner junger Mann, der als Student in London zunächst alles tat, um sich seiner neuen Umgebung anzupassen und so «korrekt» wie möglich zu erscheinen. Nach seiner Rückkehr in die Heimat im Jahre 1891 war er als Rechtsanwalt alles andere als erfolgreich. Im Gerichtshof wagte er kaum, den Mund aufzumachen, und mußte sich schließlich seinen Lebensunterhalt durch das Aufsetzen von Petitionen verdienen. Er hatte einen scharfen analytischen Verstand und war gewandt im schriftlichen Ausdruck, aber nicht im mündlichen Vortrag. Wäre er auf dieser Stufe stehengeblieben, dann wäre er wohl bis ans Ende seiner Tage ein bescheidener Schreiber geblieben, den niemand bemerkt hätte.

Sein Schicksal nahm einen anderen Lauf, als ihn 1893 ein muslimischer Händler aus seiner Heimat Gujarat nach Südafrika entsandte, damit er dort einem Geschäftspartner in einem Rechtsstreit beistehen sollte. Während man Rechtsanwälten oft vorwirft, daß sie an den Rechtshändeln ihrer Mandanten Geld verdienen, indem sie sie ausdehnen, ging Gandhi ganz anders vor. Er überzeugte den Gegner seines Mandanten davon, wie teuer und langwierig ein Prozeß sein würde, und brachte ihn dazu, einem Vergleich zuzustimmen, mit dem beide Parteien zufrieden waren. Damit war eigentlich sein Auftrag in Südafrika erfüllt. Er bereitete sich auf die Heimreise vor. Der dankbare Mandant gab einen Abschiedsempfang für Gandhi. Bei dieser Gelegenheit erfuhr Gandhi eher zufällig davon, daß die Regierung der südafrikanischen Provinz Natal, in der sein Mandant lebte, den indischen Einwanderern das Wahlrecht aberkennen wollte. Die indischen Kaufleute nahmen diesen Schicksalsschlag hin. Solange sie weiterhin Geld verdienen konnten, war ihnen das Wahlrecht nicht wichtig genug, um gegen diese Maßnahme zu protestieren. Gandhi aber sah das anders. Sein Rechtsempfinden war getroffen, und er überzeugte die Kaufleute davon, daß sie dagegen angehen und sich politisch organisieren müßten. Der erste Funke seines Charismas sprang auf eine Gefolgschaft über, die sich noch gar nicht als solche empfand. Auch er selbst fühlte zu diesem Zeitpunkt wohl noch nicht, daß er Charisma besaß.

Das Gesetz, mit dem den Indern das Wahlrecht aberkannt werden sollte, war schon in der zweiten Lesung, und man hatte dabei sogar erwähnt, daß keinerlei Protest von indischer Seite eingegangen sei und dies als Zeichen dafür gewertet, daß die Inder das Wahlrecht gar nicht verdienten, wenn sie sich nicht dafür einsetzten. Gandhi organisierte eine Protestkundgebung und erreichte, daß in zwei Wochen 10 000 Unterschriften gegen das Gesetz geleistet wurden. Das Gesetz wurde dennoch verabschiedet, aber nun regte sich der politische Wille der indischen Einwanderer. Bald darauf gründete Gandhi 1894 mit ihnen den Natal Indian Congress, dessen ehrenamtlicher Generalsekretär er wurde. An eine Heimreise war nun nicht mehr zu denken. Gandhi eröffnete eine Anwaltspraxis und blieb – abgesehen von einigen wenigen Urlaubsreisen nach Indien – neunzehn Jahre in Südafrika, die ihn entscheidend prägen sollten.

Widerstand und Gefolgschaft

Gandhi gab seiner 1927–1929 in zwei Bänden publizierten Autobiographie den Titel *Meine Experimente mit der Wahrheit*, denn für ihn war die Wahrheit nicht etwas, was man gepachtet hat, sondern was man durch den ständigen Einsatz für sie in Erfahrung bringen muß. Dieser Einsatz aber muß gewaltfrei sein, denn wenn man andere Menschen mit Gewalt dazu zwingt, das für wahr zu halten, was man selbst dafür hält, kann man sie nicht überzeugen, sondern allenfalls unterdrücken. Da Gandhi über keine Machtmittel verfügte, konnte er nur durch Überzeugung wirken und hoffen, daß die, die ihm aus freien Stücken folgten, dann aus eigenem Antrieb das verwirklichten, was er ihnen vorlebte oder empfahl.

Sein Charisma erwuchs aus der Erfahrung ungerechter Gesetze und dem Widerstand gegen sie. Auf den ersten Blick sind charismatischer Widerstand und charismatische Herrschaft unvereinbare Gegensätze, denn Widerstand bedeutet Ungehorsam, Herrschaft aber erfordert Gehorsam. Die Gemeinsamkeit von Widerstand und Herrschaft ist jedoch darin begründet, daß beide auf Gefolgschaft beruhen. Die Frage nach der Bildung von Gefolgschaft war es auch, die Max Weber dazu veranlaßte, die Entstehung von Herrschaft auf Charisma zurückzuführen und nicht den üblichen Vertragstheorien zu folgen, die behaupten, die Menschen hätten sich, um den Kampf aller gegen alle zu vermeiden, verabredet, einem Herrscher zu folgen. Eine Theorie dieser Art war schon im indischen Altertum bekannt. Es gab die «Regel von den Fischen» (*matsyanyaya*), die sich verschlingen. Damit es den Menschen nicht auch so ergehe, hieß es, wählten sie einen König. Kautilya, den man auch den indischen Machiavelli nennt, referierte um 300 v. Chr. diese Theorie in seinem Staatslehrbuch *Arthashastra*, ohne sich mit ihr zu identifizieren. Er legt sie einem Geheimagenten in den Mund, der sie bei einem vorgetäuschten Streitgespräch mit einem anderen, der den regierenden König kritisiert, dem Volk verkündet, damit es loyal und gehorsam bleibt. Kautilya fügt listig hinzu, es sei nützlich, wenn die Menschen an diese Theorie glauben. Er verrät freilich nicht, wie er die Entstehung von Herrschaft begründet, er nimmt sie einfach als gegeben hin.

Wie aber bildet sich Gefolgschaft, wie erwirbt ein charismatischer Führer Anerkennung? Bei Weber, dem es nur um die charismatische Herrschaft geht, ist es die Suggestion der Gefolgschaftspflicht, die dabei eine entscheidende Rolle spielt. Der charismatische Führer duldet keinen Widerspruch, weil er von seinem Herrschaftswillen durchdrungen ist; darauf beruht sein Charisma. Im Widerstand sind die Bedingungen anders. Gewiß läßt sich ethisch eine Widerstandspflicht postulieren, wie es der amerikanische Schriftsteller Henry Thoreau getan hatte, der meinte, daß in einem ungerechten Staat jeder gerechte Mensch im Gefängnis sitzen müsse. Er hatte selbst wegen Steuerverweigerung einen Tag im Gefängnis verbringen müssen, weil er die Billigung der Sklaverei durch den Staat nicht mittragen wollte. Doch gefolgschaftsbildend ist das noch nicht. Gandhi, der Thoreaus Essay von 1849 über den «bürgerlichen Ungehorsam» im Jahre 1907 las und seine Ideen begeistert aufnahm, war zu diesem Zeitpunkt bereits kein Einzelkämpfer mehr, wie Thoreau es gewesen war, sondern hatte schon eine aufsehenerregende Protestkampagne geführt, für die er eine große Gefolgschaft gefunden hatte. Wie war es dazu gekommen?

Die südafrikanische Provinz Transvaal, die eine Masseneinwanderung von Indern verhindern wollte, hatte bereits 1906 ein Gesetz vorgelegt, das die zwangsweise Registrierung aller Inder vorsah. Da niemand sonst zu einer solchen Registrierung gezwungen war, war dies ein Fall von Rassendiskriminierung. Gandhi hielt dagegen eine Protestversammlung im Empire Theatre von Johannesburg ab. Einer der Anwesenden, ein Muslim, meldete sich zu Wort und sagte, er schwöre bei Gott, daß er sich diesem Gesetz nicht fügen werde. Gandhi nahm dies sofort auf und bat alle Anwesenden, wenn sie auch dieser Meinung seien, ebenfalls einen solchen Schwur zu leisten. So entstand spontan eine «Eidgenossenschaft». Der Schritt zum offenen Widerstand war getan. Aber noch war das Gesetz nicht in Kraft, es brauchte die Zustimmung des britischen Königs – und der verweigerte sie, nachdem Gandhi in London im Auftrag der indischen Minderheit gegen das Gesetz plädiert hatte. Das königliche Veto hatte aber nur aufschiebende Wirkung, denn Transvaal erhielt ein Jahr später einen höheren Grad staatlicher Autonomie. Dieser gab es sofort Ausdruck, indem es 1907 endgültig das Registrationsgesetz verabschiedete. Gandhi rief zum Boykott der Registration auf. Seine Gefolgsleute stellten sich vor die Registrationsbüros und hielten ihre Landsleute davon ab, hineinzugehen. Sie taten dies gewaltfrei und ließen sich auch von der Polizei abführen, wenn diese eingriff. Andere nahmen ihre Stelle ein. Die Aktion war sehr erfolgreich, nur wenige Inder ließen sich registrieren, obwohl die Regierung die Frist verlängerte. Gandhi wurde wegen Anstiftung des Boykotts angeklagt. Er forderte das Gericht auf, ihm dafür die höchstmögliche Strafe zuzuerkennen. Er wurde zu einer zweimonatigen Gefängnisstrafe verurteilt – der ersten in seiner langen Karriere als Widerstandskämpfer.

Im Gefängnis erreichte ihn ein Kompromißangebot des Generals Smuts, der in der Regierung von Transvaal für diese Angelegenheit zuständig war. Die Inder, so schlug Smuts vor, sollten sich freiwillig registrieren lassen, dann werde er dafür sorgen, daß das Zwangsgesetz abgeschafft würde. Gandhi, der es sich zum Prinzip machte, den Gegner beim Wort zu nehmen, akzeptierte dieses Angebot und rief nun die Inder zur freiwilligen Registrierung auf. Einer seiner Gefolgsleute hielt das für Verrat und schlug ihn nieder. Er fiel mit den Worten «He Ram» (O Gott) zu Boden – mit denselben Worten auf den Lippen starb er 41 Jahre später, als ihn die Kugel seines Mörders traf. Ein barmherziger Pfarrer nahm Gandhi auf und pflegte ihn gesund. Noch auf dem Krankenbett unterschrieb er dann selbst das Registrationsformular. In dieser Zeit der Verfolgung durch einige seiner eigenen Gefolgsleute fand Gandhi Trost in der Verteidigungsrede des Sokrates, die er ins Gujarati übersetzte und in mehreren Folgen in seiner Zeitung *Indian Opinion* veröffentlichte. Er bezeichnete Sokrates dabei als *Satyagrahi*, als gewaltfreien Widerstandskämpfer. Das Wort *satyagraha* (Festhalten an der Wahrheit), das es in dieser Form bisher in keiner indischen Sprache gab, hatte er als Ersatz für die Bezeichnung «passiver Widerstand» gewählt, denn sein Widerstand war ja alles andere als passiv – wenn auch gewaltfrei.

Nachdem fast alle Inder seinem Aufruf gefolgt waren und sich freiwillig hatten registrieren lassen, erwartete er nun von General Smuts die versprochene Aufhebung des Gesetzes. Aber Smuts brach sein Wort. Nun klagten die Inder die Rückgabe ihrer Registrationsdokumente ein. Doch das zuständige Gericht entschied, daß die Regierung dazu nicht verpflichtet sei. Darauf organisierte Gandhi in Johannesburg eine Massenversammlung, auf der Tausende von Indern ihre Registrierungsscheine verbrannten. Der Gefolgsmann, der Gandhi niedergeschlagen hatte, begrüßte ihn nun begeistert.

Doch die Verbrennung verfehlte ihre Wirkung, solange die Regierung jene, die ihre Registrierungsscheine verbrannt hatten, nicht verhaftete, ihrerseits aber die bei ihr hinterlegten Registrationsdokumente behielt. Die Konfrontation mit dem wortbrüchigen Smuts mußte andere Formen annehmen, um wirksam zu werden. Nun hatte die Regierung von Transvaal ein Einwanderungsgesetz erlassen, das Indern den Zuzug verbot. Gandhi organisierte eine demonstrative Masseneinwanderung und wurde dafür ins Gefängnis geworfen; diesmal mußte er gemeinsam mit Schwerverbrechern Zwangsarbeit leisten.

Bei seiner Gefolgschaft stieg Gandhis Ansehen indessen immer mehr. Einige seiner treuesten Gefolgsleute waren indische Muslims, von denen etliche bereits zu den frühen «Eidgenossen» des Empire Theatre zählten. Diese Tatsache ist in einem Zusammenhang bemerkenswert, der im folgenden Abschnitt näher erläutert werden soll.

Rawls und Gandhi:
«konvergierendes Einvernehmen» und «dogmatische Überzeugungen»

John Rawls hat mit seiner «Theory of Justice» (1971) der politischen Ethik wieder Raum in der modernen Philosophie gegeben, aus der sie lange verdrängt worden war, weil die analytische Philosophie keinen Zugang zu ihr fand. Er verschaffte sich diesen Zugang, indem er der «Ethik von oben», die aus Normen besteht, die in metaphysischen Grundannahmen wurzeln, sozusagen eine «Ethik von unten» entgegensetzte, die aus dem konvergierenden Einvernehmen («overlapping consensus») der Menschen verschiedenster Herkunft und religiöser Überzeugung hervorgeht, wenn sie sich darum bemühen, ihr Zusammenleben zu ordnen. Dieser Konsens wird immer dann gestört, wenn man sich auf dogmatische Überzeugungen («comprehensive doctrines»), religiöse und metaphysische Lehrmeinungen, beruft und damit im Besitz der Wahrheit zu sein glaubt, die man auch anderen als verbindlich verordnen möchte. Das Einvernehmen von Menschen, die verschiedenen Glaubens sind, kann nur dann entstehen und erhalten bleiben, wenn man sich auf Gemeinsamkeiten besinnt, die nicht von dem jeweiligen Glauben besetzt sind, aber auch nicht im Widerspruch zu ihm stehen.

Es ist nicht verwunderlich, daß Rawls sich sehr ausführlich mit dem Widerstandsrecht beschäftigt. Es spielt in seiner «Theory of Justice» eine zentrale Rolle. Um so verwunderlicher ist es freilich, daß er Gandhi mit keinem Wort erwähnt, obwohl er ihn gut als Kronzeugen hätte zitieren können. Der Grund für sein geradezu auffälliges Desinteresse an Gandhi dürfte wohl darin liegen, daß Rawls Gandhi für einen religiösen Führer, also einen Verkünder von Lehrmeinungen und damit für einen Zerstörer des allgemeinen Einvernehmens, hält. Sicher hätte er Gandhi als einen charismatischen Führer anerkannt, sein Charisma aber als religiös begründet angesehen. Nun hätte man zumindest einen solchen Hinweis von Rawls erwarten können. Sein Schweigen legt jedoch den Verdacht nahe, daß er nicht recht weiß, wie er Gandhi einordnen soll, und daher lieber gar nichts über ihn sagt. Nun hat es Gandhi freilich denen, die sein Wirken in irgendwelche Kategorien einordnen wollen, nicht leichtgemacht, denn er hat sich oft als tiefreligiöser Mensch gezeigt, und Begriffe wie *satyagraha* können leicht mißverstanden werden. Doch hat Gandhi niemals versucht, seine Gefolgschaft auf Doktrinen festzulegen. Er hat es dagegen verstanden, mit Menschen verschiedenster Herkunft und Religionszugehörigkeit einen Konsens herzustellen. Gerade seine Kampagnen in Südafrika sind ein deutlicher Beweis dafür.

Gandhis Zugang zu einem solchen Konsens war das Vertrauen in die Integrität des einzelnen Menschen. Deterministische Theorien aller Art lehnte er ab. Er war kein Anarchist, aber der Staat als Anstalt oder die Verfassung als Norm bedeuteten ihm wenig. Auch die Macht der Geschichte gab es in seinem Denken nicht. Die Selbstbeherrschung des einzelnen Bürgers und die Freiheit der Nation waren für ihn untrennbar verbunden. Deshalb nahm er auch den Kontakt mit den Menschen in ihrer jeweils individuellen Situation sehr wichtig, und das wiederum ergab später oft eine zunächst von ihm gar nicht beabsichtigte «Massenwirkung». Sein Verhältnis zu den tamilischen «Gastarbeitern» in Südafrika war ein typisches Beispiel dafür.

Die Tamilen: Eine unerwartete Gefolgschaft

Die Tamilen waren von britischen Zuckerrohrpflanzern als «Gastarbeiter», genauer gesagt als Kontraktarbeiter, «indentured servants», nach Natal importiert worden. Der Pflanzer zahlte die Schiffspassage, und der «indentured servant» war dann verpflichtet, für eine Reihe von Jahren für ihn zu arbeiten. Der Lohn war gering und die Behandlung meist nicht besser als die eines Sklaven. Während seiner Vertragszeit war der Arbeiter dem Pflanzer auf Gedeih und Verderb ausgeliefert. Ein solcher Arbeiter erschien eines Tages in Gandhis Anwaltpraxis und bat ihn um Hilfe. Er hatte seinen Turban abgenommen und hielt ihn in der Hand – eine Geste der Unterwürfigkeit, denn man verlor seine Ehre, wenn man den Turban nicht auf dem Kopf behielt. Gandhi bat ihn sofort, den Turban aufzusetzen, und hörte sich seine Bitte geduldig an. Ein normaler Anwalt hätte den Bittsteller wohl abgewiesen, denn ein Honorar war von dem armen Mann nicht zu erwarten. Gandhi aber übernahm den Fall. Der Mann war von seinem Arbeitgeber brutal geschlagen worden. Gandhi sah, daß es wenig nützte, den Arbeitgeber zu bestrafen und den Arbeiter bei ihm zu belassen. Statt dessen erwirkte er eine Verfügung des Gerichts, daß der Arbeiter einem anderen Pflanzer unterstellt wurde, der seine Leute besser behandelte. Diese Geschichte erreichte bald auch das ferne Tamil Nadu, das Land der Tamilen im Südosten Indiens; Gandhi hatte von nun an bei den Tamilen einen Stein im Brett.

Bisher trennten Welten die Gujarati-Händler in Südafrika, zu denen ja auch Gandhi landsmannschaftlich gehörte, und die Tamil-Arbeiter auf den Plantagen. Die soziale Distanz war groß, auch sprach man nicht die gleiche Sprache und konnte sich buchstäblich nicht verstehen. Gandhi baute nun eine Brücke zwischen diesen beiden durch so vieles voneinander getrennten Gruppen der indischen Minderheit. Er begann, Tamil zu lernen, um mit seiner neuen Gefolgschaft – denn dazu wurden diese Arbeiter nun – sprechen zu können. Die Tamilen beteiligten sich dann an der demonstrativen Masseneinwanderung nach Transvaal, und viele von ihnen kamen dort ins Gefängnis. Gandhi kümmerte sich um die Frauen und Kinder der Gefangenen. Hermann Kallenbach, ein deutscher Jude, hatte Gandhi eine Farm vor den Toren von Johannesburg zur Verfügung gestellt. Gandhi hatte sie Tolstoi-Farm genannt, weil er Leo Tolstoi verehrte, mit dem er zu jener Zeit korrespondierte. Auf dieser Farm gab Gandhi den Tamil-Kindern Schulunterricht in ihrer eigenen Sprache. Er gestand, daß er in seinen Kenntnissen den Kindern nur wenig voraus war. Die Tamilmütter waren gerührt und dankten es ihm. Ihr Einsatz sollte sich bald als ausschlaggebend für eine von Gandhis Kampagnen erweisen, doch von der wußte er noch nichts, als er sich um die Kinder bemühte.

Die Inder in Südafrika litten bereits unter allen möglichen diskriminierenden Maßnahmen, da fügte 1913 ein Gericht mit einem ungeschickten Urteil ihnen weiteren Schaden zu. Nach diesem Urteil galten nur noch christliche Ehen als rechtsgültig, und damit wurden alle nach Hindu- oder Muslimrecht geschlossenen Ehen der Inder praktisch ungültig. Das erregte ganz besonders den Zorn der Frauen, deren Kinder nun alle illegitim wurden. Die Tamilfrauen der Tolstoi-Farm wollten auch dagegen protestieren, doch das Schandurteil war kein Gesetz, das man übertreten konnte. Nun gab es in Südafrika Bergwerke, in denen Tamilen arbeiteten. Gandhi gab den Frauen den Rat, diese Arbeiter zum Streik aufzurufen. Sie hatten damit einen großen Erfolg. Die Streikenden verloren aber nicht nur ihren Arbeitsplatz, sondern auch ihre Unterkunft auf dem Werksgelände und wurden obdachlos. Sie wanderten nach Transvaal aus. Zunächst geschah nichts, doch dann wurden sie verhaftet und als Gefangene in die Bergwerke zurückgebracht. Die Behörden erklärten die Bergwerke zum Gefängnis, in denen die Tamilen Zwangsarbeit leisten mußten. Sie lehnten sich dagegen auf, auch die Plantagenarbeiter streikten nun. Einige von ihnen wurden erschossen. Diese Nachricht erreichte den britischen Vizekönig in Indien, der sich darauf für seine tamilischen Untertanen einsetzte. Gandhi saß derweil in einem fernen Gefängnis und konnte nichts für die Tamilen tun. General Smuts aber erkannte endlich, daß er auf diese Weise nicht weiterkam, und lenkte ein. Die indischen Ehen wurden gesetzlich anerkannt. Die Kopfsteuer, die die Tamilen belastete, wurde abgeschafft. Die Einwanderung von Indern wurde gestattet, wenn sie Qualifikationen hatten, die die Regierung als hinreichend anerkannte. Gandhi hatte einige Ziele erreicht und konnte nun Südafrika verlassen.

Der Neubeginn in Indien

Gandhis Charisma in Südafrika war das eines Minderheitenführers. Er war dort unter dem Druck der Rassendiskriminierung gewachsen und für seinen Einsatz auch in Indien bekannt geworden. Doch dort gab es viele politische Führer, die weit berühmter waren als er. Zudem stand Indien zur Zeit seiner Rückkehr im Jahre 1915 wegen des Weltkrieges unter Kriegsrecht. Jeder politische Einsatz war aussichtslos. Schließlich unternahm Gandhi Initiativen zur Lösung einiger lokaler Probleme, die nicht als nationale Widerstandskampagnen angesehen werden konnten. Gerade bei diesen lokalen Kampagnen rekrutierte er jedoch neue Mitarbeiter, die ihm dann jahrzehntelang treue Dienste leisten sollten. Darunter waren auch Vallabhbhai Patel, der spätere Innenminister, und Rajendra Prasad, der später der erste Staatspräsident Indiens werden sollte.

In Champaran in der Provinz Bihar verhalf er den Bauern zu ihrem Recht, die von britischen Indigopflanzern ausgebeutet wurden. In Kheda in Gujarat führte er eine Steuerverweigerungskampagne an, weil dort die Grundsteuer zu hoch veranlagt worden war. In der Textilindustriestadt Ahmedabad organisierte er 1918 einen Streik und brachte ihn mit der Anerkennung eines Schiedsspruchs zu einem Abschluß, der den Arbeitern eine Lohnerhöhung sicherte. Sie waren durch die Teuerung im Rahmen der Kriegsinflation stark betroffen worden. Durch die lokalen Kampagnen vertiefte er seine Erfahrung in Indien. Er mußte dabei freilich auch zur Kenntnis nehmen, daß seine Führung nur dann akzeptiert wurde, wenn er Probleme aufgriff, die für die Gefolgschaft von unmittelbarer Bedeutung waren.

Was geschieht, wenn man Menschen zu etwas bewegen will, was sie nicht für nötig halten oder gar ablehnen, erfuhr er 1918 im Bezirk Kheda in Gujarat, wo er noch kurz zuvor begeistert aufgenommen worden war, als er die Steuerverweigerungskampagne angeführt hatte. Die Briten warben in diesem letzten Kriegsjahr intensiv Freiwillige für die britisch-indische Armee an, die für das Weltreich an vielen Fronten kämpfte. Gandhi betrachtete sich zu jener Zeit noch als loyaler Bürger dieses Weltreichs. In Südafrika hatte er hohe britische Auszeichnungen für seinen Einsatz als Leiter einer indischen Sanitätereinheit im Burenkrieg (1899–1902) und beim Zuluaufstand (1906) erhalten. Er selbst lehnte den Krieg und den Kampf mit der Waffe ab, aber er verurteilte diejenigen nicht, die im Krieg ihre Pflicht taten. Nun gab es in Indien keine Wehrpflicht, die britisch-indische Armee bestand aus Freiwilligen – und um diese warb Gandhi nun in den Dörfern Gujarats. Doch er traf überall auf verschlossene Türen, gerade dort, wo er mit freundlicher Aufnahme gerechnet hatte. Er zog daraus den Schluß, daß eine Gefolgschaft nicht als gegeben betrachtet werden kann; sie bleibt es nur dann, wenn das, was der Führer von ihr verlangt, auch ihren Wünschen entspricht.

Nach dem Krieg wurde Gandhi von den Briten zutiefst enttäuscht und verwandelte sich von einem Loyalisten in einen Rebellen – eine Entwicklung, die er später bei seiner Verurteilung in einer Rede vor Gericht sehr eindrucksvoll darstellte. Da die Inder die britischen Kriegsanstrengungen mit Geld und Soldaten unterstützt hatten, erwartete Gandhi von den Briten Zugeständnisse nach Kriegsende. Statt dessen versuchten sie, das Kriegsrecht durch eine neue Gesetzgebung, die (nach dem Richter, der sie entworfen hatte) sogenannten Rowlatt-Gesetze, auf die Friedenszeit auszudehnen. Wie seinerzeit bei der Aberkennung des Wahlrechts für Inder in Südafrika wurde Gandhis Rechtsempfinden durch diese Maßnahme empfindlich getroffen. Er plante, eine _Satyagraha_-Kampagne dagegen zu organisieren. Doch die Rowlatt-Gesetze waren Ermächtigungsgesetze, von denen dann gar kein Gebrauch gemacht wurde. Sie ließen sich also auch nicht gezielt übertreten. Deshalb fehlte der _Satyagraha_-Kampagne der Gegenstand. Gandhi besann sich auf die alte indische Sitte des _hartal_ (Generalstreik), mit dem schon in früheren Zeiten gegen eine ungerechte Obrigkeit protestiert worden war. Alle Händler schlossen ihre Läden und brachten damit das Geschäftsleben zum Stillstand. Einen solchen _hartal_ verkündete Gandhi im April 1919 für ganz Indien und hatte damit großen Erfolg.

Es blieben aber nicht nur die Läden geschlossen, sondern vielerorts zogen Protestprozessionen durch die Straßen, und es kam zu Zusammenstößen mit der Polizei. Es wurde auf Demonstranten geschossen, es gab Tote. Ein besonders grausames Massaker veranstaltete der britische General Dyer in Amritsar in der Provinz Panjab. In dieser Provinz, in der auch die große Mehrzahl der nach dem Krieg demobilisierten indischen Soldaten lebte, hatte die inflationsbedingte Teuerung bereits Unruhen ausgelöst. Jetzt kam der Protest gegen die Rowlatt-Gesetze dazu. Dyer wollte durch einen harten Schlag ein Signal setzen, um die Disziplin wiederherzustellen. Er ließ am 13. April 1919 auf einem mit Mauern umgebenen Platz in Amritsar, dem Jallianwala Bagh, das Feuer auf eine dort versammelte, unbewaffnete Menge eröffnen, bis Hunderte von Toten auf dem Boden lagen. Es gab kein Entkommen. Manche hatten sich in ihrer Verzweiflung in den Brunnen in der Mitte des Platzes gestürzt.

Gandhi war von den Konsequenzen, die der von ihm verkündete *hartal* hatte, zutiefst betroffen und erklärte seine Kampagne für einen Fehler von der Größe des Himalaya. Im Sinne seiner Ethik war es in der Tat ein Fehler, aber das Massaker von Jallianwala Bagh bedeutete zugleich den Beginn der Karriere Gandhis als charismatischer nationaler Führer des Freiheitskampfes. Das Massaker wurde auf ganz andere Weise zum Signal, als Dyer gedacht hatte. Es zeigte den Indern, daß die Briten die Nerven verloren hatten und ihre Herrschaft nur noch mit brutaler Gewalt zu verteidigen gedachten. Bisher hatten sie erfolgreich die Illusion eines Rechtsstaats aufrechterhalten können. Diese Illusion war im Kugelhagel von Jallianwala Bagh auf der Strecke geblieben. Mit Gewalt aber ließ sich das riesige Indien nicht beherrschen. Die Kolonialherren hatten nur eine Chance, wenn sie den Schein des Rechtsstaats wahrten. Und diesen scheinbaren Rechtsstaat forderte Gandhi in seinen künftigen Kampagnen heraus.

Zunächst fiel ihm die Aufgabe zu, für seine Partei, den Indischen Nationalkongreß, einen Untersuchungsbericht über das Massaker zu verfassen. Es war bald klar, daß dort nicht alles mit rechten Dingen zugegangen war. Der Mann, in dessen Namen die Versammlung im Jallianwala Bagh einberufen worden war, wußte gar nichts davon. Die Versammlung war öffentlich mit Trommelschlag in der ganzen Stadt angekündigt worden, und die Behörden hatten nichts dagegen unternommen. Man hatte wohl möglichst viele Aufmüpfige in eine Falle locken wollen, um dann ein Exempel zu statuieren. Gandhis Kollegen im Untersuchungsausschuß wollten diesen Vorwurf erheben und die Verantwortlichen anprangern. Aber Gandhi bestand darauf, daß nur erwiesene Tatsachen berichtet wurden und nichts unterstellt wurde, was sich nicht beweisen ließ. Die Tatsachen sprachen für sich, der Leser konnte sich selbst ein Urteil bilden. Gandhis sachlicher Bericht verfehlte denn auch seine Wirkung nicht, zumal er im Frühjahr 1920 kurz vor dem offiziellen britischen Bericht erschien, der sich durch Schönfärberei auszeichnete und sich vor der Verurteilung der Verantwortlichen drückte. Der Kontrast der beiden Berichte erregte die Inder. Gandhi verkündete nun sein Programm der Nichtzusammenarbeit mit den britischen Kolonialherren und fand damit große Resonanz.

Die Idee der Nichtzusammenarbeit hatte Gandhi schon 1909 in seinem in Südafrika entstandenen Manifest *Hind Swaraj* (Indiens Freiheit) erläutert. In diesem Manifest hatte er sich zum ersten Mal zu den politischen Verhältnissen in Indien geäußert. Nach seiner Meinung beruhte die britische Kolonialherrschaft nur auf der Zusammenarbeit mit den Indern; wenn diese vom einfachsten Hausdiener bis zum Richter und Regierungsbeamten diese Zusammenarbeit aufkündigten, mußten die Briten Indien verlassen. Diese damals nur theoretisch begründeten Ideen wollte er nun in die Praxis umsetzen. Im Nationalkongreß fand er dafür zunächst nur begrenztes Interesse. Statt dessen kam ihm eine Bewegung der indischen Muslims entgegen. Einer ihrer Führer, Maulana Abul Kalam Azad, hatte den indischen Muslims bereits die Nichtzusammenarbeit mit den Briten empfohlen und war ins Gefängnis geworfen worden. In ihm sah Gandhi einen Gesinnungsgenossen, und Maulana Azad sollte später einer seiner treuesten Gefolgsleute werden. Was aber bewegte die indischen Muslims?

Der Nationalismus, die indischen Muslims und der türkische Kalif

Der indische Nationalismus war den Muslims lange Zeit fremd geblieben. Er war im 19. Jahrhundert von Hindu-Intellektuellen geprägt worden, die Hindu-Philosophie und Mythologie bemühten, um einen Solidaritätstraditionalismus zu konstruieren. Dies war ein moderner Traditionalismus, der das Kastenwesen, die Unberührbarkeit und vieles andere, was die Hindus voneinander trennte, zu überwinden trachtete, um die nationale Solidarität zu begründen. Die Muslims waren der Natur der Sache nach von diesen Bemühungen ausgeschlossen, sie wandten sich statt dessen um so eifriger pan-islamischen Ideen zu, denn für einen auf Indien begrenzten Nationalismus gab es in ihrem Denken gar keine Ansatzpunkte. Das heilige Mekka und der ferne Kalif waren für sie wichtiger als das Indien, in dem sie lebten. Zudem war das unter fremder Kolonialherrschaft stehende Indien für gläubige Muslims ein *dar-ul-harb* (Land des Unfriedens) und nicht ein *dar-ul-islam* (Land des Islam). Als nun der Kalif zum Kriegsgegner der Briten wurde, entstand Unruhe unter den indischen Muslims, und sie zeigten einen Quasi-Nationalismus, der in der Zusammenarbeit mit dem Nationalkongreß seinen Ausdruck fand. Der liberal-nationale Mohammed Ali Jinnah war zu jener Zeit der Führer der Muslim-Liga. Er schloß 1916 einen Pakt mit dem Nationalkongreß.

Als nach dem Weltkrieg die Bedingungen bekannt wurden, die die Briten dem besiegten Kalifen auferlegten, wuchs die Unruhe unter den indischen Muslims, und es entstand die sogenannte Khilafat-Bewegung. Die fanatischsten Mitglieder dieser Bewegung flohen aus dem *dar-ul-harb* Indien in das *dar-ul-islam* Afghanistan. Als Alternative bot sich die Verweigerung der Zusammenarbeit mit den Briten an. Gandhi sah darin eine einmalige Chance der Kooperation von Hindus und Muslims. Das gemeinsame Vorgehen gegen die Kolonialherren bot die Grundlage eines konvergenten Einvernehmens (im Sinne von Rawls). Doch diese Konvergenz war so begrenzt wie die von Sonne und Mond bei einer Sonnenfinsternis. Dogmatische Überzeugungen, in diesem Fall die pan-islamische Idee, konnten keine Grundlage für einen allgemeinen Konsens bilden. Doch Gandhi sah das nicht so und beging damit wieder einen «Fehler von der Größe des Himalaya». Jinnah hatte davor gewarnt, doch er geriet im Überschwang der Kampagne gegen die Zusammenarbeit mit den Briten ins Abseits. Wie recht er hatte, erwies sich erst 1924, als die Türken selbst den Kalifen absetzten. Sie hatten sich dem säkularen Nationalismus verschrieben und die pan-islamischen Ideen aufgegeben – oder verraten, wie es vielen indischen Muslims erschien. Damit aber waren diese Muslims verwaist. Die temporäre Allianz mit dem indischen Nationalismus wurde hinfällig. Viele Muslims wandten sich der Muslim-Liga Jinnahs zu, der sich vom national-liberalen Führer Schritt für Schritt in den Wegbereiter eines eigenständigen islamischen Staates auf dem indischen Subkontinent, des späteren Pakistans, verwandelte.

Von der Aufkündigung der Zusammenarbeit zum bürgerlichen Ungehorsam

Gandhi hatte bereits 1922 die Kampagne der Nichtzusammenarbeit, die ihre Attraktion verloren hatte, durch eine lokale Kampagne des bürgerlichen Ungehorsams ergänzen wollen – wiederum eine Steuerverweigerungskampagne in einem Bezirk Gujarats. Doch als in einem fernen Dorf in Nordindien ein rebellischer Mob die Polizeistation anzündete, wobei viele Polizisten umkamen, beendete Gandhi die gesamte Kampagne, da er ein Abgleiten in sporadische Gewalttätigkeiten befürchtete. Danach erst wurde er verhaftet und kam ins Gefängnis. Sein Charisma schien erloschen zu sein, manche Zeitgenossen betrachteten ihn schon als einen Mann der Vergangenheit, der keine Zukunft mehr hatte. Doch noch einmal flammte sein Charisma auf, als der Nationalkongreß ihn 1930 mit der Gestaltung einer weiteren großen Kampagne beauftragte. Als Gegenstand wählte er geschickt das Salzmonopol der Kolonialregierung. Es wurde allgemein als ungerecht empfunden, und das entsprechende Gesetz ließ sich leicht übertreten. Privates Salzsieden oder auch nur das Auflesen von Salz am Meeresstrand genügte, um sich strafbar zu machen. Gandhi inszenierte diese symbolische Revolution sehr wirksam. In einem etwa dreiwöchigen Marsch von Ahmedabad bis zur Westküste, über den täglich in der Presse berichtet wurde, richtete er die Aufmerksamkeit auf den Gesetzesbruch, den er dann durch das Auflesen von Salz am Strand geradezu feierlich vollzog. Tausende brachen danach das Gesetz, und überall füllten sich die Gefängnisse. Doch auch diese Kampagne verlor bald wieder den Reiz der Neuheit. Dafür trieb die Weltwirtschaftskrise die Bauern dem Nationalkongreß in die Arme, der durch Gandhis langjährigen Einsatz für die Bauern gut darauf vorbereitet war, sich ihrer Nöte anzunehmen.

Im Rahmen der Verfassungsreform von 1935 bildete der Nationalkongreß schließlich in der Mehrzahl der Provinzen Britisch-Indiens Landesregierungen. Die Stimmen der Bauern waren den Kongreßpolitikern dabei zugute gekommen. Gandhi aber zog sich aus dem politischen Leben zurück und widmete sich seinen sozialreformerischen Aufgaben. Mit Beginn des 2. Weltkriegs gab der Nationalkongreß die Regierungsbeteiligung wieder auf. Es herrschte wieder Kriegsrecht und damit politische Grabesstille. Nur noch einmal war Gandhi gefordert. Als die Japaner vor den Toren Indiens standen und die Mission des nach Indien entsandten britischen Kabinettsministers Sir Stafford Cripps 1942 erfolglos blieb, gab Gandhi die Losung «Quit India» aus. Die Briten folgten dieser Aufforderung nicht und warfen Gandhi ins Gefängnis, noch ehe er überhaupt eine entsprechende Kampagne verkünden konnte. Danach wurde es still um Gandhi. Nach dem Krieg übernahmen andere die politische Führung, und er blieb nur ein einsamer Mahner, dessen Aktionen freilich doch noch hier und da Aufsehen erregten.

Gandhis Stärke und zugleich seine Schwäche waren darin begründet, daß er stets von der Eigenverantwortlichkeit des einzelnen Menschen ausging. Der Appell an diese Verantwortlichkeit wirkte sich gefolgschaftsbildend aus. Wenn man überhaupt von einer Staatsidee Gandhis sprechen kann, so besteht sie darin, daß die staatliche Herrschaft die Selbstbeherrschung der Bürger zur Voraussetzung hat. Gandhi hatte daher kein Verständnis für politische oder wirtschaftliche «Sachzwänge». Ideologien und weltpolitische Analysen lagen ihm fern. Deshalb war die Konfrontation mit der Atombombe für ihn ein traumatisches Erlebnis. Die Macht, die mit ihr gerüstet war und sich nicht scheute, sie einzusetzen, erschien ihm geradezu dämonisch. Allein schon die Drohung mit der Bombe schien dazu geeignet zu sein, jeden Widerstand zu brechen. Als Gesinnungsethiker im Sinne Max Webers hätte Gandhi gern gegen den Abwurf der Atombombe protestiert, und viele Menschen in aller Welt erwarteten das von ihm. Doch er schwieg und betonte sogar in einem Leserbrief an die *Times* in London am 21. September 1945, daß er keinerlei Stellungnahme zu diesem Ereignis abgegeben habe. Er zeigte sich in diesem Kontext als Verantwortungsethiker, der die Folgen einer offenen Kritik an den USA für den indischen Freiheitskampf bedachte. Roosevelt hatte sich für die indische Freiheit eingesetzt, ihm vertraute er, nicht aber dem Nachfolger Truman, der den Abwurf der Bombe befohlen hatte.

Konnte Amerika nicht mit der Bombe eine neue Weltherrschaft errichten und dabei von den Briten die Herrschaft über Indien übernehmen? Solche bangen Fragen bewegten ihn zu jener Zeit. Zum ersten Mal erkannte er einen «Sachzwang», der mit dem Appell an die Selbstbeherrschung und mit gewaltfreiem Widerstand nicht zu bewältigen war. Man könnte geradezu sagen, daß die Quelle seines Charismas durch den Abwurf der Atombombe verschüttet wurde.

Der Tod des einsamen Mahners

Gandhi durfte Indiens Erlangung der Unabhängigkeit noch erleben. Bei den Feierlichkeiten in New Delhi am 15. August 1947 fehlte er. Ein politisches Amt bekleidete er ohnehin nicht, seine Anwesenheit war daher nicht erforderlich. Statt dessen hielt er sich zu dieser Zeit in Kalkutta auf, wo Unruhen zu befürchten waren. Die Freiheit Indiens hatte einen Preis: die Teilung des Landes durch die scheidende Kolonialmacht. Mohammed Ali Jinnah, der Führer der Muslim-Liga, hatte alle Verhandlungen über die Gewährung der Unabhängigkeit und die Machtübergabe durch sein Veto blockiert, bis ihm schließlich die Teilung des Landes und die Errichtung Pakistans zugesichert wurden. Er hatte gehofft, dabei die beiden Provinzen Bengalen und Panjab, in denen die Muslims die Mehrheit stellten, voll und ganz vereinnahmen zu können. Doch in West-Bengalen und im Ost-Panjab bestand die Bevölkerung zumeist aus Hindus; wenn schon das Land geteilt werden sollte, dann mußten auch die beiden Provinzen nach dem Mehrheitsprinzip geteilt werden. Die Grenzziehung nahm eine Kommission unter Vorsitz eines britischen Richters vor. Wie sie genau aussehen sollte, wurde erst kurz nach der Gewährung der Unabhängigkeit verkündet. Kalkutta spielte in diesem Kontext eine besondere Rolle. Bis 1911 war es die Hauptstadt Britisch-Indiens gewesen; wäre es an Pakistan gefallen, dann wäre es sicher die Hauptstadt des neuen Staates geworden. Da abzusehen war, daß Kalkutta bei Indien verbleiben würde, waren Reaktionen der Muslims dort zu befürchten. Gandhi gelang es, dort den Frieden zu halten. Statt dessen gab es jedoch Unruhen im Panjab und im nahen Delhi, der Hauptstadt des neuen indischen Staates, wo die Hindu-Flüchtlinge eintrafen. Als Gandhi am 8. September 1947 Delhi erreichte, um von dort in den Panjab weiterzureisen, wurde er mit einer Tragödie konfrontiert. Die Flüchtlinge wollten an den Muslims der Hauptstadt Rache nehmen, und Gandhi konnte sie nur mit Mühe daran hindern. Er verbrachte die letzten fünf Monate seines Lebens in der bedrängten Hauptstadt.

Gandhi hatte die Teilung eine «Vivisektion» genannt. Er konnte sie jedoch nicht verhindern. Nun stand die gerechte Teilung der Staatskasse zwischen Indien und Pakistan auf der Tagesordnung. Gandhis alter Gefolgsmann, der Innenminister Patel, wollte dies verhindern, weil Pakistan Indien bereits in Kashmir angegriffen hatte. Warum sollte man die Kriegskasse des Gegners füllen? Gandhi aber plädierte für Gerechtigkeit und kündigte schließlich seinen letzten großen Hungerstreik an. Patel gab nach, die indische Regierung nahm die Zahlung an Pakistan vor. Ein fanatischer junger Hindu bezichtigte Gandhi darauf des Hochverrats und ermordete ihn am 30. Januar 1948. Er fiel mit den Worten «He Ram» – wie damals, als ihn sein Gefolgsmann in Südafrika niedergeschlagen hatte.

Wenn Gandhi gefragt wurde, was seine Botschaft sei, so sagte er: «Mein Leben ist meine Botschaft». Dieses Leben ist auch ein Zeugnis für das Werden und Vergehen von Charisma, für das Spannungsverhältnis zwischen einem charismatischen Führer und seiner Gefolgschaft. Wenn ein solcher Führer sich der Herrschaft über einen Staat bemächtigt, hat er Machtmittel, die es ihm ermöglichen, seine Gefolgschaft zu disziplinieren und zu belohnen. Gandhi hatte keine Machtmittel. Er war ein guter Organisator, ein großer Spendensammler, ein unermüdlicher Korrespondent und Publizist – aber er mußte seine Führungsqualitäten immer wieder erneut unter Beweis stellen. Sein Leben zeigt daher geradezu in reiner Form, wie Charisma entsteht und sich bewährt.

Ernst Weisenfeld

Charles de Gaulle –
der Umgang mit der eigenen Legende

Ein französischer Historiker, der versucht hat, das Frankreich der Kriegsjahre (1940–44) von innen und außen zu sehen,[1] hat Charles de Gaulle so
charakterisiert: «Ein Roland, der selbst sein Rolandslied schreibt». Im
Klartext kann das nur heißen: Er schrieb an seiner eigenen Legende. Aber
er war wirklich wie Roland, der Ritter, in dem Kaiser Karl der Große –
nach der Legende – seinen «tapfersten und treuesten» Vasallen sah. War
er ein «Karolinger», ging es ihm um mehr als um Frankreich, ging es ihm
auch um das «Abendland»? Warten wir's ab.

In die Anfangszeit seiner Laufbahn gehört ein kleines Buch über sol-
datisches Führertum,[2] das er 1932 veröffentlichte und in dem er Gedanken zusammenfaßte, die er im Auftrag seines einstigen Gönners und späteren Widerparts, des Marschalls Philippe Petain, konzipiert hatte. Als
Motto schrieb er auf die erste Seite ein Zitat aus Goethes Faust: «Im
Anfang war das Wort? – Nein, im Anfang war die Tat». Mit seiner Lebens-
geschichte und der Art seines politischen Handelns könnte man das
Gegenteil beweisen. Vieles begann mit dem Wort, und in allem, was
geschah, gehört der geschickte Umgang mit dem Wort zu den Geheim-
nissen seines erfolgreichen Wirkens.

Schon mit seinem nächsten Buch betrat er 1934 die politische Bühne
und legte den Grundstein zu der Karriere, die ihn in die Regierung, dann
zur Führung im Exil und in der *Résistance*, schließlich an die Spitze der
ersten Nachkriegsregierung Frankreichs brachte. Das Buch enthielt eine
Abrechnung mit der rein defensiven Verteidigungspolitik seines Landes
nach dem Ersten Weltkrieg und die Aufforderung, die Strategie auf die
offensiven Möglichkeiten schneller Panzerverbände umzustellen,[3] wie
sie dann von 1939 bis 1941 die militärischen Anfangserfolge Hitlers
begründeten.

Das Buch, das in parlamentarischen Kreisen stark beachtet wurde, trug
ihm 1940 das Kommando eines Panzerverbandes und die Beförderung
zum «Brigade-General auf Zeit» ein. In seinem Abschnitt konnte, wie
man später erfuhr, der deutsche Vormarsch kurzfristig aufgehalten werden. Diese Tatsache war aber kein Motiv für seine Ernennung zum Staats-
sekretär für das Heer. Diese wiederum war ein wichtiges Glied in der
Kette schicksalhafter Entscheidungen, die ihn schließlich zum Hoff-
nungsträger der geschlagenen Nation machten. Als Regierungsmitglied

kam er in Kontakt mit der englischen Führung, gelangte während des Zusammenbruchs der Front nach London, wo ihm sofort ein Mikrophon zur Verfügung stand, über das er sich als «Stimme Frankreichs» bekannt machen und schließlich durchsetzen konnte – ein Mann von fünfzig Jahren, der für eine politische Karriere vor allem eins noch lernen mußte: den Umgang mit der Öffentlichkeit.

Seinen ersten Aufruf zum Widerstand, den heute legendären «Appell des 18. Juni», hörte nach glaubwürdiger Schätzung von Zeitgenossen «vielleicht einer von tausend Franzosen». Aber als er am 25. August 1944 als Sieger über die Champs Élysées in Paris einzog, war er schon eine Legende, und der Einmarsch selbst rundete sie ab. Alles war so organisiert, daß eine französische Division unter dem Schutz amerikanischer Verbände den Vorstoß in die Stadt unternahm, in der zwei Tage zuvor Partisanen den offenen Kampf mit der deutschen Besatzung aufgenommen hatten, die sich auf Befehl ihres Stadtkommandanten General von Choltitz zurückhielt. So konnte man behaupten, daß die Franzosen selbst ihre Hauptstadt zurückerobert hatten.

Als nun diese Streitkräfte, durch frische Einheiten verstärkt, auch einen wachsenden Anteil an der endgültigen Niederlage Deutschlands hatten, konnte sich Frankreich am 8. Mai 1945 wie selbstverständlich unter die Siegermächte einreihen. Als die alliierten Oberbefehlshaber die Kapitulation der deutschen Wehrmacht entgegennahmen, war ein französischer General dabei. Frankreich bekam eine Besatzungszone und einen Platz unter den Weltmächten im UN-Sicherheitsrat, es konnte auch noch seine Unterschrift unter das Potsdamer Abkommen der Siegermächte setzen und besaß somit ein Unterpfand, daß die spätere Gestaltung des deutschen Schicksals nicht ohne seine Zustimmung erfolgen werde.

Rebell und Visionär

Dieser Weg von der tiefsten Niederlage in die Position des Siegers war von General de Gaulle mit Botschaften und Losungen gesäumt worden, die als Zitate im Bewußtsein der Zeitgenossen weiterlebten. Mit seinem «Appell vom 18. Juni» betrat er entschlossen den Boden der Geschichte und gab sich als «Rebell» und zugleich als «Visionär»: «Wir sind von den gewaltigen mechanischen Kräften des Feindes zu Lande und in der Luft überwältigt worden. Aber das letzte Wort ist noch nicht gesprochen. Nichts ist verloren. Die Mittel, die uns besiegten, können uns eines Tages zum Sieg verhelfen. Denn Frankreich ist nicht allein.» Dann forderte er alle französischen Offiziere und Soldaten, die England erreichen konnten, auf, sich ihm zu unterstellen. «Die Flamme des Widerstandes wird nicht erlöschen.»

Als Feldzeichen wählte er das lothringische Doppelbalken-Kreuz, unter dem Jeanne d'Arc, das Bauernmädchen aus Lothringen, gegen die

Engländer gekämpft hatte. Er war kein bequemer Verbündeter. Anfang der fünfziger Jahre meinte der englische Kriegspremier Churchill bei einem Besuch in Paris: «Von allen Kreuzen, die ich im Krieg zu tragen hatte, war das Lothringer Kreuz eines der schwersten.» Damals kämpfte de Gaulle schon wieder gegen seine Regierung, diesmal an der Spitze einer «Sammlungsbewegung des französischen Volkes», die er im April 1947 gründete, nachdem er im Januar 1946, enttäuscht über die Haltung der Parteien zu seinen Verfassungsgrundsätzen, seine im August 1944 begonnene Regierungszeit brüsk beendet hatte.

Das Bild des Mannes

Das Bild, das er damals hinterließ, geprägt aus Erinnerungen an seine Haltung im und nach dem Ersten Weltkrieg, in der *Résistance* und in der kurzen Regierungszeit, blieb in der Wahrnehmung vieler noch verschwommen. Er war 1915 kämpfend in deutsche Gefangenschaft geraten, hatte mehrere Ausbruchversuche unternommen, war später zu mehreren Verwendungen als Offizier in Polen und in der Levante gewesen, hatte sich in Schriften zu den antiparlamentarischen Ideen der Zeit bekannt, sich aber nie den antiparlamentarischen Verbänden, etwa den *Croix de feux*, der politischen Organisation ehemaliger Frontkämpfer, genähert, denen man auch faschistische Tendenzen nachsagte. Im Gegenteil, als er für ein Umdenken in den strategischen Vorstellungen warb, hatte er sich mit Parlamentariern zu verbünden versucht. Im Krieg wurde er von den Alliierten, insbesondere den Amerikanern, diktatorischer Absichten verdächtigt. Solche Befürchtungen hielten sich lange, im Ausland länger als in Frankreich. Während er revolutionäre Tendenzen kommunistischer Gruppen der *Résistance* entschlossen bekämpfte, übernahm er kommunistische Forderungen, wie die Verstaatlichung großer Unternehmen und einiger Wirtschaftszweige wie der Banken, in sein erstes Regierungsprogramm. Wieweit er zur konservativen Rechten und wieweit zur Linken zu zählen sei, darüber wurde in Frankreich bis an sein Lebensende gern diskutiert. Zur politischen Rechten zählte man ihn schließlich wegen seiner Forderung nach Wiederherstellung der *Grandeur* Frankreichs. Aber nach Kriegsende pflegten damit auch die Kommunisten die Erinnerung an ihre Verdienste in der *Résistance*.

Erst die Kundgebungen seiner Sammlungsbewegung nach 1947 mit ihrem antikommunistischen Charakter klärten – im Zeichen des Kalten Krieges – eindeutig sein Verhältnis zur Kommunistischen Partei Frankreichs. Sein Legendenbild bekam aktuelle Konturen: Er war schon einmal der «Retter des Vaterlandes» geworden. Man hatte nun in ihm eine Reserve, wenn wieder einmal stürmische Zeiten kommen sollten. Dieses Bild pflegte er selbst mit Reden, solange er die Organisation der Sammlungsbewegung aufrechterhielt – bis 1952 –, dann mit einem gelegentlichen

Appell anläßlich eines Gedenktags, schließlich vor allem mit einer jährlichen Pressekonferenz, die er zu einem Ereignis zu machen wußte. Und
ebenso mit der Veröffentlichung seiner Kriegserinnerungen, der *Mémoi-
res de guerre*, deren letzter und dritter Band 1959 erschien. Sie erregten
sofort Aufsehen; jeder neue Band wurde mit Spannung erwartet, weil der
Autor sich durch die Kunst der Darstellung sofort unter die großen
Memoirenschreiber einreihte, Umstände und Personen sicher und interessant charakterisierte und mit seinen Urteilen die Diskussion belebte,
also selbst präsent blieb.

So trugen sie auch dazu bei, daß die Frage nach seinen Absichten und
Zielen immer aktuell blieb. Hatte er wirklich diktatorische Gelüste? Als
nach 1947 seine «Sammlungsbewegung» große Erfolge bei Regional- und
Kommunalwahlen erzielte, hörten die engeren Kampfgefährten mehr-
fach von ihm die Warnung: «Glauben Sie nicht, daß Sie mit mir einen
Staatsstreich machen können.» So etwas hatte in seiner Vorstellung von
der *Grandeur* Frankreichs keinen Platz. Aber wieweit wurden solche
Äußerungen schon bekannt?

Auch eine Einheitspartei, wie sie die Diktaturen kennzeichnete, die
Europa damals kannte, paßte nie in seine Vorstellungen. Gegenüber den
Parteien, die in seinem Namen und natürlich mit seiner Zustimmung
gebildet wurden, bewahrte er einen Rest Mißtrauen. Verbürgt sind Äußerungen wie die folgende gegenüber einem Besucher, dem er ankündigte,
er werde über dessen mögliche Verwendung im Staatsdienst mit dem
Premierminister reden. Einwand: «Aber, mon Général, ich bin kein ‹Gaul-
list›». Antwort: «Das trifft sich gut. Ich auch nicht.» – Er legte nie den Verdacht ab, daß Parteien nach der «Futterkrippe» schielten. Daß sie notwendig waren, damit sich Meinungen formierten und Parlamente
gewählt werden konnten, sah er ein. Aber die Parlamente sollten sich auf
die Gesetzesarbeit beschränken und nicht danach trachten, der Exekutive in den Arm zu fallen.

Daß er vor Härte und List, einem Charakterzug von Diktatoren, nicht
zurückschreckte, hatte er bewiesen. Er hatte zwar zunächst im Kampf der
Résistance den Mord an Angehörigen der Besatzungsmacht abgelehnt,
weil er die unvermeidlichen Rückwirkungen auf die eigene Bevölkerung
vermeiden wollte. Aber als die Kommunisten sich – nach dem Überfall
Hitlers auf die Sowjetunion – mit ihren Partisanenverbänden in die *Résistance* machtvoll einreihten, akzeptierte er auch diese Taktik, die wegen
der folgenden Geiselerschießungen den Haß schürte.

Als unmittelbar nach der Landung der Alliierten in Nordafrika im
November 1942 Admiral Darlan, damals Regierungschef und Chef der
Flotte, praktisch der zweite Mann des Vichy-Regimes – also ein Kolla-
borateur mit der deutschen Besatzungsmacht, der sich zufällig in Algier
aufgehalten hatte –, auf bestem Weg schien, sich das Vertrauen der
Alliierten zu erwerben, wurde er von gaullistischen Verschwörern

umgebracht. Der junge Franzose, der ihn erschoß, handelte weder direkt noch indirekt im Auftrag de Gaulles, aber der Führer des Kommandos bekleidete ab Juni 1958, als de Gaulle zum zweiten Mal an die Regierung gekommen war, eine Vertrauensposition in seiner unmittelbaren Umgebung; er wurde sein Pressesprecher. Und als, ebenfalls 1942, ein anderer hoher Offizier, General Henri Giraud, das Vertrauen der Amerikaner gewann und von ihnen mit der Organisation französischer Truppen in Nordafrika beauftragt wurde, entledigte sich de Gaulle dieser «Konkurrenz» durch eine gute Portion List und Kälte.

Aus den Kriegserfahrungen, die sein Bild prägten, ist noch ein anderes Element festzuhalten: Im Kolonialreich konnte er die ersten Bastionen der eigenen Macht organisieren, und hier erlebte er auch die erste Begegnung, ja Konfrontation mit der eigenen Legende: Als er im Januar 1944 eine Konferenz über die Zukunft der Kolonien nach Brazzaville (Kongo) einberief und eine Auflockerung der Beziehungen zu den Überseegebieten, eine Art *Union Française*, ins Auge faßte, da erlebte er, daß hinter den stürmischen «Vive de Gaulle»-Rufen die Hoffnung stand, er, der Freiheitskämpfer, werde Autonomielösungen versprechen (in denen er selbst aber eine Verlockung zu Unabhängigkeitsbewegungen sah), und er wich jeder klaren Stellungnahme aus. Das sollte auch noch 1958 gelten, als er wieder zur Macht kam.

Der Monarch auf Zeit

Denn es war die koloniale Frage, genauer, die Unfähigkeit der IV. Republik, mit ihr fertigzuwerden, die ihn im Juni 1958 – mit 68 Jahren – wieder an die Macht brachte, unter dramatischen Umständen. In Nordafrika, in den algerischen Departements, die formal Teile des Mutterlandes bildeten und in denen ca. eine Million Franzosen lebte, kämpfte seit November 1954 erfolgreich eine muslimische Befreiungsfront. Nach und nach wurde der größte Teil der französischen Armee aufgeboten. Enge Verflechtungen zwischen dem Offizierskorps und den Kolonialfranzosen führten zu gemeinsamen Protesten gegenüber Paris, wo man angeblich nicht entschlossen genug gegenüber den Aufständischen war.

Mitte Mai 1958 löste die Gründung eines «Wohlfahrtsausschusses» in Algier, der ein Ultimatum an die Pariser Regierung richtete, eine Krise aus, die schnell die Ausmaße einer Staatskrise erreichte. Auch unter den Verantwortlichen setzte sich nun immer mehr die Auffassung durch, daß ein Appell an General de Gaulle die einzige Lösung sei.

Er selbst handelte klug und geschickt, ließ sich von den zur Rebellion bereiten Militärs über Pläne für Fallschirmlandungen bei Paris unterrichten,[4] ließ aber auch die Politiker im Glauben, daß er jeden Putschversuch unterbinden werde – wenn man ihn nur rufe. Am 1. Juni 1958 konnte er nach einem einmaligen Auftritt vor der Nationalversammlung Vollmachten für die Bildung einer Regierung und für die Ausarbeitung einer neuen Verfassung entgegennehmen. Vertreter fast aller politischen Richtungen saßen in seiner ersten neuen Regierung. «Es fehlt nur Maurice Thorez (der Kommunist)... aber wer weiß», so soll er die erste Kabinettssitzung eröffnet haben. Hinter de Gaulle sollte eben das ganze Volk stehen. Die Minister stimmten den Verfassungsgrundsätzen zu, die er stets vertreten hatte – auch der Begrenzung des Einflusses von Parlament und Parteien. Ein neues Element war die Möglichkeit, in klar umschriebenen Fällen einen Volksentscheid durchzuführen. Im Dezember 1958 wurde er zum Staatspräsidenten der V. Republik gewählt; einer seiner Treuesten, Michel Debré, wurde «Premierminister», der alte Titel «Ministerpräsident» war abgeschafft. Das Parlament konnte die Regierung absetzen, riskierte dann aber die Auflösung. Der Staatspräsident war parlamentarischer Kontrolle weitgehend enthoben. Zur Beendigung des Algerienkriegs besaß er große Vollmachten. Daraus und aus einigen Prärogativen in der Außen- und Sicherheitspolitik entwickelte er eine *domaine reservé* im Bereich von Diplomatie und Armee.

Er war ein «Monarch auf Zeit», der von einem um viele Regionalvertreter erweiterten Kongreß der Parlamentarier (Nationalversammlung und Senat) für sieben Jahre in sein Amt berufen worden war. Nach dieser Zeit, 1965, wurde er auf Grund einer Verfassungsänderung, die er 1962 durchgesetzt hatte, direkt vom Volk gewählt. Er ließ nie einen Zweifel daran, daß ihm diese unmittelbare Legitimation noch wichtiger war als seine Legitimation durch die Geschichte. Ein typisches Element seines Regierungsstils war das «Bad in der Menge». Vor allem bei seinen Besuchen in den französischen Landschaften – nach und nach bereiste er sie alle – pflegte er diese Momente engster Tuchfühlung mit dem Volk.

Sichtbarster Ausdruck der Zuneigung und Dankbarkeit war die immer noch wachsende Zahl von Denkmälern im ganzen Land. Schon bald nach Kriegsende hatte man ihm überall dort, wo er auf seinem Weg nach Paris Station gemacht oder eine vom Krieg stark heimgesuchte Gegend besucht hatte oder wo sich ein anderer Anlaß bot, ein Denkmal gesetzt, einen Platz oder eine Straße nach ihm benannt. Jetzt bot der Algerienkrieg neue Gelegenheiten: Als dessen Ende näherrückte, wurde ein Attentat auf de Gaulle verübt, dem er nur wie durch ein Wunder entging. Als dann auch noch die militärische Führung in Algerien gegen ihn putschte und erneut den Staat in eine Krise stürzte, mußte der General seine ganze Autorität aufbieten, um die französischen Soldaten ihrer illoyalen Führung zu entziehen und die ungehorsamen Befehlshaber vor Gericht zu stellen.

Übrigens galt die Dankbarkeit, die sich so vielfältig manifestierte, nicht nur dem zweimaligen «Retter des Vaterlandes», sie hatte auch tiefer liegende Motive. Mit dem Namen von Charles de Gaulle – man denke nur: Karl von Gallien – und mit seiner Widerstandslegende verdrängte man gewissermaßen die Schwächen einer Generation, die nicht nur eine bittere Niederlage zu verantworten hatte, sondern oft auch die Kollaboration mit einer Besatzungsmacht, die sich durch Verbrechen verächtlich gemacht hatte. In dem Maße, in dem er selbst bestrebt war, sich und seine «Freien Franzosen» als die eigentlichen Repräsentanten Frankreichs während der Kriegsjahre darzustellen, ihre Zahl und Rolle zu überschätzen, gab er vielen Vichy-Mitläufern das Gefühl der Absolution.

Die Leistungen, die er und seine Regierung bald vorweisen konnten, vermehrten seine Popularität. Es gelang ihm, die Staatsfinanzen und die Währung zu stabilisieren, und bald ließ er die alte Franc-Währung, die inflationäre Dimensionen erreicht hatte, ohne Verlust für den Sparer in Neue Franken umtauschen, auf die sein Kopf geprägt war. Der europäische Gemeinsame Markt, den er aus der Opposition heraus noch bekämpft hatte, wurde durch seine Haushaltspolitik erst möglich; jedenfalls war es ihm zu verdanken, daß Frankreich vom ersten Tag an die Bedingungen für die Teilnahme erfüllte. Was er weiter zur Einigung Europas beizutragen suchte, blieb lange umstritten, denn er war bestrebt, dem längst im Aufbau befindlichen Einigungswerk neue Grundlagen zu geben. Aber als er 1969 zurücktrat, wurde die Bilanz seines Beitrages zu einer Vereinigung Europas doch in fast aller Augen eher positiv gewertet, und heute ist dieses Urteil in Frankreich unbestritten.

Staatskunst – und ihre Technik

Wenn man überhaupt von einem internationalen Standpunkt aus sein Wirken in der zweiten Regierungszeit betrachtet, dann fällt der Blick zunächst auf drei große Aufgaben, die ihm gestellt waren und die er dauerhaft löste oder auf einen erfolgreichen Weg brachte: die Entkolonisierung; die Neu-Orientierung Frankreichs hin auf einen Platz und eine Rolle in Europa; ein Neuaufbau und eine neue Rolle der Armee, die immer mehr eine Kolonialarmee geworden war. Kurz – er mußte sich als Staatsmann bewähren, und das gelang ihm im Urteil seiner Landsleute auf überzeugende Weise.

Dabei sind nicht nur seine Erfolge bemerkenswert, sondern auch die unnachahmlichen Formen seiner Herrschaft und die Mittel, deren er sich bediente. Es waren ausgesprochen moderne Mittel, wenn man die Technik betrachtet, aber er bediente sich ihrer auf ganz persönliche Weise. Dies prägte seine Amtsführung so, daß die französische Formel, «Le style c'est l'homme», auf weniges so gut paßt wie auf seinen Regierungsstil. Und ohne Zweifel lag in dieser Einheit das Geheimnis seiner Wirkung. Es war eine Wirkung, die US-Präsident Richard Nixon, der ihn bewunderte, zu der Bemerkung veranlaßte, er sei ein «illusionist», womit er kaum sagen wollte, daß de Gaulle den Menschen Illusionen anbot, vielmehr sah er eine «magische» Wirkung oder einen «Zauber», der auf die Menschen wirkte.

Ohne Zweifel gehörte auch ein *know-how* dazu, eine gewisse Technik, die man beschreiben kann, mit der man aber nicht das Geheimnis seiner Wirkung erfaßt. Er war mit dieser Art berechneter Wirkung auch kein bedenkenloser Verführer. Was ihn von anderen charismatischen Gestalten seiner Zeit unterscheidet, ist gerade ein immer waches Gefühl demokratischer Verantwortung. Und das Bewußtsein, daß die Staatsräson, die einen hohen Stellenwert bei ihm hatte, die Herrschaft des Rechts nicht in Frage stellen dürfe. Innerhalb dieser Grenzen verschmähte seine Regierung aber kein Mittel der Politik; er selbst benutzte alle Möglichkeiten moderner Medientechnik, um Zustimmung für sich und seine Politik zu finden. Im Umgang mit diesen Mitteln erwies er sich eher als «Künstler» denn als «Macher». Und wenn man sein Regime eine «Fernseh-Demokratie» nannte, dann galt das nicht nur der Tatsache, daß seine Regierung, wie auch schon andere vor ihr, den Haushalt und die Personalpolitik der Rundfunk-Gesellschaften bestimmte; es sprach daraus auch die Bewunderung für de Gaulles Bildschirmauftritte.

Seine größten medialen Leistungen waren die Pressekonferenzen, die nach einer gewissen Probezeit von allen Rundfunk- und TV-Programmen übertragen wurden. Sie verdienten ihre Kennzeichnung als Pressekonferenzen übrigens nur wegen des äußeren Rahmens. In Wirklichkeit waren es Staatsakte, in denen er seine Politik zelebrierte, insbesondere die Außenpolitik. Die Regierung war geschlossen dabei. Er selbst nahm auf einem kleinen Podium im großen Festsaal des Élysée-Palastes Platz und wandte sich mit einigen kurzen einleitenden Worten, in denen er die Themen ansprach, deren Aktualität die Konferenz rechtfertigte, an einige hundert Journalisten, die auf den kleinen rotgoldenen Stühlchen des zweiten Kaiserreiches vor ihm saßen, und bat um Fragen.

Nun spielte sich alles nach einem Schema ab, das bald zum Ritual wurde. Entweder ließ er zu einem Thema, mit dem er beginnen wollte, gleich mehrere Fragen stellen, gruppierte sie dann so, daß sie zu der von ihm vorbereiteten Antwort paßten, ging dann auf die gleiche Weise zu anderen Themen über und erledigte mit kurzen Bemerkungen Fragen, über die er nicht sprechen wollte. Oder er hatte die Fragen, auf die er länger antworten wollte, schon durch seinen Pressesprecher vorbereiten lassen. Auch dann gab es natürlich Fragen, auf die er nicht vorbereitet war. Mit solchen Situationen wurde er stets fertig. Sobald er zu längeren Ausführungen ansetzte, wußte man, er hatte das richtige Stichwort bekommen.

Er hatte die Antwort zunächst geschrieben, dann memoriert und trug sie nun während zwanzig Minuten – bisweilen auch etwas länger – gut gegliedert, ruhig gestikulierend und meist fesselnd vor; regelmäßig fand er einige überraschende Wendungen, die später oft zu «geflügelten Worten» wurden. Sein phänomenales Gedächtnis verließ ihn nie. Der «offizielle Text» wurde schon bald nach Ende der Konferenz ausgegeben.

Die höchste Form der Massenbeeinflussung oder -führung durch das gesprochene Wort erreichte er während des Algerienkriegs. Er mußte seine Zuhörer nach und nach an die Richtung gewöhnen, die seine Algerienpolitik nehmen sollte. Dazu führte er immer neue Begriffe ein, die stufenweise näher an die unvermeidliche Lösung – die Unabhängigkeit Algeriens – heranführten. Eine Meisterleistung vollbrachte er gleich bei seinem ersten Auftritt in Algier, kurz nach der Übernahme der Regierung. Auf dem *Forum*, dem gewaltigen Platz vor dem Generalgouvernement, war mehr als eine Million Menschen versammelt, Franzosen und Moslems, die alle sehr unterschiedliche Erwartungen hatten und sie auch äußerten. Als sich der Lärm langsam legte, während er in der Haltung der Kriegsjahre verharrte – beide Arme wie zu einem Victory-Zeichen hochgereckt –, waren seine ersten Worte «Je vous ai compris!» (Ich habe Euch verstanden), worauf der Jubel noch einmal gewaltig anschwoll. Jeder nahm an, gerade er sei verstanden worden. De Gaulle selbst hütete sich, das Schlagwort der Algerienfranzosen – «l'Algérie française» – zu gebrauchen. Künftig sollte er Formulierungen verwenden, die nach und nach einem Bekenntnis zur Unabhängigkeit Algeriens näherkamen. Noch in derselben Kundgebung überrumpelte er die Kolonialfranzosen, indem er ihnen zurief, er sehe «nur Franzosen, die es voll und ganz sind ... mit gleichen Rechten und Pflichten». Das klang wie das Bekenntnis zur Ausdehnung Frankreichs bis an die Grenzen der Sahara, aber es enthielt die Anerkennung der Gleichberechtigung der Moslems – und das war die Anerkennung des Rechts der größeren Zahl. Als er später dann so banale Feststellungen traf wie «die Moslems sind Moslems» und «das Algerien von Papa» gehe zu Ende, da konnten sich die Algerienfranzosen ausrechnen, daß es mit ihren Privilegien einmal zu Ende gehe. Tatsächlich war es dann bis zu den Unabhängigkeitsverhandlungen nicht mehr weit.

Worte wie Schwerter

Als diese Etappe schließlich mit großen Leiden und schweren Verlusten geschafft war, mußten der Armee, die in hoffnungslosen Kolonialkriegen orientierungslos geworden war und auch noch geputscht hatte, ein neuer Geist und eine neue Rüstung gegeben werden. «Sie verstehen das», hatte er zu General Eisenhower, damals US-Präsident gesagt und ihm damit die Notwendigkeit der atomaren Rüstung Frankreichs klarzumachen versucht. Mit wenig Erfolg. Sowohl in Europa im allgemeinen als auch in Frankreich im besonderen begegnete man seinen Plänen mit Skepsis und Widerspruch. Schließlich war ja auch seine Politik der Distanzierung von der NATO, genauer: des Austritts aus der militärischen Organisation des Bündnisses, eine logische Konsequenz seines Atomwaffenkonzepts: «Wenn ein Land wie Frankreich Krieg führen sollte, dann muß es sein Krieg sein. Natürlich würden wir gegebenenfalls andere an unserer Seite haben, aber unser Einsatz muß unser Einsatz sein.»

Als er sich durchgesetzt hatte, gab es auch für den zentralen Begriff der «Unabhängigkeit Frankreichs», der ihn leitete, bei seinen Landsleuten eine deutliche Mehrheit. Und der Begriff der *Force de frappe* – die (Atom-) Waffe, die überraschend zuschlägt – gab vielen das Bewußtsein, das kleine Frankreich könne unter den Weltmächten wieder mitreden. Tauchte nicht hinter dieser Denkart das Bild des rebellischen Generals aus dem Zweiten Weltkrieg wieder auf, der auch wie ein David den verschiedenen Inkarnationen von Goliath gegenübergetreten war? General de Gaulle hatte eine passende Militärdoktrin zu seiner Eigenproduktion von zunächst wenigen Atomwaffen entwickelt: eine Strategie «des Schwachen gegenüber dem Starken» – zwar konnte der Schwache den Starken nicht schlagen, er konnte ihm aber so unverhältnismäßig schwere Schäden zufügen, daß der weit Stärkere dem Entschluß zum Angriff auswich. Auf dieser Doktrin beruht die Rüstungspolitik Frankreichs bis heute; auch ein so erbitterter Gegner von de Gaulle wie François Mitterand hatte sie sich, als er regierte, zu eigen gemacht.

Natürlich waren auch für Charles de Gaulle «Worte wie Scheiden, in denen die Schwerter des Geistes verborgen stecken» (Martin Luther), und er wußte sie so zu wählen, daß sie die Herzen und die Überlegungen seiner Landsleute beschäftigten. Das gilt nicht zuletzt für einfache Schlüsselbegriffe wie *indépendance, liberté, grandeur, nation, république* oder *patrie*. Es galt mehr noch für jene Begriffsbildungen, mit denen er seine Vorstellungen verdeutlichte. In der Diskussion um eine sinnvolle Gemeinschaftsorganisation für Europa erfand er den Begriff *l'Europe européenne*. Und da er vorher schon den Begriff *l'Algérie algérienne* geprägt hatte, um klarzumachen, daß er sich für ein unabhängiges Algerien entschieden hatte, wußte man, daß sein «europäisches Europa» auch unabhängig sein sollte – insbesondere von den USA.

Als er mit seinem Versuch gescheitert war, eine «Europäische Union» ohne Integrationselemente zu schaffen, und sich der Ostpolitik zuwandte, setzte er zwei neue Begriffe in die Welt, die lange diskutiert wurden. Nach seiner Überzeugung hatten die beiden Weltmächte in der Kubakrise von 1962 deutlich zu erkennen gegeben, daß beide einen Atomkrieg vermeiden wollten; für de Gaulle war der bedingungslose, auch atomare Einsatz der USA zugunsten Europas damit ebenfalls fraglich geworden. Die Konsequenz mußte nach seiner Auffassung eine Politik der Entspannung sein. Er begann diese neue Phase der West-Ost-Politik mit der Parole *détente – entente - coopération* (Entspannung – Einvernehmen – Zusammenarbeit). Das sollten die Etappen einer kommenden Entwicklung im Ost-West-Verhältnis sein, insbesondere «zwischen Atlantik und Ural». Was wollte er damit sagen? Brauchte man dazu nicht auch die USA, und hörte etwa die

Sowjetunion für ihn am Ural auf, sollte sie auf Sibirien verzichten? Er ließ allen Interpretationen freien Lauf und begnügte sich schließlich damit, klarzumachen, er habe weder die Sprache des Kalten Krieges anwenden noch einen Vorgriff auf geopolitische Entwicklungen machen und schon gar nicht den Atlantikpakt in Frage stellen wollen. Aber überall, vor allem im europäischen Osten, hatte er für Neugier gesorgt. Und überall bereitete man ihm einen begeisterten Empfang.

Am meisten Mühe hat er sich mit den Deutschen gegeben, als er Europa für seine Ideen zu gewinnen suchte. Er begrüßte in Bonn (1962) «das große deutsche Volk»; an der Ruhr, in Hamburg und in München sprach er sie ebenfalls auf deutsch an, die Offiziere begrüßte er als «gute Soldaten», und die Teilnehmer einer Jugendveranstaltung «beglückwünschte» er dazu, «junge Deutsche» zu sein. Er erinnerte die Deutschen daran, daß sie gemeinsam mit den Franzosen «Kathedralen gebaut» und später in Verdun, wenn auch als Feinde, «die höchsten Gipfel von Mut und Opfermut» erklommen hätten. Übrigens sparte er genausowenig mit geschichtlichen Erinnerungen, um ebenfalls die Franzosen an die Notwendigkeit zu gewöhnen, daß ihre Zukunft an der Seite der Deutschen sei – auch im Falle ihrer Wiedervereinigung, die er in weiter Ferne sah. «Aber eines Tages wird sie möglich sein und dann auch kommen.»[5]

Auch war es ihm ernst mit der Überlegung, daß nur ein Zusammenschluß Europas dem Kontinent ein Mitspracherecht gegenüber den Weltmächten sichern könne. «Unter Führung Frankreichs», hatte Konrad Adenauer gemeint, und de Gaulle hatte – bei ihrer letzten Begegnung (1965) – geantwortet: «Frankreich hat nicht die Mittel, die Führung Europas zu übernehmen. Europa, das ist eine Gemeinschaftsaufgabe, für die Franzosen und Deutsche gemeinsam gebraucht werden. So will es der gesunde Menschenverstand.»[6]

Das Europa des Pragmatikers de Gaulle war das Europa der ersten sechs Mitgliedsstaaten. War sein Ziel somit «das karolingische Europa»? Nichts ist weniger wahrscheinlich. Zwar hatte er England abgelehnt – dies aber wegen dessen enger Anlehnung an die USA. Sein «Nein» war ein «Noch nicht», und die Tendenz der Ausdehnung nach Osten lag ja in der Formel «vom Atlantik zum Ural».

Aufgrund der geschichtlichen Sicht, in der er die Welt wahrnahm, waren gelegentliche Hinweise auf die Gestalt und das Werk Karls des Großen selbstverständlich. In Briefen an Adenauer standen Worte wie «unser alter Okzident». Seine Biograph Jean Lacouture kommentiert: «Charles de Gaulle hat nicht danach gestrebt, sein Haupt mit der Aachener Krone zu schmücken... Aber sehr vieles in seiner Persönlichkeit, seinem Stil, seinen Visionen läßt darauf schließen, daß die Kennzeichnung *Karolinger* keineswegs in die Kategorie der üblen Nachreden gehört, sondern eher einer Übersteigerung des historischen Bewußtseins zuzurechnen ist.»[7]

Der politische Diskurs des «als ob»

Kein Zweifel sollte darüber herrschen, daß de Gaulle sich nicht so sehr für Europa verantwortlich fühlte wie für Frankreich. Seinen Rang wiederherzustellen, ihm politische Spielräume zu sichern, seinem Volk ein neues Selbstbewußtsein zu geben, den Verfall von der Endphase der Dritten Republik bis 1944 vergessen zu machen – darin sah er seinen geschichtlichen Auftrag. Dazu gehörte der stets wiederholte Appell an das Nationalbewußtsein und die Erinnerung an die *Grandeur* Frankreichs, deren Anerkennung er auch von den Verbündeten verlangte. «Die Vereinigten Staaten haben nie begreifen wollen, daß das Schicksal Frankreichs eng mit seiner Berufung zur Größe verknüpft ist», hatte er im Februar 1945 zu Harry Hopkins, dem Sonderbotschafter von Präsident Roosevelt, gesagt. Wenn die Franzosen ihr Land als Großmacht behandelt sehen wollten, dann darum, «weil sie fühlen, daß ihre Ruhe und innere Entfaltung nur zu diesem Preis zu haben sind». Hopkins hatte ihm klarmachen müssen, warum er nicht nach Jalta, zur letzten Gipfelkonferenz der Kriegsalliierten vor dem Sieg, eingeladen worden war. Er erinnerte de Gaulle daran, «daß das amerikanische Volk erschrocken war über das Ausmaß des französischen Zusammenbruchs im Sommer 1940».[8] Wenn General de Gaulle auch gerade das vergessen machen wollte, so fehlte ihm doch nicht der Blick für die Realitäten. Alle, die länger mit ihm arbeiteten, erlebten ihn als Pragmatiker. «Mein Leben lang habe ich so handeln müssen, *als ob* ...» hatte er 1969, nach seinem Verzicht auf die Präsidentschaft, zu André Malraux[9] gesagt: «Ich habe Frankreichs Leichnam in meinen Armen aufrecht gehalten und die Welt glauben gemacht, daß es lebe. So war das 1940.» 1947, ein Jahr nach seinem ersten Rücktritt von der Macht, hatte ihn sein Privatsekretär aus der Regierungszeit, Claude Mauriac (der Sohn des Schriftstellers), gefragt, ob er denn, wäre er an der Macht geblieben, vieles anders hätte machen können als seine verachteten Nachfolger. Seine Antwort: «Natürlich hätte de Gaulle es nicht besser machen können. Nur, ich unterhielt die Franzosen mit Fahnen. Ich unterhielt sie mit dem Rhein («Je les amusais avec le Rhin»), kurz, ich ließ sie ihr Elend vergessen, und sie faßten sich in Geduld.»[10]

Daß er Außenpolitik überhaupt oft als Schauspiel benutzte, um seinem Publikum eine Illusion von den Möglichkeiten Frankreichs zu bieten, bekannte er einem der engsten unter seinen langjährigen Mitarbeitern, Jacques Foccart, seinem Vertrauensmann für Afrika: «Ich war immer allein... und, stellen Sie sich vor, ich befand mich immer auf einer Bühne, wo ich Illusionen geliefert habe – und das seit 1940. Jetzt versuche ich, Frankreich das Gesicht einer soliden, fest entschlossenen Nation zu geben [...]. Ich werde mit diesem Theater so lange wie möglich weitermachen, und nach mir wird das alles zusammenfallen.»[11]

Die angeführten Zitate wie auch sein Regierungsstil zeigen, daß er seiner Politik bewußt Elemente der Faszination hinzufügte, die oft auf außenpolitischem Gebiet lagen. Bei näherer Betrachtung erkennt man jene Strategie des «als ob», zu der er sich gegenüber Malraux bekannt hatte. Gehörte dazu nicht auch sein «Europa vom Atlantik zum Ural», das einen Wandel der Sowjetunion hin zu demokratischen Formen voraussetzte und mit der er von 1965 bis zum Einmarsch in Prag im August 1968 die «Auflösung der Blöcke» einzuleiten versuchte? Den Gegensatz zu den USA, die eine Entspannung von Block zu Block anstrebten, nahm er in Kauf, ja, er pflegte ihn und faszinierte damit sowohl die «dritte Welt» wie große Teile der Völker Osteuropas, bei denen diese Faszination wohl auch fortwirkte. Als ich zu Beginn der achtziger Jahre darüber einige Gespräche mit seinem Außenminister Maurice Couve de Murville führen konnte (damals Mitglied der Senats, der zweiten Kammer) und auf gewisse Widersprüche hinwies, die diese Politik in meinen Augen hatte, sagte er am Schluß einer Erwiderung: «Übersehen Sie nicht das vielleicht wichtigste Motiv dieser Politik: Wir konnten sie uns leisten.»

Angesichts solcher Bekenntnisse relativiert sich leicht das Bild des Visionärs, das Bild des Mannes, der – beispielsweise – im Juni 1940 erklärte: «Die Macht, die uns mit überlegenen Waffen besiegt hat, kann selbst von einem noch größeren Aufgebot, vor allem an Rüstung, geschlagen werden.» Das gleiche mag man von seinen Auftritten zwischen 1965 und 1967 in Moskau, Warschau, Danzig und in Bukarest sagen, wo er den Menschen zugerufen hatte: «Ideologien sind vergänglich. Die Völker bleiben. Eines Tages können wir Europa ‹vom Atlantik bis zum Ural›, diesen Kontinent alter Staaten und Völker mit einer in vielem gemeinsamen Geschichte, auch als Gemeinschaft organisieren.» Aber diejenigen, die ihn damals hörten, blieben ihm für seine Weitsicht und seinen Trost dankbar. Nein, er war nicht nur ein Schauspieler – aber ein Schauspieler oder Spieler war er auch.

Übrigens fühlte er sich manchmal auch als Gefangener seiner Legende. 1944 in Brazzaville hatte er – darauf wurde schon hingewiesen – begriffen, daß man vom «Mythos de Gaulle», den er verkörperte, Impulse für die Befreiung von Völkern, diesmal vom kolonialen Joch, erwartete. Damals fühlte er sich von solchen Erwartungen überfordert und flüchtete sich in die Unverbindlichkeit. In einem andern Fall, mehr als zwanzig Jahre später, 1967 in Kanada, ließ er sich von den Erwartungen der Menschen und der eigenen Legende verführen. Beim Besuch der französischsprachigen Provinz Quebec ließ er sich nach anfänglicher Zurückhaltung hinreißen, ganz im Sinne der örtlichen Unabhängigkeitsbewegung am Schluß einer Rede auszurufen: «Es lebe das freie Quebec!» Die Reaktion der kanadischen Regierung zwang ihn, die Reise abzubrechen. In Paris erwartete ihn kein begeisterter Empfang.

Während des Rückflugs hat ihn sein diplomatischer Begleiter auf den Vorfall angesprochen und als Antwort notiert: «Wissen Sie, es gibt den de Gaulle hier an diesem Tisch, den armen Menschen de Gaulle, und es gibt den historischen de Gaulle, von dem man Geschichte erwartet. Was macht's schon, wenn der Mensch de Gaulle dafür Schläge einsteckt?»[12]

Wird hier nicht die Tragik dieser Doppelexistenz spürbar? Welche Dimensionen sie für ihn hatte, wird an einem anderen Vorfall deutlich, der glaubhaft überliefert ist. Ebenfalls 1967 meldete sich eines Abends ein Mann bei ihm ab, Edmond Michelet, den er aus der *Résistance* kannte und der jetzt Fachminister in seiner Regierung war. Er fahre zu einem Vortrag nach Madrid. «Welches Thema?» Es handele sich um das Verhältnis de Gaulles zu einem Philosophen/Schriftsteller, der unter dem Namen Alain in den ersten Jahrzehnten des Jahrhunderts großes Ansehen genoß. Die Reaktion de Gaulles: «Aber Michelet, ‹de Gaulle und Alain›, wer in Spanien kennt Alain? Sprechen Sie über ‹de Gaulle und Don Quichotte›. *Das ist ein Thema!*»

Der Abgang

Wie sehr er dem «Ritter von der traurigen Gestalt» glich, der wie der letzte Vertreter einer untergegangenen Zeit Mitleid, Spott und Respekt gleichermaßen herausfordert, das erlebte er während des stürmischen Pariser Mai 1968, als in den Straßenkämpfen der Studenten und jungen Arbeiter Schilder auftauchten mit Aufschriften wie «10 Jahre sind genug!» Und: «Charlot, des sous!» (Karlchen, die Pfennige). Manche der damals jungen Wortführer sehen heute in ihm einen Reformator, Vorbild für eine Erneuerung Frankreichs in ihrem Sinne.[13] Es ist fast erstaunlich, daß die Bewunderung erst so spät auf die Ablehnung gefolgt ist. Denn nach anfänglicher Hilflosigkeit hatte er 1968 den Sturm, der die Republik erschütterte, mit einem Theatercoup beendet, der sein ganzes Gespür, sein Arsenal an List, Führungskunst und Entschlossenheit noch einmal deutlich machte.

Man erlebte noch einmal einen General de Gaulle, der alles, was er in seinem frühen Buch (*Des Schwertes Schneide*) über die Kunst der Menschenführung zusammengefaßt hatte, beispielhaft vorführte, vor allem die Fähigkeit zu Distanz, Geheimnis und Überraschung. Er verschwand überraschend aus Paris, war auch nicht in seinem Haus in Lothringen; schließlich erfuhr man, daß er sich – mit seiner Frau und einem Adjutanten – nach Baden-Baden abgesetzt hatte, wo ihn der Befehlshaber der französischen Truppen in Deutschland, General Jacques Massu, ein alter, vorübergehend in Ungnade gefallener Mitkämpfer, erwartete und ihn «niedergeschlagen» fand. Als de Gaulle ihn nach einigen Stunden verließ, war er, so berichtet Massu, «wie umgekrempelt».

Erst am Abend rief er von Lothringen aus seinen ratlosen Premierminister an, und bald wußten die Gerüchte, daß er «einen Plan» habe. Aber welchen? Am folgenden Nachmittag löste er die Spannung: Über Radio, nicht über das Fernsehen, verkündete er die Auflösung des Parlaments und Neuwahlen. Über Radio – das erinnerte an seine Londoner Zeit, aber es entsprach auch den Gepflogenheiten der Stunde. Wenn man wissen wollte, was die Studenten planten, wie Parteien und Behörden reagierten, erfuhr man das am schnellsten durch die Reporter, die für den Hörfunk vor Ort waren.

Die gaullistische Partei, von ihm oft vernachlässigt, hatte diesmal das richtige Stichwort bekommen. Sie brachte wenige Stunden nach der kurzen Rundfunkansprache de Gaulles mehr als eine halbe Million Menschen auf die Champs-Élysées zu einer Kundgebung, die so gewaltig war wie einige Demonstrationszüge der revolutionierenden Studenten. Die kommunistische Partei begrüßte die Neuwahlen. Das war auch für andere der Ruf zur Rückkehr in die Legalität. Die Wahl brachte den Gaullisten den bisher größten Erfolg. Er sollte nicht von Dauer sein.

Kaum ein Jahr später, am 27. April 1969, dankte de Gaulle ab. Nichts zwang ihn dazu. Aber er hatte direkt vom Volk noch einmal die Zustimmung zu einer für die Entwicklung Frankreichs mutigen, ja revolutionären Maßnahme erwartet und war enttäuscht worden: 53,2 Prozent hatten «Nein» gesagt zu einer Verwaltungsreform, die das Land aus dem Korsett der völlig zentralisierten Verwaltung befreien sollte und die weiter ging als die ebenfalls mutigen Dezentralisierungsgesetze seiner Nachfolger. Er rüttelte an zuviel Gewohnheiten. Frankreich war dazu nicht mehr bereit.

Noch in der Nacht der Niederlage zog er die Konsequenz, die von keiner Bestimmung der Verfassung vorgesehen war. In nüchternen Worten teilte er mit: «Ich beende meine Funktion als Präsident der Republik. Diese Entscheidung tritt am Mittag um 12 Uhr in Kraft.» Aus Colombey-les-deux-églises, dem ständigen Refugium, verschwand er für kurze Zeit nach Irland. Das einzige, was man von ihm sah, waren gelegentliche Fotos oder kurze, aus der Entfernung entstandene Bildberichte, die ihn in einer einsamen Landschaft mit wehendem Mantel zeigten und einem Begleiter, der mit Abstand folgte. Dem französischen Botschafter in Dublin, den er aus der *Résistance* kannte, schrieb er ins Gästebuch eine Zeile aus dem Rolandslied: «Viel hat gelernt, wer tief den Schmerz erfuhr». Er schrieb es auf Altfranzösisch.[14] Ohne Fehler, wie man feststellte. Zur Wahl seines Nachfolgers, des ungeliebten früheren Mitarbeiters Georges Pompidou, schickte er ein Glückwunschtelegramm. Als er wieder in Lothringen war, empfing er nur wenig Besucher. Was er von der Entwicklung dachte, drang nicht an die Öffentlichkeit.

Am 9. November 1970 starb er, fast achtzigjährig, während er eine «Patience» legte. Damit pflegte er seine Tagesarbeit – Briefe beantworten, Erinnerungen und Gedanken zu Papier bringen – abzuschließen. In seinem Testament hatte er schon lange bestimmt: «Meine Beisetzung soll in

Colombey-les-deux-églises ohne die geringste öffentliche Zeremonie erfolgen...». Zum Trauergottesdienst in der kleinen Kirche, bei dem das ganze Dorf zugelassen war, wurden nur die Mitglieder des Gemeinderats eingeladen und einige von den ältesten «Compagnons de la Libération», den Kameraden aus den frühen Zeiten des Widerstandes.

Die Regierung setzte zur gleichen Zeit einen Gedenkgottesdienst in der Kathedrale von Notre Dame an, zu dem Staats- und Regierungschefs aus der ganzen Welt erschienen. Frankreich erlebte beide Feierlichkeiten am Bildschirm. Die Regie schaltete zwischen beiden Schauplätzen hin und her. Während man gerade noch den feierlichen Prunk zwischen den hohen Säulen der Kathedrale von Paris sich entfalten sah, tauchte plötzlich auf dem Bildschirm ein einsamer, vom Laub der Bäume überdachter Parkweg auf, in dessen Tiefe eine leichte Bewegung auffiel. Während sie näher kam, erkannte man einen einsamen, nur mit der Trikolore bedeckten Sarg auf einer Militärlafette. Als sie sich durch den Bildschirm geschoben hatte, zeigte die Regie unbewegte, verwitterte Bauerngesichter, die vor dem Altar auf den Sarg warteten. Das waren die Bilder, die den meisten Franzosen im Gedächtnis haftenblieben. Alles, was sie seit dem Rücktritt von ihm erfahren hatten, war Zeugnis der Einsamkeit, die er suchte – und die längst ein Teil seines Lebens war.

In dem Maße, in dem sich die Archive öffneten und die nahen Begleiter die kleinen Geheimnisse preisgaben, fiel manches Klischee von dem Bild ab, das sich die Zeitgenossen von de Gaulle gemacht haben. Gilt er nicht vielen als eine Art Wanderprediger für die *Grandeur* Frankreichs? Würde man bei ihnen mehr als ein mildes Lächeln ernten, wenn man ihn als einen *Don Quichotte* dieser *Grandeur* bezeichnete?

Schon lange ahnte man, daß er sich selbst als «Rufer in der Wüste» begriff. Inzwischen ist wohl unbestritten, daß man in den Beschwörungen der *Grandeur* eine pädagogische Absicht erkennen muß – den (seit dem 18. Juni 1940 fortgesetzten) Appell an die Franzosen, den Geist der Niederlage zu überwinden.

Dies jedenfalls ist die Quintessenz einer Darstellung seiner Außenpolitik, die 1998 ein Pariser Historiker vorlegte, der Zugang auch zu den letzten Quellen bekommen hatte.[15] Er schloß seinen Bericht, dem er den Titel *La Grandeur* gab, mit einem Zitat aus dem letzten Gespräch, das André Malraux kurz vor dem Tode de Gaulles mit ihm führte. Die entscheidende Feststellung war das Eingeständnis – das übrigens in zwei Gesprächen de Gaulles mit Adenauer schon angeklungen war –, die Zeit der *Grandeur* sei vorbei. Wörtlich: «Pourquoi pas lui donner son vrai nom, Malraux?» (Malraux, warum soll man die Sache nicht beim Namen nennen?) «La Grandeur c'est fini!»

Friedemann Büttner

Gamal Abdel Nasser –
Charisma bis zum bitteren Ende

Der erste Schuß muß im Lärm der riesigen Menschenmenge untergegangen sein; Nasser blickte nur irritiert auf, als Scherben der über ihm zerplatzten Glühbirne auf sein Redemanuskript fielen. Aber selbst als die Leute neben ihm in Deckung gingen und in der Menge eine Panik auszubrechen drohte, als in kurzer Folge sechs bis acht Schüsse fielen, wich er nicht zurück. Mit bebender, dennoch gebieterischer Stimme forderte er die Menschen auf, an ihren Plätzen zu bleiben:
«Dies ist Gamal Abdel Nasser, der zu Euch spricht... Fürchtet Euch nicht, denn er spricht zu Euch mit Gottes Hilfe, nachdem die Provokateure nach seinem Leben trachteten.... [Seht,] Gamal Abdel Nasser ist von Euch und für Euch, und sein Leben ist immer [als] Opfer [bereit] für das Vaterland!... Habt keine Angst. Ich bin nicht feige; ich habe die Revolution für Euch gemacht, für Eure Würde. Mein Blut ist von Eurem Blut, und es ist für Euch! Bis zum Tod werde ich um Euretwillen kämpfen, für Eure Freiheit, für Eure Selbstachtung und Eure Würde.... Ihr Ägypter! Das Leben Ägyptens hängt nicht von Gamal Abdel Nasser ab, es hängt von Eurem Kampf ab! Oh, Landsleute! Geht voran, denn Ägypten hat schon seine Würde und seine Selbstachtung und seine Freiheit wiedergewonnen! Vorwärts, mit Gottes Segen, zur Würde, zur Ehre, zur Freiheit!»[1]

Als Nasser mit diesem Aufruf seine Rede abbrach, hatte er sich den Massen eindeutig als ihr Führer gezeigt. Sollte der Anschlag – wie wegen der Umstände von manchem vermutet – im Auftrag Nassers zum Schein arrangiert worden sein,[2] dann hätten Zeitpunkt, Ort und Umstände kaum besser gewählt sein können: An jenem 26. Oktober 1954 feierte man den eine Woche zuvor unterschriebenen Vertrag über den Abzug der britischen Truppen aus der Suezkanalzone. Zwei Jahre nachdem eine Gruppe junger Offiziere am 23. Juli 1952 mit einem unblutigen Staatsstreich in Ägypten die Macht übernommen hatte, war dies der erste große außenpolitische Erfolg Nassers.

Nasser brauchte diesen Erfolg, denn seine Position war noch nicht unumstritten. Zwar war er die zentrale Figur im «Revolutionären Kommandorat», doch war es wenige Monate zuvor zu einer schweren Krise gekommen. General Mohammed Nagib, der eigentlich nur als Aushängeschild hatte dienen sollen, hatte als Vorsitzender des Revolutionsrats, Ministerpräsident und Staatspräsident genügend Einfluß gewonnen,

um sich auf eine Auseinandersetzung mit Nasser über eine «Rückkehr
zur Demokratie» einlassen zu können. Nasser hatte sich in dieser «März-
krise» zwar gegen Nagib durchsetzen können und war seitdem als
Ministerpräsident erkennbar der Kopf der Revolution. Aber noch am-
tierte Nagib als Staatspräsident, wenn auch nur mit protokollarischen
Funktionen.

Zudem spitzten sich seit Monaten Auseinandersetzungen mit der Muslimbruderschaft zu, die als außerparlamentarische Bewegung enge Verbindungen zu einzelnen der «Freien Offiziere» unterhielt. Als sich herausstellte, daß der Attentäter aktives Mitglied der Muslimbruderschaft
war, bot sich Nasser ein Grund, die Organisation aufzulösen. Mehrere
hundert Mitglieder wurden verhaftet, viele flohen ins Ausland; der
Attentäter und fünf Mitverschworene wurden zum Tode verurteilt und
hingerichtet. Auch Nagib geriet in den Strudel der Ereignisse, verlor alle
Funktionen und wurde unter Hausarrest gestellt.

Nicht nur der Zeitpunkt, auch der Ort wäre für einen vorgetäuschten
Attentatsversuch wie geschaffen gewesen, denn auf jenem Platz hatte
Nasser – wie er in seiner Rede eingangs stolz betonte – in den 30er Jahren
als Jugendlicher bei Demonstrationen gegen die Briten seinen eigenen
Kampf um Ägyptens Unabhängigkeit begonnen. Nun kehrte er hierhin
zurück, um das Ende des nationalen Kampfes zu feiern und die Massen
zugleich auf kommende Kämpfe einzuschwören.

Nasser hatte in den vorangegangenen Monaten erkannt, welche Wirkung er als Redner auf Menschenmassen auszuüben vermochte. Aber
reichte das aus, sich auf das Risiko eines arrangierten Attentats einzulassen? Überschätzt man nicht die schauspielerische Kraft des bis dahin eher
spröden Nasser, wenn man jene abgerissenen Sätze und Satzfetzen für
einstudiert hält? Bei aller Vieldeutigkeit bzw. Unklarheit einzelner Formulierungen[3] rief er doch nur aus, was ihm spontan einfallen mußte,
denn er sprach von jenen Zielen, die er zeit seines Lebens verfolgt hatte:
Kampf um Unabhängigkeit, Freiheit, Würde und Selbstachtung. Damit
verbanden sich in dieser Situation als naheliegende Symbole «Blut» und
«Opfer» sowie die Bitte um Gottes Segen (*baraka*). *Baraka* ist zugleich die
Bezeichnung einer Gnadengabe, die Gott manchen Menschen verleiht
und die die diese dann an andere weitergeben können. Insofern ist *baraka* ein
arabisches Äquivalent für Charisma.[4]

Es klingt zu perfekt, als daß alles minutiös geplant gewesen sein könnte. Für die Adressaten war dies in jedem Fall irrelevant: Nasser hatte sich
ihnen als mit jenen «spezifisch außeralltäglichen, nicht jedem anderen
zugänglichen Kräften» begabt gezeigt,[5] die ihn zu ihrem «Führer» (*ra'is*)
werden ließen. Seine Rückkehr nach Kairo noch am selben Tag wurde
zum Triumph. An jeder Bahnstation jubelten ihm die Menschen zu, die
das Drama am Rundfunk miterlebt bzw. die seitdem wieder und wieder
ausgestrahlte Rede gehört hatten.

Nasser hatte die Anerkennung der Beherrschten gewonnen, auf deren gläubige Hingabe er sich in den nächsten Jahren verlassen konnte. Doch von den revolutionären Veränderungen, auf die seine Herrschaft zielte, ist nach seinem Tod nicht viel geblieben, da es Nasser nicht gelungen ist, seine Herrschaft zu institutionalisieren und seine Nachfolge zu regeln.

«Wo ist Würde? Wo ist Nationalismus?» – Aufwachsen mit der Krise Ägyptens

Gamal Abdel Nasser – dessen Nachname richtig: Abdel Nasser, «Diener des Siegverleihenden» (Gottes), lautet – wurde am 15. Januar 1918 in Alexandria geboren. Als Umschlagplatz und Hafen für Ägyptens Hauptexportprodukt Baumwolle war Alexandria das wichtigste Wirtschafts- und Handelszentrum. Im angenehmen Mittelmeerklima dieser Stadt verbrachten die Königsfamilie und die Regierung, Kairos Oberschicht und Großgrundbesitzer aus dem ganzen Land die Sommermonate. In Alexandria konzentrierten sich die Ausländer, die die Wirtschaft des Landes dominierten, neben den Engländern vor allem Griechen, Italiener, Belgier und Franzosen.

In krassem Gegensatz zum Glanz der «Weißen Stadt», die sich 20 km die Küste entlang erstreckt, stand der Teil Alexandrias, in dem Nasser heranwuchs. Zwischen dem Küstenstreifen und den Marriot-Sümpfen lagen die übervölkerten Viertel der ärmeren Bevölkerung, darunter viele Menschen, die – wie Nassers Vater, ein Postbeamter aus einem mittelägyptischen Dorf – in der Hoffnung auf bessere Arbeits- und Lebensbedingungen in die Stadt gezogen waren.

In diesem tristen Milieu gehörte Nasser zu den wenigen Privilegierten, die gute Schulen besuchen und später sogar studieren konnten. Durch die Erfahrung beider Welten und durch umfangreiche historische, politische und philosophische Lektüre wurde er früh politisiert. Im Vordergrund stand für ihn zunächst der Kampf gegen die seit 1882 im Land befindliche britische Besatzungsmacht.[6] Mit der «Revolution von 1919» hatte die nationalistische Agitation gegen das britische Protektorat einen ersten Höhepunkt erreicht. Die 1922 gewährte «Unabhängigkeit» war jedoch nur ein Teilerfolg gewesen, da sich die Engländer weitgehende Souveränitätsrechte vorbehalten hatten und ihre Truppen im ganzen Land stationiert blieben. Wenn auch die Forderung nach ihrem Abzug nicht verstummte, herrschte doch längere Zeit Ruhe, so daß der siebzehnjährige Nasser 1935 einem Freund schrieb: «Wo ist Würde? Wo ist Nationalismus? Wo ist das, was man das Engagement der Jugend nennen könnte? Es ist alles verschwunden, und die Nation liegt im Schlaf wie die Einwohner einer Höhle. Wer vermag sie aufzuwecken, diese armseligen Kreaturen, die sich ihrer eigenen Lage nicht einmal bewußt sind?»[7] Als in den folgenden Monaten heftige anti-britische Demonstrationen begannen, brachte Nasser als Vorsitzender des Verbandes der Sekundarschüler zumindest die Schüler auf die Straßen. Bei einem der Zusammenstöße mit der Polizei wurde er durch einen Streifschuß am Kopf verletzt. Immerhin gab Großbritannien schließlich nach, verzichtete im Vertrag vom 26. August 1936 auf einige Rechte und zog seine Truppen in die Suezkanalzone zurück. Für Nasser persönlich war die wichtigste Konsequenz des Vertrages, daß die Militärakademie erstmals für Kadetten geöffnet wurde, die nicht der Oberschicht entstammten. Die Bewerbung des polizeibekannten politischen Agitators wurde zunächst abgelehnt, nach einsemestrigem Jurastudium wurde Nasser dann doch zugelassen.

Gleichzeitig mit ihm begann eine größere Zahl ebenfalls nationalistisch motivierter Kandidaten aus einem Milieu, das man in Europa als Kleinbürgertum bezeichnen würde, ihre Ausbildung. Es waren diese 1936/37 in die Armee eingetretenen Offiziere, aus denen Nasser später den Kern der «Freien Offiziere» und 1952 den Revolutionsrat rekrutierte: Abdel Hakim Amer, Anwar el-Sadat, Khalid und Zakaria Muhieddin, um nur die bekanntesten zu nennen.

Mit Beginn des Zweiten Weltkriegs zeigte sich, daß man 1936 wieder nur einen Teilerfolg errungen hatte, denn nun mußte Ägypten Bündnisverpflichtungen aus diesem Vertrag nachkommen. Nichts konnte die Ohnmacht des formal unabhängigen, im Krieg neutralen Landes besser demonstrieren als die Ereignisse des 4. Februar 1942, als der britische Botschafter den Palast von Panzern umstellen ließ und König Faruk zwang, eine pro-britische Regierung einzusetzen.

Nasser kehrte in diesem Jahr nach Garnisonsdienst in Oberägypten und im Sudan als Instrukteur an die Militärakademie nach Kairo zurück. Obwohl er schon zur zentralen Figur einer hochpolitisierten Offiziersclique geworden war, hielt er sich zurück, als einer von ihnen – Anwar el-Sadat – versuchte, Verbindung mit den in Richtung Alexandria vorrückenden Deutschen unter Feldmarschall Rommel herzustellen.[8] Nasser sah keinen Sinn darin, einen Eroberer durch einen anderen zu ersetzen.

«Eine Rolle, die ihren Helden sucht ...» –
Nasser und die Freien Offiziere vor der Machtübernahme

Trotz der Verschuldung des ägyptischen Staates, die den Engländern den Vorwand für die «vorübergehende» Besetzung des Landes geliefert hatte, war Ägypten bis zum Ersten Weltkrieg ein relativ wohlhabendes Land, das von der internationalen Arbeitsteilung durchaus profitierte. Englands Interesse hatte sich allerdings darauf beschränkt, die Baumwollwirtschaft auszubauen, um den Bedarf der englischen Industrie decken und die ausländischen Gläubiger befriedigen zu können. Nach dem Ersten Weltkrieg begann sich die Instabilität einer auf ein einziges Produkt ausgerichteten Exportwirtschaft zu zeigen. Während die Welt-marktpreise schwankten, sanken seit Ende der 20er Jahre auch noch die Erträge stark, weil die Monokultur die Böden ausgelaugt hatte. Zudem beschleunigte sich das Bevölkerungswachstum, immer mehr Menschen drängten in die Städte, wo Slums enstanden. Industrialisierungs-bemühungen kamen zu spät und reichten nicht aus, diese Entwicklung abzufangen. Schließlich machte sich auch die Vernachlässigung des Erziehungswesens durch die Engländer im Mangel an qualifizierten Arbeitskräften bemerkbar. Das Pro-Kopf-Einkommen sank stetig, wäh-rend die Ungleichverteilung von Einkommen und Vermögen drastisch zunahm.

Übervölkerung, Arbeitslosigkeit und Massenelend führten zu Span-nungen, die sich nach dem Zweiten Weltkrieg immer häufiger in Demon-strationen und Streiks, zunehmend begleitet von Gewalttaten und Plün-derungen, entluden. Politische und soziale Krisen verstärkten sich gegenseitig, auch nachdem die britischen Truppen wieder in die Suezka-nalzone zurückgezogen worden waren. Während die Regierungen deren Abzug durch Verhandlungen zu erreichen versuchten, äußerten Natio-nalisten von links bis rechts ihre antibritischen Gefühle zunächst bei Demonstrationen, Ende der vierziger Jahre zunehmend auch in Anschlä-gen gegen britische Einrichtungen.

Der Krieg der arabischen Nachbarstaaten gegen das 1948 neugegrün-dete Israel erweiterte das Krisenbündel um eine neue Dimension. Nasser, der bereits in der ersten Kriegsrunde verwundet worden war, kehrte aus dem für die arabischen Armeen blamabel verlaufenen Palästina-Krieg als Held zurück, nachdem er durch einen erbittert geführten Gegenangriff die Kapitulation seiner bei Falluja eingeschlossenen Truppe hatte verhin-dern können. Als sich nach dem Krieg herausstellte, daß korrupte Kreise im Palast und in der Armeeführung Riesengeschäfte mit defekten Waffen gemacht und damit die Niederlage der ägyptischen Armee zumindest in Kauf genommen hatten, begann Nasser systematisch, geeignete Offiziere für die Organisation der «Freien Offiziere» zu rekrutieren.

Unter dem Titel *Die Philosophie der Revolution* hat Nasser einige Zeit nach der Machtübernahme die Überlegungen veröffentlicht, die ihn in den Jahren der Vorbereitung bewegt hatten. Seiner Generation erschien damals Gewalt «als die einzig positive Aktion..., der wir gar nicht aus dem Wege gehen konnten, wenn wir die Zukunft des Landes retten woll-ten». Er hatte selbst an Attentate gedacht und auch an einem Anschlag teilgenommen, ehe er erkannte, daß Gewalt, die nur «diese oder jene Per-son aus dem Weg räumt», nicht zum Ziel führen konnte, sondern nur eine Revolution.[9]

Fest stand für Nasser von Anfang an die Notwendigkeit nicht nur einer «politischen Revolution», die Ägypten die volle Unabhängigkeit bringen und das Land von Korruption und Mißwirtschaft befreien sollte, sondern auch die einer «sozialen Revolution», die mehr Gleichheit und Gerechtigkeit zum Ziel hatte und zugleich die «verlorengegangene Würde unserer moralischen Werte» wiederherstellen würde. Bewußt war er sich auch, daß er jene Rolle übernehmen würde, «die ihren Helden sucht»: «Es ist eine Rolle, die darauf hinausläuft, diese gewaltige Macht anzufeuern, die latent in dem Gebiet rund um uns vorhanden ist; eine Rolle, die uns zu dem Experiment auffordert, eine starke Gruppierung zu schaffen, die dann aktiv mitwirken kann, die Zukunft der Menschheit aufzubauen.»[10]

Die Zeit für einen radikalen Wandel schien reif: Die Monarchie war durch Korruptionsskandale diskreditiert, Regierung, Parlament und Parteien hatten ihre Glaubwürdigkeit verloren. Außerhalb des Parlaments agitierte auf der Linken das 1945 gebildete «Nationalkomitee der Arbeiter und Studenten», auf der Rechten die Muslimbruderschaft, die Ägypten aus dem Geiste des Koran erneuern wollte. Schließlich schufen Mordanschläge auf Politiker und antibritische Guerillaaktivitäten in der Suezkanalzone einen Zustand der Gesetzlosigkeit. Am 26. Januar 1952, dem «Schwarzen Samstag» – einen Tag nachdem britische Truppen eine ägyptische Polizeistation am Suezkanal erstürmt und 187 Hilfspolizisten erschossen hatten –, brandschatzten und plünderten Demonstranten ausländische Geschäfte und Einrichtungen im Zentrum von Kairo. Die Regierung verhängte den Ausnahmezustand und trat zurück. In kurzer Folge einander ablösende Regierungen vermochten die Krise nicht zu bewältigen.

Das war der Moment des Gamal Abdel Nasser: «Die Lage verlangte eine homogene, einen festen Zusammenhalt verbürgende Kraft, die aus den Herzen des Volkes hervorgehen, aber bis zu einem gewissen Grade außerhalb des Streites der einzelnen und des Kampfes der Klassen stehen mußte. Es mußte eine Gruppe von Männern dasein, die Glauben aneinander und Vertrauen zueinander hatten und die zugleich genug materielle Macht in ihren Händen vereinigten, daß sie zur schnellen und entscheidenden Aktion fähig waren. Das traf einzig und allein auf die Armee zu.»[11] Genauer, auf jene Verschwörergruppe innerhalb der Armee, in die er etwa 400 Offiziere hatte einbinden können, mit einem Dutzend treu ergebener Freunde als Kern. Am 23. Juli 1952 übernahmen die von Nasser geführten «Freien Offiziere» mit einem unblutigen Staatsstreich die Macht. Die Regierung wurde aufgelöst, König Faruk zur Abdankung gezwungen und ins Exil geschickt.

Nassers «politische Revolution» –
die Schaffung einer Machtbasis für das Regime

Die Revolution sollte die Spuren des Imperialismus beseitigen, den Feudalismus abschaffen, Monopole aufheben, soziale Gerechtigkeit herbeiführen, eine starke Armee aufbauen und ein stabiles demokratisches

System errrichten.[12] Nasser wollte keinen Staatsstreich nach dem Muster lateinamerikanischer Militärcoups, durch die nur eine Clique von Mächtigen und Reichen von einer anderen verdrängt wird. Er wollte eine Revolution im Interesse des Volkes. Dazu mußte er aber nicht nur die Macht aller etablierten Interessen brechen, sondern auch jene auf seine Seite ziehen, die vom revolutionären Wandel am meisten profitieren würden. Die Armee mochte für eine Weile die Aufgabe einer revolutionären Avantgarde übernehmen, konnte aber nicht zum Träger der Mobilisierung werden. Kommunisten und Muslimbruderschaft galten vorübergehend als Bündnispartner – letztere glaubte zunächst wirklich, der Staatsstreich der Offiziere wäre der Auftakt für ihre Revolution.

Auch wenn es Nasser anfänglich an Klarheit der Ziele gemangelt haben mag, an Entschlossenheit, die notwendigen Machtmittel in die Hand zu bekommen, fehlte es ihm nicht. In den Wochen nach der Abdankung des Königs begannen die Freien Offiziere, Schritt für Schritt ihre Kontrolle über das Land zu festigen: durch Tribunale gegen korrupte Politiker und Beamte des alten Regimes, Säuberungen in Armee und Bürokratie, schließlich das Verbot aller Parteien und 1954 auch der Muslimbruderschaft. Gleichzeitig wurden allen Ministerien, Behörden und selbst privaten Institutionen Offiziere als «Berater» zugeordnet. Der Ausbau der Geheimpolizei, strikte Zensur der Medien und der Aufbau eines Propagandaapparates sicherten die Herrschaft zusätzlich ab.

Eine Provisorische Verfassung vom Februar 1953 legte für drei Jahre alle legislative und exekutive Macht in die Hände des «Führers der Revolution», des älteren, angesehenen Generals Mohammed Nagib, den die jungen und unbekannten Offiziere um Nasser vorgeschoben und zum Vorsitzenden ihres Revolutionsrates ernannt hatten. Als Oberkommandierender der Streitkräfte, Premierminister und – nach Ausrufung der Republik am 18. Juni 1953 – auch noch Präsident schien er eine große Machtfülle zu haben. Zudem erfreute er sich bald großer Popularität, da seine joviale Vaterfigur die Erhebung des autochthonen Ägypters gegen die Fremdherrschaft nicht allein der Briten, sondern auch der albanisch-stämmigen Dynastie und der vielfältig gemischten Oberschicht des *Ancien régime* symbolisierte.

Die treibende Kraft hinter allem war Nasser, der sich auf eine sichere Mehrheit im Revolutionsrat verlassen konnte. In diesem saßen außer Nagib – dem es schwerfiel, ständig an endlosen Nachtsitzungen teilzunehmen – ausschließlich Mitglieder des Exekutiv-Komitees der Freien Offiziere. Als Generalsekretär der von ihm im Februar 1953 gegründeten «Befreiungsfront», die Funktionen der aufgelösten Parteien übernehmen sollte, begann Nasser, sich eine Basis außerhalb der Streitkräfte zu schaffen. Im Sommer 1953 übernahmen Mitglieder des Revolutionsrats weitere Schlüsselministerien, Nasser selbst das Innenressort. Allmählich wurde der Mann im Hintergrund sichtbar: Neben dem «gemäßigten» Nagib

war er der «Radikale», von dem man bald wußte, daß ihm die weniger
populären Entscheidungen des Regimes zu verdanken waren. Im März
1954 wurde Nagib ausmanövriert, als er auf einer baldigen Rückkehr zu
einem «normalen demokratischen Leben» bestand. Von der Befreiungsfront organisierte Demonstrationen «zwangen» den Revolutionsrat, die
Zulassung politischer Parteien und die Ansetzung von Wahlen wieder
zurückzunehmen. Nagib trat von seinen Ämtern zurück, wurde aber
vom Revolutionsrat als Präsident wiedereingesetzt. Nasser selbst übernahm nun auch den Vorsitz im Revolutionsrat und das Amt des Ministerpräsidenten.

In dieser Auseinandersetzung hatte Nasser keinen Hehl daraus
gemacht, daß Ägypten vor allen Verfassungsexperimenten wirtschaftlich
und sozial gestärkt werden mußte. Eine baldige Rückkehr zum parlamentarischen System würde nur die «trügerische demokratische Fassade» wiederherstellen. Die einzige Alternative zum Chaos der Nach-
kriegsjahre war ein autoritäres Regime, das ohne Rücksicht auf
Popularität den Mut hatte, das Notwendige zu tun.[13] Nach innen hatte er
sich dazu die Handlungsspielräume geschaffen; der zweite Schritt mußte diese nach außen absichern und möglichst ausweiten.

Auf dem Weg zum charismatischen Herrscher –
Nassers nationalistische Außenpolitik

Am 19. Oktober 1954 hatten die langwierigen Verhandlungen mit der britischen Regierung zum Erfolg geführt. Bis 1956 würden die letzten britischen Soldaten die Suezkanalzone verlassen haben und Ägyptens volle
Souveränität hergestellt sein. Nasser hatte sich dem Druck Großbritanni-
ens und auch der USA widersetzt. Die Amerikaner hatten in parallelen
Verhandlungen versucht, Ägypten in den Mittelost-Verteidigungspakt
einzubeziehen, der im Rahmen der Einkreisungspolitik gegenüber der
Sowjetunion das Verbindungsglied zwischen NATO und SEATO bilden
sollte. Im Februar 1955 wurde der «Baghdad-Pakt» ohne Beteiligung
Ägyptens geschlossen; auch Jordanien und Syrien hatten sich nach der
ägyptischen Weigerung dem Beitritt entziehen können. Die eigentliche
Auseinandersetzung mit dem «Imperialismus» stand Nasser noch bevor.
Die Amerikaner gaben so schnell nicht auf und verzögerten die Verhand-
lungen über Waffenlieferungen und die Finanzierung des geplanten
Assuan-Staudammes.

Waffen für die schlechtgerüsteten ägyptischen Streitkräfte hatten für
Nasser hohe Priorität, denn schließlich war die Armee immer noch seine
wichtigste Machtbasis. Ein israelischer «Vergeltungsschlag» gegen das
ägyptisch verwaltete Gaza, von wo aus palästinensische Flüchtlinge
Anschläge in ihrer alten Heimat verübt hatten, überzeugte Nasser noch
mehr von der Dringlichkeit. Er ließ sich darum auf Verhandlungen mit

der Sowjetunion ein, die ihm modernes Kriegsmaterial im Wert von 80 Millionen Dollar anbot – ein Mehrfaches dessen, was er von den Amerikanern hatte haben wollen.

Gleichzeitig begann sich Nasser nach möglichen Bundesgenossen umzusehen, die wie er die Unabhängigkeit zwischen den Blöcken des Kalten Krieges zu wahren suchten. Anfang 1955 besuchte ihn der indische Ministerpräsident Nehru. Im April tagten dann in Bandung (in Indonesien) die Führer von dreißig afro-asiatischen Nationen und konstituierten das Lager der Blockfreien. Danach verkündete Nasser, der erstmals auf internationaler Ebene eine führende Rolle gespielt hatte, als Prinzip der ägyptischen Außenpolitik den «positiven Neutralismus», der jedem gute Beziehungen anbot, der mit Ägypten zusammenarbeiten wollte, sich aber gegen jeden richtete, der Ägypten feindlich gesinnt war.

Diese Politik der Nicht-Paktgebundenheit ermöglichte, potentielle Kreditgeber in West und Ost gegeneinander auszuspielen. Im Herbst 1955 bot die Sowjetunion an, auch den Assuan-Damm zu finanzieren. Die USA, für die das sowjetisch-ägyptische Waffenlieferungsabkommen ein schwerer Schock gewesen war, wollten der Annahme eines weiteren sowjetischen Angebots zuvorkommen und sagten im Dezember gemeinsam mit Großbritannien und der Weltbank die Finanzierung der ersten Baustufe zu. Als Nasser seine Neutralitätspolitik unbeirrt fortsetzte, den jugoslawischen Präsidenten Tito auf Staatsbesuch in Ägypten feierte, bei der Entlassung des englischen Oberkommandierenden der jordanischen Armee, Glubb Pascha, vermutlich seine Hände im Spiel hatte und schließlich die Volksrepublik China diplomatisch anerkannte, zogen die USA, gefolgt von Großbritannien und der Weltbank, im Juli 1956 ihr Angebot wieder zurück.

Die Nachricht erreichte Nasser, als er gemeinsam mit Nehru und Tito auf Titos Ferieninsel Brioni über eine gemeinsame Strategie konferierte. Seine Antwort kam eine Woche später auf einer Massenversammlung in Alexandria bei einer dreistündigen Rede, die er – gegen alle Tradition – in ägyptischer Umgangssprache hielt: Nie wieder würden Imperialisten Ägypten beherrschen, weder mit Gewalt noch mit Dollar. Die Regierung habe deswegen die Suezkanalgesellschaft nationalisiert und werde den Assuan-Staudamm aus den Einnahmen des Kanals finanzieren.[14] Damit löste Nasser zwar den britisch-französisch-israelischen Überfall auf Ägypten (Suez-Krieg) aus; da aber sowohl die Sowjetunion als auch die Vereinigten Staaten zu seinen Gunsten intervenierten, konnte er die militärische Niederlage in einen diplomatischen Sieg verwandeln; in der «Dritten Welt» war er angesehener als je zuvor.

In der arabischen Welt hatte Nasser einen Nimbus gewonnen wie kein arabischer Politiker zuvor. Er hatte gezeigt, wie sich eine schwache Nation gegen eine Übermacht behaupten konnte. Von nun an mußten selbst die Großmächte mit Nasser rechnen, nicht zuletzt wegen des Einflusses, den er auf andere Nationen ausüben konnte. Mit seinen Rundfunkreden konnte er nicht nur die ägyptischen Massen in den Bann schlagen, sondern bei Bedarf auch in fast allen arabischen Hauptstädten Menschen auf die Straßen bringen. Mit seinem Charisma, unter Umständen auch mit Drohungen konnte er die Regierenden dazu bringen, sein Spiel mitzuspielen und ihm neue Trümpfe gegen die Großmächte in die Hand zu geben. Nasser war zum unumstrittenen Führer im arabischen Raum und zugleich zu einem Repräsentanten der «Dritten Welt» geworden. Mit der Vereinigung Ägyptens und Syriens zur «Vereinigten Arabischen Republik» (VAR) im Februar 1958 war er mit seiner arabisch-nationalistischen Politik schließlich auf dem Höhepunkt angekommen.

Die politische Revolution war allerdings schon mit dem Ende der Suezkrise abgeschlossen. Bereits im Juni 1956 hatten die Ägypter eine neue Verfassung durch Plebiszit angenommen und Nasser gleichzeitig mit 99,9 Prozent der Stimmen zum Präsidenten gewählt. Der Revolutionsrat hatte sich aufgelöst; seine Mitglieder waren bis auf Abdel Hakim Amer, den Oberkommandierenden, aus den Streitkräften ausgeschieden und hatten zivile Positionen übernommen. Mit einiger Verzögerung wegen der Suezkrise nahm 1957 auch die «Nationale Union» ihre Arbeit auf, die als Trägerin des Volkswillens und Repräsentantin aller sozialen Kräfte beim Aufbau einer «demokratischen kooperativen sozialistischen Gesellschaft» mitwirken sollte. Die soziale Revolution konnte ernsthaft beginnen.

Nassers «soziale Revolution» –
die «demokratische kooperative sozialistische Gesellschaft»

Bereits sechs Wochen nach dem Staatsstreich hatte der Revolutionsrat eine Landreform dekretiert, die durch Begrenzung des Bodeneigentums die ökonomische und politische Macht der Großgrundbesitzer brechen, durch Landverteilung, feste Pachtzinsen und Mindestlöhne die Lage der Kleinbauern, Pächter und Landarbeiter verbessern sollte. Da die Militärs am Prinzip des Privateigentums festhielten, wurde der Großgrundbesitz nicht abgeschafft, sondern zunächst auf maximal 200 feddan (= 84 ha) pro Eigentümer, dann im Jahr 1961 auf 100 und 1969 schließlich auf 50 fed. begrenzt. Darüber hinausgehender Besitz wurde enteignet und in Einheiten von 2–5 fed. an Kleinsteigentümer und landlose Bauern verteilt. Bis zu Nassers Tod hatte die Agrarreformbehörde etwa ein Sechstel des landwirtschaftlichen Bodens übernommen und das meiste davon an 342 000 Familien verteilt.

Dies blieb zunächst die einzige radikalere wirtschafts- und sozialpolitische Maßnahme, obwohl für die langfristige Entwicklung Ägyptens auch die frühe Entscheidung für den Bau des Assuan-Hochdammes ausschlaggebend war, dessen Baubeginn sich allerdings wegen der genannten Schwierigkeiten bis 1959 verzögerte. Rückschauend läßt sich dennoch sagen, daß bereits kurz nach dem Staatsstreich strategische Entscheidungen zu grundlegenden Veränderungen der Wirtschafts- und Gesellschaftsordnung gefallen sind. Die Freien Offiziere hatten zwar kein umfassendes Entwicklungsprogramm; ihre pragmatisch orientierten Maßnahmen machten jedoch deutlich, daß sie die Industrialisierung und eine Diversifizierung der Wirtschaft unter Führung des öffentlichen Sektors vorantreiben wollten. Hohe Investitionen zur Steigerung der landwirtschaftlichen Produktion wurden gleichzeitig als unumgänglich akzeptiert. Zunächst unter Beteiligung der Privatwirtschaft wurden zudem bereits 1952 Instrumente der Planung und der öffentlichen Investitionstätigkeit in allen Sektoren eingesetzt. Eckpfeiler der Sozialpolitik war der massive Ausbau von Erziehungs- und Gesundheitswesen.

Beginnend mit der Nationalisierung der Suezkanal-Gesellschaft, schuf sich Nasser Schritt für Schritt das Instrumentarium zur Finanzierung seiner ehrgeizigen Ziele. Auf eine stärkere Besteuerung von Großunternehmen folgten die Nationalisierung ausländischer Banken, Versicherungen und Handelsunternehmungen sowie verschiedene Maßnahmen zur Investitionskontrolle, bis schließlich Anfang der sechziger Jahre der moderne Sektor der Wirtschaft verstaatlicht wurde. Weitgehend unangetastet blieben industrielle Kleinbetriebe, Handwerk und Einzelhandel. Es entstand ein gemischtes System, in dem der Anteil des öffentlichen Sektors von 15 Prozent zur Zeit der Machtübernahme auf etwa 50 Prozent erhöht wurde. Auch der private Sektor unterlag weitgehenden Preis- und Importkontrollen sowie anderen administrativen Eingriffen.

Nicht zuletzt durch seine aggressive Außenpolitik gelang es Nasser, die zur Finanzierung des ersten Fünfjahresplanes (1960–1965) benötigten ausländischen Kredite ins Land zu holen. In den Jahren nach Suez «bezahlten» vor allem die USA und die Sowjetunion mit insgesamt rund 3 Milliarden Dollar an Entwicklungskrediten (nicht gerechnet die technische Hilfe und Nahrungsmittelgeschenke sowie die sowjetische Militärhilfe im Wert von rund 500 Millionen Dollar bis 1967) für den politischen Einfluß Nassers, der in keinem Verhältnis zur wirtschaftlichen Bedeutung Ägyptens stand. In der Phase nach dem Suezkrieg bis 1963/64 erreichte die ägyptische Wirtschaft hohe reale Zuwachsraten des Bruttoinlandprodukts von durchschnittlich 6,7 Prozent pro Jahr. Die Planziele wurden annähernd erreicht, obwohl sie viel höher angesetzt worden waren, als ausländische Experten vorgeschlagen hatten.

Nasser scheint zunächst an eine spontane Revolution geglaubt zu haben, die ihre eigenen Ideen produziert. In einer längeren Passage seiner *Philosophie der Revolution* hat sich dann die Enttäuschung darüber niedergeschlagen, daß die Nation keineswegs bereit war, nach dem Staatsstreich «in geschlossenen Reihen vorzubrechen und gläubig dem großen Ziel entgegenzumarschieren». Da Nasser in den folgenden Monaten auch von «den Männern mit Ideen» keine brauchbaren Konzepte erhielt, versuchte er unter der Parole «Einheit, Disziplin, Arbeit» so etwas wie eine pragmatische Revolution ohne Ideologie.[15] Die Armee sollte «Wegweiser» zu wirtschaftlicher und politischer Freiheit und zugleich «Wächter» über diesen Weg sein.[16] Vorrangig ging es um die Lösung eines Bündels konkreter Probleme im Kontext der beiden Hauptziele «Nationale Unabhängigkeit und Modernisierung».[17]

Nasser nahm zwar Mitte der fünfziger Jahre den Begriff «Sozialismus» auf, doch blieb die «demokratische kooperative sozialistische Gesellschaft» nebulös. Die ständige Betonung der nationalen Einheit stand für soziale Harmonievorstellungen, die Nasser daran hinderten, eine Ideologie zu entwickeln, mit der er die «enormen latenten Möglichkeiten» des ägyptischen Volkes[18] hätte mobilisieren können. Die zunehmenden staatlichen Eingriffe und die Konflikte mit den Unternehmern waren weniger das Resultat ideologischen Wandels als vielmehr Folge von Problemen bei der Verwirklichung der Entwicklungsprogramme. Nasser hatte lange die Zusammenarbeit gesucht und 1960 nur die beiden Großkonzerne der Misr- und der National-Bank entflochten und verstaatlicht. Erst als sich herausstellte, daß die Privatunternehmer nicht bereit waren, in Projekte des Fünfjahresplans zu investieren, sondern kurzfristig profitable Anlagen insbesondere im Wohnungsbau und im Dienstleistungssektor vorzogen, wurden im Juli 1961 alle großen und mittleren Unternehmen in der VAR, also auch in Syrien, verstaatlicht.

Schritte zur Veralltäglichung des Charismas?

Zwei Monate später folgte der Gegenschlag der Betroffenen. Nach einem von syrischen Kaufleuten und Unternehmern mitgetragenen Staatsstreich syrischer Militäreinheiten schied Syrien aus der Vereinigten Arabischen Republik aus. Nasser akzeptierte die Entscheidung und zog die ägyptischen Soldaten und Administratoren aus Syrien zurück. Von nun an sollten sich die Energien auf Ägypten konzentrieren. Am 16. Oktober 1961 übte er in einer seiner wichtigsten Reden Selbstkritik: Es war ein Fehler, «einen Kompromiß mit den Reaktionären zu schließen» und «an die Möglichkeit einer Beseitigung der Klassenunterschiede friedlich im Rahmen der nationalen Einheit» zu glauben. Zudem warf sich Nasser vor, dem Volk seine Rechte nicht genügend klargemacht zu haben. Jetzt aber sollte die Mobilisierung der gesamten Bevölkerung beginnen: «Jedes Dorf, jede Fabrik und jede Schule, jeder Rat und jedes professionelle Syndikat, jeder Mann und jede Frau, Jugend und Kinder in diesem Land sollen in eine lebendige, fruchtbare, revolutionäre Zelle verwandelt werden.»[19]

Während die Sequestrierung der großen Vermögen in den folgenden Monaten die ägyptische Bourgeoisie lahmlegte, bereitete ein Komitee den

«Nationalkongreß der Volkskräfte» vor, den Nasser am 21. Mai 1962 mit der Verlesung seiner *Charta der nationalen Aktion* eröffnete, die der Kongreß nach fünfwöchiger Diskussion ohne Änderung verabschiedete. Der in der *Charta* propagierte «Arabische Sozialismus» sollte zu einer «totalen Revolution»[20] führen, die von einer neu zu gründenden «Arabischen Sozialistischen Union» (ASU) zu organisieren war.

In der *Charta* greift Nasser seinen alten Gedanken wieder auf, daß Demokratie erst möglich wird, wenn den Bürgern Freiheit von Ausbeutung und Chancengleichheit garantiert sind und sie keine Angst um ihr tägliches Brot haben müssen. Demokratie ist unter den Bedingungen der Herrschaft irgendeiner Klasse unmöglich. Klassenkämpfe sind unvermeidlich, «aber ihre Lösung muß friedlich, im Rahmen der nationalen Einheit und durch Auflösung der Klassenunterschiede erreicht werden».[21] Der Traum von einer Gesellschaft, die «zu einem starken, homogenen und vereinheitlichten Ganzen zusammenwachsen» wird,[22] läßt Nasser auch jetzt die «demokratische Interaktion zwischen den verschiedenen arbeitenden Kräften des Volkes, nämlich den Bauern, Arbeitern, Soldaten, Intellektuellen und dem nationalen Kapital» suchen.[23]

Ein Sozialismus, der Klassengegensätze durch die Kooperation von Arbeitern, Bauern und nationalem, d. h. nicht ausbeuterischem Kapital überwinden will, der die Diktatur des Proletariats ebenso ablehnt wie entschädigungslose Enteignungen, ist weit von irgendwelchen Spielarten des Marxismus entfernt. Er wird aber auch durch häufige Wiederholungen des Begriffs nicht zu einem theoretisch fundierten Konzept. Der demokratische kooperative Sozialismus «bedeutet die Errichtung einer Gesellschaft auf der Basis der Gerechtigkeit und materieller Sicherheit, von Arbeit und Chancengleichheit für alle und von Produktion und Dienstleistungen».[24] «Sozialismus» steht für eine gerechte Ordnung, deren Verwirklichung von «Mächten des Bösen und der Finsternis»[25] bedroht war und ist.

Dennoch hatte Nasser mit seinem Arabischen Sozialismus einen wichtigen Schritt zu einer kulturellen Revolution getan, die nach der politischen und wirtschaftlichen auch die geistige Abhängigkeit vom Westen überwinden sollte. Nasser versicherte der im Islam verwurzelten Bevölkerung, daß sein Sozialismus wissenschaftlich sei, aber nicht materialistisch oder gar marxistisch, daß er auch nicht die Religion verleugne, sondern daß vielmehr der Islam eine sozialistische Religion sei.[26] Nasser zog direkte Parallelen zu Mohammed, der als erster «die Politik der Nationalisierung einführte», als er Wasser und Weideland als Gemeineigentum bezeichnete. «Ist die Nationalisierung etwas anderes als diese Feststellung des Propheten?»[27] Mohammeds Staat nannte er den ersten sozialistischen Staat, und mit dem Hinweis auf islamische Institutionen wie die Almosensteuer rechtfertigte er seine Umverteilungsmaßnahmen.[28] Auf diese Weise machte er seine Handlungen verständlicher, als wenn er marxistisches Vokabular benutzt hätte. Da der Islam bereits in dieser Welt eine gerechte Gesellschaftsordnung errichten wollte, statt auf das Jenseits zu vertrösten, brauchte man nicht die Erfahrung des Westens, sondern konnte auf eine eigene revolutionäre Tradition zurückgreifen.

Mit seiner neuen Ideologie hatte Nasser nicht nur die von ihm verdrängten Eliten des *Ancien régime* gegen sich, sondern auch viele Intellektuelle, die ihm – je nach Standort – seine antiliberale oder antimarxistische Haltung nicht verziehen. Angehörigen der Bildungselite, die oft an erstklassigen westlichen Universitäten studiert hatten, schien Nassers politisches Denken so plump und widersprüchlich wie sein aggressives Reden und Handeln vulgär. Für sie galt es als Rückschritt, wenn Nasser revolutionäre Ziele mit dem Islam identifizierte und traditionalen Elementen in einer modernen Gesellschaft Raum gab. Nassers Verbindung von Arabismus und Islam, die Gleichsetzung sozialistischer Ziele mit islamischen Vorstellungen von einer gerechten Gesellschaft ermöglichten es jedoch der großen Mehrheit der Bevölkerung, sich mit dieser Politik zu identifizieren. Sie fühlte sich als Teil eines Ägypten, das vor ihren Augen und durch ihre Mitwirkung entstand, das modern, sozialistisch und revolutionär war und zugleich arabisch und islamisch.

Nasser wollte Armut und Elend der Massen überwinden und die Gesellschaft revolutionieren. Dafür genügte es nicht, sich auf die unteren Mittelschichten zu stützen, er mußte die Landbevölkerung und die städtischen Unterschichten mobilisieren, die in den 50er Jahren zusammen noch über 80 % der Bevölkerung bildeten. Diese Aufgabe sollte die in der Charta angekündigte «Arabische Sozialistische Union» (ASU) wahrnehmen.

Der Arabische Sozialismus blieb eine expressive Ideologie,[29] die es den Menschen erlaubte, sich bei Massenveranstaltungen emphatisch mit ihrem Führer und seinem Programm zu identifizieren – um dann befriedigt, aber untätig wieder nach Hause zu gehen. Mehr ließen die Strukturen der ASU nicht zu.[30] Die Basiseinheiten auf Stadtteil- bzw. Dorfebene bildeten Kongresse, deren gewählte Komitees Delegierte in die Kongresse auf Stadt- bzw. Kreisebene entsandten; so ging es weiter über die Bezirksebene und die Provinzebene bis hinauf zum Nationalkongreß – der aber bis 1968 nie konstituiert wurde. An der Spitze der Pyramide gab es darum Gremien – Zentralkomitee, Oberstes Exekutivkomitee und Generalsekretariat –, deren Mitglieder ernannt worden waren und die selbst wiederum Nominierungen für die Komitees auf Provinzebene vornahmen. Auch auf den unteren Ebenen kam der Ernennung und Kooptation von Funktionären oft größere Bedeutung zu als der Wahl.

Die Massenorganisation konnte weder langfristige politische Ziele formulieren oder auch nur beeinflussen noch die Regierung und die Bürokratie kontrollieren; sie war auch nicht die Rekrutierungsbasis der politischen Elite, sondern eher deren «Pensionierungsstätte».[31] Da der ASU darüber hinaus alle anderen Organisationen – Gewerkschaften, Berufs-, Frauen- und Jugendverbände usw. – zugeordnet waren, war sie mehr ein Instrument der Kontrolle als der Freisetzung gesellschaftlicher Energien. Entsprechendes traf auf das Parlament zu. Im Arabischen Sozialismus galten Arbeiter und Bauern als Träger der Revolution. Wie schon im Nationalkongreß der Volkskräfte und der ASU mußten sie nach der Provisorischen Verfassung von 1964 auch in der Nationalversammlung durch mindestens die Hälfte der Abgeordneten vertreten sein. Faktisch kandidierten auf den entsprechenden Listen aber eher Gewerkschafter, Funktionäre der Berufsverbände und Angehörige der freien Berufe als Arbeiter, eher mittlere Grundbesitzer, Dorfbürgermeister und ASU-Funktionäre als Bauern.

Verfassungsinstitutionen und gesellschaftliche Organisationen erfüllten die Funktion, Bedürfnisse und Ansprüche der Anhänger des Regimes an die Regierung heranzutragen und gleichzeitig Ressourcen vom Zentrum zu den Anhängern zu kanalisieren, nicht aber diesen selbst Aktionsräume zu eröffnen. Tief im Inneren muß Nasser Angst vor den schlummernden Möglichkeiten gehabt haben, die immer dann sichtbar wurden, wenn er mit seiner Rhetorik die Massen aufwühlte. Im Alltag hat er sich lieber auf Freunde aus der Armee sowie auf Bürokraten und Technokraten verlassen.

Herrschaft und Kontrolle im nicht-institutionalisierten System

Die mangelnde Autonomie der politischen Institutionen zeigte sich darin, daß sie in jeder Krisensituation umstrukturiert, aufgelöst und neu konstituiert wurden. Nassers Fähigkeit, schwerste Krisen politisch zu überleben, ist lange seinem Geschick zugeschrieben worden, Armee, Bürokratie und Partei gegeneinander auszuspielen. Aber das politische System unter Nasser ist nicht von seinen formalen Institutionen her zu verstehen.[32] In einer «nicht-inkorporierten Gesellschaft»[33] kommt informellen Gruppen, einem Netz von Beziehungen zwischen Personen und Gruppen innerhalb der politischen Elite, die entscheidende Bedeutung zu. Die Führung um Nasser bildete, trotz gelegentlicher sachlicher Differenzen, persönlicher Rivalitäten und einem begrenzten personellen Wechsel, eine in sich geschlossene Gruppe. Sie stammte mit wenigen Ausnahmen auch ein Jahrzehnt nach Auflösung des Revolutionsrates noch aus diesem selbst oder aus dem engsten Umkreis der Freien Offiziere. Sie legte die langfristigen politischen Ziele fest und kontrollierte alle politischen Institutionen, Bürokratie, Armee, Medien und jede andere gesellschaftlich wichtige Organisation. Ihre jeweils mächtigsten Mitglieder nahmen meist auch Schlüsselpositionen in Regierung, Verwaltung und Partei ein. Daß jemand ein bestimmtes Amt bekleidete, sagte noch nichts über die Zugehörigkeit zur Führungsgruppe aus.

Die Führungsgruppe setzte wiederum ausgewählte Offiziere und wenige, für vertrauenswürdig erachtete Zivilisten in wichtige Positionen ein und schuf damit den Kern einer neuen politischen Elite, die sich durch Kooptation von weiteren Offizieren und zunehmend auch Bürokraten und Fachleuten immer weiter verzweigte. Ägypten wurde von einer Elite beherrscht, die sich vertikal in ein ausgedehntes Klientelsystem auffächerte und horizontal in kurzlebige Allianzen von Cliquen zerfiel, die um Positionen und Pfründe konkurrierten. Das Klientelsystem ermöglichte zudem, vom sozialen Wandel aus alten Beziehungen gerissene Menschen zu integrieren.

Die Kontrolle des politischen Systems bzw. der Gesellschaft sicherte auch ein immer engmaschiger werdendes Netz von – sich auch gegenseitig kontrollierenden – Geheimdiensten. Dazu kam eine «institutionalisierte Unsicherheit», vage formulierte Regeln, die Spielräume lassen, deren Grenzen aber nicht eindeutig definiert und erst fühlbar werden, wenn man sie verletzt hat. Deshalb drückte man sich vor der Verantwortung und suchte Entscheidungen an andere abzuschieben.

Solange es Nasser gelang, das System über die Führungsgruppe als seine eigene Klientel zu kontrollieren, konnte er Prozesse eines raschen sozialen und wirtschaftlichen Wandels initiieren und über längere Zeit durchhalten. Gefahr drohte erst, wenn es einzelnen Cliquen gelang, sich zu unabhängigen «Machtzentren» zu entwickeln. Nasser hat diese Gefahr dadurch zu bannen versucht, daß er Schlüsselpositionen immer wieder neu besetzte. An Abdel Hakim Amer, seinem engsten Freund, ist er dabei gescheitert.

Amer konnte sich als Oberkommandierender fest auf die Armee verlassen. In allen wichtigen Funktionen hatte er ihm treu ergebene Offiziere plaziert; das Wohlwollen des gesamten Offizierkorps hatte er sich durch die Privilegien erworben, die er der Armee verschafft hatte. Nachdem Amer bereits im Suezkrieg seiner Aufgabe nicht gewachsen gewesen war, scheint Nasser bereit gewesen zu sein, ihn 1961 wegen seiner unrühmlichen Rolle bei der Sezession Syriens fallenzulassen. Dies scheiterte am Widerstand der Armee. Amer wurde für alle sichtbar zum zweitmächtigsten Mann im Land. 1964 schließlich war Nasser nicht mehr Herr im eigenen Haus: In der Frage, wer für die Beförderung hoher Offiziere zuständig sei – der Präsident oder der Oberkommandierende der Streitkräfte –, setzten sich Amer und die führenden Generäle mit erpresserischem Druck gegen einen Mehrheitsbeschluß des Präsidentschaftsrates durch.

Nach diesem Quasi-Staatsstreich schleusten Amer und seine Clique in noch größerer Zahl als zuvor Anhänger in politisch wichtige bzw. lukrative Positionen in der Bürokratie wie vor allem in den expandierenden öffentlichen Sektor der Wirtschaft. Gleichzeitig zerschlug das von Amer geführte «Komitee zur Liquidierung des Feudalismus» die letzten Reste der alten Bourgeoisie, konfiszierte deren Privatbesitz und schüchterte zusammen mit Salah Nasrs Geheimdienst durch wahllose Verhaftungen und mit Foltermethoden jegliche Opposition ein, besonders nachdem 1965 eine Verschwörung der Muslimbruderschaft aufgedeckt worden war.

Der Nasserismus in der Krise

Um 1960 hatte sich Nasser genug Handlungsfreiheit geschaffen, um die soziale Revolution ernsthaft vorantreiben zu können. Vieles deutete darauf hin, daß Ägypten für die «Dritte Welt» zu einem Modellfall unabhängiger Entwicklung werden könnte. «Nasserismus» war international zu einem Markenzeichen geworden: Die einen bezogen sich auf Nassers (pan-)arabische Politik und bezeichneten damit eine Außenpolitik, die erfolgreich externe Ressourcen für das eigene Land mobilisierte. Andere verstanden unter Nasserismus ein vom Militär getragenes verteilungsorientiertes Entwicklungsmodell.

Kaum auf dem Höhepunkt, geriet der Nasserismus – in beiden Bedeutungen – in die Krise. Mit dem Rückzug Syriens aus der Union mit Ägypten begannen außenpolitische Rückschläge; ab Mitte der sechziger Jahre kamen wirtschaftliche Schwierigkeiten hinzu. Dafür waren die unzureichend qualifizierten Ex-Offiziere mitverantwortlich, die zu Hunderten Führungspositionen im öffentlichen Sektor und in der Bürokratie übernommen hatten. Ihre Inkompetenz hat die Wirkung anderer, von ihnen nicht zu verantwortender Entwicklungen verstärkt: Die Arbeitsbeschaffungspolitik, die jedem Schul- bzw. Universitätsabsolventen einen entsprechenden Arbeitsplatz garantierte, blähte Bürokratie und öffentlichen Sektor über jedes vertretbare Maß auf; die unproduktiven Staatsausgaben schwollen an, während der Anteil der Investitionen sank. Die Allgegenwart der Geheimdienste lähmte Initiative und Verantwortungsbereitschaft, die angesichts von Überbürokratisierung und miserabler Bezahlung ohnehin kaum entwickelt waren.

Die abnehmende Bereitschaft des Westens, Nassers unabhängige Politik mit Wirtschaftshilfe zu honorieren, drängte Ägypten schon seit Ende der fünfziger Jahre, entscheidend dann nach dem Rückzug der USA 1963/64, in immer größere wirtschaftliche, militärische, zeitweilig auch politische Abhängigkeit von der Sowjetunion. Die umfangreichen Kredite und die technische wie personelle Hilfe der Sowjetunion reichten jedoch nicht aus und entsprachen in ihrer Orientierung an sowjetischen Industrialisierungsvorstellungen auch nicht immer ägyptischen Erfordernissen.

Auch in der Außenpolitik war Nasser glücklos. Ein Jahr nach der Sezession Syriens ließ er sich vom neuen republikanischen Regime im Jemen in den Bürgerkrieg mit den Royalisten ziehen. Jahrelang standen Ägyptens Elitetruppen – schließlich 70000 Mann – im Jemen, ohne einen entscheidenden Erfolg gegen die von Saudi-Arabien unterstützten

Stammeskrieger des Imam erzielen zu können. Verhandlungen mit Syrien und dem Irak, wo 1963 durch Staatsstreiche des Militärs der mit diesem verbündete Flügel der Baath-Partei an die Macht gekommen war, führten nicht zu einer neuen Union, weil Nasser den Führern des Baath mißtraute.

Mit der katastrophalen Niederlage der ägyptischen Armee gegen Israel im Juni 1967 wurde ein Tiefpunkt erreicht. In völliger Fehleinschätzung der Verteidigungsbereitschaft der Streitkräfte hatte sich Nasser in der Eskalation der Krise hinreißen lassen, die Straße von Tiran für Schiffe nach Israel zu sperren – wohl wissend, daß dies einen israelischen Angriff auslösen könnte. Amer hatte versichert, die Streitkräfte seien in bestem Zustand; gegen den Rat anderer, die darauf verwiesen, daß noch 50 000 Mann im Jemen standen, scheint Nasser ein letztes Mal dem Freund vertraut zu haben. Israel hatte sie oft gedemütigt, diesmal würden die Araber dem Aggressor eine Lehre erteilen. Aber am Morgen des 5. Juni war mit der Zerstörung der ägyptischen Luftwaffe am Boden bereits eine Stunde nach Beginn des Krieges alles entschieden.

Als das Ausmaß der Niederlage deutlich wurde, trat Nasser am Abend des 9. Juni von allen Ämtern zurück. Noch hatte er die Verlesung seiner Abdankungserklärung über den Rundfunk nicht beendet, als die ersten Menschen auf die Straßen strömten, um ihn zurückzurufen. Die Weigerung seines designierten Nachfolgers Zakaria Muhieddin, das Amt zu übernehmen, und die Weigerung der von Sadat präsidierten Nationalversammlung, den Rücktritt anzunehmen, vor allem aber die Massendemonstrationen brachten Nasser am 10. Juni zurück ins Amt – in den Augen vieler Beobachter ein Theatercoup, in den Augen anderer «ein Psychodrama zwischen Volk und Rais, das rational nicht zu erfassen ist».[34] Nasser schwor, im Amt zu bleiben, bis «der Rückschlag» überwunden und die Folgen der Aggression beseitigt sein würden.

Säuberungen in Armee und Bürokratie sowie Prozesse gegen die Hauptschuldigen – bis auf Amer, dem die Selbsttötung als Ausweg gelassen wurde – lösten eine für einen autoritären Staat frappierend offene Diskussion über die Ursachen der Misere aus.[35] Große Energien flossen in den nächsten drei Jahren in die Wiederaufrüstung und in einen Abnutzungskrieg am Suezkanal, der umfangreiche israelische Kräfte binden und Israel mittelfristig verhandlungsbereit machen sollte. Reformen in Wirtschaft und Verwaltung halfen, die Produktion vorübergehend so anzukurbeln, daß Ägypten 1969 zum ersten Mal seit der Revolution einen Außenhandelsüberschuß erzielte.

Nach Studentenunruhen im Februar 1968 wurde dem Volk das *Programm des 30. März* zum Plebiszit vorgelegt. Vor allem sollte die ASU neu aufgebaut werden, diesmal durch Wahlen von unten nach oben. Damit befand sich Nasser in Übereinstimmung mit dem «linken Flügel» der ASU, der nach 1967 versuchte, den arabischen Sozialismus zu einer praktischen Ideologie auszubauen und die ASU ernsthaft in einen organisatorischen Träger revolutionärer Mobilisierung umzuwandeln.

Doch all diese Aktivitäten dürfen nicht darüber hinwegtäuschen, daß Nasser nach der Niederlage nicht mehr derselbe war: «Der 5. Juni», schreibt sein Nachfolger Anwar el-Sadat, «hatte ihm einen tödlichen Schlag versetzt, ihm das Ende bereitet. Jene, die Nasser kannten, werden begreifen, daß er nicht am 28. September 1970, sondern schon am 5. Juni 1967 gestorben ist, und zwar genau eine Stunde nach Ausbruch des Krieges.»[36]

Über ein Jahrzehnt hatte Nasser auf der «Suche nach Würde»[37] für sich und sein Volk gekämpft, sich gegen den alten Imperialismus durchgesetzt und die erkämpfte Unabhängigkeit gegen neo-koloniale Kräfte verteidigt. Am Ende war er von einem Gegner geschlagen, der für ihn die Macht des Imperialismus in der Region symbolisierte. Militärisch, wirtschaftlich und politisch war er nun fast so abhängig wie am Anfang, diesmal von einem Freund: der Sowjetunion.

Nasser hatte seinem Land mit dem Kampf um Unabhängigkeit langfristig den Frieden bringen wollen. Diesen Kampf hat er verloren – dennoch starb er als Friedensstifter. Im Jahr nach der Juni-Niederlage einigte er sich mit König Feisal von Saudi-Arabien über die Beilegung des Jemen-Konflikts. Im Sommer 1970 war er der erste, der den Plan des US-Außenministers William Rogers annahm, der die Vorstufe für Friedensverhandlungen mit Israel sein sollte. Als er am 28. September einem Herzschlag erlag, hatte er in den Tagen zuvor bei einer von ihm nach Kairo einberufenen arabischen Gipfelkonferenz bis zur physischen Erschöpfung um einen Kompromiß gerungen, der den Bürgerkrieg zwischen den Palästinensern und den Beduinensoldaten König Husseins in Jordanien beendet hat.

Nassers Erbe

«Nasser ist nicht gestorben!», schallte es immer wieder in Sprechchören unter den mehreren Zehntausend Arabern, die durch die Straßen der israelisch besetzten Altstadt von Jerusalem zogen. «Er lebt», erklärte einer von ihnen, «ich bin Nasser. Wir Araber alle sind Nasser.»[38] Von Marokko bis zum Irak erklang die klagende Stimme der Koranrezitatoren von Tausenden von Minaretten. Zu spontanen Demonstrationen kam es in fast jeder größeren Stadt. Eine Welle der Trauer einte die sonst so zerstrittene arabische Welt. Fünf bis acht Millionen Menschen drängten sich in den Straßen Kairos, um einen letzten Blick auf den Sarg ihres *ra'is* zu werfen. Das Volk weinte und schrie; selbst gutgekleidete Beamte zerrissen ihre Kleider in Trauer. Über hundert Menschen starben im Gedränge, am Hitzschlag, vor Erregung.

Die arabische Welt hatte ihren Führer verloren. Fast zwei Jahrzehnte hatte Nasser die Politik im arabischen Raum beherrscht, als meistgeliebter und bestgehaßter Mann, ein neuer Saladin für die einen, ein neuer Hitler für andere. Kein arabisches Land, mit dessen Führern er nicht irgendwann in erbitterter Fehde gelegen hätte. Aber auch kein Land, in dem er nicht den Menschen auf der Straße zu irgendeiner Zeit als Symbol der Hoffnung auf eine bessere Zukunft erschienen wäre.

Nasser hatte mehrfach den höchsten Einsatz gewagt – deswegen erschienen seine Siege so gewaltig wie seine Niederlagen katastrophal. Vor allem seine letzten Jahre waren von Mißerfolgen überschattet. Sein Tod rief jedoch den Stolz auf die Errungenschaften der frühen Jahre wieder wach; der Mythos seines Kampfes einte Freund und Feind. Eine Ära war zu Ende gegangen, und der Kreis hatte sich geschlossen zurück zu jener dramatischen Rede im Oktober 1954 in Alexandria, als Nasser den Massen zurief: «Söhne Ägyptens, ich habe die Revolution für Euch gemacht und werde für Euch sterben. Ihr Landsleute, wenn Gamal Abdel Nasser stirbt, dann wird er beruhigt sterben, denn ihr alle seid dann Gamal Abdel Nasser.»[39]

Über den Tod hinaus schien Nassers Charisma die Menschen in ihren Bann zu schlagen: Der «endgültige Beweis des Charismas war der ungehemmte Ausbruch allgemeiner Trauer bei Nassers Beerdigung», schreibt Hrair Dekmejian in einer umfangreichen Studie über Ägypten unter Nasser, die durchgängig an Webers Idealtyp der charismatischen Herrschaft orientiert ist.[40] Nach Dekmejian begannen die entscheidenden Jahre nach der Sezession Syriens 1961 mit der Entwicklung des Arabischen Sozialismus und dem Aufbau der ASU. Damals habe Nasser seine Herrschaft zu institutionalisieren begonnen und damit die Veralltäglichung seines Charismas betrieben.[41] Die Probe auf sein Charisma seien die Ereignisse am 9. Juni 1967 gewesen, als seine Anhänger ihn mit ihren Demonstrationen ins Amt zurückholten.[42] Dekmejians Thesen sind scharf kritisiert worden, weil er Nassers Unvermögen, seine Herrschaft wirklich zu institutionalisieren, verkannt habe.[43] So betont John Entelis mit Blick auf die Vorgeschichte der Niederlage von 1967, wie die geringe Anpassungfähigkeit des politischen Systems dazu führte, daß Nasser, weil er dringend neue Erfolge brauchte, aus charismatischer Zwanghaftigkeit sein Spiel mit dem Feuer trieb.[44]

Der Lauf der Ereignisse spricht für Dekmejians Kritiker. Nassers stets waches Mißtrauen hatte ihn davon abgehalten, eine eindeutige Nachfolgeregelung zu treffen. Entweder gab es gleich mehrere Vizepräsidenten, die einander eifersüchtig bewachten, oder es gab, wie bei seinem Tod, gar keinen. Nach der Verfassung war darum bis zur Neuwahl eines Präsidenten der Parlamentspräsident Staatsoberhaupt. Dies war Anwar El-Sadat, der nie eine zentrale Figur im Machtkartell der Führungselite gewesen war und deswegen alle Fraktionskämpfe überlebt hatte. Die Machtkonkurrenten in der Regierung und der ASU konnten sich darum ziemlich schnell auf Sadat als Präsidentschaftskandidaten einigen, weil er keinem von ihnen gefährlich schien. Als ihn aber nur wenige Monate nach seiner Wahl zum Präsidenten eine Koalition von linken Kräften um Ali Sabri ausbooten wollte, kam ihnen Sadat mit einem Staatsstreich von oben zuvor, der «Korrektivrevolution» vom 15. Mai 1971. Mit ihr begannen nicht nur Prozesse gegen die Verschwörer, sondern mit Diskussionen über Formen des Machtmißbrauchs unter Nasser auch ein Prozeß der «De-Nasserisierung» Ägyptens.

Nasser hatte alle Chancen, seine Ziele für sein Volk und sein Land so anzusteuern, daß ihm nicht nur einige der Niederlagen hätten erspart bleiben, sondern auch die mit viel Elan begonnenen wirtschafts- und sozialpolitischen Programme erfolgreicher hätten weitergeführt werden können. Sein Gefühl, für alles verantwortlich zu sein, alles entscheiden und alles selbst tun zu müssen, verbunden mit seinem Mißtrauen selbst gegenüber seiner engeren Umgebung, hat ihn es gar nicht versuchen lassen, seine Ausstrahlung auf und seine Macht über Menschen konstruktiv zu nutzen und in feste Bahnen zu fügen. Nasser verließ sich lieber auf sein Charisma – bis zum bitteren Ende.

Gisela Cramer

Perón
und der Peronismus

Auftakt zur Ära Perón (1943–55) war ein Staatsstreich. Am 4. Juni 1943 besetzten rechtsgerichtete Militärs den argentinischen Regierungssitz, die *Casa Rosada.* Wohin die neuen Machthaber steuerten, war nicht sofort ersichtlich. Zunächst konzentrierten sie sich darauf, Staat und Gesellschaft einem Säuberungsprozeß zu unterziehen. Dieser richtete sich gegen die, wie es schien, allgegenwärtige Korruption, den Preiswucher, den Verfall der Sitten und gegen alles, was auch nur entfernt nach «kommunistischer Infiltration» aussah. Wenige Monate später dekretierten sie die Auflösung aller politischen Parteien. Bis dahin waren auch Presse und Universitäten unter scharfe Kuratel gestellt und das Erziehungswesen wieder vermehrt dem Einfluß des katholischen Klerus unterworfen worden.

Oberst Juan Domingo Perón gehörte einem militärischen Geheimbund an, der bald nach dem Juni an die Schaltstellen der Macht vordrang. Geschickt taktierend, gelang es ihm, nach und nach die Schlüsselpositionen unter seine Kontrolle zu bringen. So avancierte er zunächst zum Arbeits- und Sozialminister, dann zudem zum Verteidigungsminister und schließlich, Mitte 1944, zum Vizepräsidenten. Die Präsidentschaft lag in den Händen eines ranghöheren Offiziers, General Edelmiro Farrell. Doch war nicht mehr zu übersehen, wer die eigentliche Macht hinter den Kulissen hatte. Dem festen Auftreten Peróns, der sich in der Öffentlichkeit zu präsentieren wußte und über eine beachtliche Rednergabe verfügte, hatte der eher schwächliche General Farrell ohnehin wenig entgegenzusetzen.[1]

Schon 1945 aber schien Peróns Karriere ihrem Ende entgegenzugehen. Die Militärregierung kam nämlich unter massiven Druck. Außenpolitisch hatte sie den Unwillen der Vereinigten Staaten in Kauf genommen, als sie versuchte, die diplomatischen Beziehungen zu den Achsenmächten aufrechtzuerhalten. Washington belegte Argentinien im Gegenzug mit empfindlichen Sanktionen und schickte zudem, im Mai 1945, mit Spruille Braden einen Botschafter nach Buenos Aires, der fest davon überzeugt war, daß sich hinter dem Regime Farrell-Perón der Einfluß Hitlerdeutschlands verbarg, und der recht offen über die Notwendigkeit sprach, diesen «Hort des Faschismus» auszuradieren.

Auch innenpolitisch sah sich das Regime zunehmend isoliert. Die Streitkräfte konnten zwar auf deutliche Zustimmung hoffen, wenn sie sich, wie im Juni 1943, das Recht nahmen, eine allseits verhaßte, korrupte Regierung zu stürzen. Ihr Versuch aber, das Land zu seinen vermeintlichen Wurzeln, einem Autoritarismus hispanisch-katholischer Prägung, zurückzuführen, stieß im politischen Spektrum auf wenig positive Resonanz. Dagegen bildete sich bis 1945 ein breites Oppositionsbündnis heraus, das sich für eine Redemokratisierung stark machte und sich schon deshalb immer weniger einschüchtern ließ, weil man auf die offene Unterstützung der US-amerikanischen Botschaft und auch der Wirtschaft zählen konnte.

Die Wirtschaft, in Gestalt der großen Unternehmerverbände aus Landwirtschaft, Handel und Industrie, stieß sich vor allem an der Lohn- und Sozialpolitik des Regimes, die weitgehend unter der Regie Peróns stand. Ihr Vorwurf der Demagogie kam nicht von ungefähr, denn offensichtlich versuchte der Oberst, sich eine breite Gefolgschaft in den Unterschichten aufzubauen und so die politische Isolierung des Regimes zu durchbrechen. Zu diesem Zweck ging er vor allem auf die Gewerkschaften zu.

Das Mißtrauen der Gewerkschaften zu überwinden war allerdings alles andere als leicht. Mit ein paar wohlklingenden, aber letztlich bedeutungslosen neuen Gesetzen zum Schutz der Arbeiter war es nicht getan. Erst als das Regime deutlich Bereitschaft demonstrierte, Druck auf die Arbeitgeber auszuüben, ließ das Mißtrauen nach. Peróns Ministerium für Arbeit und Soziales und seine Zweigstellen in den Provinzen entwickelten sich zu einer Art Anlaufstelle für gewerkschaftliche Belange. Arbeitervertretungen, die sich dem Regime annäherten, konnten auf beträchtliche Unterstützung hoffen, wenn sie um Lohnsteigerungen, eine Verbesserung der Arbeitsbedingungen oder der sozialen Absicherung stritten.[2]

Daß es Perón aber gelang, die Gewerkschaften dauerhaft an sich zu binden, eine Massengefolgschaft auf seine Person einzuschwören und im Februar 1946 zum Präsidenten gewählt zu werden, war erst das Ergebnis einer Krise, die das Land an den Rand eines Bürgerkrieges trieb.

Die Krise

Gegen Mitte 1945 hatte sich der innere und äußere Druck auf das Regime derart verstärkt, daß sich nicht mehr die Frage stellte, ob, sondern nur noch, unter welchen Bedingungen sich die Militärs wieder in die Kasernen zurückziehen würden. Im Offizierskorps mehrten sich die Stimmen, die einen möglichst baldigen Rückzug befürworteten. Deshalb wurde das Verbot der politischen Parteien zurückgenommen, die Pressezensur gelockert. Im Juli kündigte Farrell sogar Wahlen an.

Dieser Versuch einer schrittweisen Normalisierung wurde von Perón durchkreuzt. Er trat gewissermaßen die Flucht nach vorn an. Wenn er auch immer wieder versöhnliche Signale an seine Gegner aussandte, war

sein öffentliches Auftreten doch bald von einer Strategie der Konfrontation bestimmt. Bisher hatten seine zahlreichen Verlautbarungen und
Ansprachen, die der medienbewußte Oberst stets in die Presse zu bringen
wußte und die oft über das staatlich kontrollierte Radio übertragen wurden, um das Thema der «Klassenharmonie» gekreist, die es vor subversi-
ven Ideologien zu schützen gelte. Nun aber nahmen sie klassenkämpferi-
sche Züge an. In einer Reihe von Brandreden nahm er sich insbesondere
seine Widersacher aus der Wirtschaft vor, denen er vorwarf, einzig und
allein aus Habgier einen Umsturz vorbereiten zu wollen. Die Gewerkschaften warnte er vor einem bevorstehenden Kurswechsel in der Sozialpolitik, der nur durch eine sofortige Mobilisierung der Arbeiterklasse zu
verhindern sei; für die breite Masse der Bevölkerung bedeute die Rückkehr zum alten Parteienstaat einen Rückfall in das soziale Nichts.

Das massive Auftreten des US-Botschafters Bradens erwies sich geradezu als ein Geschenk des Himmels. Der Zufall wollte es, daß sich just
nach dessen Ankunft in den chilenischen Bergwerken der *Braden Copper*
ein Unfall ereignete, bei dem eine große Zahl chilenischer Arbeiter ums
Leben kam. Nun hatte die Familie Braden bereits seit geraumer Zeit
nichts mehr mit diesem Konzern zu tun. Doch das hinderte den Propagandaapparat Peróns nicht daran, diesen Vorfall gehörig auszuschlach-
ten. Damit entwarf man das Bild einer Opposition, hinter der das häßliche
Antlitz nicht nur einer gierigen, ewiggestrigen Oligarchie, sondern auch
eines ausbeuterischen Imperialismus stand.

Im September näherten sich die Ereignisse schließlich ihrem Siede-
punkt. Trotz beträchtlicher Repressalien brachte die Opposition eine
Demonstration für die Wiederherstellung der Demokratie auf die Beine,
die bisherige öffentliche Willensbekundungen in der Geschichte des Landes weit in den Schatten stellte. Fast gleichzeitig wurde bekannt, daß
gewisse zivile Kreise mit abtrünnigen Offizieren der Streitkräfte konspi-
rative Pläne schmiedeten. Letzteres gab Perón einen willkommenen Vorwand, seine Gegner mit einer neuen Welle der Repression zu überziehen.
Daraufhin fanden sich nicht nur Sozialisten, Kommunisten und andere
Oppositionspolitiker, sondern auch bekannte Vertreter der Wirtschaft in
einer Gefängniszelle wieder. Bei nachfolgenden Protesten kam es zu
Toten und Verletzten.

Wollte der Oberst demonstrieren, daß er das Heft fest in der Hand hielt,
so schlug diese Taktik fehl. Damit nämlich verlor er die Unterstützung
der Streitkräfte. Angesichts der täglich wachsenden Spannungen neigte
sich die Balance zwischen seinen Gegnern und Befürwortern im Offizierskorps zu seinen Ungunsten. Da sich Perón nicht freiwillig zurückzog,
wurde er schließlich, am 9. Oktober, unter Androhung von Gewalt zum
Rücktritt gezwungen, wenige Tage später sogar in Haft genommen.
Unter dem Jubel der Opposition kündigten die Militärs eine baldige Aufgabe der Regierungsgeschäfte und allgemeine Wahlen an.

Der 17. Oktober 1945 und die Geburt des Peronismus

Unter Gewerkschaftsführern löste der Sturz Peróns eine tiefe Verunsicherung aus. Im Arbeitsalltag stellten sich sehr bald Hinweise darauf ein, daß sich das interne Machtgefälle in den Betrieben und Unternehmen wieder zugunsten des *patrón* zu verschieben begann. Sicher war, daß man mit Perón einen mächtigen Verbündeten verloren hatte. Durchaus fraglich war, ob die traditionellen Verbündeten der Gewerkschaften aus dem Mitte-Links-Spektrum eine ähnliche Durchsetzungskraft wie der Oberst aufbringen würden. Bislang waren selbst mehrheitsfähige soziale Reformvorhaben nur quälend langsam vorangekommen, weil das Parlament durch Stellungsgefechte der Parteien allzuoft handlungsunfähig gewesen war. Aber sollten Gewerkschafter für einen Militär in die Bresche springen und sich damit offen gegen die demokratische Opposition stellen? Nach langen, kontroversen Debatten beschlossen sie am 16. Oktober, für den 18. des Monats einen landesweiten Generalstreik auszurufen, und begannen sofort mit der Mobilisierung. Als Losungen wählten sie Forderungen nach der Sicherung der sozialen Errungenschaften, vermieden dabei aber jede Erwähnung Peróns.

Bedenken dieser Art wurden durch die folgenden Ereignisse hinweggespült. Schon in den vorangegangenen Tagen war es hier und dort zu Versammlungen gekommen, bei denen Rufe nach der Freilassung, ja nach einer Präsidentschaft Peróns laut wurden. Am 17. Oktober, einen Tag vor dem angekündigten Generalstreik, wurde daraus ein mächtiger Strom. In den Arbeiterbezirken der ganzen Republik erhoben sich seit den frühen Morgenstunden Abertausende. Sie verweigerten die Arbeit und zogen in Protestmärschen in die nächstliegenden Zentren. Vereinzelt kam es zu gewalttätigen Ausschreitungen.

Seinen machtvollsten Ausdruck fand dieser Protest im Ballungsgebiet Buenos Aires. Aus den großen Vorstädten der Hauptstadt zogen immer neue Scharen, darunter Frauen und Kinder, in die Innenstadt zum Regierungssitz an der *Plaza de Mayo*, um dort nach Perón zu rufen. Es war eine ausgesprochen friedfertige Menge, die dort Stunde um Stunde verharrte, dabei immer neue Parolen ersann und die Widersacher Peróns mit Spott überzog. Dies löste tiefe Verunsicherung aus, da hier plötzlich, wenn auch friedlich, ein öffentlicher Raum besetzt worden war, der bisher zu «erhaben» schien, um Schauplatz für solch ein «Spektakel» zu sein. Hinzu kam, daß die Menge keine erkennbare Führung hatte und damit um so unberechenbarer schien.

Noch am Abend des 17. Oktober sah sich die noch amtierende Regierung Farrell genötigt, einen Rückzieher zu machen. Sie kündigte eine sofortige Umbildung des Kabinetts und die Freilassung Peróns an. Die Menschen ließen sich jedoch nicht eher dazu bewegen, den Platz zu räumen, bis sie sich selbst von dessen Unversehrtheit überzeugt hatten.

Schließlich herbeigeschafft, sprach der Oberst vom Balkon der *Casa Rosada*. Es war eine in großen Teilen emotionale, in familiärem Ton gehaltene Ansprache, die immer wieder von Beifallsstürmen, Zwischenrufen und Fragen unterbrochen wurde. Damit glich sie eher einem Dialog als einer Rede.

Ebenso friedfertig, wie sie das Stadtzentrum besetzt hatte, zog sich Peróns Anhängerschaft schließlich wieder zurück. Das Hochgefühl aber, einen Sieg errungen, ja eine Wende von historischem Ausmaß herbeigeführt zu haben, hielt noch lange vor.

Welche charismatische Ausstrahlung von Perón vorher auch ausgegangen sein mag – erst mit den Ereignissen des 17. Oktober kam sie ans Tageslicht. Bei der Entstehung dieser charismatischen Bindung spielten viele Faktoren eine Rolle.[3] Ein überaus wichtiges Element ist zweifellos die dramatische Zuspitzung der Ereignisse im Verlauf des Jahres 1945, die gleich einem Hurrikan, wie es der Historiker und Zeitzeuge Félix Luna nannte,[4] die Menschen selbst in den entlegensten Provinzen aufwühlte. Nicht unwichtig schließlich ist ein Faktum, das im Lichte der Erörterungen Webers zunächst überraschend wirken mag: Peróns Triumph kam im Augenblick seiner größten Schwäche. Es ist, als habe erst seine Demütigung seine Anhänger dazu gebracht, ihn vollends als einen der Ihren zu sehen und zu lieben.

Die peronistische Koalition und die Wahlen vom Februar 1946

Es war kaum mehr zu übersehen, daß der Oberst über eine sehr bedeutende und entschlossene Gefolgschaft in der Arbeiterschaft verfügte. Doch die politische Opposition zog es vor, sich dieser Einsicht zu verschließen. Sie setzte diese Gefolgschaft mit marginalen Existenzen, einem politisch leicht verführbaren Lumpenproletariat, gleich. Dabei waren herabsetzende Bezeichnungen wie *la chusma de Perón* («das Gesindel Peróns») rasch zur Hand.

Perón wies solche Entwürdigungen zurück, indem er ihnen eine andere Wertung gab. In seiner Rhetorik wurden Begriffe wie *descamisado* («Hemdloser») bald eine Art Ehrenbezeichnung. Sie standen nicht mehr für marginale, würdelose Gestalten, sondern für das arme, aber authentische Argentinien, ja für das Volk schlechthin. Dabei liebte es der Oberst, sich selbst als einen Teil dieses Volkes, der «leidenden, schwitzenden Massen» zu bezeichnen, sich hemdsärmelig vor sein Publikum zu stellen, in Fabriken und populären Vergnügungsorten aufzutreten, immer wieder den direkten Kontakt zu den Massen suchend.[5]

Gleich nach seiner Freilassung begann seine Gefolgschaft, sich für die bevorstehenden allgemeinen Wahlen zu organisieren. Das größte Gewicht kam dabei den Gewerkschaften zu, die mit einer eigenen Arbeiterpartei (*Partido Laborista*) ins Feld zogen. Darüber hinaus fand Perón die

Unterstützung verschiedener kleinerer Gruppierungen, die sich teils aus Abtrünnigen anderer Parteien, teils aus nationalistischen Splittergruppen formierten. Zudem konnte er auf die Unterstützung Farrells zählen, der sich nach den Ereignissen des 17. Oktober wieder ganz auf seiner Seite befand. Schließlich fand er auch das Wohlwollen der katholischen Kirche, die sich von ihm eine Fortführung der kirchenfreundlichen Politik der Militärs versprach.

War dies ein recht heterogenes Bündnis, dessen einziger gemeinsamer Bezugspunkt Perón war, so war die Gegenseite in sich nicht weniger verschiedenartig. Die Mitte-Links-Koalition der *Unión Democrática* reichte von der großen, mittelschichtsorientierten *Bürgerunion* über die ausgesprochen gemäßigten Sozialisten bis zur Kommunistischen Partei. Sie fand die tatkräftige Unterstützung des gesellschaftlichen Establishments und der großen Unternehmerverbände sowie der Vereinigten Staaten.

«Demokratie oder Faschismus» hieß die Parole der *Unión Democrática*. Das sei nicht die Frage, die in Argentinien zur Entscheidung anstehe, entgegnete Perón. Vielmehr gehe es um «soziale Gerechtigkeit oder Ungerechtigkeit». Dabei scheute er sich nicht, seine engen Beziehungen zur Regierung Farrell auszuspielen. Auf sein Geheiß wurden im Dezember 1945 verschiedene Dekrete erlassen, die geradezu dazu angelegt waren, die Opposition herauszufordern. Diese Dekrete legten der Privatwirtschaft unter anderem kurzerhand die Verpflichtung auf, ihren Beschäftigten, quasi als Inflationsausgleich, ein 13. Monatsgehalt auszuzahlen. Dies versetzte die Opposition in helle Empörung und brachte die Unternehmer dazu, mit Massenaussperrungen zu reagieren. Im Gegensatz zur Opposition konnte Perón von einer Position der Macht aus agieren und so den passenden Hintergrund für seinen eigenen Wahlkampf schaffen, der für den Fall eines oppositionellen Wahlsiegs den Vormarsch der sozial-reaktionären Kräfte prophezeite. Die offene Einmischung Washingtons erwiderte er mit dem einfachen, aber zugkräftigen Slogan «Braden oder Perón».

Damit war der Sieg der peronistischen Koalition jedoch keineswegs absehbar. Hier stellte sich ein neues, unerfahrenes Parteienbündnis zur Wahl, dem vielerorts eine organisatorische Verankerung fehlte und das in der Presse auf fast einhellige Ablehnung stieß. Viele erfahrene politische Beobachter räumten Perón daher keine großen Chancen ein, und in den Kreisen der Opposition kam, kaum war der Urnengang im Februar 1946 beendet, geradezu eine siegessichere Stimmung auf.

Um so größer war der Schock, als das Wahlergebnis verkündet wurde. Peróns Koalition hatte etwas mehr als 50 % der Stimmen gewonnen und fast alle Provinzen eingenommen. In den großen Städten kam es insbesondere in den ärmeren Wohnbezirken zu einem politischen Erdrutsch. Sie waren von nun an solide peronistische Hochburgen, während die politische Linke hier fortan ein Schattendasein als Splitterpartei führte. In den weniger entwickelten, dünnbesiedelten Regionen des Hinterlandes war dagegen, wie diese und folgende Wahlen zeigten, Peróns Anhängerschaft höchst heterogen zusammengesetzt; mancherorts gehörten sogar konservative *caudillos* samt ihrer traditionellen Klientel dazu.[6]

Die Konsolidierung des Peronismus

Euphorisch hatte die eiligst zusammengezimmerte Koalition Peróns ihren Wahlsieg gefeiert. Sobald es ans Regieren ging, zeigte sich jedoch, wie instabil dieses Gebilde war. Allerorts kam es bei der nun anstehenden Verteilung der Machtpositionen zu schweren Spannungen. In verschiedenen Provinzen blockierte man sich gegenseitig bis zur Regierungsunfähigkeit. Nicht gewillt, ein Auseinanderbrechen seiner Koalition zu riskieren, ging Perón sofort daran, diesen lockeren Verbund in eine straff organisierte Einheitspartei umzuformen. Dabei setzte er ein autoritäres Führerprinzip durch, das mit vorhandenen basisdemokratischen Ansätzen kurzen Prozeß machte. Die neue Partei war ganz auf ihn ausgerichtet. Daher war es nur konsequent, daß sie bald auch offiziell den Namen *Partido Peronista* annahm.

Sicherlich kam es dabei zu Dissonanzen. Aus der alten Garde der Gewerkschaftsführer sagten sich einzelne los. Beharrlich versuchten sie, ihr Projekt einer unabhängigen Partei der Arbeiter zu verwirklichen. Doch gegen Perón hatten sie keine Chance. Dieser hielt nicht nur die Macht in den Händen, Dissidenten notfalls mit repressiven Maßnahmen zu begegnen. Er übte auch eine so große persönliche Autorität aus, daß alle Versuche, einen Teil der peronistischen Basis mit sich zu ziehen, kläglich scheiterten.[7]

Wenn Peróns charismatische Ausstrahlung weit über die formative Phase hinaus lebendig blieb, dann lag das nicht zuletzt daran, daß seine Amtszeit, insbesondere die frühen Jahre, sehr handfeste Verbesserungen für seine Gefolgschaft brachte. Die Gewerkschaften, jetzt unter dem Dachverband der *Confederación General de Trabajo* (CGT) zusammengefaßt, entwickelten sich zu einem zentralen Machtfaktor, den auch spätere, antiperonistische Regierungen nicht übergehen konnten. Die Zahl der organisierten Arbeiter stieg von weniger als 900 000 (1946) auf rd. 2,3 Millionen (1954). Von den (einschließlich der Landwirtschaft) 6,7 Millionen Beschäftigten von 1954 war damit etwa jeder dritte Gewerkschaftsmitglied. Unter dem Wohlwollen des Staates entfaltete die CGT eine rege Aktivität. Die frühen Jahre waren durch große Streiks und massive Lohnsteigerungen geprägt. Steigende Löhne und Sozialleistungen, gekoppelt mit einer rigorosen Kontrolle der Konsumgüterpreise und der Mieten, ließen die Kaufkraft der lohnabhängigen Schichten zwischen 1945 und 1949 rasch ansteigen. Damit ging ein beträchtliches Maß an Umverteilung zuungunsten des Kapitals einher, wie sich an der deutlich veränderten

Zusammensetzung des Volkseinkommens zeigt. Hatten Löhne und Gehälter 1945 noch weniger als 48 % des Volkseinkommens ausgemacht, so waren es 1949 an die 60 %. Eine gewisse Umverteilung zugunsten der Ärmeren schließlich läßt sich auch auf der Ebene der Lohn- und Gehaltsempfänger erkennen. Die herkömmlichen, scharfen Unterschiede zwischen den verschiedenen Berufszweigen und zwischen gelernten und ungelernten Arbeitern hinsichtlich der Lohnhöhe und der sozialen Absicherung wurden nun eingeebnet.

Es wäre allerdings verfehlt, die loyalitätsstiftende Wirkung peronistischer Politik allein auf materielle Gratifikationen zurückzuführen. Kaum zu überschätzen sind die Auswirkungen, die starke gewerkschaftliche Vertretungen mit direktem Draht zur Staatsspitze auf das Selbstbewußtsein der Arbeiter und auf das innere Klima der Unternehmen in Stadt und Land hatten. Nicht von ungefähr klagten die Unternehmer zunehmend über Disziplinprobleme und hohe Fehlquoten. Ferner hat es mehr als anekdotische Bedeutung, wenn Gewerkschaftsveranstaltungen jetzt auch an Orten wie dem berühmten Opernhaus, dem *Teatro Colón*, abgehalten wurden, zu denen die Unterschichten bisher allenfalls als Bedienstete Zugang gehabt hatten.

Mit dem Peronismus ging sicherlich keine Revolution einher, welche Besitzverhältnisse und Klassenbeziehungen radikal in Frage gestellt hätte. Doch war Peróns Schlachtruf in den Februarwahlen, *justicia social*, keine Leerformel geblieben. Sein «Neues Argentinien» blieb seinen Anhängern noch lange nach seinem Sturz als «goldene Zeit» in Erinnerung.

Allerdings hatte Perón keineswegs vor, sich allein auf die organisierte Arbeiterschaft zu verlassen. Auch um die eigene Handlungsfreiheit zu vergrößern, strebte er eine Verbreiterung seiner politischen Basis an. So bemühte er sich sofort darum, als Gegengewicht zur CGT eine größere Gefolgschaft unter den Selbständigen und Unternehmern des Landes zu gewinnen. Dies schien nach 1949 um so notwendiger, als die peronistische Politik von einer Wirtschaftskrise eingeholt wurde, deren Bewältigung eine Ankurbelung der privaten Investitionstätigkeit verlangte. Diese Bemühungen um die Unternehmer und Selbständigen aber führten nur zu bescheidenen Erfolgen. Der CGT konnte 1952 schließlich der Wirtschaftsverband CGE (*Confederación Económica Argentina*) zur Seite gestellt werden. Die CGE konnte jedoch niemals die Alleinvertretung des Unternehmerlagers zu Lasten der traditionellen Spitzenverbände der Wirtschaft übernehmen.[8]

Eva Perón und ihr Sozialwerk

Weil Perón es vorzog, sich den Nimbus eines Staatschefs zu geben, der die ganze Nation zu repräsentieren hatte und sich folglich nicht zu sehr als Anwalt der Unterschichten präsentieren konnte, überließ er die Sozialpolitik weitgehend seiner Frau, María Eva Duarte de Perón. Sie war es, die den mobilisierenden, aufwühlenden Stil der formativen Phase aufrechterhielt und der es nach 1946 oblag, all jene für den Peronismus zu gewinnen, die arm und benachteiligt waren. Wenn Eva Perón dabei einen recht aggressiven Ton entwickelte, dann wird dies gern auf ihren persönlichen Hintergrund zurückgeführt: Sie hatte ihre Kindheit in der Enge eines Provinznestes zugebracht, in dem sie nicht nur unter Armut, sondern auch unter dem Stigma ihrer unehelichen Geburt gelitten hatte. Als *First Lady* nutzte sie die Gelegenheit, der sogenannten besseren Gesellschaft ihre Verachtung zu zeigen. Doch sollte darüber nicht vergessen werden, daß ihr aggressiver Stil keineswegs einfach Ausdruck einer unkontrollierten Emotionalität, sondern durchaus funktional war.

Eva Perón betonte immer wieder, eine schwache Frau und nichts als ein Werkzeug Peróns zu sein. Solche öffentlichen Selbstdegradierungen konnten jedoch nicht über ihren tatsächlichen Einfluß hinwegtäuschen. Nicht nur kontrollierte sie, ohne ein offizielles Regierungsamt innezuhaben, die Ressorts für Arbeit und Soziales. In personalpolitischen Angelegenheiten griff sie zudem weit über diese Ressorts hinaus. Gewiß waren ihrem Zugriff nicht alle Sphären gleichermaßen ausgesetzt. Vor allem das Militär konnte sich ihrem Einfluß weitgehend entziehen. Ansonsten aber hieß, bei ihr in Ungnade zu fallen, einer baldigen Degradierung oder gar Entlassung entgegenzusehen. Dabei wachte sie schärfer als Perón selbst darüber, daß sich niemand aus dem Partei- oder Gewerkschaftsapparat eine eigenständige Stellung aufbauen konnte. Wenn das Herrscherpaar von immer farbloseren Ministern und Funktionsträgern umgeben wurde, so war dies alles andere als Zufall.

Vielleicht mehr noch als Perón verkörperte Eva Perón – für Anhänger wie für Gegner – das «Neue Argentinien». Für die einen war Evita, wie sie bald familiär-vertraulich genannt wurde, unermüdliche Wohltäterin und Verteidigerin der Armen und Ausgestoßenen. Ihre Gegner sahen in ihr, einer – wenig erfolgreichen – ehemaligen Schauspielerin, in erster Linie eine Frau von höchst zweifelhaftem Ruf, die für das peronistische «Tollhaus» schlechthin stand. Tatsächlich war ihre Art der Sozialpolitik in gewisser Weise typisch für das «Neue Argentinien» Perons. Hier trat die dem Peronismus eigentümliche Mischung aus sozialstaatlichem Elan, einer anti-elitären Rhetorik und einem autoritären und ausgeprägt personalistischen Amtsgebaren besonders deutlich zutage.

In kürzester Zeit schaffte es Eva Perón, ein bedeutendes Sozialwerk aufzubauen. Die *Fundación Eva Perón* war eine privatrechtliche Organisation, verfügte aber bald über beträchtliche Mittel, die größtenteils aus Steuern und aus mehr oder weniger freiwillig geleisteten Abgaben der Arbeitgeber und Arbeitnehmer stammten. Solche Ressourcen erlaubten es, massive Kampagnen in die Wege zu leiten, die bis in die entlegensten Winkel der Republik reichten. Die *Fundación* baute moderne Krankenhäuser in Armutsgebieten und betrieb großzügig ausgestattete Heime für die Alten, für ledige Mütter und alleinstehende Kinder. Sie schickte Hilfslieferungen in Notstandsgebiete und kam auch einzelnen Bitten um Wohnstätten, Einrichtungen, um Nähmaschinen oder gar um Brautkleider nach. Die *Fundación* entwickelte oft ungewöhnliche Konzepte. Um eine flächendeckende medizinische Vorsorge zu erreichen, organisierte sie z. B. jährliche Jugendsportmeisterschaften, bei denen die Kinder zugleich einer ärztlichen Untersuchung unterzogen wurden.

Dabei betonte Eva Perón immer wieder, daß die neue Sozialfürsorge, im Gegensatz zu den früheren karitativen Einrichtungen, wie sie begüterte Damen der Gesellschaft betrieben hatten, auf einem verbrieften Anspruch beruhe und keinen Almosencharakter haben dürfe, der die Würde der Empfänger verletze. Diese Sozialfürsorge beruhte jedoch weniger auf einem individuell einklagbaren Anspruch als vielmehr auf hoheitlichem Gunsterweis. Eva Perón ließ alle Aktivitäten der *Fundación* mit ihrem Namen verknüpfen und verweigerte jegliche öffentliche Kontrolle ihres Geschäftsgebarens. Obgleich sie bei weitem nicht alle Vorgänge selbst behandeln konnte, schien doch jedes einzelne Zugeständnis von ihr zu kommen. Selbst nach ihrem Tod waren Bittbriefe noch an sie persönlich zu adressieren, was dem ganzen Verfahren einen surrealen Zug verlieh.[9]

In den Medien sah man sie beständig bei der Arbeit, wie sie Hunderte von Bittstellern empfing, den engen Kontakt auch mit den entstelltesten Armutsgestalten nicht scheute, stets mit Rat und Tat bei der Hand war und sich durch übermäßige Beanspruchung geradezu verzehrte. Dieses Verzehren schien einen fast notwendigen Höhepunkt in ihrer schweren Erkrankung und schließlich in ihrem frühen Tod zu finden. Nach einem qualvollen Leiden, das eine gebannte Öffentlichkeit bald tagtäglich über die Medien mitverfolgte, starb Eva Perón 1952, kaum 33 Jahre alt, an Krebs. Ihr Tod verwandelte die Vielzahl ihrer Anhänger in eine einzige große Trauergemeinde. Einbalsamiert sollte sie den Lebenden erhalten bleiben; so groß schien die Ausstrahlungskraft auch ihres toten Körpers zu sein, daß die nachfolgende, antiperonistische Militärregierung ihren Leichnam aus seinem Aufbahrungsort, der CGT-Zentrale, verschwinden und versteckt halten ließ.[10]

Propaganda und Herrscherkult

Das *Sozialwerk Eva Perón* war keineswegs die einzige Institution, die unverblümt zu Propagandazwecken eingesetzt wurde. Selbst staatliche Primarschulen wurden zunehmend für diese Zwecke eingespannt. Das Konterfei des Herrscherpaares schmückte bald Klassenzimmer und Schulbücher. «Eva liebt mich», so oder ähnlich lauteten schließlich die ersten Sätze in den Fibeln der Erstkläßler.

Erdrückenden Einfluß nahm das Regime auf das Nachrichtenwesen. 1946 war die Presse noch mit wenigen Ausnahmen antiperonistisch ausgerichtet. Doch damit hatte es bald ein Ende. Nachrichtenorgane, die sich nicht auskaufen ließen, wurden anderweitig in die Knie gezwungen, durch Enteignung oder die Verweigerung von Bankkrediten. So kam es in wenigen Jahren zu einer fast vollständigen Unterdrückung der kritischen Medien.

Gleichzeitig überflutete ein unermüdlicher Propagandaapparat das Land mit Nachrichten über die Großtaten des Herrscherpaares. Selbst solche Neuerungen, die ohnehin seit längerem auf der politischen Tagesordnung gestanden hatten und kaum mehr auf Widerstand stießen, wurden auf den besonderen Einsatz der Peróns zurückgeführt: So wurde die Einführung des Frauenwahlrechts im Jahre 1947 allein dem Engagement Evitas zugeschrieben, die langwierigen Bemühungen der eigentlichen Vorkämpferinnen dabei mit keinem Wort erwähnt.

Staatsakte gingen mit pompösen Erklärungen einher, um niemanden über die Größe des Augenblicks im unklaren zu lassen. Sicherlich waren die bereits 1946 eingeleitete Verstaatlichung großer ausländischer Konzerne und die Ablösung der Auslandsschulden recht bedeutende (und ausgesprochen kostspielige) Unterfangen. Doch mußte damit zudem ein Staatsakt einhergehen, der Perón in eine unmittelbare Linie mit den Heroen der nationalen Befreiung stellte: Seine feierliche «Erklärung der wirtschaftlichen Unabhängigkeit» wurde am 9. Juli 1947 in Tucumán verlesen, d. h. an jenem Ort, an dem just an diesem Tag im Jahre 1816 die Unabhängigkeit von der spanischen Krone erklärt worden war.

Die Ausprägung eines Herrscherkultes ging notwendigerweise mit einer deutlichen Abwertung der republikanischen Institutionen einher. Das argentinische Parlament hatte gegenüber dem Staatsoberhaupt traditionell eine schwache Position eingenommen. Unter Perón aber entwickelte es sich zu einem bloßen Anhängsel der Exekutive. Es diente bald vor allem dazu, eine rasche Verabschiedung von Gesetzesinitiativen zu gewährleisten, die vom Präsidialamt vorgelegt wurden. Wenn einzelne peronistische Abgeordnete sich hervortaten, dann insbesondere dadurch, daß sie ihre Treue unter Beweis stellten und Ehrenauszeichnungen für Perón und seine Frau ersannen. Auch fand Perón nichts dabei, eine Unzahl von Straßen und Stadtteilen, von Bahnhöfen und Schulen, ja ganze Städte und Provinzen nach sich und seiner Frau benennen zu lassen.

Seine Regierung war 1946 durch Wahlen an die Macht gekommen und konnte in der Folgezeit auf eine stabile Mehrheit zählen. Doch dies war für Perón nicht die eigentliche Quelle seiner Legitimation. Vielmehr legte er Wert darauf, den plebiszitären Charakter seiner Herrschaft immer wieder durch Massenveranstaltungen wie die jährlichen Feiern zum «Tag der Loyalität» (17. Oktober) unter Beweis zu stellen. Gleichzeitig dienten diese bis ins Detail vorbereiteten Inszenierungen dazu, den Zuspruch seiner Anhängerschaft in geregeltere Formen der Huldigung zu kanalisieren. Die ständige Präsenz in den Medien, die Überhöhung der eigenen Handlungen und die Förderung eines Herrscherkults waren weitaus mehr als skurrile Auswüchse eines zunehmend autokratischen Regimes. Sie zielten darauf ab, die persönliche Bindung der Gefolgschaft lebendig zu halten. Lief die charismatische Ausstrahlung Gefahr, sich im politischen Alltag zu verflüchtigen, so mußte gewissermaßen dafür gesorgt werden, daß dieser Alltag möglichst «wenig alltäglich» wurde und daß die erzeugte heroische Aura möglichst ungeteilt auf das Herrscherpaar zurückfiel, das bis in die tiefsten Winkel der Republik allgegenwärtig zu sein schien.

Allerdings sollte die Herausbildung eines ausgeprägten Herrscherkultes nicht als ein einseitig von oben gesteuerter Prozeß verstanden werden. Es brauchte nicht unbedingt eine Ermunterung von oben, wenn sich Sportvereine nach den Peróns zu benennen beschlossen, wenn glühende Peronisten Eingaben an das Parlament machten, die Staatsspitze mit immer neuen Ehrenauszeichnungen zu versehen, oder an den Vatikan schrieben, um die Seligsprechung Evitas zu erreichen. Dies war auch ein Ausdruck einer tiefen Verehrung und eines Versuchs, das Loyalitätsverhältnis immer wieder zu bekräftigen.[11]

Die Grenzen des Peronismus und der Sturz Peróns

Gelang es Perón, in wenigen Jahren eine Mehrheit hinter sich zu bringen und auf seine Person einzuschwören, so konnte er jedoch nicht die polarisierenden Kräfte, die sein Regime freisetzte, dauerhaft unter Kontrolle halten.

Perón war Realist genug, um zu sehen, daß große Teile der Gesellschaft seiner Regierung mit einem solchen Haß gegenüberstanden, daß man sie kaum zu Peronisten würde bekehren können. Deshalb setzte er darauf, sie anderweitig in seinen Staat einzubinden. Er sprach dabei von einer «organisierten Gesellschaft», in der er die Rolle einer neutralen Schiedsinstanz einzunehmen gedenke. Nachdem die Arbeiterschaft erfolgreich in einem peronistischen Einheitsverband zusammengefaßt worden war, drang das Regime verstärkt darauf, auch Schüler, Studenten, Freiberufler oder Unternehmer zu erfassen. Dieser Versuch einer Einbindung auch des nicht-peronistischen Argentiniens in korporative Organisationen zeitigte, wie bereits für den Fall der Unternehmer angedeutet wurde, nur begrenzt Wirkung und wurde – im Unterschied zu den totalitären Staaten Europas, mit denen das Regime Peróns häufig verglichen wird – nicht mit letzter Konsequenz verfolgt. Scharfen Druck allerdings übte das Regime auf die Angehörigen des öffentlichen Dienstes aus. Nachdem die peronistische «Doktrin», der *justicialismo*, im Jahre 1952 zur verbindlichen

Weltanschauung erklärt worden war, hatten diese ein entsprechendes Treuegelöbnis abzulegen.[12] Gelang es damit nicht, die scharfe Polarisierung des Landes durch eine «organisierte Gesellschaft» zu überwinden, so löste die «Peronisierung» des Staatsapparats für das Regime gefährliche Reaktionen aus. Der Versuch, auch das Offizierskorps auf die Person Peróns einzuschwören, wurde dort mit deutlichem Unwillen quittiert. Das Militär als Institution hatte stets auf einem hohen Grad an Autonomie gegenüber der Staatsspitze bestanden und dabei selbst in allgemeinen Regierungsangelegenheiten eine Art Vetorecht ausgeübt. Auch unter Perón, einem Militär, war man keineswegs bereit, sich «der Politik» unterzuordnen. Schon in den frühen 50er Jahren kam es zu vereinzelten Revolten. Die Bereitschaft zum Staatsstreich aber setzte sich erst allmählich durch, als die innenpolitische Situation 1955 auf eine schwere Krise zusteuerte.

Wie so oft, hatte Perón auf eine tatsächliche oder scheinbare Herausforderung mit massiven Gegenattacken geantwortet, nur daß es diesmal nicht in erster Linie um die politische Opposition, sondern um die katholische Kirche ging. Die zunächst positiven Beziehungen mit der Kirche waren bald abgekühlt, als der peronistische Staat immer tiefer in traditionelle Tätigkeitsfelder der Kirche wie die Jugend- und Sozialfürsorge eindrang. Das «Neue Argentinien» ließ auch der Kirche immer weniger Raum, und Kritik am Amtsgebaren der Peróns nahm man auch von ihr nicht hin. Ein eher nichtiger Anlaß wuchs sich 1955 zu einem schweren Konflikt aus, denn Perón ließ sich zu einem offenen Kirchenkampf hinreißen. Er ließ eine Reihe von Gesetzesreformen ankündigen, die unverhohlen darauf angelegt waren, den Einfluß der Kirche zurückzudrängen, und scheute auch nicht davor zurück, Priester zu inhaftieren und hohe Würdenträger auszuweisen. Bald kam es zu tätlichen Übergriffen, zu Brandschatzungen von Gotteshäusern. Hatte Perón das Abwehrpotential der Kirche als gering eingestuft, so verschätzte er sich gehörig. Nicht nur griff der Vatikan ein, der seinen Bannstrahl, die Exkommunikation, auf ihn richtete. Auch fand die Kirche einen ungeahnten Zulauf. Unter ihrem Dach fand sich nun das antiperonistische Argentinien, Gläubige und Ungläubige, zusammen. Gottesdienste und Prozessionen wurden damit zu machtvollen Demonstrationen gegen das Regime. Schließlich sahen sich auch führende Militärs genötigt, den Glauben mit der Waffe zu verteidigen.

Die Forderung verschiedener Gewerkschafter, gegen die «oligarchisch-klerikale Reaktion» bewaffnete Arbeitermilizen aufzustellen, lehnte Perón ab. Da nur eine Minderheit unter den Streitkräften loyal blieb, hatte er den Aufständischen wenig entgegenzusetzen, die mit roher Gewalt auf die Hauptstadt vorrückten. Im September 1955 gab er auf und ging ins Exil. Die Ära Perón hatte damit ein gewaltsames, aber nur vorläufiges Ende genommen.[13]

Der Peronismus ohne Perón

Die Militärs, die im September 1955 die Regierungsgeschäfte aufnahmen, hofften zunächst darauf, daß die Gefolgschaft Peróns gewissermaßen «zur Besinnung» käme, sobald einmal Ruhe eingekehrt, der Propagandaapparat des Regimes abgestellt und nun die «volle Wahrheit» über den abgesetzten Despoten, einschließlich seiner unsittlichen Lebensführung,[14] ans Licht der Öffentlichkeit gekommen sei. Doch war es, wie sie bald erkennen mußten, eine Sache, Perón aus dem Land, eine andere, ihn aus den Köpfen seiner Anhänger zu vertreiben. Daher gingen sie bald zu einer härteren Gangart über. Nicht nur verboten sie peronistische Organisationen und den Gebrauch peronistischer Symbole, sie untersagten sogar die Erwähnung seines Namens.

Wie wenig all dies fruchtete, zeigte sich im Jahre 1957, als die Militärs einen Schritt in Richtung auf eine politische «Normalisierung» wagten, d. h. Wahlen ausschreiben ließen. Mehr als zwei Millionen Wähler folgten einem Aufruf Peróns, dessen Verbreitung man nicht hatte verhindern können, und gaben leere Stimmzettel ab. Auch wenn dieses Ergebnis bei weitem nicht an frühere Spitzenwerte heranreichte, so stellte die offiziell gar nicht mehr existierende Partei paradoxerweise doch immer noch die stärkste politische Kraft in Argentinien dar.

Andererseits zeigte sich nun auch deutlich, daß Peróns Fähigkeit, Gehorsam zu finden, seine Grenzen hatte. Offenbar hatte er erwartet, daß seine organisierte Anhängerschaft das Land unregierbar machen würde. Und tatsächlich hatte sich unmittelbar nach seinem Sturz eine Widerstandsbewegung, die *resistencia peronista*, herausgebildet, die dies mit Bombenanschlägen und Sabotageakten zu bewerkstelligen versuchte. Das Gros der Gewerkschaften aber schwenkte bald auf einen konzilianteren Kurs ein. Die Funktionäre der Gewerkschaftsmaschinerie hielten es für wenig opportun, sich auf einen Kurs der totalen Konfrontation einzulassen und damit die eigene Existenz aufs Spiel zu setzen. Auch im Parteiapparat fanden sich Gruppen, die nicht bereit waren, in der Illegalität zu bleiben und sich dauerhaft aus dem politischen Geschäft auszuschließen. So bildeten sich in verschiedenen Provinzen kleinere, sogenannte *neo*peronistische Parteien, die oft sogar offiziell zugelassen wurden. Vom Gewerkschaftsapparat ging in den 60er Jahren der Versuch aus, eine neue landesweite Partei aufzubauen, die zwar den Namen Peróns tragen, auf ihn selbst aber verzichten wollte.

Solch ein *peronismo sin Perón* («Peronismus ohne Perón») schien zunächst durchaus Chancen zu haben. Selbst diejenigen Militärs, die sich am meisten dagegen sträubten, den ehemaligen Despoten wieder ins Land zu lassen, hatten ein Interesse daran, seine Anhängerschaft zu integrieren, die ja immer noch einen großen Teil, wenn nicht die Mehrheit der Argentinier stellte. Einen Peronismus zuzulassen, der sich mit der Verbannung Peróns abfand, war eine mögliche Strategie, die Gefolgschaft quasi zu entwöhnen, d. h. die charismatische Beziehung endgültig aufzulösen.

Wenn sich dieser «Peronismus ohne Perón» nicht durchsetzen konnte, dann lag dies weniger an den Gegnern als an Perón und den *peronistas* selbst. In seinem Exil, dem Spanien Francos, setzte er alles daran, diesen Anschlag auf seine Stellung abzuwehren. Es fanden sich genug Vertraute, die als mehr oder weniger geheime Emissäre zwischen ihm und Argentinien hin- und herpendelten, dabei immer wieder Weisungen mit sich trugen und im Land zu verbreiten wußten. Wenn es Perón aber gelang, seine Stellung zu behaupten, dann lag das nicht zuletzt daran, daß der *peronismo sin Perón* Schwächen hatte, die er ausbeuten konnte.

Eine offenkundige Schwäche war, daß die Bewegung ohne den charismatischen Autoritarismus Peróns Zersplitterungserscheinungen zeigte. Zwischen dem Peronismus in den weniger entwickelten Regionen des Landes und dem der industriell-gewerblichen Zentren bestanden so tiefgreifende Unterschiede in der Zusammensetzung und politischen Ausrichtung, daß sie bei Wahlen nicht selten in getrennten Formationen und sogar gegeneinander antraten. Darüber hinaus bildete sich im Laufe der 60er Jahre in Argentinien, wie auch anderswo, eine neue Linke heraus, die den Konformismus der Gewerkschaftsbürokratie scharf angriff. Eine solche neue Linke, aus der schließlich die Guerrilla der *Montoneros* hervorging, setzte darauf, den Peronismus zu seiner «eigentlichen Bestimmung» zu führen, d. h., als Partei der Arbeiterklasse eine sozialrevolutionäre Position einzunehmen und den Umsturz der gesellschaftlichen Verhältnisse vorzubereiten.

Perón schürte solche Differenzen nach Kräften. Gegen den Gewerkschaftsapparat und dessen Tendenz zur Anpassung an die Verhältnisse stützte er die innerparteiliche Linke und schließlich die *Montoneros*, die seit Ende der 60er Jahre, zusammen mit anderen Guerrillaformationen, ein bedeutendes Drohpotential darstellten. Das Kalkül Peróns schien aufzugehen. Das Land wurde tatsächlich unregierbar – so unregierbar, daß sich nun selbst unter den Militärs die Überzeugung durchsetzte, daß es nur einen Weg für eine dauerhafte Befriedung gebe: Perón das Versprechen abzunehmen, für «Ruhe und Ordnung» zu sorgen, und ihn wieder ins Land zu lassen.[15]

So fand das Exil Peróns 1973 schließlich doch ein Ende. Die Präsidentschaftswahlen zu gewinnen war ein leichtes. Er konnte auf Anhieb mehr als 60 % der Stimmen auf sich vereinigen und ließ damit alle anderen Bewerber weit hinter sich. Welche Probleme ihn in Argentinien erwarteten, wurde allerdings gleich bei seiner Ankunft im Juni 1973 deutlich. Etwa zwei Millionen seiner Anhänger, mehrheitlich aus dem links-revolutionären Spektrum, hatten sich am Flughafen von Ezeiza versammelt. Was als eine überdimensionierte Willkommensfeier geplant war, schlug in eine Tragödie um. So stark waren die Spannungen zwischen den verschiedenen innerparteilichen Strömungen, daß es zu tätlichen Auseinandersetzungen, ja zu einem Blutbad kam.

Die Strategie Peróns, Differenzen zu schüren und den Aufstand herbeizubeschwören, schlug auf ihn selbst zurück. Auf ihn, einen mittlerweile fast achtzigjährigen Mann, waren hochgesteckte und diametral entgegengesetzte Erwartungen gerichtet, die in der täglichen Regierungspraxis nicht zu erfüllen waren. Perón hatte sich nie gescheut, auch engste Verbündete fallenzulassen. Nun setzte er sich rasch von den Linksperonisten ab, die ihn, bei einer seiner großen öffentlichen Ansprachen, im Gegenzug auspfiffen. Dieses für herkömmliche Politiker unerfreuliche, aber wenig bedrohliche Ereignis war für Perón ein einschneidendes Erlebnis, wurde damit doch ganz offenkundig seine charismatische Autorität in Frage gestellt, mit der er bisher jede solcher Inszenierungen fest im Griff gehabt hatte. Ob Perón damit endgültig auf einen Politiker gewöhnlichen Zuschnitts reduziert worden wäre, ließ sich jedoch nicht mehr erkennen. Er starb Mitte 1974.

Perón hinterließ keinen politischen Erben, der das Format gehabt hätte, die auseinandertreibenden Kräfte zu einen. Das Präsidentenamt wurde von seiner (dritten) Frau María Estela Martínez de Perón übernommen, die 1973 zur Vizepräsidentin gewählt worden war. Ihr Versuch, an den «Evita»-Mythos anzuknüpfen, scheiterte. Um Argentinien vor der sich anbahnenden Katastrophe zu bewahren, hätte es freilich übernatürlicher Fähigkeiten bedurft. Noch zwei lange Jahre manövrierte die zunehmend unbeliebte und handlungsunfähige peronistische Regierung, während alle Welt ein erneutes Eingreifen der Streitkräfte erwartete. Im März 1976 war es soweit. Kaum jemand ahnte allerdings, daß die Militärs den gesellschaftlichen Herausforderungen mit einer Strategie des nackten Terrors begegnen und jede vermeintlich subversive Regung mit äußerster Grausamkeit verfolgen würden, was nicht nur, aber auch viele Peronisten traf.

Wer annahm, daß der Peronismus mit dem Tod Peróns zerfallen müsse, der irrte. Der Peronismus baute auf gewachsene Milieus, die sich unter dem Terror des Militärregimes neu formierten. Wenngleich sich damit die verschiedenen innerparteilichen Strömungen nicht unbedingt in ein stabiles Gleichgewicht bringen ließen, so gab es ihn schließlich doch, den *peronismo sin Perón*.

Helwig Schmidt-Glintzer

Mao Zedong – die «Inkarnation Chinas»

China in der Mitte des 20. Jahrhunderts war das China Mao Zedongs; Mao Zedong hat seine Bedeutung für China bis heute nicht verloren. Das erste und das letzte Viertel dieses Jahrhunderts werfen Licht auf die Zeit und die Person Maos, der, trotz vieler persönlicher Schwächen und zahlreicher Gegner, innerhalb der Kommunistischen Partei Chinas (KPCh) und dann auch bei den meisten Chinesen einen Kult auf sich zog, der ihn zu einer Symbolfigur weit über China hinaus werden ließ. Die Funktion des Mao-Kultes war allerdings zu Lebzeiten eine andere als nach seinem Tode.

Als in der Nacht vom 8. auf den 9. September 1976 die Nachricht vom Tode Mao Zedongs veröffentlicht wurde, erschienen in Paris Tageszeitungen mit einem ganzseitigen Porträt des Großen Vorsitzenden auf der Titelseite, und die in Paris tagende Konferenz der «European Association for Chinese Studies» unterbrach ihr Programm und veranstaltete eine Sondersitzung. Darin spiegelte sich auch der Umstand, daß Mao Zedong nicht nur für viele Chinesen, sondern auch für die übrige Welt zur Inkarnation Chinas geworden war. Daran änderte nichts, daß Mao bereits in jener Zeit von vielen Chinesen Versäumnisse angelastet wurden.

Die unter jungen Westeuropäern in den späten 60er und den 70er Jahren zu beobachtende Mao-Euphorie, die neben gedankenloser Begeisterung auch Sympathie und innere Beteiligung widerspiegelte, läßt sich zum Teil aus dieser zentralen Rolle Mao Zedongs für die Identität der Chinesen erklären. Zwar wurden gerade die deutschen Erfahrungen mit Massenbewegungen und quasi-religiösen Führerkulten solcher Begeisterung entgegengehalten und von manchen mit der Psychodynamik des Totalitarismus gleichgesetzt, doch verbanden sich bei der Mao-Begeisterung vor allem in Westeuropa der globale Entkolonisierungsprozeß und die Parteinahme für die seinerzeit als «Dritte Welt» bezeichneten Länder mit eigenen Reform- und Restrukturierungsabsichten und zum Teil mit Befreiungsbewegungen, die bewußt an die Guerillataktik Mao Zedongs anknüpften.[1] Allerdings sind die Zusammenhänge bis heute nur unzureichend erforscht bzw. reflektiert worden, wie dies Wolfgang Bauer (1930–1997) noch 1993 in einem anläßlich des 100. Geburtstags Mao Zedongs verfaßten Beitrag formulierte:

«Der Zusammenhang zwischen der Kulturrevolution und der Studentenbewegung, die ja weit über die Studenten im engeren Sinn hinausgriff, ist bis heute wissenschaftlich noch nicht wirklich aufgearbeitet worden. Das scheint nicht zuletzt psychologisch bedingt, weil diejenigen, die sich damals aus der Ferne für die ‹Kulturrevolution› am meisten begeisterten, heute mit einer gewissen Verlegenheit auf diese Phase ihrer Entwicklung zurückblicken.»[2]

Es darf nicht verkannt werden, daß die China betreffenden Nachrichten in jener Zeit, insbesondere, wenn sie aus Taiwan oder aus Moskau (das sich mit China seit 1962 in einer deutlichen Konfrontation befand) kamen, mit Mißtrauen betrachtet wurden.[3] Übrigens ergriff die Faszination Chinas konservative Politiker ebenso wie eine große Zahl von Sinologen, die sich für die Opfer der politischen Bewegungen in China allenfalls am Rande interessierten. Alle waren von der epochalen Bedeutung Mao Zedongs und überhaupt der Entwicklung in China überzeugt. So schrieb Tilemann Grimm 1968:

«Mao Zedong ist zur Symbolfigur für den Aufstand der unterdrückten Völker geworden, er wird darüber hinaus zur Symbolfigur jugendlicher Unruhe in den entwickelten Ländern. […] Es mag wohl dahin kommen, daß eine künftige Generation in China die ins Mythische erhobene Gestalt, die ‹rote Sonne› und den ‹Retterstern›, wieder zurückführt in eine historische Angemessenheit, die ihr zukommt. Die weltgeschichtliche Bedeutung für die zweite Hälfte unseres Jahrhunderts wird jedoch kaum noch in Frage gestellt werden. Aber Mao ist sicher ebensosehr Chinese. Er hat China den Chinesen gleichsam zurückgegeben, er hat ihr Selbstgefühl wiederhergestellt, er ist vorab Chinas großer Mann. Zu keinem Zeitpunkt seines Lebens hat er die chinesische Basis seines Mutter- und Vatererbes verleugnet oder wäre ihm solches auch nur zum Bewußtsein gekommen. Gestalten und Bücher des Westens haben ihn gelegentlich bewegt, kein Zweifel, aber er ist, wirklich und im übertragenen Sinn, mit beiden Beinen in China geblieben. Die welthistorische Dimension seines Lebens ist mithin eine Resultante aus ihren chinesischen Grundlinien.»[4]

Heute wissen wir mehr über die Abermillionen Hungertoten der Politik des «Großen Sprungs», jener Initiative, bei der unter anderem jedes Dorf seinen Hochofen zur Stahlerzeugung errichtete, und wir wissen, daß die Ernteausfälle nicht die Folge von Unwettern waren, auch wenn in China bis heute diese Hungersnot in den historischen Darstellungen verschwiegen wird.[5] Damit freilich ist noch nicht über die Zurechenbarkeit von Verantwortung entschieden, sondern nur die Relativierbarkeit der Bedeutung Mao Zedongs, die seit dem Ende der 80er Jahre auch in China selbst öffentlich diskutiert werden kann. Der Einfluß auf die Befreiungsbewegungen der «Dritten Welt» war jedenfalls unübersehbar, auch wenn deren Erfolge sehr begrenzt waren.[6] Und der Umstand, daß bestimmte Traumata erst nach längerer Latenz bewußt und dann auch erst «verarbeitbar» werden, ist ja ein in unserem Jahrhundert vielfach konstatiertes Phänomen.

Mao Zedong war gerade wegen seiner Funktion als Leitfigur auch für die Formulierung von Zielen und Handlungsmaximen von zentraler Bedeutung. Darauf beruhte die Funktion der *Ausgewählten Worte des Vorsitzenden Mao* (*Mao zhuxi yulu*). Die Kanonisierung der Schriften Mao Zedongs war seit den 50er Jahren ein wesentliches Element staatlicher Propaganda und der Entstehung des «Staatsmaoismus».[7] Heute wissen wir, daß mehr als die Hälfte der Mao zugeschriebenen Reden und Aufsätze nicht von ihm verfaßt wurden; von etwa 120 militärischen bzw. militärtheoretischen Schriften und Mitteilungen unter seinem Namen gehen nur 12 auf ihn zurück.[8] Auch die lange als sein persönlicher Beitrag zur Theorie des Marxismus-Leninismus betrachteten Aufsätze *Über den Widerspruch* und *Über die Praxis* sind im wesentlichen nicht sein Werk.[9]

Was aber heißt diese Erkenntnis für die Funktion dieser Gestalt für China? Durch Propaganda und Desinformation wurde die Glaubwürdigkeit von Informationen über und aus China ebenso nachhaltig erschüttert wie durch einzelne Meldungen, zu denen auch solche über das bevorstehende Ableben oder den Tod Mao Zedongs gehören, wie jene in der *New York Herald Tribune* vom 18. März 1951: «Entweder ist Mao sehr krank, oder... er wird bald ausgeschaltet. Mao hat Tuberkulose, und er hatte bereits mehrere schwere Herzinfarkte. Sein Tod durch natürliche Umstände wäre daher nicht überraschend.» Derartige Meldungen hat es später wiederholt gegeben.

Die mit der Kulturrevolution versuchte Befeuerung einer Veränderungsdynamik, wie sie Robert Jay Lifton im Begriff der «revolutionären Unsterblichkeit» zusammengefaßt hat,[10] ist nach Mao Zedongs Tod trotz aller Relativierungen seiner Leistungen auf unterschiedliche Weise wiederholt beschworen, vor allem aber kritisiert worden. Dies steht in engem Zusammenhang mit dem Pragmatismus Deng Xiaopings (1904–1997), dessen «Comeback» seit Anfang 1977 auch etwas mit Charisma zu tun hat[11] und an eine jahrhundertealte Tradition erinnert, bestimmten Führern, insbesondere Militärs, durch Mundpropaganda besondere Fähigkeiten zuzusprechen. Seit Ende 1992 hatte auch Deng Xiaoping einem Personenkult zugestimmt, in dessen Mittelpunkt seine Werke standen, ganz in der Tradition der Kanonisierung der Worte Mao Zedongs, von denen Hua Guofeng am 26. Oktober 1976 gefordert hatte, «was immer Mao sagte», dürfe nicht kritisiert werden.[12] Charisma hatte auch der wenige Monate vor Mao gestorbene Zhou Enlai, bei dessen Gedenken am traditionellen Totenfest am 4. April 1976, dem Qingming-Fest, einige forderten: «Nieder mit der Kaiserinwitwe, nieder mit Qin Shihuang!»[13] Doch alle diese charismatischen Gestalten sind nicht vergleichbar mit Mao Zedong, der eben nicht nur der «Große Steuermann» war, sondern die Verkörperung Chinas und die «leuchtende rote Sonne» im Herzen jedes Chinesen. Noch lange nach der auch öffentlich vorgetragenen Einsicht, daß in der Ära Mao Zedongs auch manches Negative zu verzeichnen sei, welches freilich zumeist anderen Personen zugeschrieben wird, werden Maos Reden im Originalton unter dem Titel *Die Stimme des Giganten* (*Juren zhi sheng*) verbreitet.[14]

Ein Sohn seiner Zeit: Einzelwille und Kollektivität

Der Schwung einer eigenen Lebensphilosophie, der Mao Zedong über Jahrzehnte beseelte und zur Triebfeder für seine beispiellosen Erfolge wurde, zeigt sich bereits in einem Aufsatz des Vierundzwanzigjährigen in der Aprilnummer 1917 der Zeitschrift *Neue Jugend* mit dem Titel *Eine Studie über Leibeserziehung*, in der er seine Landsleute zum Sport und zur Selbstertüchtigung aufruft. Das Alte solle überwunden und ein neuer Weg eingeschlagen werden. Leibeserziehung bewirke nicht nur «Harmonie der Gefühle, sondern stählt auch den Willen». Die Leibesübung «sollte wild und hart sein. Wenn man auf einen Pferderücken springt und gleichzeitig schießt, wenn man von Kampf zu Kampf eilt, Berge durch sein Geschrei erzittern läßt und die Farben des Himmels durch ärgerliches Gebrüll verändert..., dann ist das alles wild und roh und hat mit Zartgefühl nichts zu tun.»[15]

Dieser voluntaristische und antitraditionalistische Zug, die Hervorhebung der über Jahrhunderte von der Elite verdrängten kriegerischen Ideale verbanden sich nicht nur mit der seit dem Ausgang des 19. Jahrhunderts thematisierten «nationalen» Frage nach dem Überleben der «chinesischen Rasse», sondern die Bemühungen um Selbstbehauptung Chinas gegenüber den imperialistischen Mächten waren zum Teil erst die Grundlage für diese neue Denkungsart gewesen, die sich auf chinesische Traditionen berufen konnte, jedoch in hohem Maße von westlichen Ideen, unter anderem denjenigen Charles Darwins, geprägt war. Nur kollektiver Kampf und die «Einheit der Volksmassen» könnten im Zuge des weltweiten Wandels das Überleben der Chinesen sichern. Eine Flut überrolle stürmisch die Welt, nur «wer mit ihr geht, wird überleben; wer sich ihr widersetzt, geht zugrunde».[16]

Die Steigerung der Persönlichkeit Mao Zedongs muß auch im Kontext der sich seit dem ausgehenden 19. Jahrhundert verstärkenden innerchinesischen Reformdiskussion sowie vor dem Hintergrund der Oktoberrevolution in Rußland und der Rolle der KPCh in den innerchinesischen Machtkämpfen gesehen werden. Neben Vorschlägen zu einer konstitutionellen Monarchie, wie sie die Gruppe um den Reformer Kang Youwei (1858–1927) im Zuge der Hundert-Tage-Reform von 1898 vertreten hatte, oder anarchistischen bzw. anarchosyndikalistischen Vorstellungen hatten sich, insbesondere unter der seit der Jahrhundertwende rapide zunehmenden Zahl von im Ausland studierenden jungen Chinesen, sozialistische und marxistische Vorstellungen herausgebildet. Von sich selbst berichtete Mao seinem Biographen Edgar Snow, er habe sich seit dem Sommer des Jahres 1920 als Marxist verstanden.[17] Die von ihm in Changsha in der Provinz Hunan im Sommer jenes Jahres organisierte Gruppe stellte sich bereitwillig unter die Vormundschaft der von Moskau dominierten III. Internationale und war nach Gründung der KPCh im Frühjahr 1921 in Shanghai sogleich zu einer Allianz mit der Guomindang Sun Yatsens (1866–1925) bereit, was wegen zum Teil ähnlicher sozialistischer Vorstellungen[18] nicht allzu schwerfiel.[19]

Bei den Machtkämpfen innerhalb der KPCh gelang es Mao Zedong, der zunächst eine Außenseiterposition vertrat,[20] erst während des legendären Langen Marsches (Oktober 1934 bis Oktober 1935), sich endgültig durchzusetzen. Seit seiner Wahl zum Vorsitzenden des Zentralkomitees im Januar 1935 durch die auf dem «Marsch» anwesenden Mitglieder des Politbüros blieb Mao Zedong – trotz gelegentlicher innerparteilicher Auseinandersetzungen – der unbestrittene Führer, dem China seither seine Stabilität und Einheit verdankte. Dieses Bild war freilich nicht allein sein Werk, sondern entsprach einem weitverbreiteten Bedürfnis, dem die Partei mit einem zunehmenden Personenkult Rechnung zu tragen suchte. So wurde Mao Zedong zum Repräsentanten Chinas schlechthin. Weder Enthüllungen über sein Privatleben und seine sexuellen Bedürfnisse noch das Bekanntwerden der abermillionen Todesopfer während der Zeit des «Großen Sprungs» (1958–1961) und während der Kulturrevolution haben bis heute daran etwas grundlegend geändert. Selbst die Opfer bestätigen die Größe ihres Verfolgers,[21] und die schonungslosen Enthüllungen seines Leibarztes Li Zhisui[22] konnten nicht verhindern, daß Mao unter Chinesen weiterhin als die populärste politische Figur der jüngeren Geschichte betrachtet wurde, auch wenn inzwischen eine zunehmende Zahl von Chinesen seine Fehler und Versäumnisse für schwerwiegender hält als seine Verdienste. Janusköpfig also erscheint Mao, ganz in der Tradition der Doppelgesichtigkeit, des «dual image», früherer Herrscher.

Der Aufstieg Mao Zedongs ist nicht zu verstehen ohne seine ersten revolutionären Erfahrungen in der Provinz Hunan, seiner Heimat, und ohne seine Orientierung an den Massen der chinesischen Bevölkerung, den Bauern. Auf diese hat er immer gesetzt, an diese hat er sich gewandt, insbesondere wenn es darum ging, seine Macht innerhalb der Partei zu behaupten. Der «Große Sprung», vor allem aber die «Große proletarische Kulturrevolution» (wie sie zeitweise hieß) waren Kampagnen der Massenmobilisierung. So hatte im Frühsommer 1966 Mao Zedong, nachdem er sich der Unterstützung der Armee unter der Führung Lin Biaos versichert hatte, die Kulturrevolution eingeleitet, um seine eigene Machtposition innerhalb der Partei zu stärken. Er tat dies mit dem Argument, die Partei säubern und von bürokratischen Fehlentwicklungen befreien zu wollen. Dabei bediente sich Mao Zedong besonders der Jugend, die sich in «Roten Garden» organisierte. Nachdem Schulen und Universitäten im

Sommer 1966 geschlossen worden waren, damit sich Schüler und Studenten an der Kulturrevolution beteiligen könnten, gab es eine große Massenmobilisierung und einen zum Teil geradezu grotesken Terrorismus der junger Kader gegen die bisherigen Entscheidungsträger und Repräsentanten. Zugleich ermöglichte der revolutionäre Elan die Freisetzung von Utopien und Freiheitsvorstellungen, die nicht ohne langfristige Folgen für die chinesische Gesellschaft insgesamt blieben. Denn erstmals wurde in großem Stil der Widerstand gegen traditionale Autoritäten, Lehrer und Eltern, eingeübt, da sich alles an der Partei und dem großen Führer Mao Zedong orientieren mußte. Er setzte auf die Massen und lebte zugleich wie ein Gott. Der androgyne Heilsbringer in den Augen der Massen – oder doch in der Propaganda und der Ikonographie –, der in seinen jungen Jahren für die Rechte der Frauen gestritten hatte, war in Wirklichkeit auch ein Zyniker von hohen Graden, dem Mißbrauch von Macht und Menschen nicht fremd war.

Es war nicht erst eine Folge des Mao-Kultes, daß bereits früh nach dem Mann hinter dem Mythos gesucht wurde. Dies war schon explizit die Absicht Edgar Snows in seinem zum «Klassiker» gewordenen, 1937 erstmals unter dem Titel *Roter Stern über China* erschienenen Bericht.[23] Doch im Laufe der Jahre regten die zahllosen, oft widersprüchlichen Informationen über Mao Zedong vermehrt dazu an, nach der Persönlichkeit hinter den vielen verschiedenen Mao-Bildern zu suchen.[24] Unter allen Facetten trat im Ausland am deutlichsten die Etikettierung Maos als «Chinas letzter Kaiser» oder «Chinas neuer Kaiser» hervor.[25] Diese Vorstellung bediente das Klischee von Mao als dem Monster und Despoten, der China zu einer «modernisierten Ausführung der traditionalen Orientalischen Despotie» habe werden lassen,[26] ein Bild, das auch von manchen chinesischen Dissidenten und Exilchinesen bekräftigt wurde.

Tatsächlich gibt es eine Traumatisierung von abermillionen Chinesen, die von den eigenen Leiden und denen ihrer Angehörigen nach dem Ende der Kulturrevolution nicht öffentlich haben sprechen können und für die auch die sogenannte «Narben-Literatur» kein Ersatz war. Doch hat dies dazu geführt, daß es eine inoffizielle Erinnerung gibt, die als geistige Unterströmung, als Subtext zur offiziellen Lesart kraftvoll lebt und stets neu ihre Ausdrucksformen sucht.[27]

Obwohl bei alledem Mao Zedong immer wieder geschont und so getan wurde, als seien andere die Verantwortlichen gewesen, so läßt sich doch auf Dauer immer weniger verbergen, daß die großen Schandtaten auch Mao Zedong zuzurechnen sind. So haben noch nach der Kulturrevolution einige Historiker darauf hingewiesen, daß die innerparteilichen Säuberungen während der Zeit zwischen 1942 und 1945, die auch als die Yan'an-Periode bezeichnet wird, Kang Sheng anzulasten seien und Mao Zedong sie nur nicht verhindert habe. Tatsächlich war es ganz offensichtlich Maos eigene Absicht, Abweichlertum auszumerzen und durch Mei-

nungsterror und Gehirnwäsche («Gedankenreform») die Mitglieder seiner Organisation – und später die ganze Bevölkerung – auf seine Ideologie zu verpflichten. Am Ende sollte jedermann sein Innerstes der Partei
offenbaren. Die bereits vor jener Zeit praktizierte Bespitzelung der Parteimitglieder führte zu einem System der Repression und Verdächtigung,
das bis in die Gegenwart existiert und das immer wieder dazu eingesetzt
wurde, Mißliebigkeiten fernzuhalten. Ein großer Teil der Bevölkerung,
einschließlich zahlreicher Kommunisten, wurde so durch die Angst vor
drohender «Entlarvung» gebannt.[28]

Himmelssohn, Reichsidee und Nationalismus

Nicht nur die Bedürfnisse der Zeit und die Absichten der Parteipropa-
ganda, sondern auch die eigene Absicht zielte auf Überhöhung. Das
Bewußtsein von der Einzigartigkeit Mao Zedongs jedenfalls scheint sich
im Laufe der Bürgerkriegszeit verfestigt zu haben. Im Jahre 1945 erschien
Maos Gedicht *Schnee*, das mit dem Satz endet: «Suchst du nach großen
Männern / Wende den Blick zum Heute», dem der Anspruch des Autors
zu entnehmen ist, selbst die mächtigsten Herrscherpersönlichkeiten der
Vergangenheit zu übertreffen, Qin Shihuangdi, Han Wudi, Tang Taizong,
Song Taizu und Dschingis Khan.[29] Seit dem 19. Jahrhundert war die
Beziehung zwischen Aufstieg und Niedergang, Blüte und Verfall neuen
spekulativen Ideen zugänglich geworden. So sahen manche das politi-
sche wie das kosmische Geschehen in großen Zyklen ablaufen, und solche Vorstellungen haben dann ihrerseits Reformüberlegungen beeinflußt.
Man sah sich angesichts der Konfrontation mit dem Westen am Beginn
eines neuen Zeitalters. Ansätze dazu finden sich bereits Ende der Ming-
Zeit. So wird in dem Büchlein *In einer Zeit der ‹Verfinsterung des Lichts›
verfaßte Aufzeichnungen in Erwartung der Konsultation [eines erleuchteten
Herrschers]* des Huang Zongxi (1610–1695) die Erwartung eines erleuchteten Herrschers nach langer Finsternis thematisiert. Die solchen Vorstel-
lungen zugrundeliegenden Spekulationen waren insbesondere seit der
Song-Zeit durch buddhistische Weltzeitalter-Vorstellungen beflügelt
worden, doch war der Begriff eines großen Umschwungs weit älter.
Schon im Kommentar zu den *Berichten über die Drei Reiche* ist im Hinblick
auf die Ablösung der Han-Dynastie davon die Rede, daß sich einer
Großen Wendung des Himmels niemand widersetzen könne. Das beste
Beispiel aus späterer Zeit ist die in dem Werk *Darstellungen in Wort und
Bild von der Tugendbahn der Großen Jin-Dynastie* niedergelegte Diskussion
im 12. Jahrhundert unter der Dschurdschen-Jin-Dynastie.[30] Gedanken an
Erneuerung, Wiedergeburt oder Wiederaufblühen verbanden sich leicht
mit dem Blick in das idealisierte Altertum. Der Ruf nach Wiederherstellung idealer Zustände, der sich in der Literatur und Dichtung ebenso arti-
kulierte wie in der politischen Essayistik, ist seit der Tang-Zeit (618–907)

immer wieder laut geworden.[31] Im 19. Jahrhundert und dann während
der «4.-Mai-Bewegung» von 1919 verknüpften viele Intellektuelle die
Forderung nach einer unverfälschten Wahrnehmung des Altertums mit
der Erwartung einer Stärkung Chinas.

Diese suchten viele durch Adaption westlicher Ideen und westlicher
Technik zu erreichen; nicht wenige aber glaubten, durch das Anknüpfen
an die guten Seiten der chinesischen Tradition zu einem starken China
gelangen zu können. Dazu zählte die mit der Überwindung des Feudalismus gleichgesetzte Herrscherfigur des Reichseinigers und Reichsgrün-
ders Qin Shihuangdi (221–206 v. Chr.). Während der Zeit der Kulturrevolution, aber auch danach wurde die Einschätzung dieses Qin Shihuangdi
einer grundlegenden Revision unterzogen. Er hatte einerseits immer
dadurch fasziniert, daß er und seine Berater es geschafft hatten, ein Ein-
heitsreich zu bilden, andererseits hatte er aber das Schaudern aller Mitglieder der Elite hervorgerufen, weil er Literaten und wahrscheinlich
auch Historiker bei lebendigem Leibe habe begraben lassen. Er wird auch
sonst als Unhold – und Faszinosum zugleich – dargestellt, als der große,
böse, blutrünstige, aber eben doch notwendige Tiger.[32] Diese negative
Einschätzung wurde während der Zeit der Kulturrevolution beiseite
geschoben; man setzte auf den starken, zentralistischen Staat, der nur
noch Untertanen hat und keine Zwischenschichten kennt. Um solche
Zwischenschichten drehten sich (und drehen sich bis heute) sämtliche
Debatten über die Stellung der Intelligenz zum Staat. Zwar gab es
während der Kulturrevolution einen starken anti-intellektualistischen
Trend, so daß etwa Funktionäre und Akademiker zur Land- oder Indu-
striearbeit abgeordnet wurden, doch waren bestimmte Grundstrukturen
wie die Vorstellung einer durch Erziehung und Bildung sich für
Führungsaufgaben qualifizierenden Elite auch innerhalb der kommunistischen Bewegung bestimmend geblieben.

Die Orientierung an einer starken Herrscherpersönlichkeit kommt
auch darin zum Ausdruck, daß sowohl von Yuan Shikai, dem mächtigen
Militär der Jahrhundertwende, der von 1912 bis 1916 Präsident der Republik China war, als auch von Mao Zedong, jedenfalls zeitweise, die Kaiserwürde angestrebt wurde. Hier zeigt sich auch die Wirksamkeit des
Einheitsstaatsideals, das von den Demütigungen durch die Kolonial-
mächte eher verstärkt als relativiert worden war, auch wenn man sich der
Schwierigkeit einer revolutionären Transformation des Gesamtreiches
durchaus bewußt war. So war auch Mao Zedong in den 20er Jahren noch
überzeugt, daß die Revolution zunächst nur in einzelnen Regionen reali-
siert werden könne.[33] Im Personenkult wie in der späteren Errichtung des
Mausoleums für Mao Zedong in der Mitte des Tian'anmen-Platzes verband sich das Bedürfnis nach entsprechender Verehrung des Großen Vorsitzenden mit dem Interesse an der Betonung des Einheitsreichsgedan-
kens.

Der Höhepunkt der ersten Phase des Mao-Kultes fiel in die frühe Phase der Kulturrevolution, in die zweite Hälfte der 60er Jahre des 20. Jahrhunderts. Der postume Mao-Kult war dann von ganz anderer Art, denn er verdeutlichte, daß das Mao-Idol zu einem – wohl auf längere Sicht – unverzichtbaren Bestandteil Chinas geworden war. Auf Mao berief man sich in der Mitte der 90er Jahre, um gegen bürokratische Autoritäten zu protestieren. Der neue Mao-Kult wurde zum Ausdruck der Unzufriedenheit mit der Reformpolitik und zugleich zum Träger von Hoffnungen. Dies fand seinen Ausdruck in einer Neuauflage seiner Gesammelten Werke (1991), in der weiten Verbreitung von Talismanen und Amuletten mit dem Bild Mao Zedongs, die wie St.-Christophorus-Anhänger getragen wurden.

Diese Verehrung hält an, in besonderer Weise in dem Dorfe, in dem Mao Zedong am 26. Dezember 1893 das Licht der Welt erblickte, aber auch sonst überall. Zwar wird die Gottgleichheit offiziell immer wieder bestritten,[34] doch gilt Mao Zedong als Lehrer, Staatsmann, Stratege, Philosoph, Dichter und Nationalheld, als der große Befreier. Dabei widerspricht sein Bild als kämpfender Held nur scheinbar der männlichen und zugleich weiblichen Darstellung in der offiziellen Ikonographie, in der er als Vater-Mutter-Figur vorkommt.[35] Die besondere Verehrung, die seine Gestalt gerade bei Angehörigen einfacherer Schichten noch in den 90er Jahren genoß und die anläßlich seines 100. Geburtstages 1993 einen neuen Schub erfuhr,[36] steht nur scheinbar im Gegensatz zu einer ausgesprochenen Gleichgültigkeit gegenüber Mao bei Teilen der Studenten in den Metropolen und gehört mit zum komplexen Beziehungsgeflecht von «bäuerlichem Denken» einerseits und Selbstverständnis der Elite und der unterschiedlichen Gruppen von Intellektuellen bzw. Akademikern andererseits.

Es muß daher auch offenbleiben, ob Maos Charisma nur für bestimmte Generationen gilt, einschließlich derer, die besonders unter ihm gelitten haben. Denn in einer sublimierten Form folgte etwa die These Kate Xiao Zhous, die Bauern und nicht Deng Xiaoping hätten die Phase wirtschaftlicher Prosperität nach dem Ende der Kulturrevolution eingeleitet, der Lehre Maos von der tragenden Bedeutung der Bauern.[37] Das Verständnis der herausragenden Rolle Mao Zedongs bliebe unvollständig, wenn nicht neben den historischen und zeitgenössischen Umständen sowie insbesondere den psychosozialen Prädispositionen auch die Mechanismen der Machtsicherung berücksichtigt würden.[38] Denn die Absolutheit der Machtausübung durch Mao Zedong war ja nicht unangefochten. Zunächst waren es sein persönlicher Lebensstil und seine Einstellung zum Leben, die zum Machterhalt beitrugen. Selbst leidgeprüft, konnte er selbst ohne Mitleid sein und forderte uneingeschränkte Unterwerfung. Dieser autokratische Zug äußerte sich in seinem Hang zu höchstem Luxus und in der Unregelmäßigkeit seiner Lebensführung, weswegen seine Berater und sein Personal zu den ungewöhnlichsten Zeiten gefordert wurden. Hinzu trat die Neigung zu häufigem Ortswechsel und vielfältigen Reisen durch das Land, wodurch er jede Kontrolle durch die Bürokratie durchbrach und sich selbst in die Tradition der Herrscherreisen der Kaiserzeit stellte.

Alle Versuche, ihn zu entmachten, verstand Mao Zedong ins Leere laufen zu lassen. Gestützt auf die Armee und ein System persönlicher Beziehungen und Abhängigkeiten, betrieb er in den Jahren 1950 bis 1952 eine Kampagne gegen Konterrevolutionäre, bei der etwa 700 000 Menschen getötet wurden. Immer wieder konterte Mao Umsturzversuche. So versuchte er im Rahmen der am 27. Februar 1957 einsetzenden «Hundert Blumen»-Kampagne seine Parteifreunde davon zu überzeugen, daß die 116 Jahre Kampf seit dem Opium-Krieg nunmehr beendet seien. Was in Ungarn passiert war, sei in China unmöglich, da dort die Konterrevolutionäre vernichtet worden seien. Auch der Versuch, ihn auf der An-Lushan-Konferenz im Jahre 1959 (als sich das Desaster des «Großen Sprungs» abzeichnete) zu entmachten, schlug fehl. Selbst wenn er dann zeitweise in den Hintergrund treten mußte, verschaffte er sich doch mit der Kulturrevolution eine neue Machtposition, so daß er 1969 als der große Sieger dastand, den schließlich auch einer seiner engsten Vertrauten und Mitstreiter, Lin Biao (1907–1971), 1971 nicht zu stürzen vermochte. Noch 1981 stellte die KPCh fest, daß Maos Verdienste seine Fehler und Versäumnisse überwiegen.

Der chinesische Herrscher als Heilsbringer

Trotz aller Tendenzen zur Beschränkung herrscherlicher Macht, trotz der Bedeutung des von dem Hofstaat und der Beamtenschaft kontrollierten Ritualgeschehens und der damit verbundenen Bändigung jeglicher Herrscherwillkür war China weder die Vorstellung von einer tüchtigen Herrscherpersönlichkeit noch der Gedanke an einen gottgleichen Kaiser gänzlich fremd. In der Vergangenheit hatte es immer wieder regionale Helden (oder auch Gottheiten, wie z. B. bestimmte Stadtgötter) gegeben, bei denen es sich zumeist um vergöttlichte Personen handelte.[39] So finden wir, um nur ein Beispiel zu nennen, einen Stadtgott in einem Ort in China, der eigentlich das Opfer einer imperialen Disziplinierungsmaßnahme gewesen war. Ein General, der einen Aufstand angeführt hat, wird besiegt, getötet und findet sich etwa zwei Generationen später als Stadtgott wieder.[40] Die Vergöttlichung von Herrscherpersönlichkeiten hatte im alten China jedoch ihre Grenzen, innerhalb derer einerseits ein gewisser Personenkult geduldet, ja gewollt ist, andererseits aber Personenkult auch wieder perhorresziert wird. Strukturell scheint dies bis in die Gegenwart zu gelten; so wurde in einer Resolution des Politbüros am 5. Dezember 1980 Hua Guofeng bezichtigt, um seine Person einen Personenkult entfaltet zu haben; er habe «sein eigenes Porträt neben dasjenige des Genossen Mao Zedong gehängt».[41]

Die Begrenzung der Vergöttlichung hängt mit dem «Verblassen» der Götter und Geister in der formativen Periode der Teilstaatenzeit zusammen.[42] Es ist nämlich nicht so, daß «die Entgöttlichung der Ahnen und Naturgeister» durch «die Vergöttlichung des Herrschers» ersetzt worden wäre, sondern die Geister und Götter blieben und fungierten zugleich als Garant für die Beschränkung der Macht des Kaisers. So blieben alle Versuche von Herrschern, sich deifizieren zu lassen, letztlich erfolglos.[43] Vor diesem Hintergrund muß auch die Ausbildung jenes «dual image» gesehen werden, wonach der Kaiser für die Chinesen als der Himmelssohn, für die Fremdvölker in der Ökumene hingegen als Gott angesehen werden durfte.[44] Das Verblassen der Götter und Geister ging so weit, daß manche moderne Intellektuelle wie Hu Shi behaupteten, die Chinesen seien grundsätzlich «areligiös». Andere wiederum verwarfen diejenigen religiösen Strömungen, die ihrem Bild einer rationalistischen Tradition nicht entsprachen, als «unchinesisch», wie dies etwa Liang Qichao für den Daoismus tat.

Neben der Einbindung der Götterwelt in die Herrschaftslegitimation war es der Reziprozitätsgedanke, der sich im Umgang mit den Göttern immer wieder in den Vordergrund schob. Nun entsprach dem «Verblassen der Götter» die praktische Erfahrung von ihrer Wirkungslosigkeit und Ohnmacht.[45]

Gegen diese Tradition hat es immer Strömungen gegeben, die im Laufe der Auflösung der alten Ordnung seit dem Ausgang des 18. Jahrhunderts stetig zunahmen und zugleich den Boden für die politischen Umwälzungen des 19. und 20. Jahrhunderts bereiteten. Natürlich war zunächst die KPCh, waren bürgerliche Gruppen und westlich geprägte Intellektuelle zumeist gegen den Mao-Kult und überhaupt gegen jede Vergötterung einzelner Personen. Andererseits scheint gerade die Ausstrahlung Mao Zedongs jenes Vakuum ausgefüllt zu haben, das nach dem Zusammenbruch der alten Strukturen, nach der Liquidation der Landbesitzerklasse und des städtischen Mittelstandes und vor allem nach der Abschaffung des alten Palastprüfungssystems und damit der Neuordnung gesellschaftlicher Aufstiegswege entstanden war.

Die gegenseitigen Erwartungen zwischen Bevölkerung und Regierung waren im chinesischen Kaiserreich zumeist gering, mit Ausnahme von Krisenzeiten, in denen Führergestalten ihre Chancen bekamen und in denen sich Fortune, wenn nicht Charisma bewähren konnte. In diesem Sinne freilich kann die Erscheinung Mao Zedongs noch als eine solche traditionale Führergestalt gesehen werden, denn auch in seiner Person verbanden sich Charisma, Genie und das Gefühl, auf der Höhe der Zeit zu sein. Es war das Ideal des Heiligen als des Herrschers und eine Ersetzung der alten konfuzianischen Lehre vom Heiligen als dem ungekrönten König, wie sie bei Wang Chong (27–ca. 97) formuliert wird:

«Es ist der Phönix, der unter den Vögeln keinen Stammbaum kennt, das Einhorn unter den Vierfüßlern, das keine Verwandten besitzt, der Heilige unter den Menschen, der keine Vorfahren sein eigen nennt, und das Juwel unter den Dingen, das nicht seinesgleichen hat. Und so steht es denn auch mit denen, die überragendes Talent besitzen und daher herabgesetzt werden zu ihrer Lebenszeit. So reifen Menschen von Wert einsam heran, so wachsen Dinge von Wert für sich allein.»[46]

An solche Vorstellungen konnten unter dem Einfluß des Buddhismus Herrscher anknüpfen, um als Heilsbringer und Erlösergestalten hervorzutreten, wie dies insbesondere im Volksglauben geschah und wie dies im 5. und 6. Jahrhundert, dann aber auch von einigen Herrschern der Tang-Zeit sowie von einigen Herrschern der mongolischen Yuan-Dynastie angestrebt wurde, die sich als «Weltraddreher» (*cakravartin*) verstanden.[47] Vor dem Hintergrund solcher Bemühungen sind daher auch manche Niedergangszeiten als die Folge des Fehlens einer charismatischen Führergestalt interpretiert worden, wie etwa der Zusammenbruch des Westlichen Jin-Reiches am Ende des 3. Jahrhunderts n. Chr.[48] Andererseits führten die heftigen Widerstände der Literaten gegen jede Form der Deifizierung von Herrschergestalten zu einer Spannung zwischen Elite- und Volkskultur, weil bei der breiten Masse Heilserwartungen besonders leicht aufflammten. Zugleich aber war die Anerkennung des chinesischen Kaisers als Gottheit bei den «Barbaren» ein Mittel, deren Unterwerfung zu erleichtern, und immer wieder gab es Darstellungen chinesischer Herrscher in Bodhisattva-Pose.[49] Mao Zedong stand ganz bewußt auf der Seite der «Massen»; es ist daher konstitutiv für die politische Kultur des neueren China geworden, daß einerseits Aberglaube und Irrationalität abgelehnt und der alten feudalen Ordnung zugerechnet wurden, andererseits aber zugleich ein starkes irrationales Moment in der Unterwerfung unter das Diktat des Führerkultes wieder wirksam werden konnte.

Wenn Mao als Erlöser fungierte, wie es in dem Lied *Der Osten ist rot* heißt – «Der Osten ist rot, die Sonne geht auf, aus China kommt ein Mao Zedong. Er kämpft für das Glück des Volkes, er ist sein Erlöser» –, so steht dies sicherlich im Einklang mit seiner Rolle bei der Überwindung der Zersplitterung Chinas, bei der Durchführung der Landreform und der Wiedergewinnung internationaler Reputation. Eine ähnliche Rolle wurde dem ersten Reichseiniger, Qin Shihuangdi, zugewiesen. Auch wenn es zwischendurch immer wieder Tendenzen zur Herrscherverherrlichung gab, wie etwa bei Kaiser Xianzong (Regierungszeit 805–820), der als «die im Osten aufgehende Sonne» apostrophiert wurde, so gelang es doch nur noch dem Kangxi-Kaiser, der China von 1661 bis 1722 regierte, ein solches Maß an Verehrung auf sich zu vereinigen.[50] Viele Herrscher suchten ausdrücklich nicht Verehrung, sondern trieben ein rhetorisches «Understatement», beschworen ihre Fürsorge für das Reich – und erreichten auf diese Weise nicht selten größere Anerkennung und Akzeptanz, wie etwa

Tang Taizong (Regierungszeit 626–649), dessen Selbstverständnis insbesondere durch die Anweisungen an seinen Nachfolger besonders gut bekannt ist.[51]

Im 20. Jahrhundert trat aber noch hinzu, daß sich auch in China alte Sozial- und Kultbeziehungen aufgelöst hatten und gewissermaßen ein «religiöses Vakuum» entstanden war. Mao Zedong fragte 1927 provozierend:

«Und die Götter? Verehrt sie auf alle Weise. Doch hättet ihr allein mit Guandi und Guanyin und ohne einen Bauernverband die örtlichen Tyrannen und die üblen Grundbesitzer vertreiben können? Die Götter und Göttinnen sind tatsächlich bedauernswerte Gestalten. Ihr habt sie jahrhundertelang verehrt, und sie haben doch nicht einen einzigen der örtlichen Tyrannen und der üblen Grundbesitzer vernichtet! Jetzt wollt ihr, daß eure Pacht reduziert wird. Wie wollt ihr das erreichen? Glaubt ihr an die Götter oder an den Bauernverband?»[52]

War dies wirklich die Alternative? Offenbar sah Mao Zedong in einer Instrumentalisierung traditioneller religiöser und sozialer Strukturen keinen Ansatzpunkt zu einer Reform des ländlichen China, obwohl der ganze spätere Mao-Kult sich solcher Elemente bediente. Vielmehr brandmarkte er das ländliche China als rückständig, indem er die religiösen und sozialen Aspekte aus ihren Kontexten löste und auf diese Weise der Lächerlichkeit preisgab. Diese Haltung findet sich auch heute noch.[53]

Bereits Max Weber hatte erkannt, daß die Regierung das Dorf als politische Einheit in der Regel ignorierte. Weber war es, der nach der Lektüre einiger Arbeiten über das Dorf in China den Dorftempel und die daran gebundenen Organisationen als die Keimzelle von Selbstverwaltung in China erkannte,[54] womit er, der sich ja zunächst mehr für die Städte interessierte, dem Dorf in China eine zukunftsweisende Rolle zubilligte. Die Elite und die Regierung jedoch kooperierten weiterhin, trotz sonst widerstreitender Interessen, und vernachlässigten den Agrarsektor. Und was im traditionellen China die Erziehung in den Klassikern war, setzte sich fort in den Marxismus-Leninismus-Studien seit der Yan'an-Periode.[55]

Diese ideologische Vernachlässigung des ländlichen China ist seit langem zu einer erheblichen Belastung geworden, zumal China immer noch zu beinahe 80% agrarisch strukturiert und entsprechend in kleineren sozialen Einheiten und Gruppen organisiert ist.[56] Die Frage bleibt daher auf der Tagesordnung, wie die Beziehung zwischen Dörfern und den Städten geregelt wird, zumal die Mehrzahl der Kader sich eher den Städten und deren Milieu zugehörig fühlt.

Ferner gibt es Anzeichen dafür, daß es unabhängig von dieser Spannung zwischen Stadt und Land auch verstärkt Unterschiede zwischen arm und reich gibt, und zwar nicht nur individuell, sondern auch regional, so daß wieder «interne Kolonien» entstehen könnten.[57] Daraus könnten – insbesondere in Anbetracht der egalitären Traditionen in China – Spannungen entstehen mit möglicherweise zunehmenden lokalen sozialen Unruhen.[58] In diesem Zusammenhang muß auch von Massen-Wanderungen die Rede sein, die ihrerseits zu landsmannschaftlichen Vereinigungen führen wie in Beijing, wo sich inzwischen bereits 25 solcher landsmannschaftlichen «Dörfer» im Stadtgebiet gebildet haben. Angesichts der zumindest latenten Tendenz zur Zersplitterung und zum Regionalismus war es gerade die Funktion transformativer Impulse, die Integration des Reiches stets neu zu rekonstruieren. Ein solcher Impuls war Mao Zedong, insbesondere dort, wo sich seine Gestalt mit alten kollektiven Mythen verbinden konnte. Dies wird am stärksten am Mythos vom Großen Yu deutlich, jenes Kulturheroen und Urkaisers, dem die Regulierung der Gewässer zugeschrieben wird.[59] Auf diesen bezog sich Mao Zedong mehrfach, darunter auch in seinem Essay *Yugong kann Berge versetzen* (*Yugong yishan*).[60]

Manche Handlungsfelder waren freilich seit der Han-Zeit, seit der Konfuzianisierung der bürokratisch-imperialen Macht nicht mehr alleiniges Privileg des Herrschers. Dies trifft vor allem für die literarische Bildung zu, die er wohl, spätestens seit er in das Ritualgeschehen aktiv eingebunden worden war, mit einem großen Teil der Elite teilte. Vielleicht blieb gerade dennoch die Bildung des Herrschers etwas, worauf sich der Blick der Massen richtete. Jedenfalls ist in diesem Kontext die Stilisierung Mao Zedongs zum Dichter zu sehen, die sich auch in der in den 60er Jahren aufgelegten großformatigen Briefmarkenserie mit Faksimiles seiner Gedichtmanuskripte niederschlug.[61]

Die Eroberung der Städte und die Rolle der Intellektuellen

Sosehr Mao Zedongs Erfolg sich dem Krieg und der Verbindung der kommunistischen Streitkräfte mit der Landbevölkerung verdankt, so mußte er doch schließlich auch die Städte erobern und die städtische Intelligenz gewinnen, um erfolgreich zu sein. Allerdings war der militärische Sieg das Resultat der Verkettung vielfältiger Umstände, und gerade die Betonung der moralischen Komponente und der Disziplin hatte den kommunistischen Verbänden am meisten Zustimmung auch auf seiten der Intellektuellen eingebracht.[62] Der Zusammenhang zwischen der Stellung von Intellektuellen und der Politik ist für die Zeit des Kaiserreichs ebenso wie für die Zeit seit der Republikgründung bis heute offenkundig. Das Scheitern des «Großen Sprungs» war, bei allen Opfern – man spricht von 30 Millionen –, ein Glück für die liberalen Intellektuellen. Denn im April 1959 trat Liu Shaoqi als Staatspräsident an die Stelle von Mao. Die Auseinandersetzung über den «Großen Sprung» prägte das politische und intellektuelle Klima in den folgenden Jahren. Dabei suchten die einzelnen Fraktionen ihre Anhängerschaft durch Massenkampagnen zu mobilisieren. Doch bei allen Veränderungen in den Milieus der Partei und in der politischen Kultur und der – freilich immer von der Partei kontrollierten – öffentlichen Diskussion blieb die Rolle Mao Zedongs im wesentlichen unangefochten. Dies hängt mit der im Kontext des nationalen Aufbruchs und im Zuge der nationalen Selbstbehauptung gegen die japanische Okkupation und – seit 1945 – im Zusammenhang mit der Blockbildung immer wieder bekräftigten Loyalität der Intellektuellen zur «chinesischen Sache» und damit auch zur Herrschaft der KPCh zusammen.

Ein Verständnis der Intellektuellen und desjenigen Bevölkerungsanteils, auf den sich in besonderem Maße jede politische Kraft zur Sicherung ihres Deutungsprivilegs stützen mußte, kann nicht von der Vorgeschichte der Rolle der Intelligenz in der Republik-Zeit absehen.[63] Die geringe Autorität der Bürokratie und der politischen Zentrale, ein Kennzeichen der Zeit von 1917 bis 1927, hatte die Erfolge der Kriegsherren und dann auch der partikularen politischen Gruppierungen begünstigt. Bis zur Bildung der antijapanischen Einheitsfront im Jahre 1937 blieben Universitäten und Küstenhandelsstädte trotz des Versuchs starker ideologischer Einflußnahme der leninistischen Guomindang ein Refugium liberaler Intellektueller. Erst in den folgenden Jahren verloren die Intellektuellen, nicht zuletzt aufgrund der Erschütterungen der sozialen, wirtschaftlichen und politischen Verhältnisse, die Grundlage für ihre weitgehende geistige Autonomie, wofür Qian Zhongshus Roman _Die umzingelte Festung_ (_Weicheng_, 1946/47) ein Ausdruck ist, wie wir überhaupt aus der Literatur oft mehr über die soziale und geistige Befindlichkeit Chinas erfahren als aus irgendwelchen anderen Quellen. Erst nach der Gründung der Volksrepublik am 1. Oktober 1949 kam es zu einer Kontrolle der Intellektuellen durch die Regierung, und zwar in einem Ausmaß wie wohl nie zuvor seit Qin Shihuangdi. Allerdings hatten sich extreme Kontrolle und Überwachung seit der Zeit in Yan'an angekündigt, die dann später in «Gehirnwäsche» und die systematische und gnadenlose Forderung nach Selbstkritik münden sollten. Diese Formen von Terror und Bedrohung, von Traumatisierung und Gewalt sind im Kontext der sich verändernden Kultur im China des 20. Jahrhunderts zu verstehen, wobei es ja auch vielfältige Allianzen zwischen Terror und Entwicklung gegeben hat und noch gibt.[64]

In der Folge des gescheiterten «Großen Sprungs», begleitet von einem Machtverlust Mao Zedongs (1960–1965), meinten einige Intellektuelle, sie müßten remonstrieren, ganz in der Tradition des kritischen Literatenbeamten der Vergangenheit. Diese Tendenz wurde bald überlagert und dann gänzlich verdeckt von dem Kampf junger Intellektueller und politischer Anführer gegen die Alten und das sogenannte «Establishment» in den ersten Jahren der Kulturrevolution (1966–1971). In den Folgejahren begann wieder eine engere Zusammenarbeit zwischen den Intellektuellen und den Parteikadern.

Inzwischen, nach 50 Jahren Einparteienherrschaft, ist es für die Intellektuellen eine Selbstverständlichkeit, daß sie auf bürokratischen Schutz und Begünstigung angewiesen sind. Auf die Kooperation zwischen Partei und Intellektuellen setzen beide Seiten. Nicht die Bevölkerung, sondern bestimmte Gruppen und Schichten sind es, denen sich die Akademiker- und die Parteielite verpflichtet fühlen. Nach wie vor ist das Einverständnis darüber wirksam, daß die Kontrolle der Kultur durch den Staat legitim sei. Die wichtigste Frage für die meisten Intellektuellen war, neben der Sicherung ihrer familiären und persönlichen Existenz, wie sie ihrem Lande dienen könnten, damit es reich und mächtig und in jeder Hinsicht modern würde, ohne daß sie dabei ihre Grundsätze verraten müßten. Nur wenige stellten ihre eigenen Wertüberzeugungen, wenn sie im Gegensatz standen zu den politischen Zielen der Partei- und Staatsführung, über letztere.

Diese enge Verbindung zwischen der Akademikerelite und der Partei- und Staatsführung wirkte sich auch auf die Karrieremuster aus und beeinflußte nicht unwesentlich die Auswahl der Spitzenfunktionäre in allen Bereichen.[65] Es gab und gibt nicht nur einen einzigen Weg an die Spitze. Jedoch gibt es einige Bedingungen, die hierfür mindestens erfüllt sein müssen. An erster Stelle ist das Netz persönlicher Beziehungen (*guanxi*) zu nennen, ein vielfach beschworenes Element politischer Kultur, das allerdings auf dem wirtschaftlichen Sektor inzwischen immer weniger eine Rolle spielt.[66] Wichtiger werden die eigenen Fähigkeiten und Fortune.

Entscheidend war – und ist noch heute –, daß es einem gelang, zum Teil heterogene umfangreiche Gruppen an sich zu binden und diesen das Gefühl zu vermitteln, daß man deren Interessen angemessen vertrete. Wie konnte also die Mobilisierung größerer Anhängerschaft gelingen in einer überwiegend bäuerlichen und in vergleichsweise kleinen Gruppen organisierten Gesellschaft? Wie konnte der Kontakt zu dieser Mehrheit von den überwiegend städtisch orientierten Kadern aufrechterhalten werden? Diese Fragen hatte die KPCh mit dem Personenkult um Mao Zedong beantwortet, mit der Fokussierung auf einen einzelnen, an dem sich alle, auch noch die unterschiedlichsten Gruppen, orientieren konnten.

Diese Fixierung wieder aufzulösen, stellt sich als eine der größten Herausforderungen der Nach-Mao-Zeit heraus. Selbst die Darstellung der Mao-Ära als «Ancien régime», das es zu überwinden gelte,[67] konnte die hochgradig internalisierten Denkfiguren nicht auflösen. Schon an der Mauer der Demokratie (1978/1979) gab es neben Verdammungen und Preisungen Mao Zedongs differenzierende Stimmen wie die eines anonymen Eisenbahnarbeiters in einer auf den 22. November 1978 datierten Stellungnahme: «Der Vorsitzende Mao war ein großer Führer des chinesischen Volkes und eine große Gestalt in Chinas Geschichte. Doch seine

Verdienste anzuerkennen bedeutet nicht, daß er keine Fehler begangen hat.»[68] Wie tief verwurzelt der Mao-Kult war, zeigt die Okkupation des Bewußtseins durch die Ikone Maos am Beispiel des Aufsehens, das ein 2,4 x 1,6 Meter großes Porträt eines zerfurchten Bauerngesichtes mit dem Titel *Vater* aus dem Jahre 1980 erregte. Als dieses Gemälde des 32jährigen Künstlers Luo Zhongli 1981 in Peking öffentlich ausgestellt wurde, empfanden es die meisten Betrachter als unerhört, daß hier ein Gesicht in einem Format präsentiert wird, das nur dem «Großen Steuermann» Mao Zedong vorbehalten war. Ein Kunstkritiker schrieb: «Hat man je ein zwei Meter hohes Porträt eines Bauern gesehen? Nein, das hat es bisher kein einziges Mal in der Weltgeschichte der Kunst gegeben. [...] Wenn man es genauer bedenkt, warum sollte nicht dem *Vater* als dem Ursprung der ganzen chinesischen Rasse ein solch würdevolles Format zustehen? Wir verehren unseren Steuermann, aber wir sollten nicht unseren schwer arbeitenden ‹Vater› vergessen.»[69]

Selbst noch diese Stilisierung des schwer arbeitenden Bauern wiederholt gewissermaßen die Betonung der Rolle, die Mao Zedong selbst der Bauernschaft und dem agrarischen Sektor zugewiesen hat, ein Tenor, der auch noch so regimekritische Arbeiten wie die bereits erwähnte von Kate Xiao Zhou durchzieht, die nicht den Reformen Deng Xiaopings, sondern den Bauern das Verdienst am wirtschaftlichen Aufbruch der 8oer Jahre zuschreibt.[70]

Ewiges Gedenken und postumer Mao-Kult

Einen Monat nach seinem Tode wurde am 8. Oktober 1976 der Beschluß gefaßt, zum ewigen Gedächtnis an Mao Zedong «erstens für ihn in Beijing eine Gedenkhalle zu errichten und zweitens in dieser Gedenkhalle seinen Leichnam in einem Kristallsarg aufzubewahren und den Volksmassen zugänglich zu machen».[71] Im Mao-Kult und insbesondere in der Plazierung der Gedenkhalle in der Mitte des für das Volk gedachten Platzes, die ja nur im Kontext der Tradition der Hauptstadtarchitektur verstanden werden kann,[72] zeigt sich das ambivalente Verhältnis zur imperialen Tradition, was mit dazu beigetragen haben dürfte, daß die Diskussion über das Mao-Mausoleum seit dessen Errichtung nicht mehr verstummt ist. Bereits 1980 kursierte das Gerücht, die Konservierung des Leichnams sei unzureichend. Im Herbst 1997 forderte der Dissident Bao Ge die Partei auf, Maos Mumie einzuäschern.

Eine Kehrseite der Vergöttlichung und des Personenkultes um Mao Zedong ist die Zurechnung aller Opfer der Politik des «Großen Sprungs» und der Kulturrevolution zur Person Mao Zedongs.[73] Long Jingtai formulierte dies etwa folgendermaßen, als er von einem Freund berichtet, der sich ein riesiges Mao-Bild von Andy Warhol, Mao mit knallrosa Lippen, in die Wohnung gehängt hatte:

«Das Mao-Bild ist ein Mosaikstein seiner Jugendzeit, eine leise Erinnerung an seinen jugendlichen Idealismus oder sogar ein leichter Anflug von Selbstironie im reifen Alter. Wie auch immer, für ihn ist das Mao-Bild ein Bild von Mao. Für mich ist es das nicht. Ich sehe den *Mann* darin, konkret und gegenwärtig, und von seinen Händen trieft Blut. Guter Gott, dachte ich, wie sollte ich ihm nur meine Gefühle verständlich machen? Ich sagte zu ihm: ‹Würdest du auch ein Bild von einem Hitler mit knallrosa Lippen in dein Wohnzimmer hängen, lieber Freund?›»[74]

Ganz anders sieht dies der Künstler Zhang Hongtu, der in einer Collage (Acryl auf Leinwand, 1989) Leonardo da Vincis Gemälde vom Abendmahl – möglicherweise auch angeregt durch Andy Warhols *The Last Supper* – kopiert und alle Köpfe durch Köpfe Mao Zedongs ersetzt. In diesem Protestgemälde gegen die brutale Niederschlagung der Demokratiebewegung auf dem Platz vor dem Tor des Himmlischen Friedens am 4. Juni 1989 wird das «Einer unter euch wird mich verraten» (Matthäus 26, 21) zu «Mao wird durch Mao verraten».[75]

Zu solchen Urteilen im Gegensatz steht das Mao-Fieber (*Maore*) seit dem Ausgang der 80er Jahre, das eher spontan war und allgemeinen Bedürfnissen entsprach. Zu seinem 100. Geburtstag im Jahre 1993 gab es eine Vielzahl von Würdigungen, die sich bereits auf eine umfangreiche Literatur als Resultat der Auseinandersetzung mit Mao Zedong beziehen konnten.[76] Es ist auffällig, daß das Mao-Fieber wieder in dem Maße abnahm, in dem die offiziellen Feierlichkeiten zum 100. Geburtstag Mao Zedongs die öffentliche Szene beherrschten, woran erkennbar wird, daß Mao Zedong und sein Kult von der Staatsführung nicht ganz aus der Hand gegeben wurde, da sie nicht Gefahr laufen wollte, daß er zur Leitfigur einer gegen die Verhältnisse gerichteten Bewegung wird.

Mao Zedong ist also ein Produkt der Geschichte des neueren China. Bis heute scheiden sich an ihm die Geister, bis heute steht sein Name als Chiffre für Zukunftshoffnung und Katastrophe zugleich, und es ist gänzlich ungewiß – und eher unwahrscheinlich –, ob mit der Festschreibung marktwirtschaftlicher Grundsätze in der Verfassung des Jahres 1993 die Ära Mao Zedongs tatsächlich als endgültig abgeschlossen gelten kann.

Bei einer zusammenfassenden Betrachtung erscheint Mao Zedong als charismatischer Führer, doch werden immer wieder auch einzelne Aspekte in den Vordergrund treten, der Dichter und Staatsmann, der Visionär, der Heilsbringer. In der innerchinesischen Diskussion wird die Bedeutung Maos entsprechend den einzelnen Phasen seines Wirkens differenziert, doch überwiegt die Identifikation Maos mit dem Schicksal Chinas im 20. Jahrhundert, mit dem Aufbruch und der Behauptung Chinas und mit der Zuversicht, daß China bald seine Rolle als Weltmacht wird spielen können, daß China – jedenfalls für die Chinesen – wieder zum Zentrum der Welt wird, zum «Reich der Mitte» eben!

ANHANG

Abkürzungen

Für die Werke Max Webers werden folgende Abkürzungen verwendet:

GARS   Gesammelte Aufsätze zur Religionssoziologie, Bd. I–III, Nachdruck
            Tübingen 1988.
GASW   Gesammelte Aufsätze zur Sozial- und Wirtschaftsgeschichte, hg. von
            Marianne Weber, Nachdruck Tübingen 1988.
GPS   Gesammelte Politische Schriften, hg. von Johannes Winckelmann,
            5. Aufl., Tübingen 1988.
MWG   Max Weber Gesamtausgabe.
MWG I/15   Zur Politik im Weltkrieg. Reden und Schriften 1914–1918, hg. von
            Wolfgang J. Mommsen, Tübingen 1984.
MWG I/16   Zur Neuordnung Deutschlands. Schriften und Reden 1918–1920, hg.
            von Wolfgang J. Mommsen, Tübingen 1988.
MWG I/19   Die Wirtschaftsethik der Weltreligionen. Konfuzianismus und Taois-
            mus, hg. von Helwig Schmidt-Glintzer, Tübingen 1989.
MWG I/20   Die Wirtschaftsethik der Weltreligionen. Hinduismus und Buddhis-
            mus, hg. von Helwig Schmidt-Glintzer, Tübingen 1996.
MWG I/22-5 Wirtschaft und Gesellschaft, Teilband 5: Die Stadt, hg. von Wilfried
            Nippel, Tübingen 1999.
WuG   Wirtschaft und Gesellschaft, 5. Aufl., hg. von Johannes Winckelmann,
            Tübingen 1972.
WL   Gesammelte Aufsätze zur Wissenschaftslehre, hg. von Johannes
            Winckelmann, 7. Aufl., Tübingen 1988.

Anmerkungen und Literatur

Wilfried Nippel
Charisma und Herrschaft

Anmerkungen

1 WuG 140. – Hier und im folgenden wird auf die Wiedergabe der von Weber inflationär verwendeten Sperrungen verzichtet.

2 MWG I/19, 120 f.

3 WL 481 f.

4 WuG 124, 654 f.; WL 482 f. – Zu Webers Rückgriff auf Sohm vgl. Holmberg (1978), 136 ff.; Haley (1980); Ebertz (1987), 15 ff.; Smith (1998); Riesebrodt (1999). – WuG 124 wird auch auf Karl Holl, Enthusiasmus und Bußgewalt beim griechischen Mönchtum. Eine Studie zu Symeon dem neuen Theologen, Leipzig 1898, verwiesen, der zeigt, daß das Spannungsverhältnis von Charisma und Institution nicht auf die Urkirche beschränkt ist; vgl. Graf (1987), 132 f.

5 Sohm (1892), 26; vgl. ders. (1908), 26 ff.; ders. (1912), 50 ff.

6 Sohm (1892), 1. – Zu Sohms Position vgl. noch Bühler (1965), 105 ff.; Heinz (1974), 29 ff.; Müller (1994).

7 Nachweise bei Brockhaus (1972), 7 ff.

8 Sohm (1892), 26 f. – Hier und im folgenden ohne die Hervorhebungen im Original.

9 Sohm (1912), 51–53.

10 Sohm (1892), 54.

11 1. Korinther 12, 4–11. 28–30; Römer 12, 3–8. – Weitere neutestamentliche Belege bei Schütz (1981).

12 Hahn (1979), 434–438; Schütz (1979), 243; Schweizer (1985), 320.

13 Sohm (1892), 29.

14 Ebd., 28.

15 Adolf Harnack, Entstehung und Entwickelung der Kirchenverfassung und des Kirchenrechts in den ersten zwei Jahrhunderten. Urchristentum und Katholizismus (1910), Nachdruck Darmstadt 1980. Verkürzt gesagt, nahm Harnack eine Doppelstruktur an: charismatisch begabte Apostel und Lehrer entfalteten ihre Wirkung in der gesamten Kirche; auf der Ebene der Ortsgemeinden waren Bischöfe und Diakone gewählte Amtsträger, die administrative Aufgaben übernahmen; um die Wende vom 1. zum 2. Jahrhundert zeichnete sich dann die Vereinigung beider Rollen im Bischofsamt ab; vgl. dazu u. a. Maurer (1960); Brockhaus (1972), 10 ff.; Heinz (1974), 61 ff. – Harnacks Theorie der charismatischen Stellung der «Lehrer» erwähnt Weber, WuG 311.

16 WuG 655.

17 Ebd., 140.

18 Ebd., 141.

19 Der Begriff schwankt im Griechischen zwischen einer wertneutralen («Volksführer») und einer polemischen Verwendung («Volksverführer»). In einem Teil der antiken Überlieferung wird Kleon, der nach dem Tode des Perikles eine führende

Rolle in Athen spielte, als verantwortungsloser Politiker von dem idealisierten Perikles abgesetzt; bei den schärfsten Kritikern der Demokratie wird jedoch kein wesentlicher Unterschied zwischen beiden gesehen; vgl. P. Spahn (in diesem Band).

20 WL 483.
21 Webers Herrschaftssoziologie liegt in unterschiedlichen Fassungen vor. WuG 2. Teil, Kap. IX, Abschnitt 1–6 (541–726) mit einer Fülle empirischer Materialien stammt aus der Zeit vor 1914; WuG 1. Teil, Kap. III (122–176) mit dem Schwerpunkt auf der Definition soziologischer Kategorien aus der Zeit nach dem Ersten Weltkrieg. Der posthum 1922 veröffentlichte Aufsatz, «Die drei reinen Typen der legitimen Herrschaft» (= WL 475–488), dürfte ebenfalls in der späten Schaffensperiode entstanden sein. – Die unter werkgeschichtlichen Gesichtspunkten aufschlußreichen Unterschiede dieser Fassungen müssen im folgenden außer Betracht bleiben.
22 WuG 140.
23 Ebd., 654.
24 Ebd., 661.
25 Diese (so nicht auf Weber zurückgehende) Formulierung bei Lepsius (1993), 100 f.
26 WuG 656.
27 Ebd., 657.
28 Ebd., 659.
29 Ebd.
30 Ebd., 141; vgl. 660.
31 WuG 141.
32 Ebd., 142.
33 Ebd., 143.
34 Schluchter (1988), 535 f.; Wang (1997), 27.
35 WL 485.
36 WuG 145 f.; WL 485.
37 Dies bezieht sich auf den Dalai Lama in Tibet.
38 WL 485 f.; WuG 143 f.; MWG I/19, 122.
39 So bei Papst-, Bischofs- und Königswahlen; WuG 143 f., 665. – Auch hier kann auf entsprechende Formulierungen bei Sohm verwiesen werden, z. B. Sohm (1912), 53 f.
40 WuG 156.
41 WuG 144; WL 486 f.
42 WuG 144, 674 f.; WL 487.
43 WuG 674. Vgl. Sohm (1892), 216: «Einst ruhte das Amt [...] auf dem Charisma. Jetzt ruht umgekehrt das Charisma auf dem Amt.»
44 GARS III, 47 ff., 93 f.
45 Ebd., III, 298, 282.
46 MWG I/19 und I/20; vgl. die Sachregister.
47 MWG I/19, 120 f.; WL 481 f.; zitiert oben im Text bei Anm. 2 und 3.
48 Im jüngeren Teil (vgl. oben Anm. 21) gar nicht.
49 Vgl. Breuer (1994), 202 ff.
50 MWG I/15, 546.
51 Anders Erbe (1995), der dem Bezug auf Caesar von Anfang an größere Bedeutung zuschreibt.
52 Tulard (1978), 33.
53 Kircheisen (Hg., 1911–13) I, 96–98; Momigliano (1956), 221; Tulard (1978), 176. – Monk war der englische General, der 1660 die Restauration der Monarchie herbeiführte.
54 Kircheisen (Hg., 1911–13) II, 30.

55 Ebd. II, 227.

56 Ebd., I, 204. – Der Ägyptenfeldzug von 1798/99 (der durch die Mitnahme zahlreicher Gelehrter auch den Charakter einer wissenschaftlichen Expedition hatte, wie es bei Alexander der Fall gewesen war) und der Plan eines Indienfeldzugs 1807 könnten auf die Öffentlichkeit als Alexander-Imitatio gewirkt haben.

57 Hier zitiert nach der deutschen Ausgabe: Napoleon, Darstellung der Kriege Caesars, Turennes, Friedrich des Großen. Vom Kaiser in seinen letzten Lebensjahren im Exil auf St. Helena geschrieben und kritisch erläutert, hg. von H. E. Friedrich, Berlin 1938, 187.

58 Hier zitiert nach der deutschen Ausgabe: Stendhal, Denkwürdigkeiten über das Leben Napoleons des Ersten, hg. v. G. Hecht, München 1914, 1.

59 Zitiert bei Baehr (1998), 101.

60 Ebd., 6.

61 Auguste Romieu, L'ère des Césars, 1850; deutsch unter dem Titel: Der Cäsarismus oder die Notwendigkeit der Säbelherrschaft, dargetan durch geschichtliche Beispiele von den Zeiten der Cäsaren bis auf die Gegenwart, Weimar 1851; ergänzt durch die Schrift: Le spectre rouge de 1852, 1851; dt.: Das rothe Gespenst von 1852, Grimma 1851. Vgl. Bamberger (1895); Groh (1972), 750 f.; Heuß (1980); Baehr (1998), 105 ff.

62 Gollwitzer (1952); Stürmer (1977); Groh (1972), 750 ff.; Baehr (1998), 112 ff.; Kloft/Köhler (1999).

63 Meier (1982); Heuß (1988); Christ (1994), 134 ff.

64 G. W. F. Hegel, Vorlesungen über die Philosophie der Geschichte (Werke 12), Frankfurt am Main 1986, 45–47.

65 Siebert (1989); Christ (1994), 131–133.

66 Siebert (1989), 95.

67 J. Burckhardt, Über das Studium der Geschichte. Der Text der «Weltgeschichtlichen Betrachtungen» ... hg. v. P. Ganz, München 1982, 222. – Umgekehrt konnte die Erfahrung der Napoleonischen Eroberungen zu einer kritischen Sicht auf Alexander und Caesar führen, wie sich in den 1830er Jahren in den historischen Werken des badischen Liberalen Karl von Rotteck zeigt; vgl. Nägler (1993).

68 Belege bei Gollwitzer (1952), 60 f.; Wucher (1956), 123. – Entsprechende Kritik an Mommsen auch noch in der Schrift des sozialdemokratischen Publizisten Johann Most, Die sozialen Bewegungen im alten Rom und der Zäsarismus, Berlin 1878 (Nachdruck Aalen 1975).

69 Th. Mommsen, Römische Geschichte, Bd. 3, 9. Aufl., Berlin 1904, 476 f.

70 Ebd., 465.

71 Rezensionsartikel, Thiers und die Kaiserzeit, Preußische Jahrbücher 1, 1858, 225–243, hier 239–241. Der Artikel ist nach den Gepflogenheiten der Zeitschrift anonym erschienen.

72 Treitschke (1886), 113. – «Caesarenwahnsinn» hat später Ludwig Quidde in seinem berühmten Pamphlet, Caligula. Eine Studie über römischen Cäsarenwahnsinn, Leipzig 1894, auf Wilhelm II. gemünzt. Das Publikum verstand die Anspielung, ohne daß Quidde den Namen des deutschen Kaisers genannt hätte.

73 Belege bei Wickert (1980), 138 ff.

74 Dt.: Geschichte Julius Cäsars, 2 Bde., Wien 1865/66.

75 Kranzberg (1954).

76 Zitiert bei Wickert (1980), 153 f.

77 Vorwort zur 2. Aufl. von: Der achtzehnte Brumaire des Louis Bonaparte (Marx, Engels, Werke, Bd. 8, 8. Aufl., Berlin 1988, 560).

78 Groh (1972), 760 f.; Wippermann (1983). Zur Assoziation Caesarismus–Diktatur vgl. Schmitt (1994), XIII f.

79 Roscher (1888), 737 = ders. (1892), 695.
80 WuG 156. – Die dort genannte «Zürcher demokratische Diktatur» dürfte das Regime von Rudolph Brun (1336–1360) meinen; vgl. MWG I/22–5, 199.
81 Pöhlmann (1895), 284.
82 Carl Schmitt hat an diesen Beispielen sein Konzept der «souveränen Diktatur» entwickelt; Schmitt (1994). – Cromwell selbst verstand sich allerdings als unmittelbarer Beauftragter Gottes; vgl. H.-Chr. Schröder (in diesem Band).
83 So definierte der katholische Erzbischof von London mit Bezug auf Bismarcks Kirchenkampf den Caesarismus als Versuch, die Suprematie der staatlichen über die kirchliche Gewalt durchzusetzen; Eduard Manning, Cäsarismus und Ultramontanismus, 2. Aufl., Linz 1874.
84 WuG 156 f.
85 Ebd., 156.
86 Ebd., 665.
87 GPS 535 f.; WuG 669; WL 488.
88 GARS III, 284; GPS 525; WL 483; WuG 665; allerdings irrt Weber, sofern er – an einigen Stellen – eine besondere amtliche Stellung des Perikles als Oberstratege annimmt; vgl. P. Spahn (in diesem Band). Daß es jedoch nicht auf die Amtskompetenz, sondern allein auf die Vertrauensstellung gegenüber der Volksversammlung ankommt, wird MWG I/22–5, 219 betont.
89 GPS 535 f.; WuG 669.
90 WuG 669; GPS 537 f.
91 MWG I/15, 394.
92 MWG I/15, 540.
93 WuG 554 f.
94 Max Weber, Kapitalismus und Agrarverfassung, Zeitschrift für die gesamte Staatswissenschaft 108, 1952, 431–452, hier 438. – Es handelt sich um die Rückübersetzung eines von Weber 1904 in St. Louis 1904 auf englisch gehaltenen Vortrags.
95 Antiker Demagoge und parlamentarischer Parteiführer sind für Weber Varianten eines nur im Okzident anzutreffenden Typus charismatischen politischen Führertums; GPS 508.
96 MWG I/15, 547.
97 Ebd., 540.
98 Ebd., 347.
99 Ebd., 482.
100 Ebd., 483.
101 Ebd., 549.
102 Ebd., 540. – «Cäsaristischer Diktator» ist hier ein englischer Premierminister.
103 MWG I/16, 214–224.
104 Mommsen (1963); (1974), 416 ff. – Das 1959 erschienene Buch von W. J. Mommsen über Webers Rolle in der deutschen Politik hat heftige Reaktionen ausgelöst, da man dem Verfasser vorwarf, Weber zu einem geistigen Urheber späterer Führerideologie gestempelt zu haben (Loewenstein 1961); vgl. den Rückblick auf diese Debatte bei Mommsen (1974), 442 ff.
105 Schreiner (1998).
106 Zitiert bei Groh (1972), 767.
107 Vgl. Pöschl (1981); Stahlmann (1989).
108 Gundolf (1924), 7.
109 Christ (1994), 268 f.; Mariella Cagnetta/Claudio Schiano, «Faschismus II», Der Neue Pauly, Bd. 13, 1999, 1096–1105, hier 1102. – Insofern kam der Aufsatz des

Berliner Althistorikers Wilhelm Weber, Mussolinis cäsarische Vision. Wesen, Herrschaft, Welt, Geist der Zeit 18, 1940, 136–151, etwas verspätet.

110 Friedemann Scriba, «Augustus im Schwarzhemd?» Die «Mostra Augustea della Romanità» in Rom 1937/38, Frankfurt am Main 1995.

111 So bei Hans Oppermann, Cäsar als Führergestalt, Vergangenheit und Gegenwart 24, 1934, 641–652; vgl. Christ (1994), 269 ff.

112 Dufraisse (1991), 608 ff. – Philipp Bouhler, seit Ende 1934 Leiter der «Kanzlei des Führers der NSDAP», hat die Parallele Napoleon – Hitler suggeriert in: Napoleon. Kometenbahn eines Genies, München 1938; 2. Aufl. 1942.

113 Friedrich (1961).

114 Mussolini ist schon in den 1920er Jahren von Robert Michels als charismatischer Führer bezeichnet worden; vgl. J. Petersen (in diesem Band).

115 Nachweise bei Zingerle (1981), 133 ff.

116 Mommsen (1974), 438–440; Thody (1989).

117 Vgl. allgemein Roth (1987), 142 ff.; 150 ff.; Gebhardt/Zingerle/Ebertz (Hgg., 1993). – Zur Anwendung auf Webers eigene Beispiele aus der jüdischen Geschichte vgl. Malamat (1981); Berger (1963) und zur Organisation der Urkirche Bendix (1985); Blasi (1995); zur Übertragung auf die «Jesusbewegung» Ebertz (1987); Theißen (1989).

118 Weber hat – mit negativer Bewertung – den bayerischen Ministerpräsidenten (November 1918 – Januar 1919) Kurt Eisner zu den Charismatikern gerechnet; WuG 140. – Als mögliche Beispiele ephemerer charismatischer Herrschaft könnte man u. a. an die des «Volkstribuns» Cola di Rienzo in Rom 1347 oder diejenige Savonarolas in Florenz 1495–1498 denken.

119 Plutarch erweckt den Eindruck, daß Caesar sich als Alexander-Nachfolger stilisiert habe; dafür gibt die zeitgenössische Überlieferung – ganz anders als im Falle des Pompeius – jedoch keinen zwingenden Anhaltspunkt; vgl. Weippert (1972); Green (1978).

120 Demandt (1972); Gundolf (1924); Christ (1994).

121 Vgl. Kloos (1968); zu den antiken Elementen in der staufischen Kaiseridee Stefan Weinfurter (in diesem Band).

122 Letzteres trifft z. B. auch auf Bismarck zu; vgl. Hans-Ulrich Wehler, Deutsche Gesellschaftsgeschichte, Bd. 3, München 1995, 368 ff.

123 WuG 665; vgl. WL 481 f. (zitiert oben im Text bei Anm. 3).

124 WuG 726 wird diese Formulierung auf Robespierre bezogen; die Kategorie läßt sich zur Interpretation von Robespierres Ablehnung einer persönlichen Herrschaftsausübung und seines Kults der Vernunft verwenden, vgl. Breuer (1994), 65 ff.; Gilcher-Holtey (1995). Zur Übertragbarkeit auf bestimmte Merkmale der kommunistischen Bewegung vgl. Roth (1987), 146 ff.; Breuer (1994), 84 ff.

125 Stölting (1997).

126 Vgl. allgemein Gebhardt (1993). – Dazu könnte man auch den vom 13. bis zum 18. Jahrhundert sich durchhaltenden Glauben an die Fähigkeit der französischen und englischen Könige rechnen, die tuberkulösen Skrofeln heilen zu können; die Zuschreibung erfolgt dem Amt, unabhängig von der Person des Herrschers; vgl. M. Bloch, Les rois thaumaturges (1924), dt.: Die wundertätigen Könige, München 1998. (In Blochs Bibliographie, S. 526 der deutschen Ausgabe, ist ein Werk eines englischen Autors von 1597 aufgeführt, das «Charisma» im Titel führt.)

Literatur

Baehr, Peter (1998), Caesar and the Fading of the Roman World. A Study in Republicanism and Caesarism, New Brunswick.
Bamberger, Ludwig (1895), Der Cäsarismus, in: ders., Gesammelte Schriften, Bd. 3: Politische Schriften von 1848 bis 1868, Berlin, 328–336 [Artikel aus der Rheinischen Zeitung 1866].
Bendix, Reinhard (1985), Umbildungen des persönlichen Charismas. Eine Anwendung von Max Webers Charismabegriff auf das Frühchristentum, in: Wolfgang Schluchter (Hg.), Max Webers Sicht des antiken Christentums, Frankfurt am Main, 404–443.
Berger, Peter L. (1963), Charisma and religious innovation: the social location of Israelite prophecy, American Sociological Review 28, 940–950.
Blasi, Anthony J. (1995), Office Charisma in Early Christian Ephesus, Sociology of Religion 56, 245–255.
Breuer, Stefan (1994), Bürokratie und Charisma. Zur politischen Soziologie Max Webers, Darmstadt.
Brockhaus, Ulrich (1972), Charisma und Amt. Die paulinische Charismenlehre auf dem Hintergrund der frühchristlichen Gemeindefunktionen, Wuppertal [zitiert nach der Taschenbuchausgabe 1987].
Bühler, Andreas (1965), Kirche und Staat bei Rudolph Sohm, Zürich.
Christ, Karl (1994), Caesar. Annäherungen an einen Diktator, München.
Demandt, Alexander (1972), Politische Aspekte im Alexanderbild der Neuzeit, Archiv für Kulturgeschichte 54, 325–363.
Dufraisse, Roger (1991), Die Deutschen und Napoleon im 20. Jahrhundert, Historische Zeitschrift 252, 587–625.
Ebertz, Michael N. (1987), Das Charisma des Gekreuzigten. Zur Soziologie der Jesusbewegung, Tübingen.
Erbe, Michael (1995), Der Caesarmythos im Spiegel der Herrschaftsideologie Napoleons I. und Napoleons III., in: Reinhard Stupperich (Hg.), Lebendige Antike. Rezeptionen der Antike in Politik, Kunst und Wissenschaft der Neuzeit, Mannheim, 135–142.
Friedrich, Carl Joachim (1961), Political Leadership and the Problem of the Charismatic Power, Journal of Politics 23, 3–24.
Gebhardt, Winfried (1993), Symbolische Legitimation. Über das Charisma des Amtes, Soziologisches Jahrbuch 9/II, 165–182.
Gebhardt, Winfried/Zingerle, Arnold/Ebertz, Michael N. (Hgg., 1993), Charisma. Theorie–Politik–Religion, Berlin.
Gilcher-Holtey, Ingrid (1995), Robespierre: Die Charismatisierung der Vernunft, Geschichte und Gesellschaft 21, 248–258.
Gollwitzer, Heinz (1952), Der Cäsarismus Napoleons III. im Widerhall der öffentlichen Meinung Deutschlands, Historische Zeitschrift 173, 23–75.
Graf, Friedrich W. (1987), Max Weber und die protestantische Theologie seiner Zeit, Zeitschrift für Religions- und Geistesgeschichte 39, 122–147.
Green, Peter (1978), Caesar and Alexander: aemulatio, imitatio, comparatio, American Journal of Ancient History 3, 1–26.
Groh, Dieter (1972), «Cäsarismus», Geschichtliche Grundbegriffe, Bd. 1, 726–771.
Gundolf, Friedrich (1924), Caesar. Geschichte seines Ruhms, Berlin.
Gundolf, Friedrich (1926), Caesar im neunzehnten Jahrhundert, Berlin.
Hahn, Ferdinand (1979), Charisma und Amt. Die Diskussion um das kirchliche Amt im Lichte der neutestamentlichen Charismenlehre, Zeitschrift für Theologie und Kirche 76, 419–449.

Haley, Peter (1980), Rudolph Sohm on Charisma, Journal of Religion 60, 185–197.

Heinz, Gerhard (1974), Das Problem der Kirchenentstehung in der deutschen protestantischen Theologie des 20. Jahrhunderts, Mainz.

Heuß, Alfred (1980), Der Caesarismus und sein antikes Urbild, in: Geschichte und Gegenwart. Festschrift für Karl Dietrich Erdmann, Neumünster, 13–40 [Wiederabdruck in: A. Heuß, Gesammelte Schriften, Stuttgart 1995, Bd. 3].

Heuß, Alfred (1988), Theodor Mommsen als Geschichtsschreiber, in: Notker Hammerstein (Hg.), Deutsche Geschichtswissenschaft um 1900, Stuttgart, 37–95 [wieder in: Heuß, Gesammelte Schriften, Bd. 3].

Holmberg, Bengt (1978), Paul and Power. The structure of authority in the primitive church as reflected in the Pauline epistles, Lund.

Kantorowicz, Ernst H. (1927), Kaiser Friedrich der Zweite, Berlin [Ergänzungsband 1931].

Kircheisen, Friedrich M. (Hg., 1911–1913), Gespräche Napoleons des Ersten, 3 Bde., 2. Aufl., Stuttgart.

Kloft, Hans/Köhler, Jens (1999), «Cäsarismus», Der Neue Pauly 13, 623–629.

Kloos, Rudolf M. (1968), Alexander der Große und Kaiser Friedrich II., Archiv für Kulturgeschichte 50, 181–199.

Kranzberg, Melvin (1954), An Emperor Writes History. Napoleon III's *Histoire de Jules César*, in: Teachers of History. Essays in Honor of Laurence Bradford Packard, Ithaca, N. Y., 79–104.

Lepsius, M. Rainer (1993), Das Modell der charismatischen Herrschaft und seine Anwendbarkeit auf den «Führerstaat» Adolf Hitlers, in: ders., Demokratie in Deutschland, Göttingen, 95–118; 346 f.

Loewenstein, Karl (1961), Max Weber als «Ahnherr» des plebiszitären Führerstaats, Kölner Zeitschrift für Soziologie und Sozialpsychologie 13, 275–289.

Malamat, Abraham (1981), Charismatische Führung im Buch der Richter, in: Wolfgang Schluchter (Hg.), Max Webers Studie über das antike Judentum, Frankfurt am Main 110–133.

Maurer, Wilhelm (1960), Die Auseinandersetzung zwischen Harnack und Sohm und die Begründung eines evangelischen Kirchenrechtes, Kerygma und Dogma 6, 194–213.

Meier, Christian (1982), Das Begreifen des Notwendigen. Zu Theodor Mommsens *Römischer Geschichte*, in: Reinhart Koselleck u. a. (Hgg.), Formen der Geschichtsschreibung, München, 201–244.

Momigliano, Arnaldo D. (1956), Per un riesame della storia dell'idea di Caesarismo, Rivista Storica Italiana 68, 220–229.

Mommsen, Wolfgang J. (1963), Zum Begriff der «plebiszitären Führerdemokratie» bei Max Weber, Kölner Zeitschrift für Soziologie und Sozialpsychologie 15, 295–322 [wieder in: ders., Max Weber. Gesellschaft, Politik und Geschichte, Frankfurt am Main 1974, 44–71, 235–246].

Mommsen, Wolfgang J. (1974), Max Weber und die deutsche Politik 1890–1920, 2. Aufl., Tübingen [zuerst 1959].

Müller, Ludger (1994), Die Periodisierung der kirchlichen Rechtsgeschichte in der Auseinandersetzung zwischen Ulrich Stutz und Rudolph Sohm, in: Iuri Canonico Promovendo. Festschrift für Heribert Schmitz zum 65. Geburtstag, Regensburg, 621–644.

Nägler, Frank (1993), Wer war Napoleon: Caesar, Augustus, Philipp, Alexander...? Über einen politischen Gebrauch der Alten Geschichte, in: Offenheit und Interesse. Studien zum 65. Geburtstag von Gerhard Wirth, Amsterdam, 141–157.

Pöhlmann, Robert (1895), Die Entstehung des Cäsarismus, in: ders., Aus Altertum und Gegenwart, München, 245–291.

Pöschl, Viktor (1981), Gundolfs Caesar, Euphorion 75, 204–216.

Riesebrodt, Martin (1999), Charisma in Max Weber's Sociology of Religion, Religion 29, 1–14.

Roscher, Wilhelm (1888), Umrisse zur Naturlehre des Cäsarismus, Abhandlungen der Sächsischen Akademie der Wissenschaften, Philosophisch-historische Klasse 10, 639–753 [wieder in: Roscher 1892, 588–714].

Roscher, Wilhelm (1892), Politik: Geschichtliche Naturlehre der Monarchie, Aristokratie und Demokratie, Stuttgart.

Roth, Guenther (1987), Politische Herrschaft und persönliche Freiheit. Heidelberger Max Weber-Vorlesungen 1983, Frankfurt am Main.

Schluchter, Wolfgang (1988), Religion und Lebensführung, Bd. 2: Studien zu Max Webers Religions- und Herrschaftssoziologie, Frankfurt am Main.

Schmitt, Carl (1994), Die Diktatur. Von den Anfängen des modernen Souveränitätsgedankens bis zum proletarischen Klassenkampf, 6. Aufl., Berlin [zuerst 1921].

Schreiner, Klaus (1998), Wann kommt der Retter Deutschlands? Formen und Funktionen des politischen Messianismus in der Weimarer Republik, Saeculum 49, 107–160.

Schütz, John H. (1979), Charisma und soziale Wirklichkeit im Urchristentum, in: Wayne A. Meeks (Hg.), Zur Soziologie des Urchristentums, München, 222–244.

Schütz, John H. (1981), «Charisma IV. Neues Testament», Theologische Realenzyklopädie 7, 688–693.

Schweizer, Eduard (1985), Konzeptionen von Charisma und Amt im Neuen Testament, in: Trutz Rendtorff (Hg.), Charisma und Institution, Gütersloh, 316–334.

Siebert, Irmgard (1989), Der «größte Sterbliche»: Zu Jacob Burckhardts Caesarbild, in: Karl Christ/Emilio Gabba (Hgg.), Römische Geschichte und Zeitgeschichte in der deutschen und italienischen Altertumswissenschaft während des 19. und 20. Jahrhunderts, Bd. I: Caesar und Augustus, Como, 89–106.

Smith, David N. (1998), Faith, Reason, and Charisma. Rudolf Sohm, Max Weber, and the Theology of Grace, Sociological Inquiry 68, 32–60.

Sohm, Rudolph (1892), Kirchenrecht, Bd. 1: Die geschichtlichen Grundlagen, Leipzig.

Sohm, Rudolph (1908), Kirchengeschichte im Grundriß. 16. Aufl., Leipzig [zuerst 1887].

Sohm, Rudolph (1912), Wesen und Ursprung des Katholizismus, 2. Aufl., Leipzig [zuerst 1909].

Stahlmann, Ines (1989), Täter und Gestalter. Caesar und Augustus im Georgekreis, in: Karl Christ/Emilio Gabba (Hgg.), Römische Geschichte und Zeitgeschichte in der deutschen und italienischen Altertumswissenschaft während des 19. und 20. Jahrhunderts, Bd. I: Caesar und Augustus, Como, 107–128.

Stölting, Erhard (1997), Charismatische Aspekte des politischen Führerkults. Das Beispiel Stalins, in: Richard Faber (Hg.), Politische Religion – religiöse Politik, Würzburg, 45–74.

Stürmer, Michael (1977), Krise, Konflikt, Entscheidung. Die Suche nach dem neuen Cäsar als europäisches Verfassungsproblem, in: Karl Hammer/Claus Peter Hartmann (Hgg.), Le Bonapartisme. Phénomène historique et mythe politique, Zürich, 102–118.

Theißen, Gerd (1989), Jesusbewegung als charismatische Wertrevolution, New Testament Studies 35, 343–360.

Thody, Philip (1989), French Caesarism from Napoleon I to Charles de Gaulle, London.

Treitschke, Heinrich von (1886), Frankreichs Staatsleben und der Bonapartismus, in: ders., Historische und politische Aufsätze, Bd. 3, 5. Aufl., Leipzig, 43–425.

Tulard, Jean (1978), Napoleon oder der Mythos des Retters. Eine Biographie, Tübingen.

Vallentin, Berthold (1923), Napoleon, Berlin.

Wang, Rongfen (1997), Cäsarismus und Machtpolitik. Eine historisch-biobibliographische Analyse von Max Webers Charismakonzept, Berlin.

Weippert, Otto (1972), Alexander-Imitatio und römische Politik in republikanischer Zeit, Diss. Würzburg.

Wickert, Lothar (1980), Theodor Mommsen. Eine Biographie. Bd. IV: Größe und Grenzen, Frankfurt am Main.

Wippermann, Wolfgang (1983), Die Bonapartismustheorie von Marx und Engels, Stuttgart.

Wucher, Albert (1956), Theodor Mommsen. Geschichtsschreibung und Politik, Göttingen.

Zingerle, Arnold (1981), Max Webers historische Soziologie, Darmstadt.

Peter Spahn

Perikles – Charisma und Demokratie

Anmerkungen

* *Für Christian Meier zum 70. Geburtstag*
1 WuG 156.
2 Plutarch, Perikles 16, 3.
3 WuG 665 unter Berufung auf «Ed. Meyers Hypothese». In Meyers «Geschichte des Altertums» 4,1 (3. Aufl. 1939), 326 heißt es jedoch lediglich, daß von allen höheren Staatsämtern allein die Strategie durch Wahl besetzt wurde – nicht etwa nur das Amt des einen Oberstrategen.
4 Der Streit in der Forschung seit dem 19. Jh. ging um die Frage, ob der «Oberstratege» vom ganzen Volk und die anderen Strategen nur von den einzelnen Phylen gewählt (nie jedoch gelost) wurden: s. Busolt/Swoboda (1926) Bd. II, 891 f. mit Anm. 3; zur neueren Forschung Bleicken (1985), 346 f., 358.
5 WuG 665.
6 Ebd., 863.
7 Vgl. Will (1995), 8 f., und Näf (1986), 135 ff.
8 WuG 665.
9 Ebd., 140.
10 Nach Plutarch, Perikles 8 hat er außer den von ihm verfaßten Volksbeschlüssen keine Schriften hinterlassen. Keiner dieser Volksbeschlüsse ist auf Stein erhalten. Zu den wenigen von Perikles überlieferten Aussprüchen s. Stadter (1989), 107 f.
11 Thukydides I. 22, 1–2; Übers. G. P. Landmann. – Auffällig ist, daß alle Redner in diesem Geschichtswerk, obwohl sie aus verschiedenen Städten und auch Schichten stammen, sich in einer sehr einheitlichen Sprache von hohem intellektuellen Niveau ausdrücken, der des Thukydides; vgl. Schubert (1994), 16.
12 Herodot III. 82.
13 Herodot VI. 131.
14 Nämlich auf Kypselos (V. 92) und Hipparchos (V. 56).
15 Herodot VI. 121 und 123.
16 Herodot VI. 131.
17 Plutarch, Perikles 16; vgl. Schubert (1994), 5, und im einzelnen Schwarze (1971), 21, 48, 60, 165 f.
18 Plutarch, Perikles 7.
19 Vgl. Schubert (1994), 9 ff.
20 Thukydides II. 65,9; Übers. G. P. Landmann.
21 Thukydides I. 139; II. 97; IV. 128 u. ö.

22 So v. a. zuvor in der Perikles-Rede, Thukydides II. 63 f.
23 Thukydides II. 65; Übers. G. P. Landmann, außer dem letzten Satz. Die von Thukydides benutzte Präposition *hypo* wird nur in ganz wenigen Übersetzungen berücksichtigt, so bei Weinstock (1938), 49, und Meier (1993), 494. Außerdem der Hinweis
   bei Bayer (1948), 257, Anm. 196.
24 Plutarch, Perikles 15.
25 Vgl. Schubert (1994), 16 ff., und Stadter (1989), XXXVIII ff.
26 S. den Kommentar zur Stelle von Stadter (1989), 189.
27 Herodot IX. 96 ff.; 114 ff.
28 Plutarch, Perikles 9 f.
29 Plutarch, Kimon 5; 10.
30 Plutarch, Perikles 7.
31 Plutarch, Perikles 7, 5.
32 Vgl. Connor (1971), 121–128.
33 Plutarch, Perikles 8 und 39.
34 S. Plutarch, Perikles 3; vgl. im einzelnen: Schwarze (1971), 55 ff. – Datierung um 440.
35 Plutarch, Perikles 13, 12.
36 S. den Kommentar zur Stelle bei Stadter (1989), 176 f.
37 Meier (1993), 348.
38 Plutarch, Perikles 12–14.
39 S. Ehrenberg (1973), 242 f.
40 Zu den Quellen und der neueren Literatur s. Schubert (1994), 115 f.
41 WuG 142; 658.
42 Ebd., 140.
43 Ebd., 142.
44 Plutarch, Perikles 15, im Anschluß an Thukydides II. 65.
45 Ehrenberg (1973), 237.
46 Sophokles, Antigone 162 ff.
47 Ebd., 209; vgl. Connor (1971), 44 ff.
48 Kreons Maxime: Sophokles, Antigone 666 f.; Solon 27 D (= Ps. Diogenian 2, 99).
49 Sophokles, Antigone 905 ff. – zu diesem «Kalkül» der Antigone vgl. Herodot III. 119.
50 Platon, Protagoras 322 d.
51 Thukydides II. 40, 2.
52 Thukydides II. 14.
53 Thukydides II. 16, 2.
54 Vgl. (Ps.-)Aristoteles, Oikonomika 1344 b 33 ff.
55 Plutarch, Perikles 16, 4–6.
56 Die Pseudoxenophontische ‹*Athenaion Politeia*›. Einleitung, Übersetzung, Erklärung
   von Ernst Kalinka, Leipzig / Berlin 1913.
57 Ebd., II. 16.

Literatur

Bayer, Erich (1948), Thukydides und Perikles, Würzburger Jahrbücher 3, 1–57; hier
   zitiert nach dem Wiederabdruck in: Hans Herter (Hg.), Thukydides, Darmstadt 1968,
   171–259.
Bleicken, Jochen (1985), Die athenische Demokratie, Paderborn [u. a.].
Busolt, Georg/Swoboda, Heinrich (1926), Griechische Staatskunde II, München.
Connor, W. Robert (1971), The New Politicians in Fifth-Century Athens, Princeton.
Ehrenberg, Victor (1973), From Solon to Socrates. Greek History and Civilization
   during the sixth and fifth centuries B. C., Second Edition, London.

Meier, Christian (1993), Athen. Ein Neubeginn der Weltgeschichte, Berlin.
Näf, Beat (1986), Von Perikles zu Hitler? Die athenische Demokratie und die deutsche Althistorie bis 1945, Bern [u. a.].
Schubert, Charlotte (1994), Perikles, Darmstadt.
Schwarze, Joachim (1971), Die Beurteilung des Perikles durch die attische Komödie und ihre historische und historiographische Bedeutung, München.
Stadter, Philip A. (1989), A Commentary on Plutarch's Pericles, Chapel Hill/London.
Weinstock, Heinrich (1938), Thukydides. Der Grosse Krieg, übersetzt und eingeleitet von H. W., Stuttgart.
Will, Wolfgang (1995), Perikles, Reinbek.

Wolfgang Schuller

Alexander der Große – die Inszenierung eines Welteroberers

Anmerkungen

1 Er war übrigens, anders als Heine dichtete, nicht alt, und Alexander bestieg zwar – später – seinen Thron, nicht aber sein Bett, trotz der großen Schönheit seiner Gattin; das wird Alexander in den Quellen als Beweis seiner taktvollen Selbstbeherrschung hoch angerechnet. Möglicherweise wäre es als Symbol der vollkommenen Besitzergreifung sogar angemessen gewesen.

2 Zu diesem Thema sind die Bücher von Berve (1926) und Heckel (1992) maßgebend.

3 Arrian, Alexanderzug 7, 8, 3.

4 Arrian, Alexanderzug 2, 10, 2.

5 Diodor 17, 65, 3.

6 Arrian, Alexanderzug 1, 16, 2.

7 Arrian, Alexanderzug 2, 12, 1.

8 Diodor 17, 21, 6.

9 So einen Schuldenerlaß; Arrian, Alexanderzug 7, 5.

10 Arrian, Alexanderzug 4, 18, 4–19, 4.

11 Arrian, Alexanderzug 4, 21.

12 Arrian, Alexanderzug 4, 28–30, 4.

13 Arrian, Alexanderzug 6, 9–11, 1.

14 Plutarch, Alexander 19; Arrian, Alexanderzug 2, 4, 7–11.

15 Plutarch, Alexander 42, 10; mit anderen Details Arrian, Alexanderzug 6, 26, 1–3.

16 Plutarch, Alexander 47, 3. – Auch dieser Kunstgriff wurde von Caesar angewandt.

17 Plutarch, Alexander 57, 1 f.

18 Arrian, Alexanderzug 5, 28; Plutarch, Alexander 62.

19 Arrian, Alexanderzug 7, 10, 7, letztes Wort: «Verschwindet»!

20 Arrian, Alexanderzug 7, 11, 1–7; auch Plutarch, Alexander 71.

21 Plutarch, Alexander 50–52, hier 51, 2.

22 Plutarch, Alexander 47, 11.

23 Arrian, Alexanderzug 4, 10, 2.

24 Diodor 17, 74, 3; Plutarch, Alexander 41, 9; 42, 5; Arrian, Alexanderzug 3, 29, 5.

25 Diodor 17, 80, 4.

26 Louis Robert, De Delphes à l'Oxus. Inscriptions grecques nouvelles de la Bactriane, in: ders., Opera minora selecta V, Amsterdam 1989, 510–551.

27 Zu Alexanders Unbeherrschtheit siehe etwa Diodor 17, 9, 6; 96, 5; 109, 2; Plutarch, Alexander 51, 10; 62, 5; 71, 4; 74, 3.

28 Plutarch, Alexander 50, 11.
29 Plutarch, Alexander 28.
30 Hamilton (1969), 73.
31 Plutarch, Alexander 33, 1.
32 Hamilton (1969), 87.

Quellenübersetzungen

Arrian, Der Alexanderzug. Indische Geschichte. Griechisch und deutsch. Herausgegeben und übersetzt von G. Wirth und O. v. Hinüber, München und Zürich 1985.
Diodorus of Sicily Books XVI. 66–95 and XVII. With an English Translation by C. Bradford Welles, Cambridge, Mass. (The Loeb Classical Library) 1963.
Plutarch, Alexandros, in: K. Ziegler (Einleitung und Übersetzung), Plutarch. Große Griechen und Römer, Bd. 5, Zürich und Stuttgart 1960, 7–100.

Literatur

Berve, Helmut (1926), Das Alexanderreich auf prosopographischer Grundlage, 2 Bände, München.
Bosworth, A. B. (1988), Conquest and Empire. The reign of Alexander the Great, Cambridge.
Bosworth, A. B. (1980/1995), A Historical Commentary on Arrian's History of Alexander, 2 Bände (bisher), Oxford.
Gehrke, Hans-Joachim (1996), Alexander der Große, München.
Hamilton, James R. (1969), Plutarch, Alexander. A Commentary, Oxford.
Heckel, Waldemar (1992), The Marshals of Alexander's Empire, London.
Lauffer, Siegfried (1993), Alexander der Große, München (vorzüglich wegen seiner Nüchternheit und wegen der genauen Quellen- und Literaturbelege für jede Aussage).
Stewart, Andrew (1993), Faces of Power. Alexander's Image and Hellenistic Politics, Berkeley [u. a.].

Hinnerk Bruhns

Caesar, «der wahre Gebieter»

Anmerkungen

1 Gundolf (1924), 8.; vgl. Stahlmann (1989). Die Sicht eines Historikers und Zeitgenossen Gundolfs auf das Caesarbild bei den Historikern des 19. Jahrhunderts gibt Meyer (1922/1963), 321–330. Zur Geschichte des Caesarbildes und der Caesarforschung vgl. Gesche (1976), mehrere Beiträge in Christ/Gabba (1989) sowie Christ (1994).
2 Das vollständige Zitat aus Burckhardts Vorlesung zur Geschichte der römischen Kaiserzeit findet sich bei Christ (1994), 131.
3 Meier (1982).
4 Gundolf (1924), 265. In seiner Dissertation von 1903 (Gundelfinger [Gundolf] (1904), 129) hieß es noch: «Das einzige wirkliche Caesarbild, das in diesem Jahrhundert geschaffen wurde, ist der Wissenschaft zu danken. Ihr kam die Bewußtheit nicht zu Schaden, sondern zum Vorteil. Theodor Mommsen hat als erster alles Material über Caesar zusammengetragen und gestaltet . . .».
5 Gundolf (1926), 46.

6 Napoléon III, Histoire de Jules César, Paris 1865/66, Bd. 2, 516.
7 Gundolf (1924), 238 (Goethe), 265 f. (Nietzsche); Jacob Burckhardt, Historische Fragmente. Aus dem Nachlaß gesammelt von Emil Dürr, Stuttgart 1957, 17; Bertolt Brecht, Die Geschäfte des Herrn Julius Caesar. Romanfragment. Reinbeck 1964.
8 Mommsen (1904/1976), 234.
9 Meyer (1922/1963), 328; Ulrich von Wilamowitz-Moellendorff, Erinnerungen 1848–1914, 2. ergänzte Auflage, Leipzig 1928, 160.
10 Meyer (1922/1963), 325.
11 Strasburgers (1953/1968) Frage und Zweifel, ob Caesar ein Staatsmann gewesen sei, wurde wie eine Denkmalsschändung empfunden; vgl. Gelzer (1953) und Scardigli (1989).
12 Angekündigt ist die Veröffentlichung einer Dissertation (Universität Osnabrück 1998) von Christoph Hatscher, in der die späte Republik insgesamt als eine Epoche charismatischer Herrschaft bezeichnet wird.
13 Heuss (1965), 554.
14 Yavetz (1979), 210 f.
15 Wohl aber hatte Weber 1895 konstatiert, daß «ein Teil des Großbürgertums sich nach dem Erscheinen eines neuen Cäsar [sehnt], der sie schirme: nach unten gegen aufsteigende Volksklassen, nach oben gegen sozialpolitische Anwandlungen, deren ihnen die deutschen Dynastien verdächtig sind»; GPS 21.
16 WuG 554 f.; vgl. 862 zur caesaristischen Wendung der Führerauslese qua Plebiszit und zur caesaristischen Akklamation. Zum Caesarismus: Dieter Groh (1972), «Caesarismus», in: Geschichtliche Grundbegriffe, Bd. I, 1972, 730; Breuer (1994), 202 ff.
17 Vgl. Strasburger (1938) und (1953/1968).
18 Sallust, Catilina 54, 4.
19 Vgl. Rilinger (1997).
20 In der Forschung besteht Unsicherheit, ob Caesar das Konsulat schon im Alter von 41 erreicht hat (wenn man sein Geburtsjahr in das Jahr 100 legt) und ob in diesem Fall die Ausnahme durch die «Bürgerkrone» begründet war, die ihm für besondere Tapferkeit als junger Soldat verliehen worden war.
21 Cicero, Briefe an Atticus 7, 7, 6 (Übersetzung H. Kasten).
22 Sueton, Divus Iulius, 65–70; vgl. Meier (1980), 53; Etienne (1997), 75 f.
23 WuG 862.
24 Caesar, Bürgerkrieg 3, 6, 2.
25 Caesar, Bürgerkrieg 2, 32. 3, 91.
26 Cassius Dio 42, 49, 4.
27 Brunt (1971), 475.
28 WuG 658.
29 Ebd., 140.
30 Ebd., 661.
31 GASW 241.
32 WuG 141.
33 Caesar, Bürgerkrieg 3, 57, 4.
34 Nippel (1995), 82 f.
35 Bruhns (1978), 141, cf. 160.
36 Zur Wahldiktatur im Herbst 49 vgl. Bruhns (1978), 140.
37 Mommsen (1904/1976), 173 u. ö.
38 In der Kanzlei Caesars setzte man oft einfach die Namen von Senatoren unter die Beschlüsse, so als ob sie im Senat verhandelt und beschlossen worden wären.
39 Mommsen (1904/1976), 75.

40 Plutarch, Caesar 59.
41 Caesar, Bürgerkrieg 1, 32; Übersetzung H. Simon.
42 WL 476.
43 WuG 141.
44 Zu den Einzelheiten siehe Bruhns (1978), 146–165.
45 Vgl. Gebhardt (1993), hier S. 52.
46 Vgl. allgemein Malitz (1987).
47 WL 479.
48 Ebd., 482.
49 Der Titel *dictator rei publicae constituendae* ist belegt durch eine Inschrift aus Tarent, Anfang 44; L'Année épigraphique 1969/70, 132; vgl. T. R. S. Broughton, The Magistrates of the Roman Republic, vol. III: Supplement, Atlanta 1986, 107 f.
50 Appian, Bürgerkriege 2, 143.
51 U. a. Sueton, Divus Iulius 88; Cassius Dio 45, 7, 1, Plutarch, Caesar 69, 3, Plinius, Naturgeschichte 2, 93 f.
52 Appian, Bürgerkriege 2, 148; Cassius Dio 44, 51, 1 f.; vgl. Nippel (1988), 144 ff.
53 Gesche (1968), 40–53.
54 Cicero, Briefe an Atticus 14, 1, 1; Brief vom 7. April 44.

Literatur

Breuer, Stefan (1994), Bürokratie und Charisma. Zur politischen Soziologie Max Webers, Darmstadt.

Bruhns, Hinnerk (1978), Caesar und die römische Oberschicht. Untersuchungen zur Herrschaftsetablierung im Bürgerkrieg, Göttingen.

Brunt, P. A. (1971), Italian Manpower 225 B. C.- A. D. 14, Oxford.

Christ, Karl (1994), Caesar. Annäherungen an einen Diktator, München.

Christ, Karl/Gabba, Emilio (Hgg.,1989), Römische Geschichte und Zeitgeschichte in der deutschen und italienischen Altertumswissenschaft während des 19. und 20. Jahrhunderts. Bd. I: Caesar und Augustus, Como.

Etienne, Robert (1997), Jules César, Paris.

Gebhardt, Winfried (1993), Charisma und Ordnung. Formen des institutionalisierten Charisma. Überlegungen im Anschluß an Max Weber, in: Winfried Gebhardt/ Arnold Zingerle/Michael N. Ebertz (Hgg.), Charisma. Theorie, Religion, Politik, Berlin/New York, 47–68.

Gelzer, Matthias (1953), War Caesar ein Staatsmann?, Historische Zeitschrift 178, 449–470 (= ders., Kleine Schriften II, Wiesbaden 1963, 286–306).

Gesche, Helga (1968), Die Vergottung Caesars, Frankfurt am Main.

Gesche, Helga (1976), Caesar (Erträge der Forschung), Darmstadt.

Gundelfinger [Gundolf], Friedrich (1904), Caesar in der deutschen Literatur, Berlin.

Gundolf, Friedrich (1924), Caesar. Geschichte seines Ruhms, Berlin.

Gundolf, Friedrich (1926), Caesar im neunzehnten Jahrhundert, Berlin.

Heuss, Alfred (1965), Max Webers Bedeutung für die Geschichte des griechisch-römischen Altertums, Historische Zeitschrift 201, 529–556.

Malitz, Jürgen (1987), Die Kanzlei Caesars – Herrschaftsorganisation zwischen Republik und Prinzipat, Historia 36, 51–72.

Meier, Christian (1980), Die Ohnmacht des allmächtigen Dictators Caesar. Drei biographische Skizzen, Frankfurt am Main.

Meier, Christian (1982), Caesar, Berlin.

Meyer, Eduard (1922/1963), Caesars Monarchie und das Principat des Pompeius. Innere Geschichte Roms von 66 bis 44 v. Chr., 3. Aufl., Nachdruck Darmstadt 1963.

Mommsen, Theodor (1904/1976), Römische Geschichte. Band III. 9. Aufl., Nachdruck München 1976.

Nippel, Wilfried (1988), Aufruhr und «Polizei» in der römischen Republik, Stuttgart.

Nippel, Wilfried (1995), Public Order in Ancient Rome, Cambridge.

Rilinger, Rolf (1997), Domus und res publica. Die politisch-soziale Bedeutung des aristokratischen «Hauses» in der späten römischen Republik, in: Aloys Winterling (Hg.), Zwischen «Haus» und «Staat». Antike Höfe im Vergleich, München, 73–90.

Scardigli, Barbara (1989), Ein Beitrag zur Nachwirkung des Strasburgerschen Caesarbildes, in: Christ/Gabba (1989), 183–202.

Stahlmann, Ines (1989), Täter und Gestalter. Caesar und Augustus im Georgekreis, in: Christ/Gabba (1989), 107–128.

Strasburger, Hermann (1938), Caesars Eintritt in die Geschichte, München (Nachdruck Darmstadt 1965).

Strasburger, Hermann (1953/1968), Cäsar im Urteil seiner Zeitgenossen, Historische Zeitschrift 175, 1953, 255–264 (erweitert als selbständige Schrift Darmstadt 1968).

Taeger, Fritz (1957–1960), Charisma. Studien zur Geschichte des antiken Herrscherkultes. 2 Bände, Stuttgart.

Yavetz, Zvi (1979), Caesar in der öffentlichen Meinung, Düsseldorf.

Stefan Weinfurter

Friedrich II., staufischer Weltkaiser

Anmerkungen

1 Rudolf M. Kloos, Nikolaus von Bari, eine neue Quelle zur Entwicklung der Kaiseridee unter Friedrich II., in: Wolf (Hg., 1966), 365–395, Zitate 371 und 373.

2 Schaller (1993), 1–23.

3 Vgl. Möhring (2000), bes. 209 ff.

4 Über die ältere Literatur zu Friedrich II. informiert umfassend Willemsen (1986). Hervorzuheben ist nach wie vor die Biographie von Kantorowicz (1927). Gute biographische Skizzen von Schaller (1998) und Nitschke (1962). Neuere biographische Werke: Abulafia (1991) und Stürner (1992). Für ein breiteres Publikum gedacht ist Rösch (1995). Für die Verfassungsgeschichte grundlegend: Engels (1998). Jüngere Sammelbände anläßlich des Gedenkjahres 1994 u. a.: Federico II, 3 Bde., hg. von Agostino Paravicini Bagliani/Pierre Toubert, Palermo 1994; Friedrich II. Tagung des Deutschen Historischen Instituts in Rom im Gedenkjahr 1994, hg. von Arnold Esch/Norbert Kamp, Tübingen 1995; Die Staufer im Süden. Sizilien und das Reich, hg. von Theo Kölzer, Sigmaringen 1996; Das Staunen der Welt. Kaiser Friedrich II. von Hohenstaufen 1194–1250, Göppingen 1996. Eine Übersicht bietet Theo Kölzer, Das Gedenkjahr Friedrichs II. Eine Nachlese, Deutsches Archiv 54, 1998, 141–161.

5 Hubert Houben, Roger II. von Sizilien. Herrscher zwischen Orient und Okzident, Berlin 1997.

6 Hans Martin Schaller, Wann und wo wurde Friedrich II. getauft?, in: Regensburg, Bayern und Europa. Festschrift für Kurt Reindel zum 70. Geburtstag, Regensburg 1995, 301–306.

7 Monumenta Germaniae Historica. Die Urkunden der deutschen Könige und Kaiser, Bd. 10/1: Die Urkunden Friedrichs I. 1152–1158, hg. von Heinrich Appelt, Hannover 1975, 163.

8 Friedrich Hausmann, Gottfried von Viterbo. Kapellan und Notar, Magister, Geschichtsschreiber und Dichter, in: Friedrich Barbarossa. Handlungsspielräume

und Wirkungsweisen des staufischen Kaisers, hg. von Alfred Haverkamp, Sigma-ringen 1992, 603–621; Odilo Engels, Gottfried von Viterbo und seine Sicht des stau-fischen Kaiserhauses, in: ders., Stauferstudien. Beiträge zur Geschichte der Staufer im 12. Jahrhundert, 2. Aufl., Sigmaringen 1996, 263–281.

9 Gottfried von Viterbo, Pantheon, ed. Georg Waitz, in: Monumenta Germaniae Historica. Scriptores 22, Hannover 1872, 107–307.

10 Schaller (1993), 25–52; Peter Segl, Die Feindbilder in der politischen Propaganda Friedrichs II. und seiner Gegner, in: Feindbilder. Die Darstellung des Gegners in der politischen Publizistik des Mittelalters und der Neuzeit, hg. von F. Bosbach, Köln [u. a.] 1992, 41–71; Möhring (2000), 324 ff.

11 Peter Csendes, Heinrich VI., Darmstadt 1993.

12 Ernst Perels, Der Erbreichsplan Heinrichs VI., Berlin 1927; Ulrich Schmidt, «Ein neues und unerhörtes Dekret»: Der Erbreichsplan Heinrichs VI., in: Kaiser Heinrich VI. Ein mittelalterlicher Herrscher und seine Zeit (Schriften zur staufischen Geschichte und Kunst 17), Göppingen 1998, 61–81.

13 Gerhard Baaken, Das sizilische Königtum Kaiser Heinrichs VI., Zeitschrift für Rechtsgeschichte, Germ. Abt. 112, 1995, 202–244; Hartmut Jericke, Imperator Romanorum et Rex Siciliae. Kaiser Heinrich VI. und sein Ringen um das norman-nisch-sizilische Königreich, Frankfurt am Main 1997; Theo Kölzer, Konstanze von Sizilien und das normannisch-staufische Erbe, in: Kaiser Heinrich VI. (wie Anm. 12), 82–102.

14 Engels (1998), 140.

15 Theo Kölzer, Ein Königreich im Übergang? Sizilien während der Minderjährigkeit Friedrichs II., in: Festschrift für Eduard Hlawitschka zum 65. Geburtstag, Kallmünz 1993, 341–357.

16 Werner Goez, Translatio imperii. Ein Beitrag zur Geschichte des Geschichtsdenkens und der politischen Theorien im Mittelalter und in der frühen Neuzeit, Tübingen 1958, 157–167.

17 Heinz Lüneburg, Leonardi Pisani Liber abbaci, Mannheim 1992.

18 Johannes Fried, ... *correptus est per ipsum imperatorem*. Das zweite Falkenbuch Friedrichs II., in: Mittelalterliche Texte. Überlieferung – Befunde – Deutungen. Kol-loquium der Zentraldirektion der Monumenta Germaniae Historica am 28./29. Juni 1996, hg. von Rudolf Schieffer, Hannover 1996, 93–124.

19 In: Heinisch (Hg., 1968), 16 ff.

20 Ebd., 190.

21 Stürner (1992), 130.

22 Vgl. Wolfgang Stürner, Kaiser Friedrich II., seine Herrschaftsvorstellungen und politischen Ziele, in: Das Staunen der Welt. Kaiser Friedrich II. von Hohenstaufen. 1194–1250 (Schriften zur staufischen Geschichte und Kunst 15), Göppingen 1996, 10–39.

23 Jean-Louis-Alphonse Huillard-Bréholles, Historia diplomatica Friderici secundi, Bd. 1, Paris 1852, 365 (Urkunde für Erzbischof Berard von Palermo vom 2. 4. 1215).

24 Thomas von Pavia, Gesta imperatorum et pontificum, hg. von E. Ehrenfeuchter, in: Monumenta Germaniae Historica. Scriptores 22, Hannover 1872, 510 f.

25 Burchard von Ursberg, Chronik, hg. von O. Holder-Egger und B. v. Simson (Monu-menta Germaniae Historica. Scriptores rerum Germanicarum 16), Hannover/Leip-zig 1916, 108 f.

26 Bernd Ulrich Hucker, Kaiser Otto IV., Hannover 1990, 538–544.

27 Werner Goez, Friedrich II. und Deutschland, in: Politik, Wirtschaft und Kunst des staufischen Lübecks. Vorträge anläßlich der Ausstellung «Lübeck 1226 – Reichs-freiheit und frühe Stadt», hg. von Klaus Friedland u. a., Lübeck 1976, 5–38.

28 Egon Boshof, Reichsfürstenstand und Reichsreform in der Politik Friedrichs II., in: Vom Reichsfürstenstande, hg. von Walter Heinemeyer, Köln/Ulm 1987, 41–66.

29 Monumenta Germaniae Historica. Constitutiones 2, hg. von Ludwig Weiland, Hannover 1896, 86–91 (Nr. 73). Deutsche Übersetzung in: Quellen zur deutschen Verfassungs-, Wirtschafts- und Sozialgeschichte bis 1250, ausgewählt und übersetzt von Lorenz Weinrich (Ausgewählte Quellen zur deutschen Geschichte des Mittelalters 32), Darmstadt 1977, 377 ff. (Nr. 95).

30 Monumenta Germaniae Historica. Constitutiones 2, 418–420 (Nr. 304); dt. in: Weinrich (wie Anm. 29), 435 ff. (Nr. 114).

31 Monumenta Germaniae Historica. Constitutiones 2, 241 ff. (Nr. 196); dt. in: Weinrich (wie Anm. 29), 463 (Nr. 119).

32 Erich Klingelhöfer, Die Reichsgesetze von 1220, 1231/32 und 1235. Ihr Werden und ihre Wirkung im deutschen Staat Friedrichs II., Weimar 1955; ders., Die Reichsgesetze von 1220, 1231/32 und 1235, in: Wolf (Hg., 1966), 396–419; Hagen Keller, Zwischen regionaler Begrenzung und universalem Horizont. Deutschland im Imperium der Salier und Staufer. 1024 bis 1250, Berlin 1986, 490; Egon Boshof, Die späten Staufer und das Reich, in: Rudolf von Habsburg 1273–1291. Eine Königsherrschaft zwischen Tradition und Wandel, hg. von Egon Boshof und Franz-Reiner Erkens, Köln [u. a.] 1993, 1–32.

33 Peter Thorau, König Heinrich (VII.), das Reich und die Territorien. Untersuchungen zur Phase der Minderjährigkeit und der «Regentschaften» Erzbischof Engelberts I. von Köln und Herzog Ludwigs I. von Bayern. (1211) 1220–1228 (Jahrbücher des Deutschen Reiches unter Heinrich [VII.]), Berlin 1998.

34 Thomas Vogtherr, Der bedrängte König. Beobachtungen zum Itinerar Heinrichs (VII.), Deutsches Archiv 47, 1991, 395–440.

35 Folker Reichert, Der sizilische Staat Friedrichs II. in Wahrnehmung und Urteil der Zeitgenossen, Historische Zeitschrift 253, 1991, 21–50; Theo Kölzer, Die Zentralverwaltung im Königreich Sizilien unter Friedrich II., Historisches Jahrbuch 114, 1994, 287–311.

36 Gerhard Dilcher, Die sizilische Gesetzgebung Friedrichs II., eine Synthese von Tradition und Erneuerung, in: Probleme um Friedrich II., hg. von Josef Fleckenstein, Sigmaringen 1974, 23–41.

37 Norbert Kamp, Der Episkopat und die Monarchie im staufischen Königreich Sizilien, Quellen und Forschungen aus italienischen Archiven und Bibliotheken 64, 1984, 84–115.

38 Christoph Ulrich Schminck, Crimen laesae maiestatis. Das politische Strafrecht Siziliens nach den Assisen von Ariano (1140) und den Konstitutionen von Melfi (1231), Aalen 1970.

39 Gennaro Maria Monti, Il testo e la storia esterna delle Assise normanne, in: Studi di storia e diritto in onore di C. Calisse, Bd. 1, Milano 1940, 293–348, hier 320.

40 Die Konstitutionen Friedrichs II. für das Königreich Sizilien, hg. von Wolfgang Stürner (Monumenta Germaniae Historica. Constitutiones 2/Supplementum), Hannover 1996.

41 Wolfgang Stürner, Natur und Gesellschaft im Denken des Hoch- und Spätmittelalters, Stuttgart 1975; August Nitschke, Albertus Magnus – ein Wegbereiter der modernen Wissenschaften, Historische Zeitschrift 231, 1980, 1–20.

42 Möhring (2000), 214.

43 Bernhard Töpfer, Das kommende Reich des Friedens. Zur Entwicklung chiliastischer Zukunftshoffnungen im Hochmittelalter, Berlin 1964, 72 f.

44 Die Konstitutionen Friedrichs II. (wie Anm. 40), 244, Z. 1, und 453, Z. 1. Dazu Möhring (2000), 214.

45 Möhring (2000), 215.
46 Hans Martin Schaller, Die Frömmigkeit Kaiser Friedrichs II., Deutsches Archiv 51, 1995, 493–513.
47 Schaller (1993), 53–82.
48 Ronald Neumann, Untersuchungen zu dem Heer Kaiser Friedrichs II. beim Kreuzzug von 1228/29, Militärgeschichtliche Mitteilungen 54, 1995, 1–30.
49 Helmuth Kluger, Hochmeister Hermann von Salza und Kaiser Friedrich II. Ein Beitrag zur Frühgeschichte des Deutschen Ordens, Marburg 1987, bes. 95 ff. (zum Krönungsakt in der Grabeskirche) und 113 ff. (zur Proklamation, die Hermann lateinisch und deutsch vortrug).
50 Monumenta Germaniae Historica. Constitutiones 2 (wie Anm. 29), 162–167 (Nr. 122).
51 Schaller (1998), 57; Chronicon Placentinum et Chronicon de rebus in Italia gestis, hg. von Jean-Louis-Alphonse Huillard-Bréholles, Paris 1856, 155.
52 Die Chronik des Saba Malaspina, hg. von Walter Koller und August Nitschke (Monumenta Germaniae Historica. Scriptores 35), Hannover 1999, lib. I, cap. 2, 95, Z. 6: *desiderans fieri contra naturam corporis inmortalis.*
53 Matthias Thumser, Rom und der römische Adel in der späten Stauferzeit, Tübingen 1995; ders., Adel und Popolo in Rom um die Mitte des 13. Jahrhunderts, in: Europas Städte zwischen Zwang und Freiheit. Die europäische Stadt um die Mitte des 13. Jahrhunderts, hg. von Wilfried Hartmann, Regensburg 1995, 257–271; ders., Friedrich II. und der römische Adel, in: Federico II. Un bilancio nell'VIII centenario della nascita, hg. von Arnold Esch/Norbert Kamp, Tübingen 1996, 425–438.
54 In: Heinisch (Hg., 1968), 414 ff.
55 Ebd., 417 ff.
56 Otto Vehse, Die amtliche Propaganda in der Staatskunst Kaiser Friedrichs II., München 1929.
57 Huillard-Bréholles, Historia diplomatica (wie Anm. 23), Bd. 5, 327–340.
58 Ebd., 348–351.
59 Alberto Melloni, Innocenzo IV. La concenzione e l'esperienza della cristianità come «regimen personae», Città di Castello/Perugia 1990.
60 In: Heinisch (Hg., 1968), 602.
61 Kantorowicz (1927), 549.
62 In: Heinisch (Hg., 1968), 605 ff., hier 608. Vgl. Dieter Berg, Staufische Herrschaftsideologie und Mendikantenspiritualität, Wissenschaft und Weisheit 51, 1988, 26–51 und 185–209, hier 48–50.
63 Hans Martin Schaller, Zur Verurteilung Konradins, Quellen und Forschungen aus italienischen Archiven und Bibliotheken 37, 1957, 311–327.
64 Robert E. Lerner, Frederick II, Alive, Aloft and Allayed, in Franciscan-Joachite Eschatology, in: The Use and Abuse of Eschatology in the Middle Ages, hg. von W. Verbeke/D. Verhelst/A. Welkenhuysen, Leuven 1988, 359–384; Möhring (2000), 217 ff.

Literatur

Abulafia, David (1991), Herrscher zwischen den Kulturen. Friedrich II. von Hohenstaufen, Berlin [zuerst englisch, London 1988].
Engels, Odilo (1998), Die Staufer, 7. Aufl., Stuttgart [u. a.].
Heinisch, Klaus J. (Hg., 1968), Kaiser Friedrich II. in Briefen und Berichten seiner Zeit, Darmstadt.
Kantorowicz, Ernst H. (1927), Kaiser Friedrich der Zweite, Berlin [Ergänzungsband mit Belegen 1931; Neudruck beider Bände, Stuttgart 1994].

Möhring, Hannes (2000), Der Weltkaiser der Endzeit. Entstehung, Wandel und Wirkung einer tausendjährigen Weissagung, Stuttgart.

Nitschke, August (1962), Friedrich II., ein Ritter des hohen Mittelalters, Historische Zeitschrift 194, 1–36.

Rösch, Eva Sibylle und Gerhard (1995), Kaiser Friedrich II. und sein Königreich Sizilien, Sigmaringen.

Schaller, Hans Martin (1993), Stauferzeit. Ausgewählte Aufsätze, Hannover.

Schaller, Hans Martin (1998), Kaiser Friedrich II. Verwandler der Welt, 4. Aufl., Göttingen [u. a.].

Stürner, Wolfgang (1992), Friedrich II., Teil I: Die Königsherrschaft in Sizilien und Deutschland 1194–1220, Darmstadt.

Willemsen, Carl A. (1986), Bibliographie zur Geschichte Kaiser Friedrichs II. und der letzten Staufer, München.

Wolf, Gunther (Hg., 1966), Stupor Mundi. Zur Geschichte Friedrichs II. von Hohenstaufen, Darmstadt.

Ferdinand Seibt

Karl IV. – das Charisma der Auserwählung

Anmerkungen

1 Dazu vgl. die Kapitel, «Was ist ein Kaiser?» und «Otto III.» in: Ferdinand Seibt, Glanz und Elend des Mittelalters, Berlin 1987, 26 ff.; 80 ff.

2 Johann Wolfgang von Goethe, Dichtung und Wahrheit, I. Teil, 5. Buch (Goethe, Werke. Jubiläumsausgabe, hg. von Friedmar Apel u. a., Frankfurt am Main 1998, Bd. 5, 183).

3 Reinhard Schneider, Karolus, qui est Wenceslaus, in: Kurt-Ulrich Jäschke/Reinhard Wenskus (Hgg.), Festschrift für Helmut Beumann, Sigmaringen 1977, 365–387.

4 Ferdinand Seibt, Die Krise der Frömmigkeit – die Frömmigkeit der Krise, in: 500 Jahre Rosenkranz 1475–1975. Katalog zur Ausstellung, Köln 1975, 11–29.

5 Ferdinand Seibt, Karl V. Der Kaiser der Reformation. 5. Aufl., Berlin 1998.

6 Anton Legner, Die Parler und der Schöne Stil, Bd. 3, Köln 1978, 165.

7 Viktor Kotrba, Der Dom zu St. Veit, in: Ferdinand Seibt (Hg.), Bohemia Sacra. Das Christentum in Böhmen 973–1973, Düsseldorf 1973, 511–548.

8 Jiří Fajt (Hg.), Magister Theodoricus, Court Painter to Emperor Charles V, Prag 1998.

9 Dazu Hillenbrand (Hg.), Vita Caroli Quarti.

10 Seibt (1978), 199 f.

11 Vilém Lorenc, Das Prag Karls IV., Stuttgart 1982.

12 Gerhard Losher, Königtum und Kirche zur Zeit Karls IV. Ein Beitrag zur Kirchenpolitik im Spätmittelalter, München 1984.

13 Michel Margue/Jean Schroeder (Hgg.), Un itinéraire européen. Jean l'aveugle, comte de Luxembourg et roi de Bohême, Luxemburg 1998.

14 Fritz Vigener, Kaiser Karl IV., in: Erich Marcks/Karl Alexander von Müller (Hgg.), Meister der Politik, Bd. 1, Stuttgart, München 1922, 403–442; vgl. auch Friedrich Baethgen, Europa im Spätmittelalter, Berlin 1951, 73–82.

15 Franz Machilek, Privatfrömmigkeit und Staatsfrömmigkeit, in: Ferdinand Seibt (Hg.), Karl IV. Staatsmann und Mäzen, München 1978, 87–94.

16 František Kavka, Vláda Karla IV. za jeho císařství (1355–1378). Země České koruny, rodová, říská a evropská politika [Die Regierung Karls IV. während seiner Kaiserzeit. Die Länder der Böhmischen Krone, Familien-, Reichs- und europäische Politik]. 2 Bde., Prag 1993.

Quellen

Hillenbrand, Eugen (Hg.), Vita Caroli Quarti. Die Autobiographie Karls IV., Stuttgart 1979 (Karls Autobiographie lateinisch und deutsch, mit ausführlichem Kommentar). Krása, František, Vita Karoli Quarti. Karl IV. Selbstbiographie, Prag 1979 (aufschlußreicher kunstgeschichtlicher Kommentar in deutscher Sprache zu den Darstellungen Karls, mit zahlreichen Bildern).

Literatur

Moraw, Peter (1982), Kaiser Karl IV., 1378–1978. Ertrag und Konsequenzen eines Gedenkjahres, in: Politik, Gesellschaft, Geschichtsschreibung. Gießener Festgabe für František Graus, hg. von Herbert Ludat und Rainer Christoph Schwinges, Köln/Wien, 224–318 (beste Übersicht über die zahlreiche Literatur aus dem Jubiläumsjahr 1978). Seibt, Ferdinand (1978), Karl IV. Ein Kaiser in Europa, 7. Aufl., München 1994 (mit der Literatur der letzten hundert Jahre bis 1993).

Hans-Christoph Schröder

Oliver Cromwell – das Werkzeug Gottes

Anmerkungen

1 Abbott (Hg., 1988), I, 97.
2 Coward (1991), 17.
3 Holmes (1974), 75.
4 Coward (1991), 27.
5 Patrick Collinson, The Birthpangs of Protestant England. Religion and Cultural Change in the Sixteenth and Seventeenth Centuries, London 1991, 130 ff., 143–148.
6 Hill (1970), 78.
7 Roots (Hg., 1981), 134.
8 Abbott (Hg., 1988), I, 256.
9 Roots (Hg., 1981), 134.
10 «Have the root of the matter in him» ; Roots (Hg., 1981), 161.
11 Holmes (1974), 176 f.
12 Abbott (Hg., 1988), I, 216.
13 Holmes (1974), 195–210.
14 Gentles (1992), 25 ff., 55.
15 Ebd., 87–107.
16 Abbott (Hg., 1988), I, 360.
17 Gentles (1992), 180.
18 Schröder (1986), 51 f.
19 Ebd., 114.
20 Hill (1986), 73.
21 Dazu grundlegend: Worden (1985).
22 Abbott (Hg., 1988), IV, 470.
23 Morrill (1990), 272.
24 Vgl. etwa Abbott (Hg., 1988), I, 360, 633.
25 Roots (Hg., 1981), 4.
26 Abbott (Hg., 1988), I, 365.
27 Gentles (1992), 55, 59.
28 Charles Firth (Hg.), The Clarke Papers, Nachdruck New York 1965, I, 380 ff.
29 Abbott (Hg., 1988), I, 638.

30 Abbott (Hg., 1988), I, 719.
31 Dies kritisch zu meiner eigenen Interpretation: Schröder (1986), 122–129.
32 Roots (Hg., 1981) 54, 73 ff.; Abbott (Hg., 1988), I, 472.
33 Gentles (1992), 215.
34 Ebd., 398.
35 Ebd., 436.
36 Firth (1972), 318 f.
37 Schmitt (1994), 127–131.
38 Roots (Hg., 1981), 20–25.
39 Ebd., 24.
40 Ebd., 68, 76.
41 Schmitt (1994), 127–131.
42 Karen Odahl Kupperman, Providence Island 1630–1641. The Other Puritan Colony, Cambridge 1993, 347–354.
43 Abbott (Hg., 1988), III, 858; Coward (1991) 132.
44 Coward (1991), 127.
45 Abbott (Hg., 1988), IV, 417.
46 Quentin Skinner, Liberty before Liberalism, Cambridge 1998, 15.
47 Roots (Hg., 1981), 124–129; Firth (1972), 416.
48 Morrill (1993), 23.
49 Roots (Hg., 1981), 210.
50 Roberts (Hg., 1988), 63, 75 ff., 98 f.
51 Coward (1991), 153 f.
52 Roots (Hg., 1981), 135 ff.
53 Coward (1991), 152 f., 156.
54 Roots (Hg., 1981), 191.
55 Hill (1970), 142.
56 Roots (Hg., 1981), 30 ff.
57 Ebd., 89 ff.
58 Jacob Burckhardt, Über das Studium der Geschichte, München 1982, 398.
59 Roberts (Hg., 1988), 303; vgl. auch ebd., 108, 154; Coward (1991), 176.
60 Zum Begriff: Robert C. Tucker, The Theory of Charismatic Leadership, Daedalus 97, 1968, 731–756, hier 744.
61 Gaunt (1996), 133.
62 David Hume, The History of England, Nachdruck Indianapolis 1983, VI, 87.
63 Roots (Hg., 1981), 63, 67.
64 Ebd., 141.

Literatur

Abbott, Wilbur Cortez (Hg., 1988), The Writings and Speeches of Oliver Cromwell, 4 Bde., Nachdruck, Oxford.
Coward, Barry (1991), Oliver Cromwell, London.
Firth, Charles (1972), Oliver Cromwell and the Rule of the Puritans in England, Nachdruck, London.
Gaunt, Peter (1996), Oliver Cromwell, Oxford.
Gentles, Ian (1992), The New Model Army in England, Ireland and Scotland, Oxford.
Hill, Christopher (1970), God's Englishman. Oliver Cromwell and the English Revolution, London.
Hill, Christopher (1986), Oliver Cromwell, in: ders., Collected Essays Bd. III, Brighton, 68–93.

Holmes, Clive (1974), The Eastern Association in the English Civil War, Cambridge.

Morrill, John (1990), Cromwell and his Contemporaries, in: ders. (Hg.), Oliver Cromwell and the English Revolution, London, 259–281.

Morrill, John (1993), The Nature of the English Revolution, London.

Roberts, Michael (Hg.) (1988), Swedish Diplomats at Cromwell's Court, 1655–1656, London.

Roots, Ivan (Hg.) (1981), Speeches of Oliver Cromwell, London.

Schmitt, Carl (1994), Die Diktatur, 6. Aufl., Berlin.

Schröder, Hans-Christoph (1986), Die Revolutionen Englands im 17. Jahrhundert, Frankfurt am Main.

Worden, Blair (1985), Providence and Politics in Cromwellian England, Past & Present 109, 55–99.

Hans-Ulrich Thamer

Napoleon – der Retter der revolutionären Nation

Anmerkungen

1 Zit. nach Tulard (1978), 501.
2 François Furet, Bonaparte, in: ders./Mona Ozouf (Hgg.), Dictionnaire critique de la Révolution française, Paris 1988, 216 f.
3 Tulard (1978), 362.
4 WuG 157.
5 Lepsius (1993), 95.
6 Gilcher-Holtey (1995), 252.
7 Vgl. Michael Stürmer, Krise, Konflikt, Entscheidung. Die Suche nach dem neuen Cäsar als europäisches Verfassungsproblem, in: Hammer/ Hartmann (Hgg., 1977), 107.
8 Gilcher-Holtey (1995), 252.
9 Vgl. Gilcher-Holtey (1995), bes. 258.
10 Zit. nach Tulard (1978), 45.
11 Jean Tulard, Aux origines du Bonapartisme: Le culte de Napoléon, in: Hammer/ Hartmann (Hgg., 1977), 6.
12 Zit. nach Tulard (1978), 44.
13 Dufraisse (1994), 16.
14 Zit. nach Dufraisse (1994), 16.
15 Dufraisse (1994), 33.
16 Vgl. Tulard (1978), 96.
17 Beide Zitate nach Tulard (1978), 95.
18 Tulard (1978), 96.
19 Zit. nach Tulard (1978), 98.
20 Tulard (1978), 108.
21 Dufraisse (1994), 40.
22 Tulard (1978), 130.
23 Claude Langlois, Les élections de l'an VIII, Annales historiques de la Révolution française 1972, 42–65, 231–246, 390–415.
24 Lepsius (1993), 99.
25 Zit. nach Tulard (1977), 9.
26 Dufraisse (1994), 59.
27 WuG 157.

28 Lepsius (1993), 97.
29 Zit. nach Tulard (1978), 310.
30 Zit. nach Tulard (1978), 183.
31 Tulard (1978), 193.
32 Zit. nach Tulard (1978), 193.
33 Vgl. Dufraisse (1994), 124.

Literatur

Dufraisse, Roger (1994), Napoleon. Revolutionär und Monarch. Eine Biographie, München.
Gilcher-Holtey, Ingrid (1995), Robespierre: Die Charismatisierung der Vernunft, Geschichte und Gesellschaft 21, 248–258.
Hammer, Karl/Hartmann, Claus Peter (Hgg., 1977), Le Bonapartisme/Der Bonapartismus. Phénomène historique et mythe politique/Historisches Phänomen und politischer Mythos, Zürich/München.
Lepsius, M. Rainer (1993), Das Modell der charismatischen Herrschaft und seine Anwendbarkeit auf den «Führerstaat» Adolf Hitlers, in: ders., Demokratie in Deutschland, Göttingen, 95–118; 346 f.
Tulard, Jean (1978), Napoleon oder der Mythos des Retters. Eine Biographie, Tübingen.

Jörg Nagler
Abraham Lincoln und die «Nation unter Gott»

Anmerkungen

1 Schlesinger (1980).
2 Für einen komprimierten Überblick zu diesem Thema siehe Heideking, in: ders. (Hg., 1995), 13–47.
3 Schweitzer (1993), 192.
4 Nagler (1995), 192.
5 Diese Rede, «The Perpetuation of Our Political Institutions» (Basler, Hg., 1953–1955, I, 108–115) hat Anlaß zu zahlreichen kontroversen Diskussionen gegeben. Umstritten ist v. a. die von Wilson (1962) vertretene Position, Lincolns Warnung vor einem zukünftigen Caesar stamme aus dessen gleichzeitiger Ablehnung und Bewunderung einer solchen charismatischen Figur. Wilsons Einschätzung geht jedoch davon aus, daß Lincoln später als Präsident diktatorische Züge entwickelt habe.
6 Memoirs of John Quincy Adams, hg. v. Charles Francis Adams, 12 Bde., Philadelphia/New York 1874–1877 (Nachdruck 1970), IV, 531.
7 Thomas Jefferson an John Adams, 10. Dezember 1819, zit. in: Lester J. Cappon (Hg.), The Adams-Jefferson Letters, 2 Bde., Chapel Hill, NC, 1959 II, 548–549; Thomas Jefferson an John Holmes, 22. April 1820, zit. in: Paul L. Ford (Hg.), The Writings of Thomas Jefferson, 10 Bde., New York 1899 X, 157.
8 Skowronek (1993), 205.
9 Paludan (1994), 81.
10 Basler (Hg., 1953–55), IV 430.
11 McPherson (1991), viii.
12 Skowronek (1993), 200.
13 Skowronek (1993), 207.
14 Paludan (1994), 129.

15 Paludan (1994), 146.
16 «Zu den Ereignissen in Nordamerika» (12. 10. 1862); in: Karl Marx/Friedrich Engels, Werke, Bd. 15, Berlin 1961, 553.
17 Oates (1984), 118 f.
18 Skowronek (1993), 207.
19 McPherson (1991), 63.
20 Pierard/Lindner (1988), 108.
21 Donald (1995), 465.
22 Lincoln an Albert G. Hodges, 4. April 1864, zit. in Basler (Hg., 1953–55), VII, 282.
23 Zur Totalität des Bürgerkriegs siehe Förster/Nagler (Hgg., 1997).
24 Williams/Pederson/Marsala (Hgg., 1994).
25 Neely (1993), 152 f.
26 Peterson (1994), 27 ff.

Literatur

Basler, Roy P., (Hg., 1953–55), The Collected Works of Abraham Lincoln, 9 Bde., New Brunswick, NJ.
Donald, David Herbert (1995), Lincoln, New York.
Förster, Stig/Nagler, Jörg (Hgg., 1997), On the Road to Total War. The American Civil War and the German Wars of Unification, 1861–1871, New York.
Heideking, Jürgen (Hg., 1995), Die amerikanischen Präsidenten, München.
McPherson, James M. (1991), Abraham Lincoln and the Second American Revolution, New York.
Nagler, Jörg (1995), Abraham Lincoln. Bewahrung der Republik und Wiedergeburt der amerikanischen Nation, in: Jürgen Heideking (Hg.), Die amerikanischen Präsidenten, München, 176–193, 429–431.
Neely, Jr., Mark E. (1993), The Last Best Hope. Abraham Lincoln and the Promise of America, Cambridge, Mass.
Oates, Stephen B. (1984), Abraham Lincoln. The Man behind the Myths, New York.
Paludan, Phillip Shaw (1994), The Presidency of Abraham Lincoln, Lawrence, KS.
Peterson, Merrill D. (1994), Lincoln in American Memory, New York.
Pierard, Richard/Lindner, Robert (1988), Civil Religion and the Presidency, Grand Rapids.
Schlesinger, Arthur M. (1980), Our Presidents. A Rating by 74 Historians, in: Harry A. Bailey, Jr. (Hg.), Classics of the American Presidency, Oak Park, IL, 380–386.
Schweitzer, Arthur (1993), Verfassung, Präsident und Oberster Gerichtshof. Formen des institutionalisierten Charisma in den USA, in: Winfried Gebhardt (Hg.), Charisma: Theorie, Religion, Politik, Berlin/New York, 185–200.
Skowronek, Stephen (1993), The Politics Presidents Make. Leadership from John Adams to George Bush, Cambridge/London.
Williams, Frank J./Pederson, William D./Marsala, Vincent J. (Hgg., 1994), Abraham Lincoln: Sources of Style of Leadership, Westport, CT.
Wilson, Edmund (1962), Patriotic Gore. Studies in the Literature of the American Civil War, New York.

Jens Petersen
Mussolini – der Mythos des allgegenwärtigen Diktators

Anmerkungen

1 Ranuccio Bianchi Bandinelli, Dal diario di un borghese. Nuova edizione, Rom 1996.
2 «L'uomo della provvidenza». Iconografia del *Duce* 1923–1945, hg. von Giorgio Di Genova, Bologna 1997.
3 Vgl. die Presse-Äußerungen in: «Storia e Critica», Nr. 75/76, Dezember 1997, 64 ff.
4 Mario Sironi 1885–1961, Mailand 1993, 7.
5 Jens Petersen, Faschismus und Kultur: Der Fall Sironi, in: Kunst und Faschismus. Gesprächsforum Mathildenhöhe, Bd. 3, Darmstadt 1995, 158 ff.
6 Vgl. Renzo De Felice, Mussolini il rivoluzionario, 1883–1920, Turin 1965.
7 Belege für die Geschichte des *Duce*-Begriffs in Biondi (1967), 11 ff.: «Duce per la prima volta».
8 Richard Wichterich, Benito Mussolini, Stuttgart 1952, 49.
9 Biondi (1967), 18.
10 Von großem Interesse für dieses Thema ist: Mario Isnenghi, L'Italia in piazza. I luoghi della vita pubblica dal 1848 ai giorni nostri, Mailand 1994, passim.
11 Zitiert bei De Felice, Mussolini il rivoluzionario, 323.
12 Ebd., 725 ff.
13 Giustino Fortunato, Il Mezzogiorno e lo Stato italiano, Florenz 1973, Bd. 2, 702.
14 Robert Michels, Der Aufstieg des Fascismus in Italien, Archiv für Sozialwissenschaft und Sozialpolitik, 52, 1924, 61–93, hier 90 f. Die Anspielung bezieht sich auf den Essay von Thomas Carlyle, Hero and Hero-Worship, 1841.
15 Biondi (1967), 62.
16 Opera Omnia di Benito Mussolini, Bd. XVII, 89–91, 235, 221.
17 Benito Mussolini, My autobiography, London 1928, 139 f.
18 Angelo Tasca, Nascita e avvento del fascismo, Bari 1965, Bd. 2, 301.
19 Garibaldi ist im politischen Raum der angesehenste Italiener überhaupt. Zu seiner Wirkungsgeschichte vgl. Garibaldi condottiero. Storia, teoria, prassi, Mailand 1984.
20 Opera Omnia di Benito Mussolini, Bd. XVIII, 457.
21 Vgl. Biondi (1967) und Cannistraro (1975).
22 So Bottai in einem Interview 1928 für die Bologneser Tageszeitung «L'Assalto», zitiert in: Passerini (1991), 185.
23 Zitiert in Francesco Malgeri, Giuseppe Bottai, in: Ferdinando Cordova (Hg.), Uomini e volti del fascismo, Rom 1980, 125.
24 Italo Balbo, Diario 1922, Mailand 1932, 18 f., 41, 142.
25 Zitiert bei Brunello Vigezzi (Hg.), 1919–1925. Dopoguerra e fascismo. Politica e stampa in Italia, Bari 1965, 500.
26 Dino Grandi, 25 luglio. Quarant'anni dopo, Bologna 1983, 114.
27 Giuseppe Prezzolini, Quattro scoperte. Croce, Papini, Mussolini, Amendola, Rom 1964, 162.
28 Piero Melograni (Hg.), Corriere della Sera (1919–1943), Bologna 1965, 389. Das ganze Kapitel «Il mito del capo» (387–406) ist für den hier behandelten Zusammenhang von Interesse. Wichtig auch: ders., The Cult of the Duce in Mussolini's Italy, Journal of Contemporary History, 11, 1976, 221–237.
29 Die hier und im folgenden zitierten Presse-Instruktionen finden sich in dem Bestand M. Morgagni, in: Archivio Centrale dello Stato, Roma, Agenzia Stefani, busta 69, rapporti quotidiani del capo dell'Ufficio Stampa di S. E. il Capo del Governo.

30 Zitiert in: Cannistraro (1975), 82 f.

31 Sturani (1995).

32 H. Beraud, Ce que j'ai vue à Rome, Paris 1929, zitiert in: Camillo Berneri, Mussolini. Psicologia di un dittatore, Mailand 1966, 42 f.

33 So z. B. Kritik an einem *Popolo d'Italia*-Artikel mit der Überschrift «Mussolini rettet die Welt» als «zu pathetisch und deshalb unerwünscht», 2. 3. 1934; an einem *Messaggero*-Artikel: «Warum sie ihn lieben» als «zu idyllisch, besser Betonung Gefolgschaft und Gehorsam», 14. 5. 1934.

34 Alberto Aquarone, L'organizzazione dello Stato totalitario, Turin 1965, 395 ff.

35 Opera Omnia di Benito Mussolini Bd. XXVII, 159; Bd. XXI, 391.

36 Teresa M. Mazzatosta/Claudio Volpi, L'Italietta fascista (1936–1943), Bologna 1980, passim; R. De Felice, Mussolini il *Duce*, II: Lo Stato totalitario 1936–1944, Turin 1981, 224 ff.

37 Mussolini, Opera Omnia Bd. XXIV, 14.

38 Hasler (1980).

39 Friedemann Scriba, Augustus im Schwarzhemd? Die ‹Mostra Augustea della Romanità› in Rom 1937/38, Frankfurt am Main 1995, 403.

40 E 42. Utopia e scenario del regime. Bd. 1: Ideologia e programma dell'«Olimpiade delle civiltà», Venedig 1987, 6.

41 Dolores Mingozzi, Mussolini visto dai ragazzi, Sancasciano Val di Pesa, 1928. Die folgenden Zitate 15, 21, 28, 48, 49, 70, 93, 119, 139, 140, 144, 145, 146.

42 Abgebildet in: Passerini (1991), 183.

43 Alfred Weber, Die Krise des modernen Staatsgedankens in Europa, Berlin/Leipzig 1925, 17.

44 John P. Diggins, L'America, Mussolini e il fascismo, Bari 1972, 87.

45 Aldo Berselli, L'opinione pubblica inglese e l'avvento del fascismo (1919–1925), Mailand 1971.

46 Ebd., 144, 176.

47 Vgl. zur Rezeptionsgeschichte des Faschismus in der Weimarer Republik zuletzt Wolfgang Schieder, Das italienische Experiment. Der Faschismus als Vorbild in der Krise der Weimarer Republik, Historische Zeitschrift 262, 1996, 73–125.

48 Jens Petersen, Der italienische Faschismus aus der Sicht der Weimarer Republik, Quellen und Forschungen aus italienischen Archiven und Bibliotheken 55/56, 1976, 315–360.

49 Jens Petersen, Hitler–Mussolini. Die Entstehung der Achse Berlin–Rom 1933–1936, Tübingen 1973, vgl. Index.

50 Erich Fromm, Arbeiter und Angestellte am Vorabend des Dritten Reichs, Stuttgart 1981; zitiert nach «Repubblica», 24. 6. 1981.

51 Piero Gobetti, Scritti politici, Turin 1969, 1077.

52 Giuseppe Bottai, Vent'anni e un giorno, Mailand 1949, passim; Giordano Bruno Guerri, Giuseppe Bottai, un fascista critico, Mailand 1976, 215 ff.

53 Augusto Del Noce, Il suicidio della rivoluzione, Mailand 1978, 227.

54 Renzo De Felice, Mussolini il fascista, I: La conquista del potere, 1921–1925, Turin 1966, 470.

55 Renzo De Felice, Mussolini il fascista, II: L'organizzazione dello Stato fascista 1925–1929, Turin 1968, 72 f., 300.

56 Giuliano Pischel, Il problema dei ceti medi, Mailand 1946, 72.

57 Carlo Sforza, Gestalten und Gestalter des heutigen Europa, Berlin 1931, 348 f.

58 Gaetano Salvemini, Preludio alla seconda guerra mondiale, Mailand 1967, 263 ff.

59 Antonio Gramsci, La costruzione del partito comunista, 1923–1926, Turin 1971, 15.

60 Jens Petersen, Der Faschismus in Italien im Urteil der Historiker, in: Chr. Dipper/

R. Hudemann/J. Petersen (Hgg.), Faschismus und Faschismen im Vergleich, Köln 1998, 57.
61 Jens Petersen, Historisierung des Faschismus? Italiens Zwischenkriegszeit in erweiterter Sicht, Neue Zürcher Zeitung, 11./12.5. 1996.
62 Luisa Passerini, Mussolini, in: Mario Isnenghi (Hg.), I luoghi della memoria. Personaggi e date dell'Italia unita, Bari/Rom 1997, 165–185.
63 Gentile (1993), 263.
64 Nach Fertigstellung des Textes erschien Luzzato (1998). Es handelt sich um den ersten fundierten Beitrag zur Wirkungsgeschichte Mussolinis in der italienischen Kultur nach 1945; vgl. Jens Petersen, Zweimal Piazzale Loreto, Frankfurter Allgemeine Zeitung 2. 12. 1998.

Literatur

Biondi, Dino (1967), La fabbrica del Duce, Florenz.
Cannistraro, Philipp (1975), La fabbrica del consenso. Fascismo e mass media, Bari.
De Felice, Renzo (1965–1997), Mussolini (4 Bde. in 9 Teilbänden), Turin.
Gentile, Emilio (1993), Il culto del littorio. La sacralizzazione della politica nell'Italia fascista, Bari/Rom.
Hasler, August Bernhard (1980), Das Duce-Bild in der faschistischen Literatur, Quellen und Forschungen aus italienischen Archiven und Bibliotheken 60, 420–506.
Luzzato, Sergio (1998), Il corpo del duce. Un cadavere tra immaginazione, storia e memoria, Turin.
Passerini, Luisa (1991), Mussolini immaginario. Storia di una biografia 1915–1939, Bari/Rom.
Sturani, Enrico (1995), Otto milioni di cartoline per il Duce, Turin.

Ludolf Herbst

Der Fall Hitler – Inszenierungskunst und Charismapolitik

Anmerkungen

1 Eine knappe Skizze und die wichtigste Literatur zur Anwendung von Webers Charisma-Konzept auf den Nationalsozialismus finden sich bei Bach (1990), 7 ff.
2 Vgl. vor allem Broszat (1983); zur Polykratiethese zusammenfassend Michael Ruck, Führerabsolutismus und polykratisches Herrschaftsgefüge – Verfassungsstrukturen des NS-Staates, in: Karl Dietrich Bracher u. a. (Hgg.), Deutschland 1933–1945. Neue Studien zur nationalsozialistischen Herrschaft, Bonn 1992, 32–56.
3 Vgl. Rauschning (1938); Neumann (1977).
4 Wolfgang J. Mommsen, Max Weber und die deutsche Politik 1890–1920, 2. Aufl., Tübingen 1974, 436; vgl. ders., Zum Begriff der «plebiszitären Führerdemokratie» bei Max Weber, Kölner Zeitschrift für Soziologie und Sozialpsychologie 15, 1963, 294–322.
5 So hält es z. B. Kershaw (1998), 9, für möglich, mit Webers Charisma-Konzept zu arbeiten, ohne dies in irgendeiner Weise zu erläutern.
6 Schluchter (1988), 535.
7 Ebd.
8 Vgl. neben Schluchter (1988) vor allem die bereits in den 60er Jahren formulierten Überlegungen von Edward Shils, The Constitution of Society, Chicago 1982, 110 ff.; sowie Joseph Bensman/Michael Givant, Charisma and Modernity: The Use and

Abuse of a Concept, Social Research 42, 1975, 570–614; Liah Greenfeld, Reflections on two charismas, The British Journal of Sociology 36, 1985, 116–132; Winfried Gebhardt, Charisma und Ordnung. Formen des institutionalisierten Charisma – Überlegungen in Anschluß an Max Weber, in: ders. u. a. (Hgg.), Charisma. Theorie – Religion – Politik, Berlin/New York 1993, 47–68.

9   Müller-Rytlewski (1996); Reichel (1994); Paul (1990).

10 Vgl. Scholdt (Hg., 1993).

11 Vgl. Rauschning (1938); Neumann (1977), 114 ff.; Lukács (1954), 56 ff.

12 WuG 664.

13 Vgl. Lepsius (1993).

14 Für den Stand der Forschung: Kershaw (1998); für die Quellenproblematik: Hamann (1996), 77 ff., 264 ff.

15 Trotz gelegentlicher quellenkritischer Bemühungen, vgl. Hamann (1996), greifen alle Hitler-Biographen in hohem Maße auf Hitlers Selbstdarstellung in *Mein Kampf* und auf die «späteren» Jugenderinnerungen von August Kubizek, Reinhold Hanisch und Karl Honisch zurück. Dies trifft auch auf Kershaw (1998) zu.

16 Ernst Deuerlein, Hitlers Eintritt in die Politik und die Reichswehr, Vierteljahrshefte für Zeitgeschichte 7, 1959, 177–227; Auerbach (1977), 4 ff.

17 HSA 91.

18 HSA 109; vgl. Kershaw (1998), 186.

19 Für die Entwicklung von Hitlers Zuhörerschaft siehe HSA 119 ff., 221 ff., 311, 335 ff., 443 ff., 503, 781 f. 835, 864, 906 ff., 930 ff. und passim.

20 Kershaw (1998), 195, 242. Zum Problem und zur «Herkunft» dieser Zahlen vgl. Auerbach (1977), 36, Anm. 162.

21 Maser (1965), 396 ff.; Henry A. Turner, Die Großunternehmer und der Aufstieg Hitlers, Berlin 1985, 74 ff.; vgl. Kershaw (1998), 240 f.

22 Tyrell (Hg., 1969), 14 f., 31 ff.; HSA 436–438.

23 Kershaw (1998), 230; Maser (1965), 356, Anm. 570.

24 So schon sehr früh Neumann (1977), 111 ff.; vgl. Dietrich Orlow, The History of the Nazi Party, I, 1919–1933, Newton Abbot 1973. Für eine einseitige Beschreibung der NSDAP aus dem Blickwinkel des Charismas vgl. Nyomarkay (1967), 26 ff.

25 Ein Paradebeispiel ist die im Wortlaut überlieferte Rede vom 13. August 1920, die mit dem Thema, «Warum sind wir Antisemiten?», an den Litfaßsäulen plakatiert worden war: HSA 184 ff.; vgl. Reginald H. Phelps, Hitlers «grundlegende» Rede über den Antisemitismus, Vierteljahrshefte für Zeitgeschichte 16, 1968, 390–420.

26 Mosse (1990), 148 ff. u. passim.

27 HSA 126 f., 230, 234, 443, 773 f., 1048, 1051, 1054, 1078. Vgl. zum Wandel von Hitlers Selbstverständnis Albrecht Tyrell, Vom «Trommler» zum «Führer», München 1975, 165 ff.

28 Lukács (1954), 573.

29 MK 198, 200, 203, 200.

30 Ebd., 21.

31 Ebd., 19 f., 40, 48, 69, 85, 136 u. passim.

32 Ebd., 46 f.; vgl. 20, 22.

33 Ebd., 59, 64, 69. Die Forschung ist dieser Selbststilisierung allzu bereitwillig gefolgt. Erst Hamann (1996), 502 u. passim, hat dieses Bild mit quellenkritischen Argumenten erschüttert. Kershaw (1998), 97 ff., zeigt sich gleichwohl unbeeindruckt.

34 MK 69 f.

35 Ebd., 71 ff.

36 Ebd., 170, 84, 137 u. passim.

37 Ebd., 511 ff.

38 Ebd., 128 f., 203 u. passim.
39 Ebd. 129, 132.
40 Kershaw (1980); vgl. Nyomarkay (1967), 35 ff.
41 Mosse (1990), 148 ff.
42 Claus-E. Bärsch, Die politische Religion des Nationalsozialismus, München 1998, passim.
43 Hitlers Denkschrift vom 15. u. 20. Dezember 1932, HRSA V, 2, 273–278, 292–296; hier 274.
44 Vgl. neben Müller-Rytlewski (1996), Reichel (1994) und Paul (1990) die älteren Studien: Karlheinz Schmeer, Die Regie des öffentlichen Lebens im Dritten Reich, München 1956; Z. A. B. Zeman, NAZI Propaganda, London 1964, und Klaus Vondung, Magie und Manipulation. Ideologischer Kult und politische Religion des Nationalsozialismus, Göttingen 1971.
45 Jürgen W. Falter, Hitlers Wähler, München 1991, 25.
46 HRSA I, 418.
47 Tyrell (Hg., 1969), 107 f.
48 Broszat (1983), 49 ff.
49 HRSA I, 15, 19, 48 u. passim.
50 Müller-Rytlewski (1996), 175 ff.
51 Scholdt (Hg., 1993), 339 ff.
52 HRSA IV, 1, 213.
53 Müller-Rytlewski (1996), 141 f.
54 Scholdt (1993), 339; Müller-Rytlewski (1996), 161 f.
55 Martin Loiperdinger, Rituale der Mobilmachung. Der Parteitagsfilm «Triumph des Willens» von Leni Riefenstahl, Opladen 1987.
56 Vgl. Walter Benjamin, Das Kunstwerk im Zeitalter seiner technischen Reproduzierbarkeit, in: Gesammelte Schriften, Frankfurt am Main 1989, Bd. VII, 1, 350–384; Siegfried Kracauer, Theorie des Films. Die Errettung der äußeren Wirklichkeit, Frankfurt am Main 1985, 36 ff.
57 Zitiert bei Reichel (1994), 142.
58 Kershaw (1980), 43.
59 Rudolf Herz, Hoffmann und Hitler. Fotografie als Medium des Führer-Mythos, München 1994, 207, Abb. 5/10.
60 Gesetz über das Staatsoberhaupt des Deutschen Reiches vom 1. August 1934, Reichsgesetzblatt 1934, I, 747.
61 Akten der Reichskanzlei, Regierung Hitler 1933–1938, I, 2, 1387, Anm. 2.
62 Reichsgesetzblatt 1933, I, 1016 f.; 1934, I, 785.
63 Akten der Reichskanzlei, Regierung Hitler 1933–1938, I, 2, 1387 f. und Anm. 4.
64 Ebd., 1385, Anm. 4.
65 Reichsgesetzblatt 1933, I, 83 ff.
66 Peter Longerich, Die braunen Bataillone. Geschichte der SA, München 1989, 206 ff.
67 Lothar Gruchmann, Justiz im Dritten Reich, 1933–1940, München 1988, 458.
68 Reichsgesetzblatt 1935, I, 839.
69 Juristische Wochenschrift 67, 1938, 1017 f.; Auszug bei Walter Hofer (Hg.), Der Nationalsozialismus. Dokumente 1933–1945, Frankfurt am Main 1982, 101.
70 Broszat (1983), 421.
71 Ebd., 327.
72 Mommsen (1971).
73 Niklas Luhmann, Soziale Systeme. Grundriß einer allgemeinen Theorie, 5. Aufl., Frankfurt am Main 1994; Helmut Willke, Systemtheorie. Eine Einführung in die Grundprobleme der Theorie sozialer Systeme, 4. Aufl., Stuttgart 1993.

74 Neumann (1977), 110 ff.
75 Vgl. Ludolf Herbst, Das nationalsozialistische Deutschland 1933–1945, Frankfurt am Main 1996, 14 ff.
76 HRSA V, 2, 275.

Quellen

Akten der Reichskanzlei. Regierung Hitler 1933–1938, hg. von Konrad Repgen, I, 1 und 2, Boppard 1983.
HRSA = Hitler. Reden, Schriften, Anordnungen, hg. vom Institut für Zeitgeschichte, I-V, München 1992–1998.
HSA = Hitler. Sämtliche Aufzeichnungen 1905–1924, hg. v. Eberhard Jäckel u. Axel Kuhn, Stuttgart 1980.
MK = Hitler, Adolf, Mein Kampf [1. Aufl. 1925/1927], München 1941.
Tyrell, Albrecht (Hg., 1969), Führer befiehl ... Selbstzeugnisse aus der «Kampfzeit» der NSDAP, Düsseldorf.

Literatur

Auerbach, Hellmuth (1977), Hitlers politische Lehrjahre und die Münchener Gesellschaft 1919–1923, Vierteljahrshefte für Zeitgeschichte 25, 1–45.
Bach, Maurizio (1990), Die charismatischen Führerdiktaturen. Drittes Reich und italienischer Faschismus im Vergleich ihrer Herrschaftsstrukturen, Baden-Baden.
Broszat, Martin (1983), Der Staat Hitlers. Grundlegung und Entwicklung seiner inneren Verfassung, 10. Aufl., München.
Hamann, Brigitte (1996), Hitlers Wien. Lehrjahre eines Diktators, München.
Kershaw, Ian (1980), Der Hitler-Mythos. Volksmeinung und Propaganda im Dritten Reich, Stuttgart.
Kershaw, Ian (1998), Hitler 1889–1936, Stuttgart.
Lepsius, M. Rainer (1993), Das Modell der charismatischen Herrschaft und seine Anwendbarkeit auf den «Führerstaat» Adolf Hitlers, in: ders., Demokratie in Deutschland. Soziologisch-historische Konstellationsanalysen, Göttingen, 95–118; 346 f.
Lukács, Georg (1954), Die Zerstörung der Vernunft, Berlin.
Maser, Werner (1965), Die Frühgeschichte der NSDAP. Hitlers Weg bis 1924, Frankfurt am Main.
Mommsen, Hans (1971), «Nationalsozialismus», in: Sowjetsystem und demokratische Gesellschaft, Bd. 4, Freiburg, Sp. 695–713.
Mosse, George L. (1990), Die Geschiche des Rassismus in Europa, Frankfurt am Main.
Müller-Rytlewski, Maria-Helene (1996), Der verlängerte Krieg. Hitlers propagandistisches Wirken in einer historisch desorientierten und sozial fragmentierten Gesellschaft, Berlin.
Neumann, Franz (1977), Behemoth. Struktur und Praxis des Nationalsozialismus 1933–1944, Stuttgart [1. Aufl. 1942, 2. Aufl. 1944].
Nyomarkay, Joseph (1967), Charisma and Factionalism in the NAZI Party, Minneapolis.
Paul, Gerhard (1990), Aufstand der Bilder. Die NS-Propaganda vor 1933, Bonn.
Rauschning, Hermann (1938), Die Revolution des Nihilismus, Zürich.
Reichel, Peter (1994), Der schöne Schein des Dritten Reiches. Faszination und Gewalt des Faschismus, 2. Aufl., München.
Schluchter, Wolfgang (1988), Religion und Lebensführung, Band 2: Studien zu Max Webers Religions- und Herrschaftssoziologie, Frankfurt am Main.
Scholdt, Günter (Hg., 1993), Autoren über Hitler. Deutschsprachige Schriftsteller 1919–1945 und ihr Bild vom «Führer», Bonn.

Dietmar Rothermund

Mahatma Gandhi – Charisma als Erfahrung und Eigenschaft

Literatur

Rawls, John (1971), A Theory of Justice, Cambridge, Mass. (dt.: Eine Theorie der Gerechtigkeit, Frankfurt am Main 1979).

Rawls, John (1993), Political Liberalism, New York.

Rothermund, Dietmar (1998), Mahatma Gandhi. Eine politische Biographie, München (2. erweiterte Auflage).

Rothermund, Dietmar (1997), Konstruktionen nationaler Solidarität in Asien. Universalismus und Traditionalismus, in: Manfred Brocker/Heino Nau (Hgg.), Ethnozentrismus. Möglichkeiten und Grenzen des interkulturellen Dialogs, Darmstadt.

Ernst Weisenfeld

Charles de Gaulle – der Umgang mit der eigenen Legende

Anmerkungen

1 Es war Robert Aron, Verfasser von Charles de Gaulle, Paris 1964, und Histoire de Vichy, Paris 1954.
2 Charles De Gaulle, Le Fil de l'Epée, Paris, Neuaufl. 1944, deutsch: Des Schwertes Schneide, Frankfurt am Main 1961.
3 Charles De Gaulle, Vers l'Armée de Métier, Paris 1934.
4 Lacouture (1985) II., 481 f.
5 Pierre Maillard, De Gaulle et l'Allemagne, Le rêve inachevé, Paris (1990). Dort im Vorwort von Maurice Schuman. Es fehlt in der deutschen Ausgabe, De Gaulle und Deutschland, Der unvollendete Traum, Bonn 1991.
6 Weisenfeld (1990), 129
7 Lacouture (1986), III, 139.
8 Charles De Gaulle, Memoires de Guerre, Paris 1959, III, 274.
9 André Malraux, Les chênes qu'on abat, Paris 1971, 229.
10 Claude Mauriac, L'autre de Gaulle, Journal 1944–54, Paris 1970, 252.
11 Jacques Foccard, Tous les soirs avec de Gaulle, Journal de l'Elysee (1965–67), Paris 1997, 690 f.
12 Weisenfeld (1990), 126.
13 Regis Debray, A demain de Gaulle, Paris 1990; André Glucksmann, De Gaulle, ou es-tu?, Paris 1995.
14 Die Eintragung lautete: Mult ad apris ki bien conuist ahan, Lacouture (1986) III, 767.
15 Maurice Vaisse, La grandeur, Paris 1998, 681–683.

Literatur

Guillemin, Henri (1984), Le Général clair-obscur, Paris.

Lacouture, Jean (1984–1986), Charles de Gaulle, 3 Bde.: I: Le rebelle, II: Le politique, III: Le souverain, Paris.

Loth, Wilfried/Picht, Robert (Hgg., 1991), De Gaulle, Deutschland und Europa, Opladen.

Vaisse, Maurice (1998), La grandeur, Politique Etrangère du Général de Gaulle 1958–1969, Paris.

312 Anmerkungen und Literatur zu S. 207–222; 223–243

Weisenfeld, Ernst (1990), Charles de Gaulle, der Magier im Elysee, München.
Weisenfeld, Ernst (1997), Geschichte Frankreichs seit 1945, Von de Gaulle bis in die Gegenwart, München.

Friedemann Büttner
Gamal Abdel Nasser – Charisma bis zum bitteren Ende

Anmerkungen

1 Abdel Nasser (1970–72), I, 237 f. Zum Ereignis selbst: Stephens (1971), 135 f.; Agaryschew (1977), 130–132.
2 Mitchell (1969), 151, Anm. 121.
3 Die in der westlichen Literatur wiedergegebenen Passagen stimmen nicht voll überein; das gilt insbesondere für die langen Auszüge bei Agaryschew (1977), 130 f., die allerdings gleich doppelt übersetzt worden sind: vom Ägyptisch-Arabischen über das Russische ins Deutsche. Möglicherweise sind auch Änderungen vorgenommen worden, als kurz nach Nassers Tod in schneller Folge seine sämtlichen Reden veröffentlicht wurden. Im konkreten Fall sehe ich jedoch keinen Grund, dem publizierten Text zu mißtrauen.
4 Zunächst von dem Orientalisten Gustave von Grunebaum bezogen auf den Propheten Mohammed; vgl. Dekmejian (1976), 163, Anm. 11.
5 Vgl. WuG 140.
6 Zur neueren Geschichte Ägyptens siehe v. a. Vatikiotis (1978).
7 Zit. nach Mansfield (1969), 34.
8 Vgl. dazu vor allem Sadats eigene Darstellung in El Sadat (1970), 44–83.
9 Abdel Nasser (1958), 26–29.
10 Ebd., 22–24, 43.
11 Ebd., 23.
12 Die «Sechs Prinzipien» der Revolution tauchten früh in Nassers Reden auf, wurden dann in der Verfassung von 1956 verankert und 1962 in der *Charta der nationalen Aktion* wieder aufgegriffen; vgl. United Arab Republic (1962), 6 f.
13 In zahlreichen Reden und Interviews, in der *Philosophie der Revolution* und später in der *Charta*; vgl. Abdel Nasser (1958), 37; United Arab Republic (1962), 28.
14 Abdel Nasser (1970–72), I, 547–564.
15 Abdel Nasser (1958), v. a. 18–22, 29 f.
16 Nagib in seiner Radiobotschaft am Morgen des 23. 7. 1952, zit. nach Lacouture (1962), 142; Abdel Nasser (1958) an zahlreichen Stellen, hier v. a. 36.
17 Vgl. Rodinson (1968), 87.
18 United Arab Republic (1962), 8.
19 Abdel Nasser (1970–72), III, 557–570, hier: 566–68.
20 United Arab Republic (1962), 33.
21 Ebd., 36, 43 f.
22 Abdel Nasser (1958), 35.
23 United Arab Republic (1962), 45.
24 Ebd., 36.
25 Ebd., 5.
26 Vgl. Tibi (1968), 383.
27 Rede Nassers zum 9. Jahrestag der Revolution am 22. 7. 1961, in: Abdel Nasser (1970–1972), III, 460 f.
28 Ebd., 461.

29 Zur Unterscheidung zwischen praktischer und expressiver Ideologie vgl. Moore (1971/72).
30 Zum Folgenden v. a. Büren (1970) und zum politischen System insgesamt Pawelka (1985).
31 Vgl. Büttner (1979b).
32 Zum Folgenden ausführlicher Springborg (1975, 1982), Büttner (1979a, 1979b), Pawelka (1985) und Beattie (1994).
33 Vgl. hierzu besonders Moore (1973/74).
34 *Der Spiegel* Nr. 41, 1970.
35 Das gilt nicht nur für die in diesem Zusammenhang wichtigsten Zeitschriften *al-Taliᶜa* und *Ruz al-Yusuf* in den Jahren 1967–68, sondern auch für die regierungsamtliche Tageszeitung *al-Ahram*.
36 El-Sadat (1978), 211.
37 Diesen Aspekt stellt Wynn (1959) in den Mittelpunkt.
38 Bericht von M. Elkins in: *Newsweek*, 12. 10. 1970.
39 Abdel Nasser (1970–1972), I, 238.
40 Dekmejian (1971), Zitat 302.
41 Ebd., v. a. 57–63.
42 Ebd., 302.
43 Entelis (1974), v. a. 455–459; Bowie (1976); dazu die Replik von Dekmejian (1976). Vgl. noch Roussillon (1996).
44 Entelis (1974), 458.

Literatur

Abdel Nasser, Gamal (1958), Die Philosophie der Revolution, in: Fritz René Allemann (Hg.), Die arabische Revolution. Nasser über seine Politik, Frankfurt am Main, 10–56 [arab. Original 1954].

Abdel Nasser, Gamal (1970–1972), Sammlung der Reden, Verlautbarungen und Kommuniqués des Präsidenten Gamal 'Abd al-Nasir [arab.], 5 Bde., Kairo o. J. [ca. 1970–1972 veröffentlicht vom Ministerium für nationale Orientierung für die Jahre 1952–66].

Abdel Nasser, Gamal (1973), Dokumente 'Abd al-Nasirs. Reden, Interviews, Verlautbarungen [arab.; für die Jahre 1967–70], 2 Bde., Kairo.

Agaryschew, Anatoli (1977), Gamal Abdel Nasser. Leben und Kampf eines Staatsmannes. Biographie, Frankfurt am Main.

Beattie, Kirk J. (1994), Egypt During the Nasser Years. Ideology, Politics, and Civil Society, Boulder [u. a.].

Bowie, Leland (1976), Charisma, Weber and Nasir, The Middle East Journal 30/2, 141–157.

Büren, Rainer (1970), Die Arabische Sozialistische Union. Einheitspartei und Verfassungssystem der Vereinigten Arabischen Republik unter Berücksichtigung der Verfassungsgeschichte von 1840–1968, Opladen.

Büttner, Friedemann (1979a), Political Stability Without Stable Institutions. The Retraditionalization of Egypt's Polity, Orient 20, 53–67.

Büttner, Friedemann (1979b), Expression of Interests and Their Accomodation in One-Party-States. The Evolution of a Quasi-Pluripartisan System in Egypt, in: International Political Science Association (Hg.), Papers presented to the XIth IPSA World Congress, Moskau, 12.–18. August.

Dekmejian, R. Hrair (1971), Egypt Under Nasir. A Study in Political Dynamics, Albany, N. Y.

Dekmejian, R. Hrair (1976), Marx, Weber and the Egyptian Revolution, Middle East Journal 30/2, 158–172.

El Sadat, Anwar (1970), Die Ägyptische Revolution, Neuausg., Düsseldorf/Köln.

El-Sadat, Anwar (1978), Unterwegs zur Gerechtigkeit. Auf der Suche nach Identität. Die Geschichte meines Lebens, Wien/München.

Entelis, John P. (1974), Nasser's Egypt. The Failure of Charismatic Leadership, Orbis 18, 451–464.

Lacouture, Jean und Simmone (1962), L'Égypte en mouvement, Paris.

Mansfield, Peter (1969), Nasser's Egypt, Neuausg., Harmondsworth.

Mitchell, Richard P. (1969), The Society of the Muslim Brothers, London.

Moore, Clement H. (1971/72), On Theory and Practice Among Arabs, World Politics 24, 106–126.

Moore, Clement H. (1973/74), Authoritarian Politics in Unincorporated Society, Comparative Politics 6, 193–218.

Nasser s. Abdel Nasser, Gamal.

Pawelka, Peter (1985), Herrschaft und Entwicklung im Nahen Osten: Ägypten, Heidelberg.

Rejwan, Nissim (1974), Nasserist Ideology. Its Exponents and Critics, New York [u. a.].

Rodinson, Maxime (1968), The Political System, in: P. J. Vatikiotis (Hg.), Egypt Since the Revolution, New York, 87–113.

Roussillon, Alain (1996), Le nasserisme à travers les âges. Recompositions de la formule du pouvoir et de la légitimité, in: ders. (Hg.), Nasser – 25 ans, Paris [= Peuple méditerranéens 74–75], 13–48.

Springborg, Robert (1975), Patterns of Association in the Egyptian Political Elite, in: George Lenczowski (Hg.), Political Elites in the Middle East, Washington, D. C., 83–107.

Springborg, Robert (1982), Family, Power, and Politics in Egypt. Sayed Bey Marei – His Clan, Clients, and Cohorts, Philadelphia.

Stephens, Robert (1971), Nasser. A Political Biography, London.

Tibi, Bassam (1968), Der arabische Sozialismus, in: Iring Fetscher (Hg.), Sozialismus. Vom Klassenkampf zum Wohlfahrtsstaat, München.

United Arab Republic (1962), The Charter, Kairo [o. J., Information Department].

Vatikiotis, P. J. (1978), Nasser and his Generation, London.

Wynn, Wilton (1959), Nasser of Egypt. The Search for Dignity, Cambridge, Mass.

Gisela Cramer

Perón und der Peronismus

Anmerkungen

1   Zum Staatsstreich von 1943, zu den inneren Machtkämpfen und zur frühen Karriere Peróns vgl. insbesondere Potash (1969); ders. (Hg., 1984). Für eine anschauliche und ausgewogene Biographie Peróns s. Page (1983).

2   Die Beziehungen Peróns zu den Gewerkschaften gehören zu den am besten erforschten Gebieten in der argentinischen Geschichte. Für eine neuere Darstellung mit Verweisen auf die wichtigsten Werke s. Horowitz (1990).

3   Für eine sozialwissenschaftlich angelegte Analyse dieser charismatischen Bindung s. Madsen/Snow (1991); das hier zugrundegelegte Krisenmodell aber fand unter Historikern wenig Zuspruch.

4   Luna (1971). Lunas Chronik des Jahres 1945 ist immer noch die anschaulichste,

wenn auch an manchen Stellen mittlerweile korrekturbedürftige Darstellung der Ereignisse.
5 Zur Rhetorik Peróns vgl. etwa James (1988), 30–33.
6 Zur politischen Basis Peróns vgl. Mora y Araujo/Llorente (Hgg., 1980); Madsen/ Snow (1991).
7 Dies behandelte vor allem Torre (1990).
8 Zur Konsolidierung und zu den verschiedenen Phasen des Peronismus s. Waldmann (1974).
9 Für eine ausgewogene Biographie Eva Peróns s. Fraser/Navarro (1980).
10 Eine grell gesteigerte, aber lesenswerte literarische Aufarbeitung dieser Vorgänge ist Eloy Martínez (1995).
11 Zur Propaganda und zum Herrschaftskult vgl. Waldmann (1974), 147–152; Plotkin (1994).
12 Die korporativ-totalitären Züge des Peronismus wurden insbesondere von solchen Autoren scharf herausgearbeitet, die den Peronismus als eine Form des Faschismus deuten; vgl. dagegen Waldmann (1974), 269–309.
13 Zum Militärputsch von 1955 und zu seinen Hintergründen s. Potash (1980), 90–202.
14 Dies bezog sich insbesondere auf Peróns Beziehungen zu minderjährigen Mädchen; vgl. Page (1983), 79 f, 289–295.
15 Zum Überleben des Peronismus nach 1955 vgl. James (1988); Aramal/Plotkin (Hgg., 1993).

Literatur

Aramal, Samuel/Plotkin, Mariano Ben (Hgg., 1993), Perón del exilio al poder, Buenos Aires

Eloy Martínez, Tomás (1995), Santa Evita, Frankfurt am Main.

Fraser, Nicolas/Navarro, Marysa (1980), Eva Perón, London.

Horowitz, Joel (1990), Argentine Unions, the State and the Rise of Perón, 1930–1945, Berkeley.

James, Daniel (1988), Resistance and Integration. Peronism and the Argentine Working Class, 1946–1976, Cambridge.

Luna, Félix (1971), El 45. Crónica de un año decisivo, Buenos Aires.

Madsen, Douglas/Snow, Peter G. (1991), The Charismatic Bond. Political Behavior in Times of Crisis, Cambridge, Mass.

Mora y Araujo, Manuel/Llorente, Ignacio (Hgg., 1980), El voto peronista: Ensayos de sociología electoral argentina, Buenos Aires.

Page, Joseph A. (1983), Perón. A Biography, New York.

Plotkin, Mariano (1994), Mañana es San Perón. Propaganda, rituales políticos y educación en el régimen peronista (1946–1955), Buenos Aires.

Potash, Robert A. (1969), The Army and Politics in Argentina, 1928–1945. Yrigoyen to Perón, Stanford.

Potash, Robert A. (1980), The Army and Politics in Argentina, 1945–1962. Perón to Frondizi, Stanford.

Potash, Robert A. (Hg., 1984), Perón y el G. O. U. Los documentos de una logia secreta, Buenos Aires.

Torre, Juan Carlos (1990), La vieja guardia sindical y Perón. Sobre los orígines del peronismo, Buenos Aires.

Waldmann, Peter (1974), Der Peronismus 1943–1955, Hamburg.

Helwig Schmidt-Glintzer

Mao Zedong – die «Inkarnation Chinas»

Anmerkungen

1 Zur zeitgenössischen Rezeption in Deutschland siehe Joachim Schickel (Hg.), Guerilleros, Partisanen. Theorie und Praxis, München 1970.
2 Wolfgang Bauer, Maos Vision von einer sich wandelnden Welt, in: Heberer (1995), 89.
3 Felix Green, Listen, Lügen, Lobbies: China im Zerrspiegel der öffentlichen Meinung, Darmstadt 1966; Günter Amendt, China, der deutschen Presse Märchenland, Berlin 1968.
4 Tilemann Grimm, Mao Tse-tung in Selbstzeugnissen und Bilddokumenten, Reinbek 1968, 7 und 11.
5 Siehe Jasper Becker, Hungry Ghosts: Mao's Secret Famine, New York 1996.
6 Dies war etwa bei dem Kurdenführer Abdullah Öcalan (geb. 1948) der Fall, der 1973 eine Marxistische Gruppe organisierte, die zur Keimzelle der Kurdischen Arbeiterpartei (PKK) wurde.
7 Siehe Martin (1978).
8 Siehe Barmé (1996).
9 Zum «Ghostwriter»-Phänomen siehe Michael Schoenhals, Doing Things with Words in Chinese Politics. Five Studies, Berkeley, Cal. 1992, 55–77 und 114 f. – Zur widersprüchlichen Funktion zweier Fassungen eines Textes siehe Wolfgang Lippert, Zur Originalversion von Mao Zedongs Rede «Über die richtige Behandlung der Widersprüche im Volk», in: Peter M. Kuhfus (Hg.), China. Dimensionen der Geschichte, Tübingen 1990, 161–177.
10 Lifton (1970).
11 Siehe Baum (1994), 44 f.
12 Siehe Baum (1994), 43.
13 Siehe Baum (1994), 32.
14 Im öffentlichen Raum blieb Mao bis heute präsent, wie etwa die Photographien von Liu Heung Shing in seinem Buch, China After Mao: ‹Seek Truth from Facts›, Middlesex 1983, zeigen, und die 1993 verbreitete Tonbandkassette mit Originalansprachen Mao Zedongs.
15 Zitiert nach Schram (1972), 135 ff. Zur Körperkultur s. a. Snow (1974), 150.
16 Siehe Schram (1972), 141.
17 Siehe Snow (1974), 158; ferner Stuart Schram, Die permanente Revolution in China, Frankfurt am Main 1966, 51 f.
18 Hierzu Stuart Schram, Mao Tse-tung, London 1967, 92 f.
19 Zur Parteigeschichte siehe Harrison (1978).
20 Siehe Benjamin I. Schwartz, Chinese Communism and the Rise of Mao, Cambridge, Mass. 1951, 73 f.
21 Siehe Barmé (1996), 31.
22 Mao Zedong siren yisheng huiyilu (engl.: The Private Life of Chairman Mao). Taipeh 1994.
23 Snow (1974), 132.
24 Dick Wilson (Hg.), Mao Tse-tung in the Scales of History, Cambridge 1977. Zusammenfassend zur neueren Literatur über Mao u. a. Brantley Womack, Mao Zedong Thoughts, The China Quarterly 137, 1994, 159–167; Jeffrey N. Wasserstrom, Mao Matters: A Review Essay, China Review International 3, 1996, 1–21; Thomas Scharping,

The Man, the Myth, The Message – New Trends in Mao-Literature from China, The China Quarterly 137, 1994, 168–179.

25 Siehe Harrison E. Salisbury, Die neuen Kaiser. China in der Ära Maos und Deng. Frankfurt am Main 1992.

26 Siehe George E. Taylor, China as an Oriental Despotism, Problems of Post-Communism, Januar-Februar 1995, 25–28.

27 Siehe dazu Vera Schwarcz, A Brimming Darkness: The Voice of Memory/The Silence of Pain in China after the Cultural Revolution, Bulletin of Concerned Asian Scholars 30, 1998, 46–54.

28 Siehe Chen Yün-fu, Suspect History and the Mass Line: Another «Yan'an Way», in: Gail Hershatter/Emily Honig u. a. (Hgg.), Remapping China. Fissures in Historical Terrain, Stanford, Cal. 1996, 242–257.

29 Siehe Barmé (1996), 3 f.

30 Hok-lam Chan, Legitimation in Imperial China. Discussions under the Jurchen-Chin Dynasty (1115–1234), Seattle/London 1984.

31 Stephen Owen, Place: Meditation on the Past at Chin-ling, Harvard Journal of Asiatic Studies 50, 1990, 417–457. Zum Thema allgemein siehe auch Wolfgang Bauer, China und die Hoffnung auf Glück. Paradiese, Utopien, Idealvorstellungen, München 1971.

32 Siehe Helwig Schmidt-Glintzer, Der Erste Gottkaiser von Qin, in: Lothar Ledderose/Adele Schlombs (Hgg.), Jenseits der Großen Mauer. Der Erste Kaiser von China und seine Terrakotta-Armee, Gütersloh/München 1990, 58–65.

33 Robert A. Scalapino, The Evolution of a Young Revolutionary – Mao Zedong in 1919–1921, Journal of Asian Studies 42, 1982, bes. 42 ff.

34 Siehe etwa Quan Yanchi, Mao Zedong Man, not God, Beijing 1992.

35 Siehe Barmé (1996), 20 f.

36 Siehe Alvin P. Cohen, A New Deity in the People's Republic of China: Mao Zedong, Journal of Chinese Religions 21, 1993, 129–130.

37 Siehe Kate Xiao Zhou, How the Farmers Changed China. Power of the People, Boulder, Col. 1996.

38 Siehe hierzu Andrew J. Nathan, Mao and His Court, in: Nathan (1997), 26–48.

39 Siehe z. B. David Johnson, The City-God Cults of T'ang and Sung China, Harvard Journal of Asiatic Studies 45, 1985, 363–457.

40 Siehe Glen Dudbridge, Yü-ch'ih Chiung at An-yang: An Eighth-Century Cult and Its Myths, Asia Major, 3. Serie, 3, 1990, 27–49.

41 Siehe Baum (1994), 117.

42 Siehe hierzu Wolfgang Bauer, Gläubigkeit und Rationalität. Über das Verblassen von Göttern und Geistern in der zweiten Hälfte des 1. vorchristlichen Jahrtausends, in: Roger Goepper (Hg.), Das alte China. Ausstellungskatalog Villa Hügel, Essen 1995, 147–155.

43 Siehe Helwig Schmidt-Glintzer (oben Anm. 32).

44 Siehe hierzu David M. Farquhar, Emperor as Bodhisattva in the Governance of the Ch'ing Empire, Harvard Journal of Asian Studies 38, 1978, 5–34; s. a. Herbert Franke, From Tribal Chieftain to Universal Emperor and God: The Legitimation of the Yüan Dynasty [Sitzungsber. d. Bayer. Akad. d. Wiss., Phil.-Hist. Kl., Jg. 1978, Heft 2], München 1978.

45 Zu diesen Veränderungen im Verständnis der Gottheiten siehe Valerie Hansen, Changing Gods in Medieval China, 1127–1276, Princeton, N. J. 1990. – Zur allgemeinen Thematik siehe auch Helwig Schmidt-Glintzer/Thomas Jansen, Religionsdebatten und Machtkonflikte – Veränderungen in den Machtverhältnissen im chinesischen Mittelalter, Zeitschrift für Religionswissenschaft 2, 1992, 50–90.

46 Zitiert nach Wolfgang Bauer, Das Antlitz Chinas, München 1990, 116.

47 Siehe hierzu Herbert Franke (oben Anm. 44).

48 Otto Franke, Geschichte des chinesischen Reiches. 5 Bde., Berlin 1930–1952, I, 21; s. a. D. B. Honey, Lineage as Legitimation in the Rise of Liu Yüan and Shih Le, Journal of the American Oriental Society 110, 1990, 616–621.

49 Siehe Harold L. Kahn, Monarchy in the Emperor's Eyes. Image and Reality in the Ch'ien-lung Reign, Cambridge, Mass. 1971, 185.

50 Jonathan Spence, Chinese Greatness in the Seventeenth and Twentieth Centuries: The K'ang-hsi Emperor and Chairman Mao, Rice University Studies 59:4, 1973, 19–33.

51 Siehe Denis Twitchett, How to Be an Emperor: T'ang T'ai-tsung's Vision of His Role, in: Asia Major, 3. series, 9, 1996, 1–102.

52 Zitiert nach Donald McInnis, Religious Policy and Practice in Communist China, New York 1972, 10.

53 Siehe die Bemerkung bei Myron L. Cohen, Cultural and political Inventions in Modern China: The Case of the Chinese «Peasant», Daedalus 122:2, 1993, 151–170, hier 166: «Es scheint eine Übereinstimmung zwischen der Führung der Kommunistischen Partei und den Protagonisten der Protestbewegung von 1989 zumindest in einem Punkt zu geben, daß sie nämlich, ebenso wie einige der intellektuellen Meinungsführer und nicht wenige der im Exil lebenden und sich zur Demokratiebewegung zählenden Intellektuellen, der Ansicht sind, daß die bäuerliche Bevölkerung Chinas aus kulturellen Gründen nicht in der Lage sei, an einer politischen Demokratie mitzuwirken. Diese elitistische Haltung gründet sich, meiner Meinung nach, weniger auf die tatsächlichen Verhältnisse wie Lebensumstände, kulturelle Fähigkeiten etc. der Landbevölkerung, sondern vielmehr auf die Ansprüche dieser Elite auf eigene Privilegien und auf Macht. Was immer die Bauern tun, das eigentliche Problem ist das Verständnis der Elite von ihrer eigenen Rolle in Chinas Politik und Gesellschaft.»

54 MWG I/19, 269 bzw. 267.

55 J. W. Lewis, Party Cadres in Communist China, in: James S. Coleman (Hg.), Education and Political Development, Princeton 1965. – Über die *ganbu* siehe auch E. Vogel, From Revolutionary to Semi-Bureaucrat. The ‹regularization› of Cadres, The China Quarterly 229, 1967; s. a. Martin King Whyte, Small Groups and Political Rituals in China, Berkeley, Cal. 1974.

56 David M. Lampton, Paths to Power. Elite Mobility in Contemporary China, Ann Arbor 1986, 291.

57 Xiaoqiang Wang/Nanfeng Bai, The Poverty of Plenty, Übersetzt von Angela Knox, New York 1993. Übersetzung einer unter dem Titel *Furao de pinkun* 1986 in China erschienenen Studie.

58 Siehe z. B. die Liste in China aktuell, Dezember 1995, 1092 f.

59 Siehe hierzu Anne Birrell, Chinese Mythology, Baltimore 1993, 146–159 und passim.

60 Siehe Helwig Schmidt-Glintzer, Yu Gong versetzt Berge. Arbeiten in China, in: Venanz Schubert (Hg.), Der Mensch und seine Arbeit: Eine Ringvorlesung der Universität München, Sankt Ottilien 1986, 147–179.

61 Eine Abbildung findet sich bei Helwig Schmidt-Glintzer, Die Authentizität der Handschrift und ihr Verlust durch die Einführung des Buchdrucks. Nachwort zu Denis Twitchett, Druckkunst und Verlagswesen im mittelalterlichen China, Wiesbaden 1994, 79–103.

62 Zur Geschichte des Krieges jetzt zusammenfassend Edward L. Dreyer, China at War. 1901–1949, London/New York 1995.

63 Carol Lee Hamrin/Timothy Cheek (Hgg)., China's Establishment Intellectuals, Armonk, N. Y. 1986.

64 Zu den Folgen der «Gehirnwäsche» siehe Robert J. Lifton, Thought Reform and the

Psychology of Totalism. A Study of «Brainwashing» in China, New York 1961. Die Gewalt-Thematik bedarf noch weiterer Untersuchungen. Bisher liegen für China nur kleinere Einzelstudien vor; s. z. B. Jonathan N. Lipman/Stevan Harrell (Hgg.), Violence in China. Essays in Culture and Counterculture, Albany 1990.

65 Hierzu siehe auch die ältere Studie von David Lampton (oben Anm. 56).

66 Siehe Doug Guthrie, The Declining Significance of *Guanxi* in China's Economic Transition, The China Quarterly 154, 1998, 254–282.

67 Ernest P. Young, Imagining the Ancient Régime in the Deng Era, in: Jeffrey N. Wasserstrom/Elisabeth J. Perry, Popular Protest and Political Culture in Modern China, Boulder, Col., 2. Aufl., 1994, 18–31.

68 Zitiert nach David S. G. Goodman, Beijing Street Voices. The Poetry and Politics of China's Democracy Movement, London 1981, 6.

69 Zhang Fangzheng, Yao Zhuzhong xingshi tansuo (Größere Aufmerksamkeit für formale Experimente), in: Meishu 165:9, 1981, 44; zitiert nach Yuejin Wang, Anxiety of Portraiture: Quest for/Questioning Ancestral Icons in Post-Mao China, in: Liu Kang/Xiaobing Tang (Hgg.), Politics, Ideology, and Literary Discourse in Modern China, Durham 1993, 243–272, hier 245.

70 Kate Xiao Zhou (oben Anm. 37).

71 Lothar Ledderose, Die Gedenkhalle für Mao Zedong. Ein Beispiel von Gedächtnisarchitektur, in: Jan Assmann/Tonio Hölscher (Hgg.), Kultur und Gedächtnis, Frankfurt am Main 1988, 311–339, hier 311.

72 Siehe Nancy Shatzman Steinhardt, Chinese Imperial City Planning, Honolulu 1990.

73 Siehe Michael Schoenhals, Saltationist Socialism: Mao Zedong and the Great Leap Forward 1958, Stockholm 1987.

74 «Unbegriffene Lektio. Herr Mao und Herr Hitler: Tyrannen im Kulturaustausch», Frankfurter Allgemeine Zeitung 17. April 1998.

75 Siehe Jonathan Hay, An Interview with Zhang Hongtu, in: John Hay (Hg.), Boundaries in China, London 1994, 280–298, hier 296.

76 Siehe etwa Heberer (1995).

Literatur

Barmé, Geremie R. (1996), Shades of Mao. The Posthumous Cult of the Great Leader, New York.

Baum, Richard (1994), Burying Mao. Chinese Politics in the Age of Deng Xiaoping, Princeton, N. J.

Harrison, James P. (1978), Der lange Marsch zur Macht. Die Geschichte der Kommunistischen Partei Chinas von ihrer Gründung bis zum Tode von Mao Tse-tung, Stuttgart/Zürich.

Heberer, Thomas (Hg., 1995), Mao Zedong. Der unsterbliche Revolutionär?, Hamburg.

Lifton, Robert Jay (1970), Die Unsterblichkeit des Revolutionärs. Mao Tse-tung und die chinesische Kulturrevolution, München.

Martin, Helmut (1978), Kult und Kanon. Entstehung und Entwicklung des Staatsmaoismus 1935–1978, Hamburg.

Nathan, Andrew J. (1997), China's Transition, New York.

Salisbury, Harrison E. (1992), Die neuen Kaiser. China in der Ära Maos und Dengs, Frankfurt am Main.

Schram, Stuart R. (1972), Das Mao-System. Die Schriften von Mao Tse-tung. Analyse und Entwicklung, übers. von Karl Held, München.

Snow, Edgar (1974), Roter Stern über China. Mao Tse-tung und die chinesische Revolution, Frankfurt am Main.

Die Autoren

Hinnerk Bruhns, geb. 1943, Historiker, Directeur de recherche am Centre National de la Recherche Scientifique, Paris

Friedemann Büttner, geb. 1938, Professor für Politik und Zeitgeschichte des Vorderen Orients an der Freien Universität Berlin

Gisela Cramer, geb. 1959, Historikerin; Referentin am Mexikanischen Generalkonsulat Hamburg

Ludolf Herbst, geb. 1943, Professor für Zeitgeschichte an der Humboldt-Universität zu Berlin

Jörg Nagler, geb. 1950, Professor für Neuere Geschichte (Schwerpunkt Nordamerika) an der Universität Jena

Wilfried Nippel, geb. 1950, Professor für Alte Geschichte an der Humboldt-Universität zu Berlin

Jens Petersen, geb. 1934, bis 1999 Stellvertretender Direktor des Deutschen Historischen Instituts in Rom

Dietmar Rothermund, geb. 1933, Professor für Geschichte Südasiens an der Universität Heidelberg

Helwig Schmidt-Glintzer, geb. 1948, Direktor der Herzog August Bibliothek Wolfenbüttel

Hans-Christoph Schröder, geb. 1933, emeritierter Professor für Neuere Geschichte an der Technischen Universität Darmstadt

Wolfgang Schuller, geb. 1935, Professor für Alte Geschichte an der Universität Konstanz

Ferdinand Seibt, geb. 1927, emeritierter Professor für Mittelalterliche Geschichte an der Ruhr-Universität Bochum; Vorsitzender des Collegium Carolinum, Forschungsstelle für die Geschichte der böhmischen Länder, München

Peter Spahn, geb. 1946, Professor für Alte Geschichte an der Freien Universität Berlin

Hans-Ulrich Thamer, geb. 1943, Professor für Neuere Geschichte an der Universität Münster

Stefan Weinfurter, geb. 1945, Professor für Mittelalterliche Geschichte an der Universität Heidelberg

Ernst Weisenfeld, geb. 1918, Publizist in Hamburg; 1951–1983 Korrespondent deutscher Zeitungen und Rundfunkanstalten in Paris